DIE APOKALYPSE

Occident Verlag

Postbus 306
5110 AH Baarle Nassau
Telefon: + 31 (0) 13-5077240
Fax: + 31 (0) 13-5072111

E-Mail: info@occidentverlag.de
Website: www.occidentverlag.de

MIEKE MOSMULLER

Die Apokalypse
Drei Anschauungen

'Wenn eine Spiritualisierung der Erkenntniskräfte beim Menschen auftritt, und mit dieser spiritualisierten Wahrnehmung und dem spiritualisierten Denken die Natur erkannt wird, dann wird diese Natur dadurch verlebendigt. Und das ist das Prinzip des Neuen Jerusalem. Das fängt schon an, das ist nicht etwas, was in Zukunft erst wichtig ist. Das hat jetzt bereits angefangen. Und wir sollen also Mitbauer werden an dem Neuen Jerusalem dadurch, dass wir unsere Erkenntnisart verwandeln, so, dass sie eine geistige Kraftwirkung bekommt, wodurch diese geistige Kraftwirkung in dem Moment, dass wir die Natur erkennen – und das braucht nicht Naturwissenschaft zu sein, das kann auch auf einer Bergwanderung nach oben, oder in der Strasse, wo auch immer der Fall sein – wenn dann mit dieser geistigen Kraft die Natur erkannt wird, dann wird sie verlebendigt. Siehe, ich mache alles neu, sagt der Christus…'

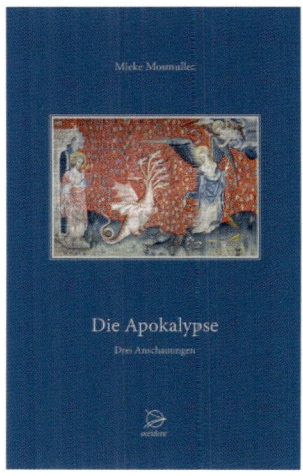

Leinen, 472 Seiten € 40,00 / CHF 45,00
ISBN 978-3-946699-16-3

* Auch in der Buchhandlung erhältlich *

Occident Verlag

Über Mieke Mosmuller

Mieke Mosmuller (* 21.2.1951 in Amsterdam) ist eine niederländische Ärztin, Philosophin und Autorin. Mit ihren Forschungen zum spiritualisierten und aktiven Denken hat sie die Wichtigkeit des Entwickelns des reinen Denkens für die Weltentwicklung und die des Menschen gezeigt.

Mieke Mosmullers Hauptwerk „Suche das Licht das im Abendland aufgeht" (1994) ist die philosophische Grundlage ihrer Arbeit und beschreibt das selbstständige Erleben des Geistes, ausgehend vom reinen Denken. Es sind philosophisch-spirituelle Zeugnisse des realen Erlebens des Geistes.

Es folgten danach über 55 Bücher, in denen sie diese Philosophie und ihr Wahrnehmungsvermögen für den Geist nicht nur beschreibt, sondern auch in mehrere Romane einfließen lässt, in denen die verschiedenen menschlichen Fähigkeiten und Qualitäten personifiziert erscheinen. Davon sind viele (auch) in deutscher, englischer und dänischer Sprache erschienen (siehe Bibliographie).

Seit dem Erscheinen ihres ersten Buches wurde Mieke Mosmuller regelmäßig für Vorträge und Seminare in den Niederlanden und Belgien eingeladen. Seit 2009 hat sich dies auch auf Vorträge und Seminare in Deutschland, Dänemark und der Schweiz ausgeweitet. Darüber hinaus gibt sie im Frühling und Sommer mehrtägige Seminare im Berner Oberland und begleitet Reisen nach Chartres. Ihre Bücher werden inzwischen bis in die Vereinigten Staaten, Kanada und nach Australien und Süd-Afrika verkauft.

Mieke Mosmuller gilt als Forscherin des reinen Denkens. Sie baut auf einem inneren Entwicklungsweg auf, den sie den Anweisungen Rudolf Steiners zu verdanken hat - den sie in ihren Romanen mit 'Meister des Abendlandes' andeutet.

Mieke Mosmuller blog:
www.miekemosmuller.com

Paperback, 240 Seiten
€ 19,38 / sFr 31,90
ISBN 90-75240-02-3

Leinen, 244 Seiten
€ 18,50 / sFr 27,75
ISBN 9783000247439

Leinen, 300 Seiten
€ 22,50 / sFr 35,00
ISBN 978-3-00-032790-2

Paperback, 116 Seiten
€ 15,00 / sFr 22,00
ISBN 978-3-00-040434-4

Leinen, 451 Seiten
€ 22,50 / sFr 38,90
ISBN 3-00-013367-4

Leinen, 224 Seiten
€ 17,50 / sFr 32,20
ISBN 978-3-00-021871-2

Leinen, 296 Seiten
€ 21,93 / sFr 42,90
ISBN 90-75240-09-0

Leinen, 320 Seiten
€ 19,50 / sFr 35,90
ISBN 3-00-018637-9

Leinen, 264 Seiten
€ 18,50 / sFr 27,75
ISBN 9783000232916

Leinen, 396 Seiten
€ 19,90 / sFr 30,00
ISBN 9783000275562

Leinen, 324 Seiten
€ 19,50 / sFr 30,00
ISBN 978300030934-2

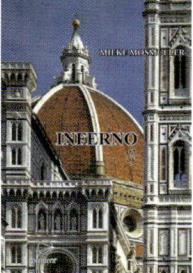
Leinen, 350 Seiten
€ 19,90 / sFr 29,85
ISBN 9783000259531

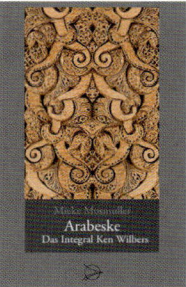
Leinen, 258 Seiten
€ 19,50 / sFr 30,00
ISBN 9783000286292

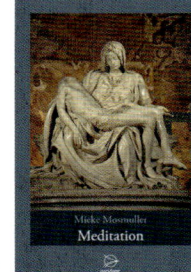
Leinen, 137 Seiten
€ 18,50 / sFr 27,50
ISBN 978-3-00-031889-4

Paperback, 240 Seiten
€ 22,50 / sFr 35,00
ISBN 978-3-00-034035-2

Leinen, 64 Seiten
€ 14,50 / sFr 21,74
ISBN 978-3-00-034669-9

Leinen, 592 Seiten
€ 39,90 / sFr 49,90
ISBN 978-3-00-036201-9

Leinen, 545 Seiten
€ 35,00 / sFr 45,00
ISBN 978-3-00-038134-8

Leinen, 84 Seiten
€ 16,95 / sFr 22,00
ISBN 978-3-00-039268-9

Paperback, 176 Seiten
€ 17,95 / sFr 25,00
ISBN 978-3-00-041847-1

Leinen, 392 Seiten
€ 45,00 / sFr 60,00
ISBN 978-3-00-043873-8

Paperback, 152 Seiten
€ 20,00 / sFr 30,00
ISBN 978-3-00-045310-6

Paperback, 120 Seiten
€ 20,00 / sFr 30,00
ISBN 978-3-00-045878-1

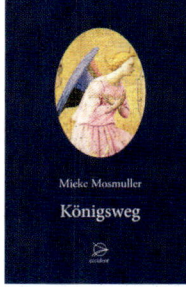
Leinen, 616 Seiten
€ 35,00 / sFr 45,00
ISBN 978-3-00-046854-4

Leinen, 222 Seiten
€ 30,00 / sFr 38,00
ISBN 978-3-00-048841-2

Leinen, 88 Seiten
€ 35,00 / sFr 40,00
ISBN 978-3-00-051079-3

Paperback, 132 Seiten
€ 15,00 / sFr 17,50
ISBN 978-3-00-050262-0

Leinen, 72 Seiten
€ 25,00 / sFr 28,00
ISBN 978-3-00-051901-7

Leinen, 176 Seiten
€ 30,00 / sFr 38,00
ISBN 978-3-00-052304-5

Paperback, 128 Seiten
€ 20,00 / sFr 25,00
ISBN 978-3-946699-00-2

Leinen, 123 Seiten
€ 28,00 / sFr 35,00
ISBN 978-3-946699-01-9

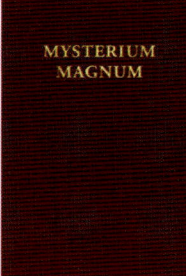

Leinen, 252 Seiten
€ 50,00 / sFr 55,00
ISBN 978-3-946699-02-6

Leinen, 68 Seiten
€ 25,00 / sFr 30,00
ISBN 978-3-94669-04-0

Leinen, 140 Seiten
€ 29,00 / sFr 30,00
ISBN 978-3-946699-03-3

Leinen, 170 Seiten
€ 25,00 / sFr 30,00
ISBN 978-3-946699-05-7

Leinen, 144 Seiten
€ 30,00 / sFr 35,00
ISBN 978-3-946699-06-4

Leinen, 220 Seiten
€ 30,00 / sFr 35,00
ISBN 978-3-946699-07-1

Leinen, 116 Seiten
€ 25,00 / sFr 30,00
ISBN 978-3-946699-08-8

Leinen, 192 Seiten
€ 30,00 / sFr 35,00
ISBN 978-3-946699-09-5

Paperback, 228 Seiten
€ 24,90 / sFr 30,00
ISBN 978-3-946699-10-1

Leinen, 76 Seiten
€ 25,00 / sFr 30,00
ISBN 978-3-946699-11-8

Paperback, 164 Seiten
€ 30,00 / sFr 35,00
ISBN 978-3-946699-12-5

Paperback, 268 Seiten
€ 24,90 / sFr 30,00
ISBN 978-3-946699-13-2

Paperback, 312 Seiten
€ 19,50 / sFr 25,00
ISBN 978-3-946699-14-9

MIEKE MOSMULLER

DIE APOKALYPSE

DREI ANSCHAUUNGEN

OCCIDENT VERLAG

Band MM 58

ISBN 978-3-946699-16-3
Alle Rechte vorbehalten
Copyright © Occident Verlag, Baarle Nassau 2020
Internet: www.occidentverlag.de
E-Mail: info@occidentverlag.de
Grafische Gestaltung: Carina van den Bergh
Siegel der Apokalypse gemalt von Clara Rettich, 1907.
Umschlagabbildung: Les tapisseries de l'Apocalypse de Jean d'Angers.
Artiste: Jan van Bondolf. Realisée XIV Siècle du Duc Louis I d'Anjou

INHALT

VORWORT..19

PARPAN PFINGSTEN 2018

ERSTE STUNDE 23

Johannes-Evangelium und die Geschichte des Lebens von Johannes. Johannes in Ephesus, Johannes auf Patmos, Schreiben des Johannes Evangeliums und der Apokalypse. Apokalypse und Einweihung. Objekt-Bewusstsein. Spiritualisierung des Denkens. Philosophie der Freiheit. Durchgang der Apokalypse.
Die Apokalypse im Ich.

ZWEITE STUNDE................................41

Geheimwissenschaft, kosmische Entwicklung. Begriff, Bedeutung, Bild, Meditation, Pflanze, Mensch. Rosenkreuz-Meditation. Offenbarung des Johannes. Erstes apokalyptisches Siegel. Meditation.

DRITTE UND VIERTE STUNDE............49

Wärme, Luft, Licht, Klang, Leben. Bewusstseinszustände, Lebenszustände, Formzustände, Haupt-Zeitalter, Kulturepochen. Briefe an die Gemeinden. Kleine und große Apokalypse. Sechste Kulturepoche und Jupiterphase. Die Geheimwissenschaft.

FÜNFTE STUNDE 6 5

Rosenkreuz und Apokalypse. Offenbarung Christi. Studium der Kategorien, Beziehung. Schöpfung aus dem Nichts. Platonisches Weltenjahr. Verstärkung des Denkens. Geheimwissenschaft. Rückschau. Apokalypse Vorschau. Christus in der ätherischen Welt. Lotosblumen. Der Thron im Himmel. Löwe, Stier, Adler, Mensch. Apokalypse im Umkreis. Johannes Evangelium und Sophia. Apokalypse und Einweihung. Philosophie der Freiheit.

SECHSTE STUNDE 8 3

Geographie Asia minor. Sieben Gemeinden. Altindische Epoche, persische Epoche, ägyptisch-chaldäische Epoche, griechisch-lateinische Epoche, europäische Epoche, russische Epoche, amerikanische Epoche. Die sieben Schreiben an die Gemeinden. Licht und Finsternis, zweiter Tod. Weltentsprossenes Wesen

SIEBENTE STUNDE 9 3

Der Menschensohn. Der Sohn Gottes. Brief an Tyatira. Brief an Sardes. Brief an Philadelphia. Brief an Laodicea. Man soll die Katastrophe auf sich selbst beziehen. Kleine und große Apokalypse.

ACHTE STUNDE 1 0 5

Der Thron im Himmel. Das Lamm Gottes. Lesen in der Akasha-Chronik. Eröffnung der Siegel. Stille im Himmel.

NEUNTE STUNDE 1 1 7

Pfingsten. Choral Johann Sebastian Bach, Jesu meine Freude. Einweihung. Anschauung von Christus. Ich sagen. Das sechste Zeitalter. Geistselbst. Tod und Leben, Freude und Leid. Ansturm der Gegenmächte. Posaunen. Planetensiegel. Kampf und Streit. Das Neue Jerusalem vorbereiten. Sphären-Harmonie. Das Blasen der Posaunen.

Vollkommener astralischer Zustand. Das Ideal der irdischen Entwicklung. Das vierte Siegel.

ZEHNTE STUNDE 131

Das Böse. Die Plagen. Die Stadt Babylon. Der Manichäismus. Kraft, Läuterung, Ausdauer, Prüfungen. Anfang der Menschwerdung. Das Ich als Dirigent. Das vierte Siegel. Die rote und blaue Säule. Die Bereitung des Steins der Weisen. Das mystische Lamm, der Siebenstern und der Sechsstern. Michael und der Drache. Mit dem Ich ein Apokalyptiker werden.

ELFTE STUNDE 147

Das Böse in Tiergestalt und die Menschengestalt. Der Hüter der Schwelle. Das Tier aus dem Meer. Das Tier mit den zwei Hörnern. Die Kraft des Drachens. Malzeichen zum Kaufen und Verkaufen. Die Vollendung der Sechs. Die Zahl 666. Die Erscheinung des Tieres. Die Posaunen klingen. Die große 666, die Zahl des Menschen. Imagination, Inspiration, Intuition. Die Verführung und das Lamm. Die Zornesschalen. Die Bewusstseinsseele. Die Selbstverantwortung der Menschen.

ZWÖLFTE STUNDE 161

Babylon damals und heute. Die göttliche Härte. Die Bewusstseinsseele und die Selbstständigkeit.

DREIZEHNTE STUNDE 171

Das Ausgießen der Zornesschalen und die esoterischen Stunden von 1924. Die Apokalypse ist die Einweihung. Das Erleben der Apokalypse im Ich. Die Säule im Neuen Jerusalem. Die Bilder und Clara Rettich. Das Bilden der Bilder. Das Fühlen der Idee wird Erleben. Babylon.

VIERZEHNTE STUNDE......................181

Das jüngste Gericht. Gestaltende Erinnerung. Bildgestaltung. Das Bild enthält den Begriff. Beispiel der imaginativen Tätigkeit. Der Sieg.

FÜNFZEHNTE UND
SECHZEHNTE STUNDE 187

Zitat aus: Rudolf Steiner, GA 346, Über das Neue Jerusalem gegenüber dem Alten Jerusalem. Der Heilige Gral. Das Neue Jerusalem. Das spiritualisierte Denken als Substanz. Die Edelsteine. Die Zeit. Die Dauer. Die Hochzeit des Lammes. Shambhala. Die Erscheinung von Christus in der ätherischen Welt. Jaweh und Christus. Jesu meine Freude.

KIENTAL SOMMER 2018

ERSTE STUNDE 211

Geheimwissenschaft. Bewusstseinszustand, Lebenszustand, Formzustand, Hauptzeitalter, Kulturepoche, Nachatlantische Kulturepochen. Abraham, Moses, David, Elias, Gilgamesh, Eabani, Zarathustra, Christus. Höheres Devachan, niederes Devachan. Astralischer Zustand physisch-irdischer Zustand. Eine große, größere und noch größere Apokalypse. Untergang, Weltgericht, die Manichäer bis an Vulkan. Das Existieren des Bösen für immer Besseres. Bewusstseinsseele. Priester werden. Die Individualität, die die Schale ist. Gottessohn und Menschensohn. Alle Menschen werden Brüder. Geburtsprozess. Offenbarung des Johannes. Zeitverwandlungen. Moralische Unterschiede. Das Wählen des Bösen. Besessenheit oder selbstbewusst gewähltes Böses. Verstandesseele, Bewusstseinsseele, Spiritualisieren des Denkens, moralische Intuition und das Arbeiten an dem Neuen Jerusalem.

ZWEITE STUNDE 225

Apokalypse und Anthroposophie. Die Siegel. Anschauung des Denkens. Ich-Tätigkeit. Die Offenbarung nimmt individuelle Form an. Bild und Bedeutung in einem. Die Erleuchtung. Das zweite Siegel. Die fünfte Gestalt und die vier Tiere. Der Menschensohn. Tätigkeit und Absehen von der Tätigkeit. Der Glaube lebt.

DRITTE STUNDE 235

Leibnitz, ein Schöpfungsoptimismus. Geburtswehen für das Neue Jerusalem. Das Denken selbst in die Hand nehmen. Michael, der Verwalter der kosmischen Intelligenz. Briefe an die sieben Gemeinden. Öffnung der sieben Siegel. Dionysius der Areopagit, Johannes Scotus Eriugena und Thomas von Aquino. Die kleine Apokalypse nach Christus. Erste Posaune während der Kreuzzüge, sechste Posaune in Rudolf Steiners Zeit, siebente Posaune in unserer Zeit der kleinen Apokalypse, später in der großen Apokalypse. Sorat kommt in einmal 666, in zweimal 666 und jetzt in dreimal 666. Gondishapur, Prozess der Templer, Christus im Ätherischen und im zweiten Weltkrieg. Das Bild von dem Weib mit der Sonne bekleidet und mit dem Drachen unter den Füßen. Die ganze Menschheit geht über die Schwelle. Das Mysterium Magnum. Der Engel mit dem Büchlein. Wolken-, Regenbogen,- und Feuerfüßen- Menschen. Babylon, Wirtschaft und Geld. Gefahren für die mitteleuropäische Kulturepoche. Der deutsche Geist. Die Spiritualisierung des Denkens. Materialismus und schwarze Magie. Besessenheit und Sorat. Satan, Erdachsen- und Planetenbahnen- Änderung. Gesundes Planetensystem durch innerliche Arbeit des Menschen

VIERTE STUNDE 249

Durch Spiritualisierung des Denkens wird das Denken eine Kunstform. Erleben von verschiedenen Landschaften. Unterscheidung in den sieben Briefen. Aspekt des Menschensohnes. Nicolaiten, Materialisten. Reihenfolge der Meditationen.

FÜNFTE STUNDE.............................259

Thron Gottes. Der Menschensohn. Konzentration und Meditation. Ich und Astralleib außerhalb des Physisch-Ätherischen. Bilder der Rosenkreuzer- Einweihung. Verschiedene Aspekte des Menschensohnes. Die Zahl Sieben und die Gemeinschaften. Die Zahl Zwölf und die Individualitäten. Jede Individualität hat ihre eigene Möglichkeit. Die Menschheit geht über die Schwelle. Eine Dreigliederung der Menschheit. Adler, Löwe, Stier. Der Wassermann gleicht aus. Das Ich kann von innen heraus, von dem Denken heraus, vollbewusst alles in die Hand nehmen. Das platonische, inspirierte Einweihungsdenken wurde durch Aristoteles in Verstandesformen gebracht. Das neue Denken fängt an. Die göttliche Intelligenz, das göttliche Wort, kommt auf Erden. Das Öffnen der Siegel durch das Lamm. Der Löwe aus dem Stamm von Juda. Das Pferd und die Fähigkeit des Denkens. Die vier Pferde und die verschiedenen Arten des Denkens.

SECHSTE STUNDE............................273

Das vierte Siegel. Das Aufkommen von Mohammed und Gondishapur. Leibgebundenheit. Wie finde ich den Christus? Der Tod des Denkens. Der Weg der Spiritualisierung des Denkens. Das fünfte Siegel ist kein Pferd, aber eine heilige menschliche Gestalt. Scotus Eriugena. Verstehen mit dem reinen Denken. Drei Glieder der Seele. Die Lehrer von Chartres. Das sechste Siegel, die Schwelle zur geistigen Welt. Das siebente Siegel, Stille im Himmel, das Herankommen der Inspiration. Alttestamentarische Rache. Karma und Erlösung durch Christus. Kreuzzüge, Posaunenklänge.

SIEBENTE STUNDE............................285

Die Nachatlantische Zeit, fünfte Kulturepoche. Das Blasen der Posaunen. Die kleine Apokalypse. Die Vorbereitung der Inspiration. Wermut bei der dritten Posaune und die große Katastrophe von Tschernobyl. Ich-lose Menschen, eine Plage der Menschheit. Das Verspielen des Ichs.

ACHTE STUNDE 297

Ein starker Engel mit dem Buch. Bereitung des Steins der Weisen. Mars und Merkur. Rotes Blut und blaues Blut, Elias und Moses, Stärke und Weisheit. Spiritualisierung des Denkens, Stärke durchdringt Weisheit. Die Erscheinung des Christus in der ätherischen Welt. Das Büchlein. Philosophie der Freiheit. Das Weib mit der Sonne bekleidet. Der Drache überwunden. Bilder von früheren Zuständen der Erde.

NEUNTE STUNDE 305

Die Seele im Spiegel des Ätherleibes. Das zweite apokalyptische Siegel. Rosenkreuzer Einweihung, sieben apokalyptische Bilder. Leibfreies Schauen. Schulung der Konzentration. Der Menschensohn. Vorahnung des Neuen Jerusalem. Die sechste Kulturepoche. Alle Menschen werden Brüder. Michael und der Drache. Abirren der Naturwissenschaft. Der Drache unter uns. Freiheit, Kosmopolitismus, keine Globalisierung, Befreiung, Sturz der Geister der Finsternis. Der Doppelgänger.

ZEHNTE STUNDE............................317

Das Tier mit den zehn Hörnern und sieben Köpfen. Das Tier mit den zwei Hörnern. Die Zahl 666. Die siebente Kulturepoche. Vervollkommnung und furchtbare Dekadenz. Das Jahr 333. Das Menschen-Ich kommt zu den Menschen. Die Wirksamkeit von Sorat, nur Vererbungskräfte, keine Freiheit durch das Ich. Der Christusimpuls als Impuls des Sohnes. Die Freiheit der Geister, Brüder Christi. Das Reich des Vaters, die Natur, kommt in das Reich des Geistes durch den Sohn und geht wiederum vom Geist in die Natur zurück durch den freien Willen des Menschen. Mensch und Tier, 666. Der Arabismus. Die Vaterlehre, der Mensch als höheres Tier. Die Transsubstantiation, eine Wandlung der Substanz. Der Karma-Begriff und die Individualität. Das Erfassen der Idee in der Wirklichkeit.

ELFTE STUNDE.................................327

Der Sonnendämon, Sorat. Untergang der Templer, 1312. Jacques de Molay's Tod, 1314.
Die christliche Einweihung. Plato und die Tapferkeit. Die Templer und der Johanniter Orden. Raimundus Lulus von Mallorca. Das Wiedererscheinen des Sorat im 20. Jahrhundert, gegen die Erscheinung von Christus in der ätherischen Welt, 1933. Jürgen Habermas, Theorie des kommunikativen Handelns. Philosophie der Freiheit. Feindseligkeit gegen Rudolf Steiner wegen angeblichem Rassismus, 1998, ein Sorat Ereignis. Das Anschauen und Verstehen der Idee des Denkens. Die anthroposophische Bewegung. Das Ergreifen der Denk-Tätigkeit von den Geistern der Finsternis. Das Flüchtlingsproblem und der individuelle Geist.

ZWÖLFTE STUNDE............................339

Das Ausgießen der Zornesschalen. Die Stadt Babylon, Charakteristik der Hure Babylons. Der Übergang von der fünften in die sechste Kulturepoche.

DREIZEHNTE STUNDE.....................347

Anschauung der Seele im Spiegel des Ätherischen. In der Vervollkommnung schaut sich die seelische Welt an. Die Erden-Aura und die Apokalypse. Christus Triumphator. Der Mensch als Priester. Die Entwicklung der höheren Wesensglieder.

VIERZEHNTE STUNDE.....................359

Die Philosophie der Freiheit. Die Spiritualisierung des Denkens. Der Denkleib. Das Phantom. Der Stein der Weisen. Imagination, Inspiration, Intuition.

FÜNFZEHNTE STUNDE....................371

Luziferische Vergangenheit, ahrimanische Zukunft. Erde und Himmel, Jerusalem und das Neue Jerusalem. Das Jahr 5800 und die Fruchtbarkeit der Frauen. Philadelphia.

SECHZEHNTE STUNDE....................383

Das Neue Jerusalem.

BAARLE NASSAU ADVENT 2018
INNERE APOKALYPSE

ERSTE STUNDE................................389

Einführung. Die Gnosis. Der große Hüter der Schwelle. Die Briefe an die Gemeinden. Die Lotusblumen im Verhältnis zu den Briefen.

ZWEITE STUNDE............................405

Der Thron im Himmel. Das zweite apokalyptische Siegel. Das Lamm. Der Weg der Einweihung. Das Öffnen der Siegel. Das Erlangen der Imagination. Der Übergang zur Inspiration. Die Schlange. Kundalini. Das Ziel der irdischen Entwicklung. Der farbige flüssige Diamant. Die Posaunen. Vergeistigung und Abfall. Manichäismus.

DRITTE STUNDE............................427

Die fünfte Posaune. Die Heuschrecken und die Gedanken. Der Merkurstab und der Nous. Der Engel mit dem Büchlein. Intellektuelles Denken. Das Lesen in der Akasha-Chronik. Die sechste Posaune. Das Loslassen der Winde. Die zwei Zeugen. Die Bundeslade. Kampf und

Befreiung. Das ewige Selbst. Das Weib mit der Sonne bekleidet. Der Drache. Das Tier aus dem Wasser. Das Tier aus der Erde. Das Bild des Tieres. 666. Das Lamm auf dem Berg. Die reinigende Wirkung des Feuers. Von Jesus zu Christus. Die Intuition. Respekt für alle Religionen.

VIERTE STUNDE.............................451

Intuition. Das Ausgießen der Zornesschalen. Hiram und Johannes. Die Frau oder der Engel mit dem Drachen unter den Füßen. Materielle Materie und Ur-Materie. Babylon. Die Philosophie der Freiheit. Nochmal Babylon. Das Neue Jerusalem.

BUCHSCHLUSS.................................469

VORWORT

2018 fanden drei Seminare zum Thema Apokalypse statt, zwei in der Schweiz und eines in den Niederlanden. Jedes Jahr bringen wir ein mehrtägiges Schweizer Seminar in Buchform heraus und im Jahr 2020 war eigentlich das Thema "Die Trinität" aus dem Jahr 2017 geplant. Aber die Ereignisse des Jahres 2020 haben uns dazu veranlasst, der "Apokalypse" die Priorität zu geben. Es umfasst insgesamt neun volle Seminartage. Die relevanten Bibeltexte wurden so aufgezeichnet, wie sie vorgelesen wurden, um die Kohärenz zwischen den gesprochenen und den biblischen Texten und den gestellten Fragen zu erhalten.

Die beiden Schweizer Seminare wurden in deutscher Sprache von mir, einer Holländerin, gehalten. Die aufgezeichneten Texte wurden von einer Schweizerin, Raphaela Kühne, ausgearbeitet. Wir, Jos und Mieke Mosmuller, haben sie dann zunächst inhaltlich bearbeitet und sie wurden dann von zwei Deutschen, Ines Michael und Florian Bauer, sprachlich korrigiert. Das niederländische Seminar wurde ins Deutsche übersetzt. Aller Wahrscheinlichkeit nach sind immer noch niederländische Einflüsse und Kleinigkeiten zu finden. Hoffentlich findet der Leser das eher charmant als störend.

Baarle-Nassau, Dezember 2020,
Mieke Mosmuller

PARPAN PFINGSTEN 2018

ERSTE STUNDE

Parpan, 18.05.2018

Ansprache Jos Mosmuller:

Als Einleitung zu Mieke Mosmullers Pfingstseminar 2018 über die große Johannes-Apokalypse sprach ich über die Individualität von Johannes. In der Bibel findet man im Neuen Testament vier Evangelien. Die ersten drei sind die sogenannten synoptischen Evangelien, das Matthäus-, das Markus und das Lukas-Evangelium. Diese drei Evangelien geben auf eine übereinstimmende Weise die Geschehnisse wieder. Das vierte Evangelium, das Johannes-Evangelium, weicht deutlich davon ab. Es hat eine ganz andere Art, die Geschehnisse zu beschreiben. Durch die Erzählung hindurch erlebt man einen geistigen Entwicklungsstrom. Das wird auch durch den Sprachgebrauch deutlich, der sehr künstlerisch und poetisch ist. Wenn man in den synoptischen Evangelien über den Apostel Johannes liest, scheint das ein ganz anderer Mensch zu sein als der Johannes aus dem Johannes-Evangelium. Im Johannes-Evangelium wird der Name Johannes nur für Johannes den Täufer verwendet. Es wird da nicht über Johannes den Apostel gesprochen, sondern über den Jünger oder Apostel, den der Herr lieb hatte. Mit dieser Benennung wird er eigentlich immer angedeutet. In den synoptischen Evangelien wird gesagt, dass Jakobus und Johannes, die Söhne des Fischers Zebedäus, zu Bethsaida am Tiberischen Meer mit Fischernetzen am Werk sind, als der Herr Jesus vorbeikommt. Er ruft sie, und sie lassen ihre Netze liegen und folgen ihm. Auch die Apostel Petrus, sein Bruder Andreas und Philippus waren Fischer. Sie wohnten ebenfalls in der Stadt Bethsaida am Tiberischen Meer, auch See von Genezareth oder Galiläa genannt. Johannes und Jakobus wurden vom Herrn als die Söhne des Donners gerufen. Sie erhielten den Namen Boanerges oder Donnersöhne (Mk 3,17). Von Rudolf Steiner wissen wir, dass der Donnersohn bedeutet, dass die Seele in den Zustand der Gemüts- und Verstandesseele gekommen ist. Simon Petrus wird Petrus, Petra oder Felsen genannt,

23

auch ein Ausdruck für die Verstandesseele. Dies ist der Zustand der Seele, zu dem die Menschen sich in der griechisch-römischen Zeit am weitesten entwickelt hatten. Seit dem 15. Jahrhundert, der Renaissance, konnten die Menschen zu einer nächsten Phase der Seelenentwicklung, der Bewusstseinsseele, kommen.

Die drei am weitesten entwickelten Apostel waren darum Petrus, Johannes und Jakobus. Sie wurden von Jesus auf den Berg Tabor mitgenommen und erleben da die Transfiguration und Verherrlichung von Jesus, der in einem strahlend weißen Licht erscheint, neben ihm Moses auf der einen Seite und Elias auf der anderen Seite. Sie sind ganz darin aufgenommen, und als sie wieder zu sich kommen, sehen sie nur noch Jesus, Elias und Moses sind verschwunden. Und dann kommt bei ihnen die Frage auf, wie es mit Elias ist, denn von Elias wurde im jüdischen Glauben erwartet, er werde zurückkommen, um alles zu erneuern. Und Jesus antwortet: Ja, Elias ist schon wiedergekommen. Es zeigt sich, dass er Johannes den Täufer meint, dies wird dann auch sehr deutlich ausgesprochen. Die Bibel spricht hier unverkennbar über Reinkarnation.

Johannes der Täufer erweist sich als eine wichtige Individualität, von der der Herr verkündet, dass er der Prophet Elias ist und wiedergekommen ist. Aber sein Schicksal ist, dass er durch König Herodes gefangengesetzt und letztlich enthauptet wird. Von Rudolf Steiner wissen wir, wie Johannes der Täufer nach seinem Tod in den Aposteln weiterwirkt.

Wenn man dann von den drei synoptischen Evangelien zum vierten Evangelium, dem Johannes-Evangelium, übergeht, findet man da eine bemerkenswerte Erzählung. Es wird da gesagt, dass ein Freund des Herrn krank ist, und dieser Freund heißt Lazarus. Er wohnt zusammen mit seinen zwei Schwestern Maria und Martha in Bethanien, zwei bis drei Kilometer südöstlich von Jerusalem, auf der anderen Seite des Ölbergs. Jesus kam hier oft zu Besuch. Lazarus kommt von Eleazaros und bedeutet ‚Gott hat geholfen‘.

Es wird also erzählt, dass Lazarus krank ist und dass der Herr in der Stadt Peräa davon hört, aber noch drei Tage wartet, bevor er zu den Kranken geht. Als er schließlich in Bethanien ankommt, ist Lazarus schon vier Tage gestorben. Martha und Maria gehen ihm entgegen und sind verzweifelt, weil Lazarus gestorben ist. Aber Jesus sagt: Er wird auferstehen und leben. Maria und Martha gehen mit Ihm zum Grab, wobei er weint und dann ruft: ‚Lazarus, komm heraus'. Und Lazarus steht auf und kommt wirklich aus dem Grab.

Und von diesem Moment an, schreibt Rudolf Steiner, ist es so, dass die Individualität von Johannes dem Täufer sich auf Lazarus konzentriert. Von diesem Moment an ist Lazarus nicht mehr Lazarus, sondern Lazarus-Johannes. Und dann wird er eigentlich erst der Apostel Johannes. Rudolf Steiner hat die Verbindung zwischen Johannes dem Täufer, Johannes, dem Zebedäussohn, und dem Johannes, der der Evangelist wird, Lazarus-Johannes, beschrieben. Beim letzten Abendmahl wird deutlich sichtbar, dass Lazarus Johannes der Apostel ist, den der Herr lieb hat. Der Name Johannes bedeutet im Hebräischen ‚Gottes Gnade'. Er liegt beim Abendmahl an der Brust des Herrn und hört, was im Herrn vorgeht. Darum bittet Petrus Johannes beim Abendmahl: ‚Frage den Herrn, wer es ist, der ihn verraten wird', und Johannes fragt es. Er kann dies fragen, weil der Herr ihn so lieb hat und ihm innerlich am nächsten ist. Johannes steht dann schließlich zusammen mit der Mutter Maria unter dem Kreuz auf Golgatha, und der Herr sagt zu seiner Mutter: ‚Frau, siehe, dein Sohn.' Und zu dem Jünger sagt Er: ‚Siehe, deine Mutter.' Von da an nimmt der Jünger die Mutter zu sich ins Haus. Durch diesen Moment bekommt er die Kraft, das Johannes-Evangelium zu schreiben, und das wird dann später von Johannes auch ausgeführt.

Nachdem der Herr gestorben, begraben und auferstanden war, reiste Johannes mit Maria zu der griechischen Stadt Ephesus an der Westküste der heutigen Türkei.

Die Stadt Ephesus war seit 550 v. Chr. durch das Artemis-Heiligtum, das Artemisium, bekannt, ein enormer Tempelkomplex von 8.000 qm.

Dieses Artemisium hatte einen Tempel mit einer größe von 110 × 55 Metern und zwei Reihen dunkelgrüner Marmorsäulen von 18 m Höhe, der der Fruchtbarkeitsgöttin Diana oder Artemis geweiht war. Der Tempel war als einer der sieben Weltwunder bekannt. Mitten in dem Tempel stand die Frauengestalt Artemis, die viele Brüste hatte, um ihren Hals eine Kette mit den zwölf Tierkreiszeichen trug und links und rechts von ihrem Kopf und auf ihrem Kleid viele Löwen, Leoparden, Stiere und Greife trug. Amberfarbene Tränentropfen verzierten das Bild. Hierdurch entstand der Eindruck eines Lebensbaumes. Sie war die Meisterin der Tiere und das Bild des vorgeburtlichen Lebens.

Im Geburtsjahr Alexander des Großen, 356 v. Chr., wurde von Herostrat eine Fackel in den Tempel geworfen, und hierdurch brannte der Tempel größtenteils ab. 325 v. Chr. wurde er in noch prächtigerem Zustand wiederhergestellt. Der Römer Plinius der Ältere (23-79 n. Chr.) beschreibt diesen Tempel in seiner ganzen neuen Pracht. 401 n. Chr. wurde der Tempel schließlich durch Christen unter Johannes Chrysostomos zerstört, nachdem er zunächst noch als Kirche gedient hatte.

Als Johannes im Jahr 50 n. Chr. nach Ephesus kam und in den Artemistempel ging, um zu beten, flüchteten die Dämonen, die sich inzwischen dort aufhielten. Der Altar und eine Reihe von Säulen stürzten ein.

Hierauf schrieb Johannes in Ephesus das Johannes-Evangelium, aber veröffentlichte es erst viel später.

Im Paulusbrief an die Galater steht, dass Johannes im Jahr 50 n. Chr. in Ephesus so stark predigte, dass er neben Petrus und Jakobus als einer der drei großen Säulen des Christentums betrachtet wurde. Aber gerade, weil er so stark und kräftig predigte, kam dies Kaiser Domitian zu Ohren, der die Christen verfolgte. Johannes wurde gefangen genommen und mit dem Schiff nach Rom gebracht. Bei der Porta Latina in Rom wurde er in ein Fass mit kochendem Öl geworfen. Aber wie durch ein Wunder geschah ihm nichts. Er kam lebend und unversehrt aus dem heißen Öl wieder heraus. Dem Kaiser blieb nur noch eine Möglichkeit übrig, und das war die Verbannung auf die griechische Insel Patmos. Dort wohnte Johannes bis zum Jahr 96 n. Chr. und schrieb hier die Apokalypse, die Johannes-Offenbarung. Als Kaiser Domitian im Jahr 96 von seinen Dienern in Rom ermordet wurde, bedeutete das für Johannes das Ende seiner Verbannung, und er konnte Patmos verlassen und wieder nach Ephesus gehen. Er lebte dort noch bis 101 n. Chr. und wurde 99 Jahre alt.

Der Dominikaner Jacobus de Voragine (um 1244), Theologe und Erzbischof zu Genua in Italien hat die Legenda Aurea geschrieben. Eine Reihe dieser schönen Legenden handeln von Johannes in Ephesus.

Die erste Legende ist wie folgt: Als Johannes von Patmos zurückkam und erneut nach Ephesus reiste, begegnete er bei seiner Ankunft der Frau Drusiana, bei der er zuvor immer gewohnt hatte. Es zeigte sich, dass sie gerade verstorben war, er kam an ihre Bahre und fand es so traurig, dass er zum Herrn betete, sie auferstehen zu lassen. Und tatsächlich stand die Frau auf und nahm Johannes mit in ihr Haus, damit er dort wieder wohnen konnte.

Eine andere Legende, die Voragine beschrieben hat, handelt von dem griechischen Philosophen Gratos und Johannes in Ephesus. In philosophischen Diskussionen, die der Philosoph Gratos mit zwei reichen jungen Männern hatte, sagte er: Man darf nicht auf seinen Besitz vertrauen, man darf nicht auf sein Geld oder Gold vertrauen, bringt es zu mir, dann werde ich es vernichten. Und das tat er, er vernichtete allerlei wertvolle Dinge und Kleider und rief die jungen Menschen dazu auf, die äußere Welt zu verachten. Darauf mischte sich Johannes in das Gespräch ein und sagte: ,Wenn du vollkommen sein willst, geh hin und verkaufe alles, was du hast, und gib es den Armen.' Darauf erwiderte ihm Gratos: ,Wenn Gott wirklich dein Meister ist, dann mach, dass zerfallene Edelsteine wieder heil werden.' Johannes erbat es innerlich und die Edelsteine wurden wieder heil, noch schöner als vorher, und Gratos wurde gläubig. Die jungen Männer verkauften all ihren Besitz.

Eines Tages aber sahen die jungen Männer, dass ihre früheren Diener in prächtigen Gewändern herumliefen und bereuten, dass sie ihren Besitz geopfert hatten. Als Johannes das sah, ließ er die beiden jungen Männer ans Meer an den Strand gehen, um Sand und Kiesel zu holen, und machte daraus Gold und Edelsteine: Kauft hiervon euren Besitz wieder zurück, aber versteht wohl, dass ihr euren himmlischen Lohn verloren habt.

Hier wirkt Johannes alchemistisch, wie man es im 18. Jahrhundert beim Grafen von Saint Germain wiederfindet, der aus einfachen Steinen die schönsten Diamanten machen konnte. Letztlich kehrten die Jünglinge dann auch wieder zu ihm zurück und flehten ihn an, sie wieder aufzunehmen. Nachdem die Jünglinge dreißig Tage Buße getan hatten, verwandelten sich die Edelsteine wieder in Sand und Kieselsteine – so erzählt die Legende.

Eine andere Geschichte aus der Legenda Aurea erzählt über Aristodemus, den Hohepriester des Artemistempels, der einen Aufstand des Volkes gegen Johannes forcieren wollte und ihn im Tempel ein Opfer für Artemis bringen lassen wollte. Johannes schlug Aristodemus vor, dass jeder von ihnen zu seinem eigenen Gott beten sollte. Aristodemus sollte zur Göttin Artemis bitten, dass die Kirche von Christus einstürzen möge, und Johannes würde zu Christus bitten, dass der Artemistempel einstürzen möge. Darauf stürzte der Artemistempel ein. Aber Aristodemus wollte das Gottesurteil nicht annehmen und stachelte das Volk erneut auf, sodass zwei Parteien für und gegen Johannes entstanden. Johannes ging darauf zu Aristodemus und sagte ihm, dass er alles tun wolle, um den Streit beizulegen. Aristodemus sagte: ‚Ich will dir Gift zu trinken geben. Wenn du davon keinen Schaden leidest und es überlebst, dann glaube ich, dass dein Gott der wahre Gott ist. Davor aber will ich, dass zwei andere Menschen auch den Giftbecher trinken, sodass du sehen kannst, wie es wirkt, und verzweifelt wirst.' Und er ließ zwei verurteilte Verbrecher kommen und gab ihnen vor dem ganzen Volk den Giftbecher zu trinken, sie waren unmittelbar tot. Danach reichte er den Becher Johannes. Dieser machte ein Kreuz über dem Becher, und das Gift entwich als eine Schlange aus dem

Becher. Danach trank er den Becher aus, und es geschah nichts. Dann gab er Aristodemus seinen Mantel und bat ihn, den Mantel über die gestorbenen Verbrecher zu legen. Das tat er, und die Toten erwachten wieder zum Leben. Da war Aristodemus überzeugt und bekehrte sich zum Christentum.

Die letzte Legende erzählt vom Jahr 101 nach Christus, als Johannes 99 Jahre alt geworden war. Der Herr kam zu ihm und sagte: ‚Komm jetzt, mein Auserwählter, es ist Zeit, dass du an meinen Tisch kommst und zusammen mit deinen Brüdern gespeist wirst.' ‚Johannes wollte unmittelbar kommen. Aber der Herr sagte: ‚Am Sonntag sollst du zu mir kommen.' ‚Johannes wartete bis Sonntag, und wie er es gewohnt war, predigte und betete er auch an diesem Sonntag. Es waren viele Menschen da, und er bat sie, neben dem Altar, wo er predigte, ein Loch zu graben. Danach stieg er in das Grab, und ein großes Licht umstrahlte ihn, sodass ihn niemand mehr sehen konnte. Danach war das Grab voll mit Himmelsbrot (Manna).

Manna bedeutet auch Manas. Manas ist der Geist, der aus dem Himmel kommt. Hier kommt man auch auf die Bedeutung des Wortes Johannes. Von Rudolf Steiner wissen wir, dass der Name Johannes bedeutet, dass die Buddhi in Manas kommt, und das ist ein sehr schönes Bild in dieser Legenda Aurea, dass die Buddhi in Manas kommt, dass der Lebensgeist in das Geistselbst hineinkommt.

Ich will mit einer schönen Tradition der katholischen Kirche enden. Die Heiligen sind oft Schutzheilige der verschiedenen Berufe. Und die Berufe, die mit Johannes dem Evangelisten, Lazarus-Johannes, zusammenhängen, sind Schreiber, Verleger und Grafiker, aber auch Korbflechter, Weber, Glockengießer, die Handwerker. Aber das Wichtigste ist, dass er der Schutzheilige der Freundschaft ist. Wie Johannes am Ende seines langen Lebens sagen konnte: ‚Kinder, liebet einander.'[1]

---

[1] *Literatur:* Letzte Ansprache Rudolf Steiners vom 28.9.1924. Ergänzende Bemerkungen zur letzten Ansprache, GA 238 Das Christentum als mystische Tatsache, GA 8. Anthrowiki: Johannes Evangelist. Wikipedia: Johannes Apostel. Anthrowiki: Donnersöhne.

Gut, dann gebe ich jetzt das Wort an Mieke.

MM: Wenn man so eine Frage zu einem Seminar bekommt, dann erfährt man beim Überdenken natürlich den Unterschied zwischen diesem Johannes-Evangelium und der Apokalypse und dieser Unterschied ist gewaltig, wirklich. Es ist derselbe Verfasser, ist derselbe Mensch, der die beiden Schriften geschrieben hat, aber die Apokalypse ist Inhalt der Einweihung. Und man kann sie in verschiedener Art auch auffassen. Da beginnt schon die Kompliziertheit, denn in welcher Weise wollen wir das dann jetzt tun? Ich habe natürlich vorher gewählt, wie ich das jetzt tun will und habe gewählt, dass wir die Apokalypse so auffassen, dass sie die Einweihung ist, die das Ich mit Christus durchglüht und durchwärmt und durchglänzt und durchgnadet. Und dass dasjenige, was in der Apokalypse gegeben wurde, dass wir das in unserem Ich als eine Geschichte des Ich, jeder für sich, erleben können. Und weil alles, was in dem menschlichen Ich innerlich an Entwicklung sich darbietet, auch äußerlich sich abspielt, kann man die Apokalypse auch als ein geschichtliches und prophetisches Dokument ansehen, aber dann kommt es sehr darauf an, dass man den Verstand überwunden hat. Da liegt eigentlich die große Schwierigkeit. Denn wenn man dieses Buch mit dem Verstand deuten möchte, dann kommt etwas Schreckliches heraus, das kann man eigentlich so gar nicht machen. Aber der Verstand will das natürlich doch immer tun, kann es eigentlich auch nicht anders und nimmt dann diese Inhalte, die mit dem gegenständlichen Bewusstsein, mit dem imaginativen Bewusstsein, mit dem inspirierten Bewusstsein und mit dem intuitiven Bewusstsein zu tun haben, alle mit dem gegenständliche Bewusstsein auf. Und das bedeutet, der Verstand macht alles zum Gegenstand, setzt es aus sich heraus, setzt es dahin und fängt dann zu urteilen an. Dann hat man die Apokalypse, die steht in einem Buch und darin gibt es merkwürdige und auch schreckliche, furchterregende und auch selige Bilder. Diese dürfen eigentlich gar nicht zum Gegenstand gemacht werden. Und das ist das große Problem mit der Apokalypse.

Also, wir sind jetzt mit dieser Gruppe seit 2012 an der Arbeit. Viele von der ersten Stunde sind noch immer da und das allererste Mal, dass wir im Parzival Haus waren, hatten wir dieses Bild hier als Leitmotiv, das Bild des Heiligen Gral. Ich habe damals versucht eine erste Übung in der Spiritualisierung des Denkens zu aktivieren.

So ist es dann immer weiter und weiter gegangen und eigentlich könnte man sagen, wenn nicht die Intelligenz spiritualisiert ist, dann kann man natürlich die Apokalypse trotzdem lesen und aufnehmen und erleben, aber dass man sie auch wirklich versteht, das liegt nicht in der Möglichkeit. Also, wir brauchen wirklich diese spiritualisierte Intelligenz.

Andererseits gibt es vielleicht kein besseres Dokument. Wir haben die Philosophie der Freiheit[2], wir haben das Johannes-Evangelium und wir haben die Apokalypse. Und vielleicht gibt es kein besseres Dokument, um die Intelligenz auch wirklich zur Spiritualität zu erheben, als diese Apokalypse. Also, das ist immer wieder paradox, die Intelligenz ist nicht spirituell und mit der gewöhnlichen Intelligenz kann man die Apokalypse eigentlich nicht verstehen, aber die Apokalypse spiritualisiert die Intelligenz. Also andererseits ist es ein gutes Medium, um damit tätig zu sein, damit dann letztendlich diese Intelligenz ihre eigentliche Wesenheit wiederfindet.

Als ich mit dem Schreiben angefangen habe, da war das Herz so voll, das ist es noch immer, dass der Mund sprechen muss, oder der Schreibstift gleichsam schreiben muss, um das auszuhalten. Ich habe dann auch Romane geschrieben und der dritte Roman ist die Entwicklung des Ich vom Gesichtspunkt des Ätherischen. Der Titel ist Lotus und Lilie, ist auf Deutsch übersetzt, und wird im nächsten Jahr herausgegeben werden.

Darin kommt der Buddhistische Meister nach Europa und lernt die Europäer kennen, die abendländischen Menschen und er hat seine psychologische Hellsichtigkeit mitgenommen und sieht dann eigent-

---

[2] In aller Bescheidenheit: Wir haben jetzt auch 'Suche das Licht, das im Abendlande aufgeht'.

lich in all diesen strebenden Europäern, dass sie gleichsam Inseln sind, dass jeder auf einer eigenen Insel wohnt und dass es eigentlich auch kaum möglich ist, dass eine andere Insel besucht wird, oder dass Besuch erhalten wird.

Das gibt ihm den Impuls, seinen Buddhismus im Abendland einzuführen und auch viel dafür zu tun. Und was er sieht, ist die persönlich gewordene Intelligenz, die nicht mehr die Möglichkeit hat, sich ganz von dem Ego loszulösen, die Intelligenz wird mehr oder weniger mit dem Ego eingesetzt und ergibt diese Inselqualität, obwohl die Intelligenz natürlich ursprünglich eine universelle ist. Das sieht er nicht, aber er sieht diese abgekapselten Einheiten. Wenn man sich selbst schult im Denken, so wie das von Rudolf Steiner initiiert wurde, dann kommt man so weit, dass man diese Einsamkeit seiner eigenen Innerlichkeit erlebt und dann auch erlebt, wie eingeschränkt der Verstand eigentlich ist, obwohl er über Universalien verfügt, er hat die allgemeinen Begriffe zur Verfügung und kann sie auch im Allgemeinen miteinander verbinden und wieder lösen. Aber der Verstand selbst hat die Form der Egoität angenommen und sitzt in einem bürgerlichen Korsett eingeschnürt, so ganz in der Urteils- und Meinungsfestung eingeschlossen.

Und wenn dann allmählich dieser Verstand spiritualisiert wird, dann ist eigentlich das Erste, was bemerkbar wird, dass der Diamant flüssig wird, dass dieser Stein, der an sich die Klarheit und Durchsichtigkeit hat, dass dieser nicht mehr hart und zusammengeballt bleibt, sondern dass er flüssig wird und dass die Insel sich in den Ozean der Gedanken auflöst und dann eine ganz andere Qualität bekommt. Zuerst ist es dann doch noch so, dass die in allen Menschen wohnende Furcht vor dem Geist – denn das ist zu gleicher Zeit Furcht vor dem Tod, – noch zusammenhält und dass man eigentlich seine gewöhnlichen Verstandeskategorien immer wieder einsetzen möchte. Es fordert Mut, um diesen Halt letztendlich loszulassen und das Vertrauen zu haben, dass dieser Ozean gegliedert ist und in höherem Sinn eine Rationalität in sich trägt, die man dann nicht immer wieder selbst zu verleihen braucht, aber die dem Ganzen der Intelligenz innewohnt.

Das sind dann, wie man sagen könnte, die sieben Briefe an die Gemeinden, die christlichen Gemeinden, die in der Apokalypse gelesen werden, und worin wir die verschiedenen Schritte anschauen, die jeder Mensch durchzumachen hat, wenn er die Einweihung sucht.

Wie gesagt, man kann alles auch in einem anderen Licht auffassen und vielleicht muss das auch noch mal geschehen, aber das Erste, was wir brauchen, ist, dass wir die Apokalypse auch in richtigem Sinn auffassen lernen und das heißt, dass wir uns selbst so schulen, dass wir eigentlich nicht mehr aus dem Ich mit der Apokalypse zusammen herauskommen, dass wir nicht mehr den Übermut und Hochmut haben, die Apokalypse als einen Gegenstand zu behandeln, das wäre wirklich schlimm, wenn wir das tun würden. Also nicht: hier bin ich und da ist das Buch, das ist mein Gegenstand und ich bin natürlich viel weiser und wichtiger und habe eine hervorragende Urteilsfähigkeit – und da ist die Apokalypse und ich tue damit, was ich will.

Das muss überwunden werden, wir müssen das Buch verschlingen lernen, obwohl es nicht überall süß schmeckt. Und so gibt es natürlich in dem Text selbst fortwährend Anweisungen, wie man sich dazu stellen muss. Aber für mich ist das wenigstens Inhalt für den ersten Halbtag, dass wir uns wirklich bis in das Gebein bewusstwerden: Die Apokalypse darf kein Gegenstand der Betrachtung sein. Wir müssen wirklich hinein und sie muss in uns hinein, so, dass wir ganz eins damit werden und dann eigentlich von innen heraus anschauen können, was sie uns zu sagen hat und sie hat uns nicht nur etwas zu sagen, aber sie wird uns dann auch entwickeln. Wenn wir dann nach vier Tagen hier weggehen, dann sind wir wirklich nicht mehr die, die wir waren, als die wir hineingekommen sind, denn wir sind durch die Apokalypse hindurchgewandert.

Spiritualisierung des Denkens, das ist es, worum es geht.

Wenn man die Vorträge über die Apokalypse von Rudolf Steiner in Nürnberg und später auch in Kristiania zu sich nimmt und die Bilder aus der theosophischen Zeit, die im Kongress in München den Raum geschmückt haben anschaut, wenn man das alles zu sich nimmt, dann kommt eigentlich, wenn man zu lesen weiß, und zu hören weiß, dass diese Apokalypse eigentlich ganz darauf hinzielt, dass die Erdenentwicklung dazu da ist, dass der Mensch zuerst diesen Inselverstand entwickelt, damit er auch die Freiheit auf der Insel findet, ungestört durch was auch immer. Aber dass dann von diesen, von dieser Absonderung, dieser Abgesondertheit aus ein Weg eingeschlagen werden muss, wodurch dieser Verstand sich aus freiem Willen hinwendet zu dem Geist und dann die verschiedenen Schritte durchmacht, die in der Apokalypse beschrieben sind, und dass dann letztendlich der Mensch so aussieht, dass er weiße Kleider tragen darf, die im Blut des Lammes gewaschen sind.

Bei Rudolf Steiner wird darüber ganz klar gesprochen, da ist es das Bild für die Spiritualisierung des Denkens. Und wir leben jetzt in der Zeit, wo das zu geschehen hat, im ersten Ansatz wenigstens und man kann in der Apokalypse dann erleben, dass geschildert wird, wie das weitergehen wird und was dann auch als Gegenkräfte dagegen aufsteht und aufkommt und was überwunden werden muss. Wenn man das als die eigene Geschichte und die Prophetie der eigenen Zukunft sieht, dann sieht man in der Apokalypse eigentlich fortwährend den eigenen Kampf mit der materiellen Existenz und allem, was dazu gehört.

Es ist veräußerlicht beschrieben in Bildern, dann in Klängen und letztendlich in Wesenheiten. Aber man muss sich darüber nicht irren, man muss nicht den Eindruck haben: hier bin ich und ich werde heilig, denn dafür werde ich arbeiten und es gibt viele arme Leute, die so weit nicht kommen und die werden verdammt – so etwas. Das könnte man, wenn man die Apokalypse liest, meinen. Wer da letztendlich, denn es ist auch sehr eindeutig gesagt in der Apokalypse, dass steht alles bereits im Anfangsbuch, überwinden wird und wer nicht. Also man könnte da von ganz falschen Voraussetzungen ausgehen. Wenn man es zuerst als die eigene Entwicklung sieht, dann kann das eigentlich nicht passieren, dann ist jeder Schritt der Apokalypse der eigene Schritt, und dann sieht man den Kampf mit allem, was in den

Menschen gelegt worden ist, damit dies alles überwunden wird ...
Und wenn man das einmal durchlebt hat, dann kann man es auch
ertragen, wenn man es mehr veräußerlicht anschaut und dann sieht,
dass es auch Weltgeschichte werden wird. Aber dann hat man auch
schon längst durchlebt, dass dasjenige, was mehr am Schluss der Apokalypse, bevor der Sieg da ist, vor diesem Moment, in dem sich viel
Schreckliches abspielt, nicht mehr in der Gestalt da ist, wie wir es jetzt
erleben würden. Wir haben ein gegenständliches Bewusstsein: ich bin
hier und da ist die objektive Welt, und ich stelle mich gegenüber der
objektiven Welt.

Aber das ist ganz falsch, so ist es nicht. Wenn man diese Schritte
durchmacht, dann wird allmählich deutlich, dass man sich schon
längst aus dem Physischen herausgewunden hat und dass dieser ganze
Kampf sich nicht im Mineralreich, wo wir jetzt sind, abspielt, sondern
in der astralischen Sphäre. Da spielt sich jetzt auch viel ab, wovon
man nicht gerne hätte, dass man das um sich herum in der mineralischen Welt haben würde. Also, das wird noch eine Aufgabe sein,
dass wir den richtigen Standpunkt erlangen für diesen Übergang von
dem Objektbewusstsein, vom gegenständlichen Bewusstsein, wofür
wir diese sieben Briefe brauchen, zu dem imaginativen, inspirativen
und intuitiven Bewusstsein, wo wir dann die Siegel kennenlernen, die
Posaunen hören werden und die Ausgießung der Zornesschalen. Das
ist der Zorn Gottes, die Wut, das Böse sein von Gott, der gießt das in
Schalen und gibt es den Engeln, um das über die Menschheit auszu-
gießen. Das ist das intuitive Bewusstsein, was erlangt wird.

Also, wir brauchen wirklich eine Umstellung unserer Erkenntnisposition und das haben wir durch die Jahre hindurch, wenn ihr dabei gewesen
seid, schon entlang allerlei Wege versucht und ich versuche das immer
wieder in meinen Büchern aufzuschreiben und ich versuche das in allen
Seminaren immer wieder zum Thema zu machen. Was auch immer das
Thema ist, es kommt eigentlich immer wieder darauf zurück, dass wir die
apokalyptische Aufgabe für diese Erdenzeit haben, die Spiritualisierung
der Intelligenz. Das ist die irdische Einweihung und wir sehen sie geschildert in diesem gewaltigen Dokument, in der Apokalypse.

(Und die Glocken läuten draußen!)

Wir werden uns dann hineinleben in die Erscheinung des Menschensohnes, denn er weist uns hin auf den Weg, den wir dann hier in aller Kürze, innerhalb von vier Tagen zu gehen versuchen. Und dann haben wir die sieben Briefe, wie gesagt eigentlich als Präludium der Einweihung, ausgehend von dem Objektbewusstsein, von dem gegenständlichen Bewusstsein, aber dann so, dass dieses Verstandesdenken ganz rein gemacht wird. Und dann erscheint der Thron Gottes und keiner kann das Buch öffnen, nur das Lamm kann das und das Lamm öffnet dann die sechs ersten Siegel.

Und wir werden dann heute Mittag versuchen diese ganze Einweihungsprophetie in der Zeit zu fühlen, wo liegt diese, wo haben wir diese zu erwarten, wann wird das sein, dass diese sechs Siegel geöffnet werden, dass deutlich wird, wer auserwählt ist und dass nachher das siebente Siegel geöffnet wird.

Dann werden die Posaunen geblasen.

Die Siegel werden geöffnet, das ist Entwicklung des imaginativen Bewusstseins und man kann auch darin wiederum sehen, in diesen Siegeln, dass das fünfte Siegel in einer fernen Zukunft eine Wiederholung ist von unserer Epoche jetzt, in der wir sind, dass diese Bezeichnung dieser Auserwählten, in unserer Zeit jetzt den ersten Schritt erhält und dass man sagen kann: jetzt ist es an der Zeit, dass wir Menschen die Möglichkeit bekommen, uns selbst aus uns selbst zu erheben.

In der kirchlichen Religion wäre das eine furchtbare Ketzerei, aber durch die Einsichten von Rudolf Steiner kann man genau sehen, bis wann die Auserwählung durch Gott verläuft und wann der Zeitpunkt kommt, dass der Mensch immer mehr und mehr selbst die Aufgabe hat, sich auszuerwählen. Dass der Mensch nicht warten muss, bis Gott sagt: Du, ich wähle dich - aber dass man sagen kann: Ich selbst will jetzt.

Das fängt in unserer Zeit an und wenn die Siegel geöffnet werden, dann sieht man bei dem fünften Siegel diese Auserwählung und man sieht die Schar der Märtyrer, die für Christus gelitten haben.

Und dann tritt eine gewaltige Stille ein, das ist das siebente Siegel und man kann darin miterleben, dass in diesem Geschehen, wo sich nichts regt, alles still ist, keine einzige Regung, kein Laut, nichts da ist nur Schweigen, Stille, und Regungslosigkeit. Das ist Vorbereitung für die zweite Stufe der Einweihung, die Inspiration. Und dann kommen die sieben Posaunen, die Trompeten.

Dann werden sechs Posaunen geblasen und dann kommt dieses Bild mit dem Büchlein, … Dann schickt Gott seine zwei Zeugen, die zum Tod gebracht werden und dann wieder auferstehen und dann wird die siebente Posaune geblasen. Dann kommen einige Zwischenbetrachtungen, die man in der Erkenntnisstufe der Inspiration im Übergang zu der Intuition erleben muss, das ist das Weib mit der Sonne bekleidet und der Kampf mit dem Drachen. Dann die zwei Tiere, das Tier 666, die drei warnenden Engel, man soll haben Gottesfurcht, man muss wissen, dass Babylon fallen wird und dass der Zornwein Gottes getrunken werden muss. Dann werden zwei Sicheln auf die Erde geworfen und dann kommt die Stufe der Intuition, da gießen die Engel sieben Zornesschalen aus und wir sehen das Weib Babylon und den Untergang.

Dann kommt der vorläufige Sieg von Christus, ein tausendjähriges Friedensreich und dann, wie es sein Wille ist, der Wille Christi, noch ein letzter Ansturm von den Gegenmächten und hierauf folgt die letztendliche totale Vernichtung. Dann kommen die Auferstehung und das Weltgericht und nach diesem senkt sich aus den Höhen das Neue Jerusalem herab.

Dieses Ganze also werden wir versuchen Schritt für Schritt uns zu Eigen zu machen, oder eigentlich mehr, dass wir aus unserer eigenen Erinnerung wissen lernen, dass es so ist. Das ist noch etwas anderes, wenn man es sich zu Eigen macht, dann ist es noch immer ein Objekt, das außerhalb ist und von dem man sagt, ich nehme es auf. Aber es muss so weit kommen, dass wir es, wie es bei Johannes war, diese Apokalypse selbst aus uns hervorbringen können, weil es der Inhalt des Ich ist. Wenn wir sagen Ich, was habe ich dann für einen Inhalt, eine Biografie und ein Punktuelles, dass man weiß, dass man ist und vielleicht ist es hier so, dass man auch weiß, dass man vor der Geburt schon da war und nach dem Tod noch da sein wird, aber man kann sich auch vorstellen, dass der Punkt, dass ich bin, erlebt wird, dass er eins mit dem Leib ist und dass man deshalb fühlen muss, empfinden muss, wenn der Leib stirbt, ist auch das Ich nicht mehr. Also das ist oft Inhalt des Ich, dass das Ich mit dem Leib als eins erlebt wird und dass man eigentlich nicht mehr hat, als das Leibesgefühl, das man ist. Und wenn das Bewusstsein herabgedämpft wird, dann wird auch das Ichbewusstsein herabgedämpft und tritt der Schlaf ein und wo das Ich dann ist, das ist die Frage. Aber dass wir wirklich für das Ich einen größeren Inhalt haben, als den persönlichen Inhalt und dass es trotzdem dann doch individuell ist – also nicht, dass man sagen muss: Ja, da haben wir die Apokalypse und dann haben wir alle denselben Inhalt. So ist es auch nicht, es ist unterschiedlich. Aber so wie wir eine Weltgeschichte haben, die Weltgeschichte von uns allen ist, so kann man das auch so sehen, dass wir mit der Individualität in etwas ganz Großem darin sind und so sind wir auch mit dem Ich in der Apokalypse darin. Und diese Offenbarung ist eigentlich die Ich-Offenbarung.

Heute Mittag will ich dann einen Versuch wagen, um uns selbst in die Zeit und die Entfaltung der Apokalypse hinein zu fühlen. In den Vorträgen in Nürnberg hat Rudolf Steiner sich viel Mühe gemacht, um das deutlich zu machen: wie stellen wir uns in die Apokalypse hinein, wo sind wir jetzt, und worüber geht dies alles und wie weit ist das alles weg. Oder stehen wir mittendrin?

Später in dem Priesterkurs hat Rudolf Steiner die Apokalypse zusammengezogen für das Bewusstseinsseelenzeitalter, das heißt von dem 15. Jh. an bis er zum ungefähr 3500 soll die Bewusstseinsseele entwickelt werden und für die Priester hat dann er die ganze Apokalypse eigentlich konzentriert auf die Zeit der Bewusstseinsseele und so kann man all diese Schritte wirklich auch in unserer Zeit erleben.

Das machen wir jetzt nicht. Wir werden zuerst den Versuch wagen, die Apokalypse als Offenbarung der Erdengeschichte anzuschauen oder zu erleben, aber dafür müssen wir dann mit unserem Denken und Erleben von diesem Zeitpunkt, wo wir jetzt sind, ausgehend, Ewigkeiten durchmessen. Das wollen wir dann versuchen.
Nach der Pause möchte ich dann eine Meditation machen, die später durch dieselbe Individualität initiiert wurde, und worin in einem Sinnbild die ganze Apokalypse auch wiederum erhalten ist, es umfasst das ganze Geschehen der Apokalypse im Ich und das ist das Rosenkreuz.

Das werden wir dann nach der Pause tun, als Auftakt für das Einsteigen in die Ewigkeit.

Heute Mittag und morgen gehen wir dann Schritt für Schritt durch die Apokalypse hindurch und ich werde versuchen, meine Mahnung von heute, dass es nicht mit dem Objektbewusstsein geschehen soll, sondern mit dem Ich-Denken, aufrechtzuerhalten.

ZWEITE STUNDE

Parpan, 18.05.2018

In dem Buch *Geheimwissenschaft im Umriss* von Rudolf Steiner steht nach der Beschreibung der kosmischen Entwicklung ein Stück Text über die Einweihung. Und da wird als Beispiel für die Meditation die Meditation des Rosenkreuzes gegeben. Es wird dann auch geschildert, wie man mit einem solchen Sinnbild vorgehen muss. Es ist ein Bild, das nicht den gewöhnlichen Sinn hat, nicht die gewöhnliche Bedeutung hat, die man mit dem Objektbewusstsein, mit dem gegenständlichen Bewusstsein geben würde. Der Begriff, die Bedeutung, den Sinn baut man zuerst auf. Den Begriff geht dem Bild voran, wir bauen zuerst intensiv die Bedeutung, den Sinn auf und wenn wir den dann intensiv in uns tragen und damit auch unsere Erlebnisse haben, dann lassen wir eigentlich alles, was Vorbereitung war, fallen und haben nur noch das Bild zur Meditation.

Das bedeutet also, dass man bei der Meditation nicht mehr weiterdenkt, nicht mehr allerlei Gedanken, oder Gefühle formt, aber dasjenige, was man bereits gemacht hat, das schwebt natürlich noch um uns herum. Es hat sich auskristallisiert in ein Bild und das Bild ist dann Gegenstand der Meditation. Meditation bedeutet dann, dass man sich damit eins macht. Also nicht nur anschauen, sondern sich auch wirklich damit vereinigen.

Wir müssen zuerst mit dem Aufbau der Bedeutung anfangen und das geht wie folgt: Wir stellen uns vor, dass eine Pflanze aus dem Boden wächst, wie die Pflanze rein den Gesetzmäßigkeiten des Wachstums folgt, die in der Pflanze gegeben sind, wie sie also ohne, dass sie etwas dazu will, einfach wird, wer sie ist. Und wir schauen dann zur gleichen Zeit auch, dass diese Pflanze nicht wollen kann und sich auch nicht bewegen kann. Sie ist mit der Erde, mit den Wurzeln, verbunden und wächst ganz nach reinen Gesetzen zu derjenigen Gestalt aus, die sie hat, haben soll, ist, aber sie kann nicht wollen.

41

Und daneben stellen wir uns dann den Menschen vor, der steht nicht verwurzelt in der Erde fest, er kann wollen, kann gehen, hat qua Gestalt auch ein Wachstum, das nach bestimmten Gesetzen vorgeht, aber bleibt in sich nicht rein, wie die Pflanze. Denn der Mensch hat viele selbstsüchtige, lustvolle, begierdevolle Motive in sich und verwendet dazu auch die Bewegungsmöglichkeit, um diese Lüste und Begierden zu befriedigen.

Also diesen Unterschied müssen wir so scharf wie möglich ins Auge fassen und dann auch versuchen zu erleben, dass man diese Reinheit der Pflanze, die Begierdelosigkeit, aber zu gleicher Zeit diese Unbeweglichkeit erlebt und andererseits das Begierdehafte, Lustvolle beim Menschen, aber zur gleichen Zeit auch die Möglichkeit zu gehen. Das ist das Erste.

-Es wird meditiert.

Der Unterschied muss so stark wie möglich erlebt werden und diesen können wir dann wie folgt zusammenziehen: bei der Pflanze der reine Pflanzensaft, der durch die Pflanze hindurch geht und beim Menschen das Blut als Träger der Lust und Begierde. Die Substanz des Blutes ist eine ganz andere, als die Substanz des Pflanzensafts. Man kann sich das so lebendig wie möglich vorstellen, der durchsichtige Pflanzensaft und das undurchsichtige dicke Blut, das, sobald es den Menschen verlässt, auch gerinnt, materiell wird, die Flüssigkeit verliert. Nicht nur vorstellen und denken, sondern auch fühlen und erleben, was das eine und das andere ist.

-Es wird weiter meditiert.

Dann stellen wir uns vor, wie die Rose in der Blüte einen roten Pflanzensaft hat und wir denken, stellen vor, erleben das im Gegensatz zu dem roten Blut des Menschen. So wird der Rosensaft Bild für die begierdelose Reinheit der Rose und das Blut Bild für die begierdevolle Lust des Menschen.

Rosensaft, Blut.

-Es wird weiter meditiert.

Durch Arbeit an uns selbst könnte es möglich werden, dass das Blut so rein wie Rosensaft wird, wir würden dann doch nicht eine bewegungslose Pflanze werden, würden alle Willensmöglichkeiten erhalten, aber ganz von der Selbstsüchtigkeit gereinigt sein.

-Es wird weiter meditiert.

Dieses Ganze wird dann als Bedeutung in ein Bild verwandelt, die Arbeit an uns selbst, wird ein schwarzes Kreuz von Holz mit um die Mitte, den Kreuzpunkt, herum die geläuterten Begierden in dem Bild der sieben roten Rosen, das ist das Rosenkreuz. Und mit diesem Bild vereinigen wir uns dann in einer intensiven Meditation.

-Es wird meditiert.

In diesem Sinnbild ist die Apokalypse auch erschienen, könnte man sagen, weil dasjenige, was wir als schwarzes Kreuz, als Sinnbild erleben für die Arbeit, die wir an uns selbst zu leisten haben, damit die Begierdennatur umgewandelt wird in reine Natur, dass dieses Ganze eigentlich die Apokalypse ist. Die Ausarbeitung davon finden wir in der Apokalypse, aber die Zusammenfassung ist in dem Rosenkreuz ganz gegeben. Und all diese Schrecklichkeiten, die in der Apokalypse dargestellt sind, die müssen wir zuerst mal auffassen als Arbeit von unserem Ich an der Begierdennatur, der Lustwesenheit in uns. Also das muss alles abfallen und dieses Abfallen wird sehr bildhaft dargestellt in der Apokalypse, aber man muss Bilder deuten können. Wenn man sie mit dem gewöhnlichen Bewusstsein, Verstand deutet, dann geht man ganz fehl ...

Also eigentlich müsste diese Arbeit mit der Apokalypse meditativ von der Meditation des Rosenkreuzes begleitet werden, weil diese Meditation eine Zusammenfassung ist, ein Bild ist. Dieses Bild ist ganz das, was die Apokalypse ist.

Nun können wir es noch einmal versuchen und dann brauchen wir jetzt nicht diese ganze Vorbereitung, denn die lebt noch, ist noch da, die steht im Raum. Wir können ohne diese Vorbereitung erleben und nehmen jetzt unmittelbar das Bild. Der Sinn ist bekannt und das Bild ist dann Inhalt der Meditation.

-Es wird meditiert.

Die Offenbarung des Johannes:

'Offenbarung Jesu Christi, die Gott ihm gegeben hat, damit er seinen Knechten zeigt, was bald geschehen muss; und er hat es durch seinen Engel, den er sandte, seinem Knecht Johannes gezeigt. Dieser hat das Wort Gottes und das Zeugnis Jesu Christi bezeugt: alles, was er geschaut hat. Selig, wer die Worte der Prophetie vorliest, und jene, die sie hören und das halten, was in ihr geschrieben ist; denn die Zeit ist nahe.'

'Johannes an die sieben Gemeinden in Asia: Gnade sei mit euch und Friede von dem, der ist und der war und der kommt, von den sieben Geistwesen, die vor seinem Thron sind, und von Jesus Christus, dem treuen Zeugen, dem Erstgeborenen aus den Toten, dem Herrscher über die Könige der Erde. Ihm, der uns liebt und uns durch sein Blut von unseren Sünden erlöst hat, der aus uns ein Königreich gemacht hat, eine Priesterschaft für Gott, seinen Vater, ihm sei die Herrlichkeit und die Herrschaft in alle Ewigkeit, Amen.

Siehe, er kommt mit den Wolken, und sehen wird ihn jedes Auge, auch die, welche ihn durchbohrt haben, und wehklagen über ihn werden alle Stämme der Erde. Ja, so sei es, Amen!

Ich bin das A und das O, spricht Gott, der Herr, der ist und der war und der kommt, der Herrscher über das All.'

Dann kommt das Bild vom Menschensohn. Ihr könnt auch selbst den Text dazu nehmen, aber das möchte ich dann als nächste Meditation nehmen, dieses Bild des Menschensohnes.

44

Erstes Kapitel der Apokalypse, Vers 9.

'Ich, Johannes, euer Bruder und Gefährte in der Bedrängnis, der mit euch teilhat an der Herrschaft und mit euch in Jesus ausharrt, ich bin auf die Insel Patmos gekommen – um des Wortes Gottes und des Zeugnisses Jesu willen. Am Tag des Herrn wurde ich vom Geist ergriffen und hörte in meinem Rücken eine mächtige Stimme wie von einer Posaune, die sprach: Was du zu sehen bekommst, das schreibe in ein Buch und schicke es den sieben Gemeinden: nach Ephesus, nach Smyrna, nach Pergamon, nach Thyatira, nach Sardes, nach Philadelphia und nach Laodizea.

Und ich wandte mich um, die Stimme zu sehen, die zu mir sprach. Und als ich mich umwandte, sah ich sieben goldene Leuchter, und inmitten der Leuchter eine Gestalt, einem Menschensohn gleich, gekleidet in ein Gewand, das bis zu den Füßen reichte, und um die Brust gegürtet mit einem goldenen Gürtel. Sein Haupt aber und sein Haar waren weiß wie weiße Wolle, wie Schnee, und seine Augen wie Feuerflammen, seine Füße gleich Golderz, wie im Ofen geglüht, und seine Stimme wie das Rauschen vieler Wasser. Und in seiner Rechten hielt er sieben Sterne, und aus seinem Mund kam ein scharfes, zweischneidiges Schwert, und sein Antlitz leuchtete, wie die Sonne strahlt in ihrer Kraft. Und als ich ihn sah, fiel ich wie tot zu seinen Füßen, und er legte seine Rechte auf mich und sprach: Fürchte dich nicht! Ich bin der Erste und der Letzte und der Lebendige; ich war tot und siehe, ich lebe in alle Ewigkeit, und ich habe die Schlüssel zum Tod und zur Unterwelt. Schreibe auf, was du gesehen hast, was ist und was dann geschehen wird. Mit dem Geheimnis der sieben Sterne, die du in meiner Rechten gesehen hast, und mit den sieben goldenen Leuchtern ist es so: Die sieben Sterne sind die Engel der sieben Gemeinden, und die sieben Leuchter sind die sieben Gemeinden.'

Versuchen wir das Bild des Menschensohnes zu imaginieren, das heißt zu malen, zu schildern, vorzustellen sc, dass wir ganz damit durchzogen werden.

Erstes apokalyptisches Siegel, gemalt von Clara
Rettich nach den Angaben Rudolf Steiners

,Und als ich mich umwandte, sah ich sieben goldene Leuchter, und inmitten der Leuchter eine Gestalt, einem Menschensohn gleich, gekleidet in ein Gewand, das bis zu den Füßen reichte, und um die Brust gegürtet mit einem goldenen Gürtel. Sein Haupt aber und sein Haar waren weiß wie weiße Wolle, wie Schnee, und seine Augen wie Feuerflammen, seine Füße gleich Golderz, wie im Ofen geglüht, und seine Stimme wie das Rauschen vieler Wasser. Und in seiner Rechten hielt er sieben Sterne, und aus seinem Mund kam ein scharfes, zweischneidiges Schwert, und sein Antlitz leuchtete, wie die Sonne strahlt in ihrer Kraft.'

-Es wird meditiert.

Wir müssen den Mut finden, um ein solches Bild so in uns zu tragen, wie wir unsere Gedanken in uns tragen. Es ist etwas anderes, als wenn man ein Gemälde vor sich hat, oder sich eine Vorstellung abbildet. Die Gedanken, die wir in uns tragen, die sind vielleicht meistens bildlos. Wenn wir den Begriff des Kreises denken, dann haben wir uns viel Mühe gemacht, um keine Bilder mehr zu sehen, sondern wirklich nur noch Gedanken. Aber die Art, in der wir solche Gedanken bilden, ist gleichartig ..., wenn wir ein solches Bild in uns wecken. Das ist die Meditation mit dem Ich.

Es braucht dann auch viel Mut, um sich zu vereinigen mit einem Bild, das der Menschensohn sein soll und das wagt man wahrscheinlich nicht so leicht. Aber man muss dann wissen, dass - obwohl man dann die Gestalt so in sich trägt, wie man die Gedanken schafft - das dann noch nicht bedeutet, dass man sie auch ist. Die Kraft, sie entsteht dadurch, dass man versucht das Bild zu erinnern. Und wenn man es dann wieder liest, liest man es viel aufmerksamer.

Also, wenn ich diese Beschreibung höre und in der Erinnerung trage, dann kann ich in der Meditation das Bild hervorbringen, ja? Aber die Aufgabe ist, dass wir das so intim machen, dass das Ich und das Bild eigentlich eins werden, denn dafür braucht man Mut, denn man weiß natürlich, dass das Ich nicht die Vollkommenheit hat, die das Bild hat. Wenn man das versucht, dann fühlt man, dass natürlich doch etwas gefordert wird, was hier auch steht, an Ehrfurcht und Vorsicht und so weiter. Aber zu gleicher Zeit, weiß man auch, dass man seine gewöhnliche Gedankenarbeit zum Vorbild nehmen kann. Ich meine nicht die assoziativen Gedanken, aber wenn man Gedanken produziert, wirklich aktiv, dass man sie auch ganz innerlich eins mit sich hat, so soll man diese Meditation auch machen. Die Bilder stellen sich letztendlich vielleicht davor, dann sind sie da. Aber wenn man sie produziert, dann sind sie eins mit dem Ich. Und in diesem Sinn müsste man so ein Bild auch nachzubilden wagen, als ob es so eigen ist wie die Gedanken.

Wir werden versuchen hier in diesen Tagen das Ich so zu erweitern, dass eine Ahnung entsteht, dass es tatsächlich so ist.

DRITTE UND VIERTE STUNDE

Parpan, 18.05.2018

Für die Vollkommenheit brauchen wir eine Ewigkeit. In der Geheimwissenschaft hat Rudolf Steiner sieben Bewusstseinszustände beschrieben. Darauf können wir uns noch mal einlassen, wenn wir uns erinnern, dass die Menschheitsentwicklung anfängt mit Saturn in der Wärme. Nichts als Wärme gab es da, dann kam der große Bewusstseinszustand der Sonne, da kommt zu der Wärme nach oben Licht hinzu und nach unten gleichsam Luft. Dann kommt der dritte große Bewusstseinszustand, der alte Mond genannt und da haben wir Wärme, wir haben Licht, wir haben Klang, wir haben Luft und wir haben Wasser. Und dann kommt der vierte Bewusstseinszustand, das ist die Erde und da haben wir Wärme, Licht, Luft, Licht-Klang-Leben, das sind die Ätherarten nach oben und nach unten, wenn man das so sagen darf, haben wir Luft, Wasser und das Mineralische, das Feste, das Irdische. Dieser Erdenzustand hat zwei Teile, der erste Teil wird Mars, der zweite Teil Merkur genannt und wir als heutige Erdenmenschheit leben ungefähr da, zwischen Mars und Merkur, etwas in Merkur bereits hinein.

7 Bewusstseinszustände (Planetare Zustände):

Rudolf Steiner unterscheidet sieben Bewusstseinszustände, die den sieben Entwicklungsstufen unseres Planetensystems, den sogenannten okkulten Planeten, entsprechen.

Trancebewusstsein, Allbewusstsein (Alter Saturn)
Tiefschlafbewusstsein, traumloses Bewusstsein (Alte Sonne)
Bilderbewusstsein, Traumbewusstsein (Alter Mond)
Wachbewusstsein, Gegenstandsbewusstsein (Erde = Mars + Merkur)
Psychisches Bewusstsein, bewusstes Bilderbewusstsein (Neuer Jupiter)
Überpsychisches Bewusstsein, bewusstes Schlafbewusstsein (Neue Venus)

49

Spirituelles Bewusstsein, bewusstes Allbewusstsein (Vulkan)

Nach jeder planetaren Entwicklungsstufe tritt ein Ruhezustand (Pralaya) ein, bei dem sich die gesamte äußere Schöpfung in ein rein geistiges Dasein zurückzieht. Danach beginnt allmählich ein neuer offenbarer Zustand (Manvantara).

Jeder Bewusstseinszustand gliedert sich weiter in:

7 Lebenszustände (Runden, Reiche):
Erstes Elementarreich
Zweites Elementarreich
Drittes Elementarreich
Mineralreich
Pflanzenreich
Tierreich
Menschenreich

Nach jeder Lebensstufe tritt ein kleines Pralaya, also ein Durchgang durch ein rein geistiges Dasein, ein. Jeder Lebenszustand gliedert sich weiter in:

7 Formzustände (Globen):

Arupa
Rupa
Astral
Physisch
Plastisch
Intellektuell
Archetypisch

Jeder Formzustand durchläuft nochmals 7 x 7 Entwicklungszustände, nämlich:

7 Wurzelrassen (Hauptrassen, Zeitalter)

Die Erde befindet sich derzeit im physischen Formzustand des mineralischen Lebenszustandes. Dieser Formzustand gliedert sich in folgende Hauptzeitalter:

Polarische Epoche
Hyperboräische Epoche
Lemurische Epoche
Atlantische Epoche
Nachatlantische Epoche (in dieser befinden wir uns gegenwärtig)
Sechste Wurzelrasse
Siebente Wurzelrasse

Jede dieser Epochen oder Wurzelrassen durchläuft wiederum 7 kleinere Epochen, die jeweils etwa so lange dauern, als die Sonne im Zuge des großen platonischen Weltenjahres braucht, um in rückläufiger Bewegung ein Tierkreiszeichen zu durchlaufen, also ca. 2160 Jahre.

Unser gegenwärtiges 5. Nachatlantisches Zeitalter gliedert sich weiter in:

7 Kulturepochen (Unterrassen[1], Kulturen):

Urindische Kultur (7227 - 5067 v. Chr.)
Urpersische Kultur (5067 - 2907 v. Chr.)
Ägyptisch-Chaldäische Kultur (2907 - 747 v. Chr.)
Griechisch-Lateinische Kultur (747 v.Chr. - 1413 n. Chr.)
Germanisch-Angelsächsische Kulturepoche (1413 - 3573 n. Chr., unsere gegenwärtige Epoche)
Slawische Kulturepoche (3573 - 5733 n. Chr.)
Amerikanische Kulturepoche (5733 - 7893 n. Chr.)

Insgesamt durchläuft unser Planetensystem also 7x7x7x7x7 = 16807 Entwicklungsphasen.

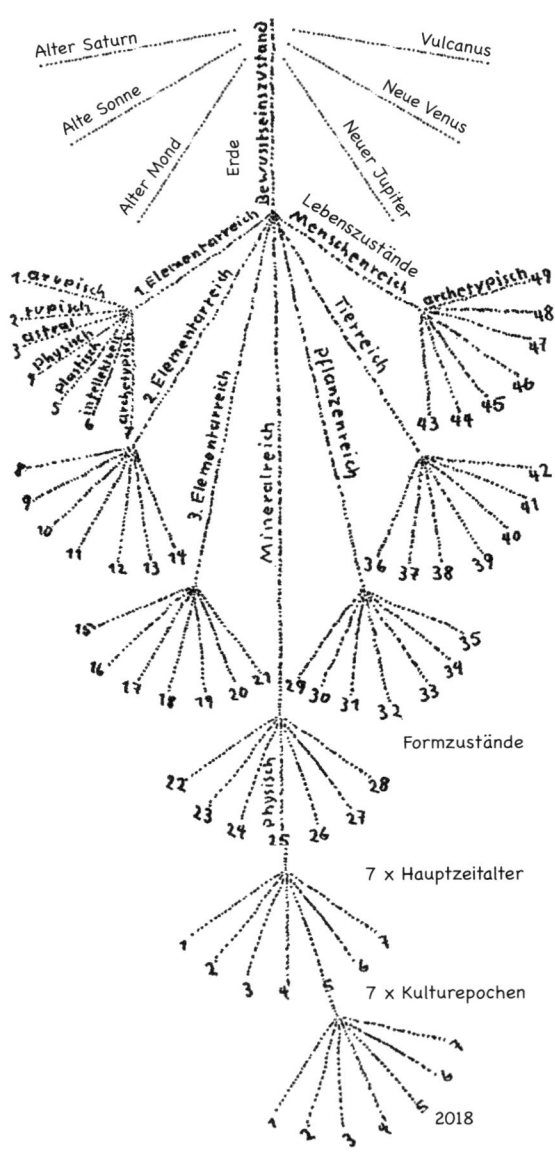

Schematische Darstellung der Weltentwicklungsstufen (GA 93a, S 264).[3] Man sieht hier nur einen der sieben Bewusstseinszustände!

3 Anthrowiki, Weltentwicklungsstufen.

Man muss diese Entwicklungsstufen eigentlich auswendig lernen, denn wir werden sie immer wieder verwenden, beim Verstehen der Apokalypse. Der Nachdruck liegt auf Erde → Mineralreich → physisch. Und dann weiter: Nachatlantisch → Germanisch-Angelsächsisch.

Das haben wir in der Geheimwissenschaft ausführlich dargestellt bekommen und dann gab es einen Ausblick auf die Zukunft, Jupiter, Venus, Vulkan. Aber in den Vorträgen über die Apokalypse wird das ja sehr deutlich spezifiziert, wie man das sich vorzustellen hat. Das war in der theosophischen Weisheit, die Helena Petrovna Blavatsky beschrieben hatte, schon da. Da wurde gesprochen über Bewusstseinszustände, über Runden, über Globen, Zeitalter, über Kulturepochen, aber wie das dann eigentlich alles zusammenhängt, das ist eigentlich nicht kompliziert. Aber wenn das nicht deutlich erklärt wird, dann versteht man es jedoch sein Leben lang nicht.

Also von den großen Bewusstseinszuständen gibt es sieben. Und jeder Bewusstseinszustand ist dann wiederum unterverteilt in sieben Lebenszustände. Also, Saturn hat sieben Lebenszustände, die Sonne hat das, der Mond hat das, die Erde usw. Und die Lebenszustände, die werden so beschrieben, dass man zuerst ein unvollkommenes elementarisches Reich hat, das erste elementarische Reich, dann ein unvollkommenes zweites elementarisches Reich, dann ein unvollkommenes drittes elementarisches Reich und dann kommt das vierte Reich und das ist das Mineralreich. Und in diesem befinden wir uns jetzt. Also wir sind im vierten Reich, vierten Lebenszustand, in dem vierten Bewusstseinszustand.

Teilnehmer: Aber dann müsste man doch annehmen, dass auch beim Mond, bei der Sonne und beim Saturn das so war?

MM: Das ist auch so. Das physische Dasein wird eigentlich anders benannt. Das wirklich physische, das Mineralische, das kommt erst auf Erden in Erscheinung. Und zuvor ist das noch Wasser. Auf dem alten Mond, wo es also etwas Ähnliches wie das Mineralische gegeben hat, da war auch das vierte Reich da, aber es war noch nicht so dicht geworden. Aber dafür sind wir natürlich zu dumm eigentlich, um das zu verstehen, das geht zu weit über unser Fassungsvermögen hinaus.

Nun ist es so, dass jeder *Lebenszustand* auch wiederum sieben *Formzustände* hat. Da gibt es wiederum im vierten Zustand das Physische, da sind wir jetzt. Aber zuvor gab es ein unvollkommenes, höheres Devachan, einen unvollkommenen höheren Himmel, könnte man sagen, ein unvollkommeneres niederes Devachan, ein unvollkommenes Astralisches und dann kommt das Physische, darin sind wir jetzt, vier, vier, vier, also.

In der esoterischen Weisheit hat man die *Bewusstseinszustände mit Vater* angedeutet, die *Lebenszustände mit Sohn* und die *Formzustände mit heiligem Geist*. Also, in dem vierten Bewusstseinszustand sind wir im vierten Lebenszustand und in dem vierten Lebenszustand sind wir im vierten Formzustand. Darin gibt es dann noch sieben Zeitalter. Und dann kommen wir in eine Bezeichnung, wo wir uns mehr zu Hause fühlen können, denn die Zeitalter, das sind die uns bekannten Zeitalter, die beschrieben worden sind für die Erde, das Polarische Zeitalter, das Hyperboräische Zeitalter, das Lemurische Zeitalter, das Atlantische Zeitalter, das Nachatlantische Zeitalter und dann gibt es noch ein sechstes und ein siebentes Zeitalter, die müssen noch kommen, denn wir sind im Nachatlantischen Zeitalter darin.

Also vier, vier, vier, fünf.

Wir sind also in dem vierten Bewusstseinszustand, darin in dem vierten Lebenszustand, darin in dem vierten Formzustand und darin in dem fünften Zeitalter. Und jedes Zeitalter hat sieben Kulturepochen. Wir sind in dem Nachatlantischen Zeitalter und in diesem Zeitalter gibt es die Indische Kulturepoche, die Persische Kulturepoche, die Ägyptisch-chaldäische Kulturepoche, die Griechisch-romanische Kulturepoche, die Epoche der Bewusstseinsseele, wird auch die Germanische Kulturepoche genannt, die Russische, oder Osteuropäische, oder auch Manasepoche und dann die Amerikanische Kulturepoche, das ist die siebte. Wir sind der fünften Epoche, diese hat angefangen 1413, und diese wird dann ungefähr 2160 Jahre dauern.

Also vier, vier, vier, fünf, fünf.

Wenn wir das wiederum zurückdenken, wenn wir wiederum zurückgehen, im Erleben, dann können wir sagen, wir sind in dem Bewusstseinszeitalter von 1413 bis 3500, aber diese Bewusstseinsseelenzeit, die ist in dem Nachatlantischen Zeitalter darin. Und dieses Nachatlantische Zeitalter, das ist eine Periode in dem physischen Formzustand. Und dieser physische Formzustand ist Teil vom vierten Lebenszustand und der ist der vierte Teil von dem vierten Bewusstseinszustand. Aber dann muss man bedenken, wir haben jetzt die Nachatlantische Zeit, das Nachatlantische Zeitalter, man muss denken, dass das Nachatlantische Zeitalter auch wiederum sieben Kulturepochen gehabt hat, das Lemurische auch, das Hyperboräische auch, das Polarische auch und dass das sechste Zeitalter auch wiederum sieben Epochen haben wird, und das siebente auch. Also, wenn man das bedenkt dann hat man gleichsam keinen Atem mehr. Denn wenn wir das Nachatlantische Zeitalter nehmen, dann sagt man, es ist im physischen Formzustand darin, aber der physische Formzustand hat auch wiederum sieben Zeitalter, der astralische Formzustand und der vollkommene astralische Zustand auch usw. und der teilt sich dann noch wiederum in sieben und wiederum in sieben. Also das ist ein Baum mit Ästen, die sich immer wieder weiter verästeln.

Und da muss man das eigentlich – das werden wir dann auch tun – versuchen meditativ etwas zu verfolgen, damit wir ein bisschen eine Idee bekommen, wie groß diese Zeiten sind. Und dann muss man sich also auch bedenken, wo befindet sich die Apokalypse?

Und wenn wir dann gehen zu den sieben Zeitaltern, polarisch, hyperboräisch, lemurisch, atlantisch, nachatlantisch, das sechste und siebente.

Die Briefe, an die Gemeinden befinden sich noch in der Nachatlantischen Zeit. Und die Nachatlantische Zeit dauert noch eine ganze Weile. Wir leben in der Bewusstseinsseelenzeit, dann kommt noch eine ganze Epoche osteuropäische Zeit und noch eine ganze Epoche amerikanische Zeit. Diese noch bevorstehende Zeit ist Nachatlantisch. Darin müssen wir die Briefe an die Gemeinden bedenken. Dann kommt in der siebten Kulturepoche, der Amerikanischen, der Kampf aller gegen alle.

Damit endet das Nachatlantische Zeitalter und bricht ein sechstes Zeitalter an. Und in diesem sechsten Zeitalter müssen wir uns die Siegel denken, also das Eröffnen der Siegel. Das gehört zum sechsten Zeitalter, nicht die sechste Kulturepoche, aber das sechste Zeitalter, was dann wiederum so unterverteilt ist, dass es sieben Epochen zählt.
Der Kampf wird in der amerikanischen Epoche, noch im fünften Zeitalter, stattfinden. Dann bricht eigentlich diese Nachatlantische Zeit ab und geht über in ein sechstes Zeitalter, das auch wiederum siebenmal 2160 Jahre dauern wird. Das ist die Zeit der sieben Siegel. Und wenn dann diese Zeit vorüber ist, dann kommt das siebente Zeitalter und darin klingen die Posaunen, auch wiederum in sieben Epochen. Und man kann dann sehen, – schauen wir noch mal unser Schema an – wir sind noch immer, wenn man zu den Formzuständen geht, in dem physischen Formzustand.

Wenn die letzte Posaune verklungen ist, dann ist die Entwicklung so weit, dass die Erde in den fünften Formzustand übergehen kann und das ist das vollkommene astralische, oder die plastische, Stufe. Dann geht also das physische Zeitalter, oder das physische Formzustandsalter vorüber und dann geht die Erde in ein vollkommenes Astralisches über, in ein Plastisches und dann muss es wiederum so viel durchleben, wie die sieben Zeitalter und wie jedes Zeitalter sieben Kulturepochen hat, bevor die Erde in ein vollkommenes niederes Devachan, oder auch den Intellektuellen Formzustand übergeht. Dann kommen wieder sieben Zeitalter, die alle sieben wieder in sieben Kulturepochen verteilt werden und dann erst kommt das vollkommene höhere Devachan, oder das Archetypische. Wenn das wieder sieben mal sieben Stufen gehabt hat, dann erst sind wir so weit, dass wir zu dem

Pflanzenreich-Lebenszustand übergehen können, da geht das Ganze wiederum so, all diese Runden durch, dann kommt das Tierreich, dann kommt das Menschenreich. *Erst dann ist die Erde so weit, dass sie in Jupiter übergehen kann.* Also das muss man doch einmal gedacht haben, denn es wird leicht gesagt: Nach der Erde kommt Jupiter. Lerne es auswendig!

Rudolf Steiner hat Édouard Schuré viel weiter gegeben über sein eigenes Leben, aber auch über diese Zeitalter. Er hat eine ganz ausführliche Darstellung gegeben. Und er zeigt da, dass das menschliche Leben wirklich noch aus einer früheren planetarischen Entwicklung kommt. Also auf Saturn war es da, das ist nicht neu erstanden, das war bereits da. Und das läuft weiter, bis zu dem vierten Bewusstseinszustand, Erde, und dann bis ungefähr in die Mitte und dann ist das vorplanetarische Leben ganz aufgebraucht. Dann gibt es nichts mehr, was aus einer Entwicklung stammt, was vor Saturn gewesen ist, dann ist es ganz aufgebraucht. Und das ist der Zeitpunkt, dass der Christus auf Erden kommt, stirbt und auch wieder aufersteht und von diesem Zeitpunkt an – aber es fängt natürlich früher schon an in der Vorbereitung – kommt ein neues menschliches Leben zustande, das wirklich in diesen planetarischen Zyklus gehört.

Im Verlauf dieser immer stärker werdenden Lebensausflutung wird es auch immer mehr so, dass der Mensch selbst wählen kann. Das ist vor dieser Zeit absolut noch nicht der Fall, da läuft alles ganz nach dem göttlichen Plan, aber jetzt wird es immer mehr so, dass wir selbst entscheiden dürfen, was wir eigentlich mit uns selbst wollen.

In diesem Prozess sind wir voll darin, aber wenn man dann die Apokalypse miterlebt, wird das eine ganz große Perspektive, die unser beschränkter Blick bis in den Kampf aller gegen alle, folgen kann. Das ist so ungefähr das Ende, das wir denken können, aber das ist eigentlich der Anfang von einem ganz neuen Zeitalter, wo die wirkliche Vorbereitung für das Astralisch-Werden der Erde eintritt. Und dafür brauchen wir die Spiritualisierung des Denkens, die kommt in diesem sechsten Zeitalter voll zur Entfaltung und das geht mit der Eröffnung der Siegel, oder dem

Brechen der Siegel, einher und dann kommt nachher also noch dieses siebente Zeitalter, wo die Posaunen klingen werden und was dann für uns bedeuten wird, dass wir das inspirative Bewusstsein als eine Art von Vorprobe haben können. Denn das wirkliche inspirierte Bewusstsein das haben wir erst in dem *sechsten Bewusstseinszustand*. Jupiter ist das imaginative Bewusstsein und erst Venus hat das inspirierte Bewusstsein.

Man kann hier auch sehen, wann 666 *wirklich* stattfinden wird, denn das wird der sechste Bewusstseinszustand sein, also Venus, dann der sechste Lebenszustand, das ist das Tierreich und dann der sechste Formzustand, das ist das vollkommene niedere Devachan. Und wenn diese Zeit erreicht sein wird, und die ist dann auch wiederum sehr lange, die dauert sieben Zeitalter und sieben Kulturepochen, wird also im sechsten Zeitalter in der sechsten Kulturepoche ein wirklich maximal schlimmer Zustand sein.

6, 6, 6, 6, 6.

Das ist, wenn die letzte Entscheidung eintritt, aber das muss man sich also weit weg vorstellen. Wir haben die kleine 666, aber das ist die große 666.

Gondishapur war (ungefähr) 666 nach Christus, aber das ist natürlich noch etwas ganz anderes als die große 666!

Aber es gibt, da wo die siebente Posaune geklungen hat, also am Ende des siebenten Zeitalters in dem vierten Formzustand, den Übergang zu dem astralischen Formzustand.

Das Ende der Apokalypse müssen wir uns da also vorstellen. Das Ausgießen der Zornesschalen liegt im Übergang vom siebenten Formzeitalter zu dem astralischen Zustand. Und da befindet sich dann auch das Aufkommen der Tiere, der Fall von Babylon, der Sieg von Christus, das tausendjährige Friedensreich und dann letztendlich auch das Neue Jerusalem. Dieses muss man sich dann also denken, als das Herabsenken des vollkommenen astralischen, wozu die Erde geworden ist.

Dies ist also die Zeichnung der großen Apokalypse, so wie sie hier von Rudolf Steiner in Nürnberg beschrieben worden ist und es ist eine ganz wunderbare Gliederung darin. Ich hoffe, dass wir diese in den kommenden Tagen miterleben können, denn wie heute Morgen gesagt, es ist die Gliederung der Einweihung, die darin verborgen liegt. Der Mensch hat auf Erden die Möglichkeit sich so zu entwickeln, dass er durch die Freiheit hindurch vollkommen einsichtig wird und dann bewusst eine Entwicklung wählen kann, die ihn letztendlich so führt, dass er in dem Neuen Jerusalem zu Hause sein wird, was in den Briefen mehr oder weniger schon vorversprochen wird, dass das einmal so sein wird.

Man muss sich vorstellen, dass das sich in allen Bewusstseinszuständen, die bis jetzt durchgemacht worden sind, so ereignet hat, dass nach dem Mittelpunkt, oder eigentlich nach der Zeit, worin das Wesentliche dieses Bewusstseinszustandes erreicht wurde, dass dann noch eine ganz lange Zeit kommt, worin das verarbeitet wird und auch wiederum abklingt, bevor dann ein Pralaya eintritt, ein Ruhezustand und dann kommt der neue Bewusstseinszustand. Und der geht dann so, dass zuerst wiederum die vorherigen Bewusstseinszustände wiederholt werden, wiederum durchgemacht werden und dass dann die eigentliche Aufgabe des Bewusstseinszustandes in diese neue planetarische Verkörperung eintritt und die macht dann wiederum diese Wirkungsrunden durch, bis dasjenige, was kennzeichnend ist für den Bewusstseinszustand, erreicht ist, und dann klingt das wieder ab.

Wir sind jetzt also in der wichtigsten Zeit des Erdenzustands darin und auf der Erde, da muss das freie reine Denken entwickelt und spiritualisiert werden, das ist Erdenaufgabe und damit zusammen hängen Freiheit und Liebe. Das, was wir in der Apokalypse zu uns nehmen, das ist Verwirklichung dieser Aufgabe. Da finden wir, was genau die Verwirklichung der irdischen Aufgabe ist.

Teilnehmer: Das finde ich doch überraschend noch, es gibt ja auch anthroposophische Lektüre, wo gesagt wird, dass dieses Neue Jerusalem der Jupiterzustand ist, und das ist dann in deinen Augen falsch?

MM: Nein, wenn wir das nochmal zurücknehmen, dann kommt im fünften Formzustand das Neue Jerusalem. Aber man kann es immer auf den ganzen Bewusstseinszustand ausdehnen, dann wäre es der Übergang zu Jupiter, und wäre die Charakteristik von Jupiter: das Neue Jerusalem. Aber in den Nürnberger Vorträgen wird es so beschrieben, wie ich es soeben auseinandergesetzt habe.

Teilnehmer erneut: Das wäre der Anfang von Jupiter, also wäre das nicht falsch, sondern nur die Intensivität ist unterschiedlich.

MM: Ja.

JM: Dann könnte man doch auch sagen: Die sechste Kulturepoche ist auch ein Vorausblick auf das Jupiterstadium, weil da auch die physische Menschheit in eine nächste Stufe kommen kann. Es ist auch eine Art von Übergang zum vollkommenen Astralischen, aber eine Vorausnahme eigentlich. Sechste Kultur, das ist die russische Kulturperiode.

MM: Ja, da haben wir den Übergang von der Bewusstseinsseele in Manas.
Das ist dann wiederum im Kleinen, was sich im Großen dann in den Zeitaltern, noch größer in den Formzuständen, noch größer in Lebenszuständen und am allergrößten in den Bewusstseinszuständen abspielt.
Also es wird beschrieben, dass diejenigen Menschen, die sich spiritualisieren, in einer Welt leben werden müssen, die ganz dem Materiellen hingeneigt ist, und nur eine kleine Gruppe wird diese Spiritualität im Einklang mit den hohen Individualitäten wie Mani und Christian Rosenkreutz zusammen dann doch bringen. Aber man muss sich nicht vorstellen, dass das ein Himmel auf Erden sein wird, denn die Welt wird wirklich materiell irdisch sein und darin wird auch die spirituelle Entwicklung sein.

JM: Da ist doch der Übergang von der sechsten zur siebenten Kulturepoche, das ist 5800, das ist der Übergang zur amerikanischen Epoche, dann ist es so, dass die Menschen, die sich spiritualisiert

haben, keinen physischen Körper mehr haben, als untersten ein ätherischen Körper, die arbeiten vom Ätherischen zum Physischen hin,
um in der Welt der Elemente arbeiten zu können, aber nicht im Physischen, denn sie haben keinen physischen Leib mehr.

MM: Das feste Mineralische wird abfallen und ein elementarischer
Leib wird da sein.

Es steht eigentlich alles in der Apokalypse, da kommen diese Dinge
alle zur Sprache.

In der Apokalypse hat Rudolf Steiner wirklich diese Unterverteilung
in Zustände und Zeitalter usw. für mich zum ersten Mal ganz deutlich
auseinandergesetzt, aber er gab diese Vorträge doch eigentlich in der
gleichen Zeit als er die Geheimwissenschaft schrieb, das ist im Leben
von Rudolf Steiner nicht eine andere Zeit, aber darin ist dies viel mehr
zusammengefasst. Die Geheimwissenschaft war doch als ein Buch, das
für die ganze große Welt zur Verfügung sein sollte, gedacht und dies
sind natürlich Vorträge für Mitglieder und da geht er viel weiter und
viel ausführlicher vor. Ich vermute, dass man es doch herauslesen kann.

Teilnehmer erneut: Ich habe mich bisher angefreundet mit der
Version… Es hat natürlich enormes Gewicht, diese Lebenszustände
und die Formzustände da auch noch mit hineinzudenken, das poten-
ziert sich ja auch!

MM: Wir müssen mal daran denken, dass Rudolf Steiner für die
Grundschule angibt, dass die Kinder mit kleinen Zahlen rechnen
lernen müssen, so, dass sie es noch überschauen können, was sie
rechnen. Heute müssen die Kinder mit großen Zahlen rechnen, wobei
sie dann keine Ahnung mehr haben, wie viel es eigentlich ist.

Wenn man mit 14.000.000 oder 20.000.000 rechnen muss, dann hat
man keine Ahnung mehr, um wie viel es eigentlich geht. Hat man 14
oder 20, da weiß man das wohl. So glaube ich, dass man das auch hier
so sehen soll, dass man schon ziemlich innerlich entwickelt sein soll, um

dieses Aufblasen, diese Ausweitung der Bewusstseinszustände, Lebenszustände, Formzustände, Zeitalter, Kulturepochen, um diese bewältigen
zu können. Dazu ist es auch notwendig, dass man es in einer Meditation durchkneten kann, damit es auch in uns zum Wachstum kommen
kann und nicht ein Schema bleibt, wovon man eigentlich *nichts* hat.
Denn man muss wirklich fühlen können, was das bedeutet, wenn man
sich darin einlebt. Man kann das am besten tun, wenn man von dem
jetzigen Zeitpunkt ausgeht und sich vorstellt: jetzt sind wir in dem Be-
wusstseinsseelenalter und das hat 1430 angefangen, das ist schon Jahrhunderte alt, aber das wird noch viele Jahrhunderte dauern. Es ist eine
lange Zeit für uns, aber das ist fünfte Kulturepoche, darin sind wir drin.
Es gibt vier Epochen, die vorangegangen sind. Stellen wir uns vor, was
da alles war: Griechisch-romanisch, Ägyptisch-chaldäisch, Persisch, Al-
tindisch. Dann weiter zurück in die Zeit Atlantis, darin auch wiederum
sieben Kulturepochen. So muss man sich in seine Vergangenheit, es ist
auch unsere Vergangenheit, hineinstellen, dass man fühlt, was dahinter
alles ist und was noch vor uns liegt.

Teilnehmerin: Also wir empfinden unsere Zeit schon als eine apokalyptische Zeit, in der wir eine besondere Aufgabe haben, weil wir da
sind. Und jetzt sagst du, dass es eine kleine Apokalypse ist und dass
die große Apokalypse äonenweit entfernt ist. Das heißt mit meinem
spontan menschlichen Empfinden, da kann‘s ja gar nicht so schlimm
werden, so schlimm kann‘s ja gar nicht sein, verstehst du? Das ganz
Schlimme, das ganz Dunkle, sagtest du, kommt erst ewig weit weg.
Aber die Aufgabe, die wir jetzt empfinden ist ja schon so groß, dass
ich gar nicht darüber hinausgedacht habe bisher. Ich dachte, es steht
jetzt Spitz auf Knopf.

MM: Ja, das ist auch so.

Teilnehmerin erneut: Da wollte ich dich bitten, das ein bisschen zu
erläutern …

MM: Ja, das eine schließt das andere nicht aus. Die fünfte
Kulturepoche, die dazu da ist – wir werden es in der Apokalypse wohl

finden – dass die Kleider gewaschen werden, wenn nicht einige von uns diese Aufgabe auf sich nehmen, dann kann auch nicht, wenn letztendlich das sechste Zeitalter anbricht und die Siegel geöffnet werden, kann dann auch nicht passieren, geschehen, was geschehen sollte in der richtigen Menschheitsentwicklung, wenn nicht jetzt das Richtige gemacht wird. Es ist so, dass es jetzt darauf ankommt, denn sonst gibt es keine Grundlage. Aber das nimmt nicht weg, dass immer noch Möglichkeiten bleiben, das immer nachgeholt werden kann, denn Gott hat viel Gnade mit den Menschen. Es ist nicht so, dass wir jetzt an einen Abgrund kommen und dass es innerhalb von 100 Jahren gemacht werden muss und sonst geht es nicht weiter, so ist es auch nicht. Aber das eine schließt das andere nicht aus. Vielleicht muss man sagen, wenn nicht ein Mensch, oder vielleicht zwei oder drei, wie das mit Sodom und Gomorra war, da sind, dann geht die Menschheit unter.

Teilnehmer: Also es könnte passieren, wenn man das jetzt nicht entwickelt hat, oder die Menschheit, dass es im Gegensatz noch die Möglichkeit gibt, es nachzuholen, wie wenn einer in der Jugendzeit kein Abitur gemacht hat, weil er zu faul war, aber später dann noch das Abendabitur machen kann, es ist zwar schwieriger, aber…

MM: Und das geht noch weiter, bis an die große 666 gibt es noch immer die Möglichkeit, es nachzuholen, aber dann kommt wirklich das Ende. Also, wenn Venus in seinen sechsten Lebenszustand und Formzustand gekommen sein wird.

Teilnehmer: Ich habe jetzt das sehr als verstandesmäßige Auffassung empfunden, du hast ja am Anfang gesagt, dass wir das überwinden müssen. Ich finde das spannend, das Schematische, ich kann mir das gut vorstellen, ein System. Und wie ist es gedacht, wie komme ich da hinein, dass es nicht verstandesmäßig bleibt?

MM: Wir können da vorläufig nicht anders hineingehen als mit dem Verstand, weil es so groß ist und es den Verstand sprengt. Das Erleben, dass es zu groß ist, um es mit dem Verstand zu fassen, das ist schon ein Tor. Aber wir werden nach der Pause dann auch noch versuchen das zu verstärken, diese Verstandeseinsicht, sodass wir uns dar ein stellen können. Ich lebe jetzt in der fünften Kulturepoche. Es waren schon vier vollendet und zuvor war das Atlantische Zeitalter und das waren sieben usw., dass wir uns das mehr meditativ mit den Augen zu und ohne Schema auf Papier noch mal versuchen so vorzustellen, dass man darinnen ist…

Teilnehmerin: War man die ganze Zeit immer dabei, hat man als Seele die ganze Erde mitgemacht?

MM: Ja, in gewissem Sinne, es ist ja so, dass die Individualisierung noch ziemlich jung ist…

In unserer Epoche, im Bewusstseinsseelenzeitalter, kommt erst das Bewusstsein von dem Ich zustande, sodass wir auch wissen, dass ich da bin und dass ich nicht nur körperlich da bin, aber dass ich auch ein geistiges Dasein haben, worin ich selbstbewusst wissen kann, dass ich da bin. Ich kann auch immer mehr wissen, was ich entwickeln will. Und das ist ein Problem in der Apokalypse, dass am Ende darüber gesprochen wird, dass es eine Prädestination gibt, dass man auserwählt ist, oder nicht. Wenn man das so auffasst, wie das früher aufgefasst wurde, dann müsste man sagen, es ist jetzt schon entschieden, ob du das tun wirst oder nicht, du musst es nur noch tun. Aber eine Erlösung, die von der Anthroposophie kommt, ist, dass man einsehen kann, dass diese Auserwählung eine gewisse Zeit hat und dass dies dann immer mehr in die menschlichen Verantwortlichkeit selbst gestellt wird. Die Menschen bekommen alle dieselbe Möglichkeit, um die Dinge einzusehen und dann zu tun, zu entwickeln.

Es ist viel beweglicher, aber dies ist so ein Vorbild, ein Beispiel, wo der Verstand eigentlich nicht mitkann, weil er schwarz-weiß denkt. Dass eine Beweglichkeit darin ist, wo auch die Freiheit mit der Auserwählung noch zu tun hat, das kann der Verstand fast nicht erfassen …

FÜNFTE STUNDE

Parpan, 19.05.2018

Wir haben gestern Morgen das Rosenkreuz meditiert und ich sagte: Das ist eigentlich ein zusammen - gefasstes Bild für die Apokalypse, das ist auch der Menschensohn. Und wir könnten sagen – wenn wir davon sprechen, dass die Apokalypse die Einweihung ist – dass die Apokalypse Christus selbst ist. Denn immer schon, und das wird auch immer so bleiben, war Christus das Ziel der Einweihung. Also, die Offenbarung, die Johannes aufgeschrieben hat, die können wir zu gleicher Zeit auffassen als die wirkliche Erscheinung von Christus selbst. Und das wird dann ganz im Anfang schon deutlich, denn da erscheint der Menschensohn selbst dem Johannes. Dessen müssen wir uns fortwährend bewusst sein, dass diese, doch ziemlich kleine, das heißt nicht viele Seiten, umfassende Schrift, dass alles, was da als unfassbar Großes erscheint, dass das Christus selbst ist. Also wenn wir das Gefühl haben, wer ist das eigentlich, der Christus, dann können wir die Apokalypse meditieren und dann werden wir immer besser wissen, wer Er ist.

Wenn wir es so machen, wie das Ich die Gedanken entfaltet, wenn wir die Apokalypse so zu uns nehmen, nicht als Gedanke, sondern, *wie wir die Gedanken denken*, dann bleibt es nicht eine Erkenntnis von Christus, aber dann wird es immer mehr eine Offenbarung Christi. Das ist bei der ersten Kenntnisnahme vielleicht nicht so unmittelbar deutlich. Weil wir Menschen sind, werden wir am meisten getroffen durch die Schreckensbilder, die in der Apokalypse enthalten sind und man hat nicht so viel Lust sich vorzustellen, dass das dann also Christus sei. Man möchte als Mensch natürlich nur eine liebliche Erscheinung haben und nicht diese allumfassende Größe, die wir dann zu uns nehmen, wenn wir die Apokalypse aufnehmen. Wir müssen ein gewisses Verhältnis entwickeln zu diesen Schrecken, die da beschrieben werden.

Ich habe gestern schon gesagt, man muss das zuerst mal als die eigene Schreckenswelt auffassen, das macht einen bescheiden. Man wird auf seine menschliche Stelle hingewiesen, wenn man nicht die Apokalypse so liest, dass man sagt, ach, ich werde wohl heilig werden und all die armen Leute, die ein anderes Schicksal haben, mit denen geschieht Furchtbares. Das wäre eine ganz falsche Einstellung. Man muss sich zuerst vorstellen, dass all diese Plagen und auch die Tatsachen, die den Zorn Gottes erwecken, dass die in jeder menschlichen Seele und Natur darinnen sind und dass die Offenbarung eigentlich darin besteht, dass man sich zuerst mit der physisch-mineralischen Welt vertraut macht, dass dann diese physisch-mineralische Erde dadurch, dass das Erkenntnisvermögen spiritualisiert wird und dann allmählich der ganze Mensch spiritualisiert wird, auch diese physisch mineralische Erde ganz durchgeistigt wird. Und was da nicht hingehört, das wird abgestoßen. Das meinte ich gestern mit Abfall. Es ist dasjenige, was nicht brauchbar ist für die Spiritualisierung der Erde als Planet, durch die vielen Zeitalter hindurch, wie wir gestern gesehen haben, die die Erde noch haben wird, dass allmählich eine Spiritualisierung bis in das Mineralische auftreten wird, und dass damit bestimmte Prozesse einhergehen, die nun einmal da sein müssen, die aber eigentlich, wenn es ideal vorgehen würde, jeder Mensch für sich ablegen und umwandeln würde. Dann wäre die Apokalypse im idealen Sinn verwirklicht, dann bräuchte es nicht so zu werden, dass auch tatsächlich in gewissem Sinn diese furchtbaren Schicksale sich ereignen müssen, wenn jeder Mensch für sich eine Apokalypse mit sich selbst durchführen würde. Das ist natürlich ideal gesehen. Aber wenn man keine Ideale hat, ja, dann kann man schon jetzt eigentlich aufhören. Und wenn man sieht, wie weit die Perspektive in die Zeit reicht, kann es auch ein gewisses Gefühl von Ermüdung geben. Was wir gestern gemacht haben, dass man so weit in die Zeit gehen muss und dann erst die Erde an ein Ende gekommen sein wird und sich dann wiederum so ein Zyklus heranbildet, der wiederum so viele Unterzeiten hat, kann dazu führen, dass man sich sagt, wieso soll das so endlos lange dauern, kann es nicht einfacher gehen. Aber wenn man zum Beispiel Biologie oder Medizin studiert hat, dann hat man sich gewiss darüber verwundert, wie unergründlich weit der menschliche physische Leib sich schon entwickelt hat, so weit, dass man mit dem Verstand das gar nicht erfassen kann. Man spürt schon, dass es auch nicht anders sein kann, als dass für das Erreichen einer immer größeren Vollkommenheit notwendig ist, dass diese Zyklen und Runden, Globen, durchgemacht werden. Und für uns ist es dann wichtig, dass wir uns in die Zeitepochen einleben, wovon unsere Kulturepoche Teil ist. Wenn wir die unterschiedlichen Epochen in das Erleben bringen können, dann können wir das auch allmählich ausweiten über die größeren Zeitalter, Formzustände, Lebenszustände, Bewusstseinszustände. Wir haben dann die Siebenheit in ihrer Verschiedenheit mehr oder weniger durchlebt und können das auch ausweiten, ein wenig mindestens.

Rudolf Steiner sagt, dass es von der Erkenntnis, von dem Erkenntnisniveau abhängig ist, wie weit man schauen kann. Wenn wir uns selbst jetzt ohne Entwicklung, ohne meditative Entwicklung anschauen, dann können wir sagen, wir können eigentlich nur unsere eigene Kulturepoche ein wenig erfassen. Man muss sich vorstellen, dass, wenn man über die Rückschau über das 14. Jh. hinaus in die Vergangenheit kommt, dann haben wir schon keine Ahnung mehr, wie die Menschen damals gedacht, gefühlt und gewollt haben. Also für uns ist die Möglichkeit ganz beschränkt, uns einzuleben und zu verstehen, wie der Mensch damals war. Wenn wir die Griechisch-lateinische Periode erleben möchten, dann fehlt schon viel für uns, um mit dem Verstand noch heran zu kommen, denn damals wurde der Verstand erst ausgebildet. Und was wir jetzt Verstand nennen, das hat schon lange nicht mehr die Größe und Spiritualität, die in der Griechisch-lateinischen Periode Verstand war. Wir können nicht mehr mit dem Erleben hinein. Je weiter wir zurückgehen, desto schwieriger wird es.

Man braucht schon die Entwicklung zu dem lebendigen reinen Denken hin – was dann noch nicht Imagination ist – um die sieben Kulturepochen zu umfassen. Und wenn wir weiter gehen möchten, dann müssten wir die Imagination entwickeln, um in die Zukunft hinein die Siegel verstehen zu können und in der Vergangenheit die

Zeitalter verstehen zu können. Und mit dem inspirierten Bewusstsein kann man dann noch weiter und mit dem intuitiven Bewusstsein noch weiter.

Aber es gibt dann doch eine harte Grenze und bei Rudolf Steiner können wir erfahren, dass der Mensch eigentlich immer in dem Mittelpunkt der Zeit darin ist und dass wir eben so weit nach vorne schauen können, wie wir auch nach rückwärts schauen können.

Wenn wir also eine Zeitepoche, eine Kulturepoche weiter sind, dann wird unser Vermögen, rückwärts zu schauen, um eine Kulturepoche vermindert sein. Also, man kann nicht weiter zurück, als von dort, wo man sich in der Mitte befindet, und dann mit der Art des Bewusstseins, das man erlangt hat. Es ist gut, sich dessen bewusst zu werden. Mit dem Verstand kann man übersichtlich, so mit der Übersicht wohl sagen, es gibt Saturn und Sonne und Mond und Erde und Jupiter usw. Diese Bewusstseinsstufen gibt es, aber das will natürlich noch nicht sagen, dass man mit dem Erleben, mit dem realen Erleben auch wirklich hineinkommt. Der Verstand kann das alles schön aufzählen, aber wie weit können wir kommen, damit wir das auch wirklich erleben. Das ist eine notwendige Erwägung.

Dann ist noch ein anderes, dass wir das Studium der Kategorien ein wenig vollzogen haben müssten, wenn wir so etwas wie die Apokalypse in der richtigen Art verstehen wollen, sonst geht immer alles durcheinander und das habe ich gestern dann auch schon erfahren, dass das so geht. Man kann nicht Wesenheiten in der Begriffswelt miteinander in Beziehung bringen, die nicht aufeinander bezogen werden können. Also, man muss eigentlich immer mit dem Denken und mit dem Erfassen innerhalb dessen bleiben, worin man ist. Wenn man dann etwas ganz anderes hinzunimmt und vergleicht, geht das nicht.

Also das Studium der Kategorie Beziehung wäre eigentlich eine Grundforderung für diese Arbeit, die wir hier jetzt machen.

In meinem Seminarplan gestalten die Dinge sich immer von selbst so, dass so etwas in diesem Frühling auch zur Tagung gekommen ist, die Kategorie Beziehung in Zürich, wo wir das Thema hatten die

,Schöpfung aus dem Nichts'. Diese menschliche Tätigkeit, dass man aus dem Nichts schöpfen kann, hängt mit dieser Kategorie Beziehung zusammen. Eigentlich müsste das diesem Thema vorangehen. Das geht natürlich nicht, denn würden wir das machen, kommen wir gar nicht mehr zu der Apokalypse hin. Also ich überlasse es dann euch, das aufzufassen.

Gestern haben wir die Zeitfolgen berührt und versucht, uns darin einzuleben. Es war ein Einleben in reine Zeitfolgen. Vielleicht habt ihr das auch gespürt, dass, wenn man das so macht, dass man den Raum vollständig verlassen hat und eigentlich ganz in das Zeitliche hineingeht. Obwohl das alles sehr dürftig ist und natürlich noch gar nicht hoch spirituell, ist es doch so, dass man dadurch, dass man versucht meditativ seinen Ausgangspunkt zu nehmen in dieser Kulturepoche der Bewusstseinsseele und dann zurückzugehen in die anderen Nachatlantischen Epochen und dann zu den Zeitaltern und dann zurückzugehen zu den Formzuständen und den Lebenszuständen und den Bewusstseinszuständen, dass man sich ganz in die Zeit hineinbegibt. Und es gibt eigentlich nichts anderes als Zeit, wenn man das macht.

Wenn man spricht über das platonische Weltenjahr, dann kommt zu der Zeit auch der Raum hinzu und das muss man dann auch wirklich versuchen zu erleben, dass man dann nicht nur in der Zeit darin ist, sondern dass auch der Raum mit einbezogen wird. Und Rudolf Steiner hat dieses platonische Weltenjahr am deutlichsten, finde ich, beschrieben für das Zusammenwirken von Priestern und Ärzten, das ist der pastoralmedizinische Kurs. Da gibt er sogar an, dass er konstatiert, dass er bemerkt, dass das Denken so unendlich passiv ist und er gibt dann als Überwindung von dieser Passivität im Denken die Gedanken von dem platonischen Weltenjahr und sagt, wenn man den Frühlingspunkt astronomisch feststellt, dann liegt der in unserer Zeit in dem Sternbild Fische. Aber wenn man das jährlich astronomisch festlegen würde, dann würde man sehen, dass der Punkt ein wenig verschiebt, er bleibt nicht ganz im Sternbild von den Fischen, aber er verschiebt sich jedes Jahr ein kleines Stückchen.

Genau nach einer Kulturepoche von 2160 Jahre ist der Frühlingspunkt um ein Tierkreisbild, ja, man kann sagen voraus, aber man
kann auch sagen zurück, verschoben. Dann wird also das nicht mehr
Fische sein, aber dann wird es Wassermann sein.

Und so gib es also zwölfmal 2160 Jahre und dann wird der Frühlingspunkt wiederum in dem Zeichen der Fische stehen.

Teilnehmer: Ich wollte noch sagen, dass ich bisher die Auffassung
gehört habe, dass die Bilder nicht gleich groß sind und die Zeichen
gleich groß sind.

Anderer Teilnehmer: Bei dem Sternkalender gibt es das Astrologi-
sche, das ist genau gleich unterteilt und das andere, was du meinst,
ist das Astronomische. Diese äußeren Bilder sind ja nur der Indikator
für die Kräfte und Wesenheiten, die dahinter sind und die sind ganz
gleich. Also wenn man z. B. den Aussaatkalender von Maria Thun
nimmt, da wird es auch beschrieben. Es gibt einmal den Unterschied
zwischen Sternbildern und Sternzeichen.

MM: Also, zwölfmal 2160 Jahre ergibt dann dieses platonische Weltenjahr und das ist 25920.

Rudolf Steiner möchte, und das ist dann die Verlebendigung, die
er für die Ärzte und Priester so wichtig findet, dass man sich bewusst
wird, dass man in jeder Minute 18, man kann auch sagen 16, aber
er muss 18 sagen, man muss ein bisschen Souplesse haben natürlich,
also 18 Atemzüge in jeder Minute hat, in einer Stunde so viel und in
24 Stunden so viel. Wenn man das ausrechnet, kommt man zu der
gleichen Zahl wie es Jahre gibt in dem platonischen Weltenjahr. 18 x
60 x 24 = 25920

Wenn man davon ausgeht, dass man 72 Jahr alt wird, durchschnitt-
lich, das Patriarchen Alter nennt er es, dann kann man da auch
wiederum eine Berechnung machen, denn dann hat man ungefähr
25920 Tage gelebt. Damit deutet Rudolf Steiner dann an, dass der

Mensch mit seiner physischen Organisation und seiner Physiologie denselben Rhythmus hat, wie es auch im Kosmos einen großen Rhythmus gibt. Und so muss man sich als Mensch physiologisch im Einklang fühlen mit demjenigen, was in der großen kosmischen Welt, rhythmisch sich abspielt. Also da haben wir es also zu tun mit einem Verhältnis zwischen Raum und Zeit. Und was wir gestern versucht haben, da hatten wir den Raum vergessen und haben nur in Zeitabschnitten gedacht.

Teilnehmerin: Das nur in der Zeit sein und nicht im Raum, wenn man sich diese Zeitenräume zu verlebendigen und ohne in diesem abstrakten Übersichtschema versucht zu sein, führt dazu, dass ich anfange zu schwimmen. Also es ist gerade so ein Grenzerlebnis, dass es so nicht mehr möglich ist und ein quellendes Bild, wie eine Ahnung daneben stellt. Gibt es eine Brücke, dass man die Abstraktion verlassen kann?

MM: Ja, das ist immer die Verstärkung der Denkkraft, wobei man etwas anderes zu erwarten hat, als was man mit dem gewöhnlichen Denken gewohnt ist. Ich glaube, dass dies das große Problem ist. Für das gewöhnliche Denken braucht man Inhalt und Inhalt hat man eigentlich von einem gewissen Punkt an nicht mehr. Und wenn man dann nicht durch die Verstärkung des Denkens in eine Zeitbewegung gekommen ist, dann kommt auch kein Inhalt und da ist man eigentlich ganz einsam und verlassen in diesem Zeitverlauf, denn es gibt in erster Linie auch keine Gesellen, nicht die himmlischen Hierarchien, so wie Rudolf Steiner sie beschrieben hat in seiner Geheimwissenschaft, wo eine ganze Fülle von mitwirkenden höheren Wesenheiten erscheint, die ganz differenziert tätig sind und wie Musik da sind. Aber das hat man noch nicht, man hat nur Zeit und die stellt man sich vor mit der Denkkraft, man stellt sich vor, wie weit das geht und das ist eigentlich das Einzige. Dass das sich dann auch mit Inhalt erfüllen lässt, dafür brauchen wir die Hilfe von Eingeweihten. Und in die Zukunft hinein haben wir dann die Apokalypse, die uns diesen Inhalt gibt. Also rückschauend die Geheimwissenschaft und vorausschauend die Apokalypse.

Teilnehmer: Ich verstehe nicht, wieso dieses platonisches Weltenjahr, das ja eigentlich auch etwas Zeitliches ist, mit dem Raum zu tun hat.

MM: Ja, weil das Verhältnis von Sonne und Sternen, was ein räumliches Verhältnis ist, in der Zeit sich ändert. Wenn wir nur Kulturepochen denken, dann denken wir in so vielen Zeiten und wir kommen in das Schema von gestern. Hier haben wir das Verhältnis der Sonne mit den Sternen und das ist räumlich.

Teilnehmerin: Du sagtest, dass der Frühlingspunkt in den Fischen ist. Aber die meisten reden ja schon vom Wassermannzeitalter, obwohl der Frühlingspunkt noch überhaupt nicht in dem Wassermann ist. Aber ich meine, die äußeren Faktoren deuten aber schon auf das Wassermannzeitalter hin, mit dieser ganzen Technik, Computerisierung usw. Wir reden alle vom Wassermannzeitalter.

MM: Rudolf Steiner hat gesagt, wenn man im Astrallicht schaut, dann sieht man gewisse Verhältnisse im Astralischen und sieht dann diese Beziehungen in der Weise, wie es in der vorchristlichen Zeit auch geschaut wurde. Man muss durch das Christentum mit seinem Schauen hindurchgegangen sein, um in der reinen Akasha-Chronik lesen zu können, dass durch das Christus Ereignis eine ganz große Veränderung stattgefunden hat und man also jetzt wirklich sagen muss, der Frühlingspunkt steht noch in den Fischen und es wird noch bis 3500 dauern, bevor das Wassermannzeitalter im christlichen Sinn anbricht. Das ist also eine Verschiebung, die eine Schwierigkeit gibt, wodurch man mit der Anthroposophie auch deshalb nicht mit New Age hat mitgehen können, weil es so nicht aufgefasst wird. Aber alles wirft seinen Schatten schon voraus. Und so versuchen wir im positiven Sinn natürlich auch dieses Wassermannzeitalter schon vorzubereiten, dadurch, dass wir uns bewusst sind, dass die Spiritualisierung der Intelligenz, die eigentlich im Wassermannzeitalter aufblühen wird, hoffentlich, dass die jetzt vorgebildet werden muss.

Es ist wichtig, dass wir uns unser Einleben in die Apokalypse immer

72

wieder durch die Einweihungswissenschaft begleiten lassen. Daraus können wir lernen, dass die Erscheinung von Christus in der ätherischen Welt, die in dem vorigen Jahrhundert eine wirkende Tatsache geworden ist, aber zuvor natürlich für die Eingeweihten schon voraus erlebbar war, dass diese Erscheinung von Christus in der ätherischen Welt als Einweihungsgeschehen im Anfang der Apokalypse beschrieben wird. Wir müssen uns wirklich bewusst sein, dass Johannes der Apokalyptiker den Christus geschaut hat, sowie auch Paulus ihn geschaut hat und dass Johannes diese Schau dann auch beschreibt und dass das eine Phase, ein Schritt in der Einweihung ist.

Wenn wir den meditativen Weg noch einmal bedenken, dann können wir sagen, dass wir zuerst mit dem gegenständlichen Denken anfangen, dass wir mit diesem gegenständlichen Denken das Studium vollziehen, damit studieren wir die Geisteswissenschaft. Dann fangen die Übungen für die Imagination an.

Das haben wir dann gestern Morgen gemacht durch die Meditation des Rosenkreuzes, was eine Bildmeditation ist, ein Sinnbild und wir haben den Menschensohn verbildlicht. Diese bildschaffende innerliche Tätigkeit, die die imaginative Tätigkeit ist, bringt uns in eine Möglichkeit, in unserer Seele die Lotusblumen auszubilden, die Chakras. Dadurch, dass diese Chakras dann übersinnliche Sinne werden, womit wir die übersinnliche Welt schauen lernen können, erlangen wir allmählich eine Fähigkeit, dass wir nicht nur in den Bildern eine Art Fotografien haben, so etwas Ähnliches, dass ein Bild einfach auftaucht, aber dass wir die bildschaffende Tätigkeit wirklich entwickeln und dann in dieser bildschaffende Tätigkeit eine Möglichkeit bekommen im Ätherischen zu lesen. Und wenn wir dann die Bilder wegschaffen, so wie wir das tun in der Übung der Inspiration, wenn wir die Bilder wegschaffen, dann ziehen wir uns *aus dem Ätherischen zurück in die eigene Seele hinein* und werden da schauend. Das ist etwas ganz Anderes, als dass man mit der Seele etwas schaut, was außerhalb der Seele sich befindet, das muss man sich gut merken. Man kann mit der Seele etwas anderes als Seele schauen, aber es fragt nach einer großen intensiven inneren Entwicklung, um mit seinem

Schauvermögen in der Seele selbst wach zu werden und schauen zu können.

Und dann schaut man den Menschensohn.

Was am Anfang in der Apokalypse beschrieben wird, das erste Siegel, das in München damals an der Wand gehangen hat, – es ist etwas anderes, als die Siegel, die wir später noch in der Apokalypse kennenlernen werden. Dies sind die Einweihungssiegel, okkulte Schriftzeichen, womit man in der übersinnlichen Welt lesen lernt.

Da haben wir das erste Siegel, das erste Zeichen, das ist der Menschensohn. Das ist also eigentlich die in der Seele selbst erwachende Erkenntnis der Seele. Das ereignet sich bei Johannes, wenn er die Offenbarung empfängt.

Was wir gestern gemacht haben, war Verstärkung des Denkens in der Imagination. Auch wenn wir den Menschensohn, das Bild meditiert haben, ist es doch eine imaginative Übung. Aber das Bild selbst kommt aus der Einweihung und der Schritt, der gemacht werden muss, um zu dieser Ebene der Einweihung fortzuschreiten, ist, dass man sich ganz von dem Bild befreit und nur noch in der bildformenden *Tätigkeit* darinnen ist. Und dann hat man eigentlich kein Äußerliches mehr vor sich und nur noch Aktivität der eigenen Seele. Und wenn man das in aller Reinheit anschauen könnte, wenn sich das objektivieren würde, dann würde man den Menschensohn schauen. Aber dann schaut man ihn als reale Erscheinung. Und gestern haben wir als eine imaginative Übung versucht uns hineinzuleben, das ist natürlich etwas anderes, als dass man diese Stufe der Inspiration wirklich erreicht. Und wie kündigt sich diese an? Dadurch, dass man den Menschensohn schaut.
Dieser Schritt erscheint in der Apokalypse als erster Schritt. Als zweiter Schritt kommt dann die Stufe der Imagination. Und das ist dann noch kompliziert, da wird es uns nicht leicht gemacht, denn man würde es gerne haben, dass zuerst Bilder gegeben würden für die Imagination und dass dann die Bilder kommen für die Inspiration. Aber so ist es in der Apokalypse nicht. Da wird zuerst dieses

74

Schauen in der seelischen Welt angedeutet mit der Schau des Menschensohnes, dann kommen die Briefe und dann kommt dieses große Bild, das wir dann als Zweites sehen. Und das ist eigentlich das Bild, das gehört dazu, wenn der Astralleib, die Seele, ihre Sinnesorgane, ihre übersinnlichen Sinne, die Chakras, in Vollkommenheit ausgebildet hat, dann verbindet sie sich mit dem Ätherischen. Und dann erscheint die imaginative Welt und die formt sich zu einem Bild und dieses Bild ist das zweite okkulte Bild, das gegeben wird, das kommt in der Apokalypse also als zweite Erscheinung. Man könnte sagen in dem Übungsweg kommt das zuerst, denn zuerst gibt es eine Vermählung zwischen der Seele, dem Astralischen und dem Ätherischen, da erscheint die imaginative Welt. Und erst dann zieht man sich daraus zurück und findet man den Menschensohn.

Also, das ist, könnte man sagen, rätselhaft. Aber das hängt mit der christlichen Einweihung zusammen und wir finden diese Einweihung am deutlichsten beschrieben in der Vortragsreihe Makrokosmos, Mikrokosmos, wo es im 8. Vortrag aufgebaut wird. Dann kommt das Finale, könnte man sagen. Und da wird es deutlich, dass wir unvollkommene Menschen, die wir nun einmal sind, zuerst die Übung der imaginativen bildschaffenden Tätigkeit ausführen, dann schaffen wir die Bilder weg, haben nur noch die Tätigkeit, aber dann schaffen wir die Tätigkeit auch noch weg, und dann haben wir eine ganz tief schweigende Leere im Bewusstsein, erst darin erscheint die wahrhaftige Imagination. Die muss man dann wieder wegschaffen und dann ist man erst wirklich beim Menschensohn angelangt. Also wir haben einen imaginativen, inspirativen und intuitiven Weg abzulegen.

Und so kann man das dann auffassen, dass es für Johannes bereits so war, dass er diesen ganzen Vorübungsweg schon durchgemacht hat, auch natürlich durch die Einweihung durch Christus selbst, als er von Lazarus zu Johannes, Lazarus-Johannes, geworden war. Und wenn er dann diese Offenbarung empfängt, ist er schon in der Lage, in der er den Menschensohn in seiner vollen Erscheinung anschaut und die Imagination ist dann eigentlich das Nächste. Das ist dieses zweite Bild. Und das steht in der Offenbarung beschrieben, Kapitel vier:

Der Thron Gottes und seine Umgebung. Die Briefe sind dann schon gelesen worden.

Das werden wir später noch gut machen, darüber gehen wir jetzt hinweg.

Der Thron im Himmel

Danach schaute ich: Und siehe, eine Tür im Himmel stand offen, und die Stimme, die ich am Anfang gehört hatte – eine Stimme wie von einer Posaune, die mit mir sprach -, sie sagte: Komm hier herauf, und ich werde dir zeigen, was dann geschehen soll. Sogleich wurde ich vom Geist ergriffen, und siehe, ein Thron stand im Himmel, und auf dem Thron saß einer, und der da saß, hatte ein Gesicht, das war wie Jaspis und Karneol, und den Thron umgab ein Regenbogen, der sah aus wie ein Smaragd. Und rings um den Thron sah ich vierundzwanzig andere Throne, und auf den Thronen saßen vierundzwanzig Älteste, in weiße Gewänder gehüllt und mit goldenen Kronen auf dem Haupt. Von dem Thron aber gehen Blitze aus, Stimmen und Donner, und sieben Fackeln brennen vor dem Thron, das sind die sieben Geistwesen Gottes. Und vor dem Thron ist etwas wie ein gläsernes Meer, gleich einem Kristall. Und mitten auf dem Thron und rings um den Thron herum sind vier Wesen, die mit Augen übersät sind, vorne und hinten. Das erste Wesen gleicht einem Löwen, das zweite gleicht einem Stier, das Dritte hat das Gesicht eines Menschen, das Vierte gleicht einem Adler im Flug. Und die vier Wesen haben, jedes einzelne, sechs Flügel, und außen herum und innen sind sie mit Augen übersät, und sie rufen ohne Unterlass Tag und Nacht:

Heilig, heilig, heilig ist der Herr, Gott, der Herrscher über das All, der war und der ist und der kommt.

Und wenn die Wesen Lobpreis, Ehre und Danksagung darbringen dem, der auf dem Thron sitzt und in alle Ewigkeit lebt, werden die vierundzwanzig Ältesten niederfallen vor ihm, der auf dem Thron sitzt, und sie werden zu ihm beten, zu ihm, der in alle Ewigkeit lebt, und ihre Kronen werden sie niederlegen vor dem Thron und sagen:

76

Würdig bist du, Herr, unser Gott, zu empfangen den Lobpreis, die Ehre und die Macht, denn du hast alles erschaffen, durch deinen Willen war es und ist es erschaffen worden.

Es gibt verschiedene Deutungen bei Rudolf Steiner für diese Bilder, es hängt davon ab, für wen er spricht. Es ist natürlich mit okkulten Bildern, die Schriftzeichen sind, immer so, dass sie nicht *eine* Bedeutung haben, aber sehr viele, abhängig davon, wie sie mit anderen Zeichen zusammengelesen werden.

Aber eine Deutung ist, dass wir um den Thron Gottes die räumliche Einteilung vom Kosmos anschauen mit den vier Haupttierkreiszeichen Stier, Löwe, Adler oder Skorpion und Wassermann. Und dass diese vier, in der Anfangszeit der Menschenentwicklung auf der Erde, als das Ich zu den Menschen gekommen ist, zuerst noch als Gruppen-Ich, als Gruppenseelen für die Menschen individualisierend gewirkt haben. Also, es gab Löwenmenschen, Adlermenschen, Stiermenschen und Menschmenschen. Und die 24 Ältesten, das sind dann die großen Zeitalter, die bereits vorbei sind. Da müssen wir dann wiederum unser Zeitschema in Erinnerung rufen, und sehen, dass wir in Stadium 25 sind. Auf Saturn war der erste Bewusstseinszustand, der sieben Lebenszustände und sieben Formzustände und dann noch wieder die Unterverteilung durchgemacht hat, das auch für die Sonne und das auch für den Mond. Und man darf dann sagen, dass dem Menschensohn es sieben Lebenszustände auf Saturn gewesen sind, sieben Lebenszustände auf der Sonne und sieben Lebenszustände auf dem Mond, das sind also 21 Lebenszustände. Und auf der Erde haben wir erst drei vollbracht und sind in dem Vierten darin. Das sind die 24 Ältesten, das sind Lebenszustände, das sind also Zeitverhältnisse, aber das sind Wesen, die um den Thron von Gott da sind.

In der Mitte des Thrones und rings um den Thron sind vier Wesen voller Augen vorn und hinten, das sind Löwe, Stier, Adler und Mensch. Und weiter rings um den Thron 24 Throne.

…und auf den Thronen saßen vierundzwanzig Älteste, in weiße Gewänder gehüllt und mit goldenen Kronen auf dem Haupt.

Und die vier Wesen, die kennen keine Ruhe, das sind also unsere Gruppen-Iche, von denen wir abstammen und die sprechen Tag und Nacht*:*

Heilig, heilig, heilig ist der Herr, Gott, der Herrscher über das All, der war und der ist und der kommt.

Das geht ohne Ruhe immer weiter

Und wenn die Wesen Lobpreis, Ehre und Danksagung darbringen dem, der auf dem Thron sitzt und in alle Ewigkeit lebt, werden die vierundzwanzig Ältesten niederfallen vor ihm, der auf dem Thron sitzt, und sie werden zu ihm beten, zu ihm, der in alle Ewigkeit lebt, und ihre Kronen werden sie niederlegen vor dem Thron und sagen: Würdig bist du, Herr, unser Gott, zu empfangen den Lobpreis, die Ehre und die Macht, denn du hast alles erschaffen, durch deinen Willen war es und ist es erschaffen worden.

Wenn wir die Offenbarung als Einweihungsbuch auffassen, dann haben wir am Anfang das Schauen von Christus in der Seele und dann haben wir nach dem Lesen der Briefe den Abdruck von dem geläuterten Astralleib in das Ätherische hinein. Und bei diesem Einweihungsschritt, erscheint dieses Bild, das hier beschrieben steht.

Teilnehmerin: Also kann man sagen, diese ganze Beschreibung in dem Buch ist die Einweihung von Johannes, von dem was er erlebt. Und man kann das nachmachen? Und das ist dann eine Wirklichkeit, dabei kann man sehr lange verweilen …

MM: Es ist natürlich immer eine Wahl und weil ich als meine Aufgabe die Spiritualisierung der Intelligenz sehe, fasse ich es in diesem Licht auf und gehe also nicht so sehr interpretierend im großen bildlichen Sinn vor, aber versuche, dass wir miteinander erleben können, dass es unser Buch ist eigentlich, dass jedes Ich, das sich entwickeln will zur Spiritualisierung der Intelligenz dies durchmacht. Ja, und so, wie wir jetzt sind, so fängt es an.

Teilnehmerin erneut: Ja, und in dem Buch selber ist nicht beschrieben, was passiert, sondern was er erlebt. Also er kann nicht beschreiben, was mit seinem Ätherischen, Astralischen passiert, er kann nur immer in Bildern geben, was er sieht.

MM: Ja, das ist erst im Bewusstseinsseelenzeitalter möglich, dass das so gemacht wird, dass man wirklich beschreiben kann, was passiert. Dafür brauchen wir dann Rudolf Steiner. Aber wenn man allmählich in die Bildersprache hineinwächst, dann steht es natürlich wohl darin.

Teilnehmerin erneut: Also erlebt man das an der eigenen Seele und dann weiß man, was es ist.

MM: Ja, es ist unendlich, was es bedeutet.

Für die Priester hat Rudolf Steiner beschrieben, dass so, wie diese Apokalypse eigentlich immer schon da gewesen ist als reale menschliche Einweihung, so hat Johannes sie in einer großen Klarheit erfasst und auch aufgeschrieben, das war zuvor nicht da. Und seitdem haben viele große Geister sich mit der Apokalypse meditativ befasst und ist diese Apokalypse in die Erdenaura eingeschrieben.

Wir müssen uns vorstellen, dass die Apokalypse im Umkreis der Erde eingeschrieben ist. Und wenn wir uns damit beschäftigen, dann wirkt das so, dass, wenn wir nachts schlafen gehen, wir mit unserem Astralischen, mit der Seele und mit dem Ich aus dem Leib weggehen, und wir gehen unbewusst, wenn man nicht eingeweiht ist, in die Erdenaura hinein und erkennen dort wieder, was wir studiert haben. Also da finden wir dasjenige, aber natürlich in einer viel größeren Gestalt wieder, was wir hier gemacht haben. Und inzwischen wirkt aus der Erdenaura das auch auf unseren Ätherleib und physischen Leib, der im Bett geblieben ist, das ist der Leib, der da liegt, und es wird in das Ätherische eingeschrieben. Wenn wir dann am Morgen wieder aufwachen, dann sind wir viel reicher geworden, als wir gestern waren. Einerseits wird die Einschreibung in die Erdenaura auch durch unsere Arbeit immer vollkommener und reicher und andererseits wird der physisch-ätherische Leib dadurch immer gesunder, könnte man sagen, weil der Christus selbst, der die Apokalypse ist, uns heilt und dann immer wieder in der Nacht auf uns zurückwirkt und auch in uns in dem Ätherischen, wo wir Ihn finden können, heilsam auf den Leib zurückwirkt. Das ist etwas ganz Großes, was natürlich auch da ist, wenn wir nicht mit der Apokalypse arbeiteten, aber dann ist es nicht so sehr für uns da. Das wird erst für uns da sein, wenn wir auch mittun. Das müssen wir also als eine reale Geschichtsschreibung in der Erdenaura anschauen.

Teilnehmerin: Das hat nach meinem Verständnis doch nur Bedeutung für die Christen. Die Buddhisten und die Hindus, die kennen Ihn doch gar nicht, oder wie ist das zu verstehen?

MM: Die haben doch den Christus in ihrem Leib und Ätherleib darin, aber erkennen das nicht an, aber das bedeutet nicht, dass das nicht doch wirksam werden könnte. Und wenn sie mit der Einweihung wirksam sind – aber dann muss es natürlich in diesem Sinn sein, und ich kann mir vorstellen, dass im Buddhismus auch ein ganz großes Stück hiervon schon darin ist und war und sein wird, – dann sind die auch damit tätig. Also man muss es nicht so religionsbezogen auffassen.

Es gibt viele Menschen, die das in der Bibel die Apokalypse darinnen ist nicht ertragen können. Das andere ist für den Verstand zugänglich, aber dies nicht. Und das macht es natürlich für viele schwierig, auch für Christen.

Aber ich wollte nur sagen, dass nach Rudolf Steiner die okkulte Bedeutung der Apokalypse da ist und auch da sein wird und wir können uns damit vereinigen.

Teilnehmer: Ich wollte noch fragen, inwiefern das besonders für die Apokalypse gilt? Wie ist es zum Beispiel für das Johannes-Evangelium?

MM: Ich denke, man muss es so sehen, dass das Johannes-Evangelium in der Apokalypse darin ist. Alles ist in der Apokalypse darin, denn es ist eine Umfassung der Einweihung. Im Johannes-Evangelium geht es eigentlich darum, dass die Seele die Katharsis durchmacht, die Läuterung, also die Reinigung der Seele, so wie wir das im Rosenkreuz kennen, das ist das Johannes-Evangelium, könnte man sagen. Und das ist dann also eine Vorbedingung für das, was in der Apokalypse letztendlich geschieht, wo Johannes wirklich seine Einweihung beschreibt. Aber das ist noch immer das Rosenkreuz.

JM: Im Johannes-Evangelium ist es so, dass man zur Sophia wird, zur gereinigten Seele und dann den Geist aufnehmen kann, das ist die Bedeutung des Johannesevangeliums.

MM: Ja. Und diese geläuterte Seele, die drückt dann in der Einweihung die Lotusblumen, die Chakras in das Ätherische ab und dadurch entsteht das Hellsehen, die Hellsichtigkeit. Aber die muss dann noch so weit entwickelt werden, dass sie sich in sich selbst hellsichtig machen kann und nicht mehr ein Medium braucht, in dem das gelesen wird, was der Ätherleib zuerst ist. Das wird dann ganz zurückgezogen in das seelische Gebiet und da fängt die Apokalypse dann an mit dem Menschensohn.

Teilnehmerin: Kann man das Evangelium gleichsetzen mit der „Philosophie der Freiheit" von Rudolf Steiner, in der er seinen Weg beschreibt und jetzt beschreibt Johannes seinen Weg zur Einweihung?

MM: Ja, und die Apokalypse wäre dann mehr die Freie Hochschule für Geisteswissenschaft, die esoterischen Stunden. Es ist so etwas wie bei dem menschlichen Leib, in dem man auch überall alles finden kann. So findet man das natürlich auch bei Rudolf Steiner, alles, was organisch geformt wird, das enthält immer auch wiederum das Ganze in dem Kleinen. Und ich erinnere mich, dass Rudolf Steiner mal etwas verärgert gesagt hat: Wenn ihr Anthroposophen nun einmal ein Buch wirklich ganz ausgeschöpft, ganz durchgearbeitet hättet, dann bräuchte ich nicht so viele Vorträge zu geben.

SECHSTE STUNDE

Parpan, 19.05.2018

Wir brauchen dann doch einiges Wissen, um diese sieben Briefe verstehen zu können und auch fruchtbar meditieren zu können. Sie sind Vorbereitung für die Einweihung. Sie werden dargestellt als Sendschreiben an die sieben Gemeinden in der Provinz Asia.

Ich hatte als eine Familienerbschaft noch einen Atlas für die Bibel im Schrank stehen und dieser liegt da auf dem Tisch. Er ist natürlich auf Niederländisch, aber das macht bei der Geografie nichts aus. Da kann man sehen, wo diese sieben Gemeinden in Asia liegen, wo man sie sich räumlich vorstellen muss. Aber es hat natürlich eine weitreichendere Bedeutung als eine Geografische.

Und wir müssen uns dann vorstellen, dass in diesen sieben Briefen eine Erinnerung an die sieben Gemeinden, oder auch ein Vorausblick an die sieben Kulturepochen der Nachatlantischen Periode aufkommt. Die Zeit, in der wir jetzt leben, ist die fünfte Epoche.

Stellen wir uns vor, dass nach der atlantischen Katastrophe die Menschheit von einer Menschheitsführerschaft auf Erden geleitet wurde und dass die erste Epoche dann die Indische genannt werden kann. In dieser Epoche ist das Wichtige, dass der physische Leib ganz ausgebildet wird und dass die Einstellung in Bezug auf die Entwicklung dann so ist, dass diese Menschen zur gleichen Zeit in sich die Tendenz fühlten, auch die rein physisch materielle Erscheinung als Maya zu sehen, als Illusion. Einerseits ist es gerade die Entwicklung des physischen Leibes für diese Epoche, worum es geht, andererseits ist es eine Leugnung der Realität, der materiellen Welt.

Die zweite Epoche ist die Persische Epoche und da stellen wir uns die Lehre, die ursprüngliche Lehre von Zarathustra vor. Die Menschheit fängt an die Erde zu bearbeiten und das ist die Epoche des Ackerbaus.

Zu gleicher Zeit sind es auch die Erlebnisse mit der Sonne und der Finsternis, Ahura Mazdao einerseits und Ahriman andererseits. Die Menschheit hat eine dualistische Auffassung und ringt damit. Und das kommt in dem zweiten Sendschreiben in den Vordergrund.

Die persische Zeit war die Entwicklung des Ätherleibes.

Die dritte Epoche ist die Ägyptisch-chaldäische Epoche und dann arbeitet die Menschheit vor allem daran, die Gesetze des Kosmos zu ergründen und da finden wir also eine wunderbare Entwicklung der Astronomie und Astrologie und auch einen Anfang der Geometrie. Es ist die Entwicklung der Empfindungsseele.

Dann kommt die vierte Epoche, in der Christus, das Weltenwort, sich inkarniert hat. Das ist die Griechisch-lateinische Epoche. Darin wird die Verstandes- und Gemütsseele entwickelt und es gibt eine wunderbare Harmonie zwischen dem Geistigen und dem Materiellen. Wir können das noch nachempfinden in den griechischen Statuen, wo die Proportion der menschlichen Gestalt so ist, wie sie sein würde, wenn das Geistige mit dem Materiellen ganz in Harmonie wäre. Wenn man also die griechische Bildhauerkunst anschaut, dann sieht man da diese harmonischen Verhältnisse. Und das ist dann auch die Zeit, in der Christus selbst auf Erden in einem Menschenleib erscheint.

Dann kommt unsere Zeit, das ist die Zeit der Bewusstseinsseele, die fünfte Kulturepoche, in der eine Vorbereitung auf eine Epoche erwartet werden kann, worin das Wahre, Schöne und Gute Hauptsache sein wird. In der fünften Kulturepoche wird das vorbereitet. Für uns ist es so, dass es darauf ankommt, dass wir dasjenige, was wir aus der vierten Epoche mitbekommen haben, Verstand und Gemüt, dass wir uns das zu eigen machen, dass wir uns unserer eigenen Seele und unseres eigenen Ich vollkommen bewusst werden und eine Reinigung vornehmen, dass wir also das Rosenkreuz verwirklichen. Das kommt dann auch in dem fünften Sendschreiben zum Ausdruck. Und dann kommt diese Zeit des Wahren, Schönen und Guten, die sechste Kulturepoche. Die Zeit der Brüderlichkeit, eine Vorschau auf die Entwicklung des Manas, des Geistselbst, wird das sein.

Letztlich kommt die siebte Epoche und das wird die Epoche sein, in der die ganze Nachatlantische Zeit ausklingt und ihren Enthusiasmus verliert. In der fünften und sechsten Epoche gab es einen Höhepunkt und in der siebenten Epoche klingt das ab und verliert die Wärme - und dann erklingt auch der Vorwurf, dass die Menschheit lau ist.

Das ist das siebente Sendschreiben. Wir müssen uns dabei vorstellen, dass der Menschensohn sich in sieben verschiedenen Gestalten zeigt, die zu der Epoche passen und in dieser Epoche deutet er das Gute an und auch das Problematische. Er gibt an, was er tun wird, wenn das Gute überwindet und was er tun wird, wenn das Böse überwindet. Das nimmt also sieben Gestalten an. Man muss sich vorstellen, dass wir alle sieben Gestalten durchleben, durchlebt haben, für einen Teil, aber auch wiederum, wenn wir die Einweihung suchen neu bewusst aufrufen und durchleben wollen und dann auch müssen.

Im modernen Sinn könnte man sagen: Das ist die erste der sieben Stunden der ersten Klasse der freien Hochschule, aber selbstverständlich in einer ganz anderen Gestalt gegeben, man muss eine Geschmeidigkeit haben, dass man das auch gewahr wird. Man muss nicht suchen, es steht nicht da. So ist es natürlich nicht, es hat eine ganz andere Form angenommen, aber das heißt nicht, dass es nicht die gleichen Aufrufe sind.

Zuerst das *Sendschreiben an die Gemeinde in Ephesus*. Darin fühlen wir eben die Altindische Kulturepoche, die Entwicklung des physischen Leibes – und alles Physisch-Materielle ist Maya.

Dem Engel der Gemeinde in Ephesus schreibe: So spricht, der die sieben Sterne in seiner Rechten hält, der einhergeht inmitten der sieben goldenen Leuchter: Ich kenne deine Werke und deinen Einsatz und deine Beharrlichkeit, und ich weiß, dass du die Bösen nicht ertragen kannst, dass du geprüft hast, die da sagen, sie seien Apostel, und es nicht sind, und dass du sie als Lügner entlarvt hast. Ausgeharrt hast du, und um meines Namens willen erträgst du dies alles und bist nicht müde geworden.

Ich habe dir aber vorzuwerfen, dass du deine erste Liebe verlassen hast. Bedenke, aus welcher Höhe du gefallen bist, kehr um zu den Werken des Anfangs; wenn nicht, werde ich zu dir kommen und deinen Leuchter von seinem Platz stoßen, wenn du nicht umkehrst.

Aber dies halte ich dir zugute: Du hasst die Werke der Nikolaiten, die auch ich hasse.

Wer Ohren hat, der höre, was der Geist den Gemeinden sagt. Wer den Sieg erringt, dem werde ich zu essen geben vom Baum des Lebens, der im Paradies Gottes steht.

Wenn man das mit dem Ich meditieren will, dann muss es innerlich so erfasst werden, wie man z. B. den Begriff des Kreises erfasst und dann sieht man, oder erzeugt man mit, man stellt mit vor: den Menschensohn, der die sieben Sterne in seiner Rechten hält und der inmitten der sieben goldenen Leuchter umhergeht.

Stellen wir uns das meditativ so vor, bringen wir es in Erscheinung so, wie wir sonst die Begriffe erzeugen.

Teilnehmer: Was sind die Werke der Nikolaiten?

MM: Das sind reine Materialisten in dieser Zeit.

Aber zuerst meditieren wir den Menschensohn inmitten der sieben Leuchter und mit den sieben Sternen, sieben Leuchter und die sieben Sterne in seiner Rechten.

-Es wird meditiert.

Und dann kommt, was der Herr schätzt, was er gut findet.

Ich kenne deine Werke und deinen Einsatz und deine Beharrlichkeit, und ich weiß, dass du die Bösen nicht ertragen kannst, dass du geprüft hast, die da sagen, sie seien Apostel, und es nicht sind, und dass du sie als Lügner entlarvt

86

hast. Ausgeharrt hast du, und um meines Namens willen erträgst du dies alles und bist nicht müde geworden.

-Es wird weiter meditiert.

Ich habe dir aber vorzuwerfen, dass du deine erste Liebe verlassen hast. Bedenke, aus welcher Höhe du gefallen bist, kehr um zu den Werken des Anfangs; wenn nicht, werde ich zu dir kommen und deinen Leuchter von seinem Platz stoßen, wenn du nicht umkehrst. Aber dies halte ich dir zugute: Du hasst die Werke der Nikolaiten, die auch ich hasse.

 -Es wird weiter meditiert.

Wer Ohren hat, der höre, was der Geist den Gemeinden sagt. Wer den Sieg erringt, dem werde ich zu essen geben vom Baum des Lebens, der im Paradies Gottes steht.

-Es wird weiter meditiert.

Und versuche dann das ganze Sendschreiben zu erinnern und noch mal durchzuempfinden.

-Es wird weiter meditiert.

Gut.

Wir gehen zuerst mal weiter.

 Der Brief an die Gemeinde in Smyrna

 Und dem Engel der Gemeinde in Smyrna schreibe: So spricht er, der Erste und der Letzte, der tot war und wieder lebendig wurde: Ich kenne deine Not und deine Armut – und doch bist du reich -, und ich weiß, wie du verwünscht wirst von Seiten derer, die sagen, sie seien Juden, und es nicht sind, sondern eine Synagoge des Satans!

Fürchte dich nicht vor dem, was dir an Leiden noch bevorsteht. Siehe, der Teufel wird einige von euch ins Gefängnis werfen, um euch zu versuchen, und ihr werdet Not leiden, zehn Tage lang. Sei treu bis in den Tod, und ich werde dir die Krone des Lebens geben.

Wer Ohren hat, der höre, was der Geist den Gemeinden sagt: Wer den Sieg erringt, dem wird der zweite Tod nichts anhaben können.

Das ist die Persische Kulturepoche, Entwicklung des Ätherleibes, die Zeit von Zarathustra. Hier spricht der Erste und der Letzte, der tot war und wieder lebendig geworden ist. So stellen wir uns jetzt den Menschensohn vor. Der Erste und der Letzte und der tot war und wieder lebendig geworden ist.

-Es wird meditiert.

Ich kenne deine Not und deine Armut — und doch bist du reich -, und ich weiß, wie du verwünscht wirst von Seiten derer, die sagen, sie seien Juden, und es nicht sind, sondern eine Synagoge des Satans!

-Es wird weiter meditiert.

Fürchte dich nicht vor dem, was dir an Leiden noch bevorsteht. Siehe, der Teufel wird einige von euch ins Gefängnis werfen, um euch zu versuchen, und ihr werdet Not leiden, zehn Tage lang.

-Es wird weiter meditiert.

Sei treu bis in den Tod, und ich werde dir die Krone des Lebens geben.
Wer Ohren hat, der höre, was der Geist den Gemeinden sagt: Wer den Sieg erringt, dem wird der zweite Tod nichts anhaben können.

-Es wird weiter meditiert.

Wir wissen, dass in dem ersten Sendschreiben die Indische Kulturepoche wiedererscheint, die Entwicklung des physischen Leibes.

Dann verstehen wir auch besser, was da eigentlich zu uns gesagt wird. Denn man spürt darin das Unterscheidungsvermögen, das mit dem physischen Leib zusammenhängt, das wird hier gepriesen. Dass man nicht blind ist für den Unterschied zwischen dem Guten und Bösen und dass man die Lügen durchschaut, das hat man sehr deutlich in dem ersten Sendschreiben darin. Und der Vorwurf ist, dass die erste Liebe vergessen worden ist, und ja, man müsste das so auffassen, dass gerade dies die Leugnung der physischen Werte ist, dass man in dieser Zeit das Physische als Illusion angesehen hat und damit eigentlich die Liebe vergessen hat, die der Mensch für das Irdische haben muss, weil wir nun einmal auch in dieser Epoche in diesem Bewusstseinszustand der Erde darinnen sind. Also Aufgabe ist es, dass wir das Physische auch anerkennen und den Wert davon auch anerkennen.

Und dann geht es weiter zu der zweiten Epoche, das ist die Epoche, in der die Lehre von Zarathustra lebendig ist. In diesem Sendschreiben empfindet man die Dualität zwischen dem Leben und dem Tod deutlich mit. Das Licht der Sonne und die Finsternis von Ahriman, die Entwicklung des Ätherleibes.

Der getreu ist bis in den Tod, dem will ich die Krone des Lebens geben. Wer den Sieg erringt, dem wird der zweite Tod nichts anhaben können.

Es ist nicht nur der erste Tod, worüber hier gesprochen wird, das ist der Untergang des physischen Leibes, worin wir inkarniert sind. Es gibt auch noch einen zweiten Tod.

Und hier, in diesem Sinn, könnte man vielleicht das so auffassen, dass eine Zeit kommen wird, in der ein Ätherleib nicht mehr aufgelöst wird. Das ist jetzt noch der Fall, nach dem Tod geht der Ätherleib zurück in seine Heimat, löst sich auf und was wir nach dem Tod behalten dürfen, sind der reine Teil der Seele und das Ich, und nur ein Extrakt des Ätherleibes. Aber der eigentliche Ätherleib verschwindet in den Weltenäther hinein.

Aber, wenn man die Einweihung durchmacht ist es jetzt so, dass sich die Gedanken im Ätherleib nicht verflüchtigen, die werden erhalten und dadurch wird der Ätherleib auch nach dem Tod lebensfähig und kann nach dem Tod fortbestehen und sogar wieder an andere Individualitäten, die Gedankenschätze brauchen, mitgegeben werden. Das große Beispiel ist natürlich der Ätherleib von Jesus von Nazareth selbst, der vervielfältigt worden ist und vielen Individualitäten in einer Inkarnation mitgegeben wurde, ein Beispiel ist Augustinus. Aber man könnte sich vorstellen, dass in die Zukunft hinein es als eine Möglichkeit angeschaut wird, dass der Ätherleib so selbstständig lebensfähig wird, dass er auch bleiben kann, wenn der Leib zerfällt.

Eine andere Möglichkeit ist, dass hier von einem zweiten Tod gesprochen wird, der ganz am Ende beim Jüngsten Gericht vorausgesagt wird, wo diejenigen Individualitäten, die überwunden haben, zum Neuen Jerusalem auferstehen werden und andere, die bei dem Gericht nicht würdig befunden werden, den zweiten Tod sterben werden. Das geht also noch viel weiter.

JM: Dann würde man seine Seele verlieren.

MM: Ja, in die materiellen Verhältnisse, in die materiellen Überbleibsel würde dann die Seele eingekerkert werden und bis in die Ewigkeit im Feuer brennen, so steht es dann in der Apokalypse. Hoffentlich kommen wir in diesen vier Tagen noch dazu, anzuschauen, dass man das auch anders auffassen kann und dann doch dasselbe meint. Aber in diesem Sendschreiben könnte man es so auffassen, dass es das Erhalten des ätherischen Leibes ist, wenn man nicht mehr stirbt, aber erhalten bleibt und lebendig weiterwirkt. Es gibt natürlich immer mehrere Möglichkeiten, um diese Bilder zu erklären. Aber später in der Apokalypse, bei dem jüngsten Gericht, wird von dem zweiten Tod gesprochen und das ist Wirklichkeit.

Dann gehen wir zu dem dritten Sendschreiben und bedenken, dass es die Ägyptische Kulturepoche und die Entwicklung der Empfindungsseele ist.

Mit der Empfindungsseele nehmen wir die Eindrücke empfindungs-gemäß auf, aber denken nicht darüber nach, bringen sie auch nicht miteinander in Verbindung, doch sie beeindrucken uns. Das ist die Empfindungsseele, die hier im dritten Sendschreiben angesprochen wird.

Der Brief an die Gemeinde in Pergamon

Und dem Engel der Gemeinde in Pergamon schreibe: So spricht, der das zwei-schneidige Schwert führt, das scharfe: Ich weiß, wo du wohnst: da, wo der Thron des Satans steht. Du hältst an meinem Namen fest und hast den Glauben an mich nicht verleugnet, auch nicht in den Tagen des Antipas, meines treuen Zeugen, der bei euch getötet worden ist, da, wo der Satan wohnt.

Weniges nur habe ich dir vorzuwerfen: Du duldest Leute bei dir, die sich an die Lehre des Bileam halten; der lehrte den Balak, den Israeliten einen Stolper-stein in den Weg zu legen: Fleisch sollten sie essen, das den Göttern geweiht war, und sich der Unzucht hingeben. Ebenso duldest auch du Leute bei dir, die an der Lehre der Nikolaiten festhalten.

Kehre um! Sonst komme ich bald zu dir, und ich werde Krieg führen gegen sie mit dem Schwert meines Mundes.

Wer Ohren hat, der höre, was der Geist den Gemeinden sagt: Wer den Sieg erringt, dem werde ich von dem verborgenen Manna geben, und einen weißen Stein werde ich ihm geben, und auf dem Stein ist ein neuer Name geschrieben, den niemand kennt außer dem, der ihn empfängt.

In dieser Zeit kommt die schwarzmagische Sternenerkenntnis auf, darauf wird hingedeutet. Diese zwei Seiten sehen wir. Wir sehen ei-nerseits diejenigen, die die Treue halten an dem, der da erscheint und andererseits das Abfallen von ihm und das Essen vom Opferfleisch und die Unzucht, das Anbeten des Materiellen. Im dritten Send-schreiben finden wir diese zwei Seiten der Existenz. Und wir müssten natürlich viel mehr Zeit haben, um das ins Erleben zu bringen, aber das müsst ihr dann selbst weiter machen.

Ich werde heute Mittag noch kurz die anderen vier Briefe durchgehen. Und dann gehen wir mit dem Programm weiter. Ich habe auch noch ein Zeichen gefunden, wo das Weltenwort in apokalyptischem Sinn ausgedrückt wird, in einem Siebenstern, wo die Kraft von der Sonne ausgeht, dann nach dem Mond geht, zum Mars, dann zu Merkur, dann zum Jupiter, Venus und letztendlich zum Saturn. Das sind die sieben Sterne, die der Menschensohn in seiner Rechten hält. Und wenn man die Linien verfolgt – die kommen von Rudolf Steiner – dann fängt das mit der Sonne an und man fühlt in sich aufklingen:

,Weltentsprossenes Wesen,

Du in Lichtgestalt,
Von der Sonne erkraftet
in der Mondgewalt.
Dich beschenket des Mars erschaffendes Klingen
und Merkurs gliedbewegende Schwingen.
Dich erleuchtet Jupiters strahlende Weisheit
und der Venus liebetragende Schönheit.
Dass Saturns Weltenalte Geistinnigkeit,
dich dem Raumessein und Zeitenwerden weihe.'

Wir werden versuchen, uns um den Thron Gottes zu scharen und mitzubeten das Heilig, heilig, heilig.

SIEBENTE STUNDE

Parpan, 19.05.2018

Wir gehen noch mal zurück zu dem Menschensohn und versuchen dieses Bild, wie es uns in der Apokalypse gegeben wird zu imaginieren. Aber wir tun es mit dem Ich und das bedeutet, dass wir dasjenige, was hier geschildert wird, ganz mit unserem Selbst vereinigen, ja selbst aus uns hervorbringen. Das heißt, dass man wirklich versucht zu spüren, wie sich das Gewand anfühlt, das bis auf die Füße reicht, wie die Brust umgürtet ist mit einem goldenen Gürtel, wie das Haupt und die Haare weiß sind wie Wolle, wie Schnee und wie die Augen sind wie eine Feuerflamme und die Füße gleich schimmerndem Erz, Messing sagt Rudolf Steiner auch.

Sein Haupt aber und sein Haar waren weiß wie weiße Wolle, wie Schnee, und seine Augen wie Feuerflammen, seine Füße gleich Golderz, wie im Ofen geglüht, und seine Stimme wie das Rauschen vieler Wasser. Und in seiner Rechten hielt er sieben Sterne, und aus seinem Mund kam ein scharfes, zweischneidiges Schwert, und sein Antlitz leuchtete, wie die Sonne strahlt in ihrer Kraft.

-Es wird meditiert.

Und dann zeigt er sich in den sieben Sendschreiben immer in einer besonderen Gestalt. In Ephesus bedeutet das, dass der spricht, der die sieben Sterne in seiner Rechten hält und der inmitten der sieben goldenen Leuchter umhergeht. In Smyrna spricht der Erste und der Letzte, der tot war und wieder lebendig geworden ist. Und in Pergamon spricht der, welcher das zweischneidige scharfe Schwert hat.

Und dann kommt das Sendschreiben an die Gemeinde in Thyatira und da müssen wir im Bewusstsein halten, dass diese Gemeinde der Griechisch-lateinischen Kulturepoche entspricht.

Der Menschensohn spricht jetzt als der Sohn Gottes, der Augen hat wie eine Feuerflamme und dessen Füße gleich schimmerndem Erz sind.

Man muss das bis in das Erleben verdichten, dieses Bild. Und er spricht zuerst das Gute aus.

Der Brief an die Gemeinde in Thyatira

Und dem Engel der Gemeinde in Thyatira schreibe: So spricht der Sohn Gottes, der Augen hat wie Feuerflammen und dessen Füße dem Golderz gleichen: Ich kenne deine Werke – die Liebe, den Glauben, die Hilfsbereitschaft – und deine Beharrlichkeit, und ich weiß, dass deine letzten Werke zahlreicher sind als die Ersten. Aber ich habe dir vorzuwerfen, dass du die Isebel gewähren ließest, die sich Prophetin nennt und die als Lehrerin auftritt und meine Knechte dazu verführt, sich der Unzucht hinzugeben und Fleisch zu essen, das den Göttern geweiht ist. Ich habe ihr Zeit gegeben umzukehren, doch sie will nicht umkehren und von ihrer Unzucht nicht lassen. Siehe, ich werfe sie nieder auf ihr Bett und lasse eine große Not kommen über die, die mit ihr Ehebruch begehen, wenn sie nicht umkehren und von ihren Werken nicht lassen, und ihre Kinder werde ich in den Tod schicken. Alle Gemeinden werden dann erkennen, dass ich es bin, der Herz und Nieren erforscht; und ich werde euch vergelten, einem jeden nach seinen Taten.

Euch aber, die ihr in Thyatira übrig geblieben seid, die ihr diese Lehre nicht übernommen und die ‹Tiefen des Satans›, wie sie es nennen, nicht erkannt habt, euch sage ich: Ich lege euch keine weitere Last auf. Doch was ihr habt, das haltet fest, bis ich komme!

Wer den Sieg erringt und meine Werke bis ans Ende bewahrt, dem werde ich Macht geben über die Völker – er wird sie weiden mit eisernem Stab, wie Tongefäße werden sie zerschlagen –, wie ich sie von meinem Vater empfangen habe, und ich werde ihm den Morgenstern geben.

Wer Ohren hat, der höre, was der Geist den Gemeinden sagt.

Darin vertiefen wir uns dann zuerst wiederum. Es geht also um die

Griechisch-lateinische Kulturepoche, die Entwicklung der Verstandes
- und Gemütsseele.

-Es wird meditiert.

*Ich kenne deine Werke – die Liebe, den Glauben, die Hilfsbereitschaft – und
deine Beharrlichkeit, und ich weiß, dass deine letzten Werke zahlreicher sind
als die Ersten. Das ist das Gute.*

-Es wird weiter meditiert.

*Aber ich habe dir vorzuwerfen, dass du die Isebel gewähren ließest, die sich
Prophetin nennt und die als Lehrerin auftritt und meine Knechte dazu verführt,
sich der Unzucht hinzugeben und Fleisch zu essen, das den Göttern geweiht
ist. Ich habe ihr Zeit gegeben umzukehren, doch sie will nicht umkehren und
von ihrer Unzucht nicht lassen. Siehe, ich werfe sie nieder auf ihr Bett und
lasse eine große Not kommen über die, die mit ihr Ehebruch begehen, wenn sie
nicht umkehren und von ihren Werken nicht lassen, und ihre Kinder werde ich
in den Tod schicken. Alle Gemeinden werden dann erkennen, dass ich es bin,
der Herz und Nieren erforscht; und ich werde euch vergelten, einem jeden nach
seinen Taten.*

-Es wird weiter meditiert.

*Euch aber, die ihr in Thyatira übrig geblieben seid, die ihr diese Lehre nicht
übernommen und die ‹Tiefen des Satans›, wie sie es nennen, nicht erkannt
habt, euch sage ich: Ich lege euch keine weitere Last auf. Doch was ihr habt,
das haltet fest, bis ich komme!*

*Wer den Sieg erringt und meine Werke bis ans Ende bewahrt, dem werde
ich Macht geben über die Völker – er wird sie weiden mit eisernem Stab, wie
Tongefäße werden sie zerschlagen –, wie ich sie von meinem Vater empfangen
habe, und ich werde ihm den Morgenstern geben.*

Wer Ohren hat, der höre, was der Geist den Gemeinden sagt.

-Es wird weiter meditiert.

Man kann in diesem vierten Teil eine erwachende Selbstständigkeit spüren, die dann zu unserer Zeit hinführt und das ist dann das fünfte Sendschreiben, das an uns im Jetzt geschrieben ist, wobei man die vorigen Kulturperioden auch viermal auf sich selbst beziehen muss.

Und dann kommt das Bewusstseinsseelenzeitalter, die Gemeinde von Sardes.

Der Brief an die Gemeinde in Sardes

Und dem Engel der Gemeinde in Sardes schreibe: So spricht, der die sieben Geistwesen Gottes und die sieben Sterne hat: Ich kenne deine Werke und weiß, dass es von dir heißt, du lebst, und bist doch tot. Sei wachen Sinnes, und stärke den Rest, der schon im Sterben lag; denn deine Werke, die ich vorfand, waren nicht vollkommen vor meinem Gott. Denk daran, wie du die Botschaft empfangen und gehört hast, bewahre sie und kehre um! Wenn du nicht wachsam bist, werde ich kommen wie ein Dieb, und du wirst nicht wissen, zu welcher Stunde ich über dich komme.

Du hast aber einige wenige in Sardes, die ihre Kleider nicht befleckt haben; sie werden mit mir einhergehen in weißen Gewändern, denn sie sind es wert.

So wird, wer den Sieg erringt, in weiße Gewänder gehüllt, und nie werde ich seinen Namen tilgen aus dem Buch des Lebens; ich werde mich zu seinem Namen bekennen vor meinem Vater und vor seinen Engeln.

Wer Ohren hat, der höre, was der Geist den Gemeinden sagt.

-Es wird meditiert.

Jetzt erscheint der Menschensohn also und hat die sieben Geister Gottes und die sieben Sterne. Und er spricht:

Ich kenne deine Werke und weiß, dass es von dir heißt, du lebst, und bist doch tot. Sei wachen Sinnes, und stärke den Rest, der schon im Sterben lag; denn deine Werke, die ich vorfand, waren nicht vollkommen vor meinem Gott. Denk daran, wie du die Botschaft empfangen und gehört hast, bewahre sie und kehre um! Wenn du nicht wachsam bist, werde ich kommen wie ein Dieb, und du wirst nicht wissen, zu welcher Stunde ich über dich komme.

Versuchen wir das stark zu empfinden.

-Es wird meditiert.

Du hast aber einige wenige in Sardes, die ihre Kleider nicht befleckt haben; sie werden mit mir einhergehen in weißen Gewändern, denn sie sind es wert.

So wird, wer den Sieg erringt, in weiße Gewänder gehüllt, und nie werde ich seinen Namen tilgen aus dem Buch des Lebens; ich werde mich zu seinem Namen bekennen vor meinem Vater und vor seinen Engeln.

Wer Ohren hat, der höre, was der Geist den Gemeinden sagt.

-Es wird weiter meditiert.

Wer ein Ohr hat, der hört, was von uns Menschen, lebend in der fünften Kulturepoche, verlangt wird.

JM: Das Wichtigste ist, dass wir wach sind und den innerlichen Tod überwinden.

Teilnehmer: Weiß man welche Geister das sind, welche Hierarchie?

MM: Ich glaube, dass wir das so auffassen müssen, dass die sieben Geister Gottes, dass das die sieben Bewusstseinszustände sind und dass die sieben Sterne so sind, wie im Christuszeichen die sieben Planeten, so wie sie im Jetzt eigentlich auch da sind. Also, die sieben Bewusstseinszustände Saturn, Sonne, Mond, Jupiter, Venus, Vulkan und die sieben Sterne Sonne, Mond, Mars, Merkur, Jupiter Venus, Saturn, so wie das in diesem Siebenstern und in dem Spruch Weltentsprossenes Wesen gesagt wird. Aber man kann sicher auch wiederum andere Deutungen finden.

Teilnehmer: Vielleicht meint er die Engel der Gemeinden?

MM: Ja, das kann man auch sagen.

Die Überwindung der Denkleichname und die Überwindung der Unaufmerksamkeit, das ist es, was für uns erklingt. Und später auf dem Weg kommt das dann auch wieder zurück.

Ich fasse also jetzt diese Sendschreiben nicht so auf, als ob es nur darum geht, dass es diese sieben Gemeinden in Asia sind, die man also da in dem Atlas anschauen kann, die sind ganz nahe beieinander. Wir fassen es so auf, dass es sieben Schritte sind auf dem Weg von der Materialisierung, worin wir gefangen sind, zu einer neuen Spiritualisierung, angefangen mit dem Denken, aber sich ausbreitend nicht nur über den Menschen, sondern auch über die ganze Natur.

Werde wach und stärke das Übrige, das am Sterben war. So klingt der Ruf, dass dasjenige, was wir selbst dazu tun, um innerlich aufzuwachen, um das Leben wiederzufinden, dass das zu gleicher Zeit das Übrige stärkt, das am Sterben war.

Dann gehen wir weiter zu der sechsten Kulturepoche, die für uns noch in der Zukunft verborgen liegt, in der die erste Anlage von Manas kommen wird, das Geistselbst. Und diese Entwicklung hat damit zu tun, dass das Denken in der Wahrheit zu Hause ist, das Fühlen in der Schönheit und das Wollen in der Güte.

Der Brief an die Gemeinde in Philadelphia

Und dem Engel der Gemeinde in Philadelphia schreibe: So spricht der Heilige, der Wahrhaftige, der den Schlüssel Davids hat; der öffnet, und niemand wird schließen; der schließt, und niemand öffnet: Ich kenne deine Werke. Siehe, ich habe vor dir eine Tür aufgetan, die keiner wieder schließen kann. Du hast zwar

nur wenig Kraft, aber du hast mein Wort bewahrt und meinen Namen nicht
verleugnet. Siehe, ich will dir einige aus der Synagoge des Satans geben, einige
von denen, die sagen, sie seien Juden, und es nicht sind, sondern nur lügen.
Siehe, ich werde sie dazu bringen, dass sie kommen und zu deinen Füßen beten,
und sie sollen erkennen, dass ich dich geliebt habe. Weil du mein Wort bewahrt
hast, das dir die Kraft gibt, auszuharren, werde auch ich dich bewahren in
der Stunde der Versuchung, die über den ganzen Erdkreis kommen wird, die
Erdenbewohner zu versuchen.

Ich komme bald. Halte fest, was du hast, damit niemand dir die Krone
wegnimmt.

Wer den Sieg erringt, den werde ich zu einer Säule im Tempel meines Gottes
machen, und er wird nie mehr hinausgehen müssen. Auf ihn werde ich
schreiben den Namen meines Gottes und den Namen der Stadt meines Gottes,
des neuen Jerusalem, das vom Himmel von meinem Gott herabkommen wird,
und meinen Namen, den neuen.

Wer Ohren hat, der höre, was der Geist den Gemeinden sagt.

-Es wird meditiert.

Also hier spricht der Menschensohn, der Heilige, der Wahrhaftige,
der den Schlüssel Davids hat; der öffnet, und niemand wird schließen;
der schließt, und niemand öffnet.

-Es wird meditiert.

Wir fühlen hier eine gewaltige göttlich-geistige Christuskraft
aufkommen. Und diese Kraft gibt die Kraft des Geistselbst, das der
Mensch selbst noch nicht hat, denn das wird erst der Bewusstseinszustand von Jupiter sein.

Er sagt:

Ich kenne deine Werke. Siehe, ich habe vor dir eine Tür aufgetan, die keiner wieder schließen kann. Du hast zwar nur wenig Kraft, aber du hast mein Wort bewahrt und meinen Namen nicht verleugnet.

Man fühlt, dass es hier eigentlich nur Positives gibt. Das Einzige, was nicht ganz positiv ist, ist, dass die Kraft gering ist, aber das Übrige ist ganz Unterstützung, Förderung.

Denn da sagt er:

Siehe, ich will dir einige aus der Synagoge des Satans geben, einige von denen, die sagen, sie seien Juden, und es nicht sind, sondern nur lügen. Siehe, ich werde sie dazu bringen, dass sie kommen und zu deinen Füßen beten, und sie sollen erkennen, dass ich dich geliebt habe. Weil du mein Wort bewahrt hast, das dir die Kraft gibt, auszuharren, werde auch ich dich bewahren in der Stunde der Versuchung, die über den ganzen Erdkreis kommen wird, die Erdenbewohner zu versuchen.

Und dann kommt diese wunderbare Zeile:

Ich komme bald. Halte fest, was du hast, damit niemand deine Krone nehme.

Wir können dabei denken an die kabbalistische Weisheit, wo Adam Kadmon vorgestellt wird. Seine höchste Stufe, das ist die Krone. Und wenn man das in Verbindung bringt mit dem Spruch Weltentsprossenes Wesen und auch mit dem Grundsteinspruch, mit dieser 9-Teilung von Denken, Fühlen und Wollen, dann wissen wir, da in aller höchster Höhe, da wo das denkende Denken wohnt, da ist die Krone. Und da wird uns zugerufen, halte fest, was du hast, damit niemand deine Krone nehme.

Wer den Sieg erringt, den werde ich zu einer Säule im Tempel meines Gottes machen, und er wird nie mehr hinausgehen müssen. Auf ihn werde ich schreiben den Namen meines Gottes und den Namen der Stadt meines Gottes, des neuen Jerusalem, das vom Himmel von meinem Gott herabkommen wird, und meinen Namen, den neuen.

Und das muss doch eigentlich erlebbar sein, dass die ganzen Geschehnisse in den fünf vorangehenden Sendschreiben, hinführen zu dieser Gloria der sechsten Kulturepoche und dass da eigentlich die Krone des Nachatlantischen Zeitalters gefeiert wird.

In der siebenten Zeit, in der siebenten Nachatlantischen Epoche, ja dann klingt das nur noch nach und wird alles wieder schwach und kommt dieser furchtbare Krieg von allen gegen alle auf.

Es ist natürlich so, dass die Entwicklung immer zu einem Höhepunkt führt und dann wieder herabsinkt, dass dann dasjenige, was erreicht wurde, erst wieder in einer viel späteren Zeit neu zurückkommt und dann wieder weitergeführt werden kann, so wie in dem Epochenunterricht in der Waldorfschule, da wird es auch so gemacht. Man kann nicht in Entwicklung denken, die immer weiter in die Höhe führt. Sie muss immer wieder etwas zurücksinken, dann kommt ein neuer Impuls, nimmt das ganz neu wieder auf, und führt wieder zu einem Höhepunkt, der weiter geführt ist, als der vorige Höhepunkt.

Und so kommen wir dann zu dem siebenten Schreiben

Der Brief an die Gemeinde in Laodizea

Und dem Engel der Gemeinde in Laodizea schreibe: So spricht, der das Amen ist, der treue und wahrhaftige Zeuge, der Anfang der Schöpfung Gottes: Ich kenne deine Werke und weiß, dass du weder kalt noch warm bist. Wärst du doch kalt oder warm! Nun aber, da du lau bist, weder warm noch kalt, will ich dich ausspeien aus meinem Munde. Du sagst: Ich bin reich, ich bin wohlhabend und habe nichts nötig, und merkst nicht, dass gerade du elend bist, erbärmlich, arm, blind und nackt. Darum rate ich dir: Kauf Gold von mir, das im Feuer geläutert ist, dass du reich wirst, und weiße Gewänder, dass du sie anziehst und die Schande deiner Blöße nicht zum Vorschein kommt, und Salbe, dass du sie auf deine Augen streichst und wieder sehen kannst. Die ich liebe, weise ich zurecht und erziehe sie. Empöre dich, kehre um! Siehe, ich stehe vor der Tür und klopfe an. Wer immer auf meine Stimme hört und die Tür öffnet, bei dem werde ich einkehren und das Mahl halten, ich mit ihm und er mit mir.

Wer den Sieg erringt, soll mit mir auf meinem Thron sitzen, so wie ich, nachdem ich den Sieg errungen habe, mit meinem Vater auf seinem Thron sitze.

Wer Ohren hat, der höre, was der Geist den Gemeinden sagt.

Also wir sehen jetzt den Menschensohn der sagt:

So spricht, der das Amen ist, der treue und wahrhaftige Zeuge, der Anfang der Schöpfung Gottes. In dieser Gestalt spricht er jetzt.

-Es wird meditiert.

Und dann kommt hier nicht zuerst das Gute der Epoche, sondern es kommt zuerst der Vorwurf und der ist hart.

Ich kenne deine Werke und weiß, dass du weder kalt noch warm bist. Wärst du doch kalt oder warm! Nun aber, da du lau bist, weder warm noch kalt, will ich dich ausspeien aus meinem Munde. Du sagst: Ich bin reich, ich bin wohlhabend und habe nichts nötig, und merkst nicht, dass gerade du elend bist, erbärmlich, arm, blind und nackt. Darum rate ich dir: Kauf Gold von mir, das im Feuer geläutert ist, dass du reich wirst, und weiße Gewänder, dass du sie anziehst und die Schande deiner Blöße nicht zum Vorschein kommt, und Salbe, dass du sie auf deine Augen streichst und wieder sehen kannst.

Und dann fühlt man das Ende eines Zeitalters, wenn er sagt:

Ich strafe und züchtige alle, die ich lieb habe. So sei nun eifrig und tue Buße!

Oder:

Die ich liebe, weise ich zurecht und erziehe sie. Empöre dich, kehre um! Siehe, ich stehe vor der Tür und klopfe an. Wer immer auf meine Stimme hört und die Tür öffnet, bei dem werde ich einkehren und das Mahl halten, ich mit ihm und er mit mir.

Wer den Sieg erringt, soll mit mir auf meinem Thron sitzen, so wie ich,

102

nachdem ich den Sieg errungen habe, mit meinem Vater auf seinem Thron sitze. Wer Ohren hat, der höre, was der Geist den Gemeinden sagt.

Also hierin hört man die Katastrophe, die bevorsteht, aber man muss es auf sich selbst beziehen. Denn hier ist das Vorspiel für die Eröffnung der sieben Siegel. Und diese Eröffnung wird dann nicht mehr in dem nachatlantischen Zeitalter geschehen, sondern wird erst wirklich in dem sechsten Zeitalter geschehen.

Es gibt natürlich auch die kleine Apokalypse, das muss ich dann immer wieder sagen. So hat Rudolf Steiner die Apokalypse für die Priester besprochen und da gibt er eine Apokalypse innerhalb der Bewusstseinsseelenepoche und wenn man es so anschaut, dann sind wir schon in der Siegelperiode darin. Aber man muss zuerst wirklich mal die große Apokalypse versuchen zu erleben und diese dann erst mal wirklich auf sich selbst beziehen lernen.

Dann wiederum eine Pause und dann gehen wir also nach der Pause zu dieser Eröffnung der Siegel über. Wir haben heute Morgen in dem zweiten Bild schon das vierte Kapitel aus der Offenbarung angeschaut, müssen natürlich jetzt das doch noch einmal neu aufnehmen, weil wir jetzt diese sieben Kulturepochen durchlebt haben. Dann kommt für Johannes diese Schau von dem Thron von Gott und erscheint das Buch mit den sieben Siegel. Damit werden wir dann nach der Pause anfangen.

ACHTE STUNDE

Parpan, 19.05.2018

Der Thron im Himmel

Danach schaute ich: Und siehe, eine Tür im Himmel stand offen, und die Stimme, die ich am Anfang gehört hatte – eine Stimme wie von einer Posaune, die mit mir sprach –, sie sagte: Komm hier herauf, und ich werde dir zeigen, was dann geschehen soll. Sogleich wurde ich vom Geist ergriffen, und siehe, ein Thron stand im Himmel, und auf dem Thron saß einer, und der da saß, hatte ein Gesicht, das war wie Jaspis und Karneol, und den Thron umgab ein Regenbogen, der sah aus wie ein Smaragd. Und rings um den Thron sah ich vierundzwanzig andere Throne, und auf den Thronen saßen vierundzwanzig Älteste, in weiße Gewänder gehüllt und mit goldenen Kronen auf dem Haupt. Von dem Thron aber gehen Blitze aus, Stimmen und Donner, und sieben Fackeln brennen vor dem Thron, das sind die sieben Geistwesen Gottes. Und vor dem Thron ist etwas wie ein gläsernes Meer, gleich einem Kristall. Und mitten auf dem Thron und rings um den Thron herum sind vier Wesen, die mit Augen übersät sind, vorne und hinten. Das erste Wesen gleicht einem Löwen, das zweite gleicht einem Stier, das Dritte hat das Gesicht eines Menschen, das Vierte gleicht einem Adler im Flug. Und die vier Wesen haben, jedes einzelne, sechs Flügel, und außen herum und innen sind sie mit Augen übersät, und sie rufen ohne Unterlass Tag und Nacht:

Heilig, heilig, heilig ist der Herr, Gott, der Herrscher über das All, der war und der ist und der kommt.

Und wenn die Wesen Lobpreis, Ehre und Danksagung darbringen dem, der auf dem Thron sitzt und in alle Ewigkeit lebt, werden die vierundzwanzig Ältesten niederfallen vor ihm, der auf dem Thron sitzt, und sie werden zu ihm beten, zu ihm, der in alle Ewigkeit lebt, und ihre Kronen werden sie niederlegen vor dem Thron und sagen:

Würdig bist du, Herr, unser Gott, zu empfangen den Lobpreis, die Ehre und die Macht, denn du hast alles erschaffen, durch deinen Willen war es und ist es erschaffen worden.

Dieses Bild haben wir kennengelernt als die Erscheinung, die der Mensch bekommt, wenn er so weit in seiner Entwicklung vorgeschritten ist, dass der geläuterte Astralleib sich mit dem Ätherleib in Verbindung bringt und die astralischen Organe in dem Ätherleib abgedrückt werden. Und dann schaut der Mensch in der ätherischen Welt dieses Bild. Das kann in sehr verschiedenen Weisen beschrieben werden.

Die sieben Sendschreiben sind dann eigentlich aufzufassen als Vorbereitung und nachdem diese Vision, dieses okkulte Bild angeschaut worden ist, wird es möglich, aufzusteigen zu der Erkenntnisstufe der Imagination. Und diese Stufe wird in dem sechsten Zeitalter, also nach dem Krieg von allen gegen alle, allmählich entwickelt werden.

Wir bekommen in der Offenbarung von Johannes Bilder dafür, wie diese Entwicklung zustande kommt. Also zuerst kommt das Bild von dem Buch mit den Siegeln, das ist das fünfte Kapitel.

Das Lamm Gottes

Und ich sah in der Rechten dessen, der auf dem Thron saß, eine Buchrolle, inwendig und auf der Rückseite beschrieben, versiegelt mit sieben Siegeln. Und ich sah einen starken Engel, der mit lauter Stimme rief: Wer ist würdig, das Buch zu öffnen und seine Siegel zu lösen? Und niemand im Himmel oder auf der Erde oder unter der Erde vermochte das Buch zu öffnen und hineinzuschauen. Und ich weinte sehr, weil niemand zu finden war, der würdig gewesen wäre, das Buch zu öffnen und hineinzuschauen. Und einer von den Ältesten sagt zu mir: Weine nicht! Siehe, den Sieg errungen hat der Löwe aus dem Stamm Juda, der Spross Davids; er kann das Buch und seine sieben Siegel öffnen. Und ich sah zwischen dem Thron und den vier Wesen, in der Mitte der Ältesten, ein Lamm stehen, das geschlachtet zu sein schien; es hatte sieben Hörner und sieben Augen – das sind die sieben Geistwesen Gottes, die in die ganze Welt hinausgesandt sind. Und es kam und empfing das Buch aus der Rechten dessen, der auf dem Thron saß. Und als es das Buch empfangen hatte,

106

fielen die vier Wesen und die vierundzwanzig Ältesten vor dem Lamm nieder. Und jeder von ihnen hatte eine Harfe und goldene Schalen, voll Räucherwerk – das sind die Gebete der Heiligen. Und sie singen ein neues Lied:

Würdig bist du, das Buch zu empfangen und seine Siegel zu öffnen, denn du bist geschlachtet worden und hast erkauft mit deinem Blut für Gott Menschen aus jedem Stamm und jeder Sprache, aus jedem Volk und jeder Nation. Und du hast sie für unseren Gott zu einem Königreich und zu einer Priesterschaft gemacht, und sie werden herrschen auf Erden.

Und ich schaute und vernahm die Stimme vieler Engel rings um den Thron, die Wesen und die Ältesten, und ihre Zahl war Myriaden über Myriaden und tausend und abertausend, und sie verkündeten mit lauter Stimme:

Würdig ist das Lamm, das geschlachtet ist, zu empfangen Macht und Reichtum und Weisheit und Kraft und Ehre und Preis und Lob.

Und jedes Geschöpf im Himmel und auf der Erde und unter der Erde und auf dem Meer, und alles, was darin ist, hörte ich rufen:

Ihm, der auf dem Thron sitzt, und dem Lamm seien Lob, Ehre und Preis und die Herrschaft, von Ewigkeit zu Ewigkeit.

Und die vier Wesen sprachen: Amen. Und die Ältesten fielen nieder und beteten.

Hier wird von dem Lesen in der Akasha-Chronik gesprochen, eine geistige Materie, die gesucht und gefunden werden kann zwischen dem niederen Devachan und dem höheren Devachan. Und diese Akasha-Chronik könnte man in ein Bild verwandeln und dann würde das Bild ein Buch sein und das Buch, dieser, ja, wie soll ich es sagen, geistige Stoff, diese Akasha, der wird beschrieben durch die ungeformten, aber formenden Wesenheiten aus dem höheren Devachan, das ist die eine Seite, wie das Buch beschrieben wird. Und die andere Seite ist, dass von der Erde aus, alles, was da geschieht und noch geschehen muss, dass das emporgetragen wird und als geformte und noch zu formende Ereignisse eingeschrieben wird. Dieses Buch, das kann man nicht mit dem gewöhnlichen Erkenntnisvermögen lesen, dazu muss man sich eigentlich auch schon über die Stufen der Imagination hinauf erhoben haben, aber die sieben Schritte, die durch die Imagination zu der Inspiration führen, das sind die Siegel, die das Buch öffnen können.

Also das Buch ist mit sieben Siegeln versiegelt, es ist von zwei Seiten her beschrieben, vom Himmel aus, wo das Ungeformte geformt wird und von der Erde aus, wo das Geformte in einer anderen Form hinüber geschrieben wird. Um in diesem Buch lesen zu können, muss es zuerst entsiegelt werden. Und so, wie wir in den sieben Sendschreiben die moralischen Anregungen finden, denen wir folgen müssen, wenn wir zu einer Läuterung der Seele kommen wollen, sodass wir zur Imagination zugelassen werden, so finden wir jetzt sieben Schritte, die gemacht werden müssen in der Imagination, damit dann letztendlich das Buch ganz geöffnet ist und darin gelesen werden kann und dann eigentlich die Inspiration eintritt.

Und ich schaute: Als das Lamm das erste der sieben Siegel öffnete, da hörte ich das erste der vier Wesen wie eine Donnerstimme sagen: Komm! Und ich schaute: Und siehe, ein weißes Pferd, und der auf ihm saß, hielt einen Bogen, und es wurde ihm eine Krone gegeben, und er zog als Sieger aus, um zu siegen.

Wir müssen uns an die erste Kulturepoche erinnern, wo der Menschensohn zu der Gemeinde in Ephesus gesprochen hat. Hier haben wir eine Erweiterung davon, dasjenige, was in der ersten Kulturepoche vorbereitet wurde und was dann, in der siebenten, am Ende der Nachatlantischen Zeit, seine Vollendung fand, das tritt hier neu hervor, im sechsten Nachatlantischen Zeitalter.

Und siehe, ein weißes Pferd, und der auf ihm saß, hielt einen Bogen, und es wurde ihm eine Krone gegeben, und er zog als Sieger aus, um zu siegen.

Versuchen wir das so als Bild zu gestalten, dass es ein Erlebnis wird, also nicht eine Fotografie, auch nicht ein Film, aber ein aktiv gestaltetes Bild, was so extensiv und intensiv wie möglich geformt wird.

Das Lamm öffnet das erste Siegel, das ist ein feierliches Ereignis. Einer der vier Wesen ruft mit Donnerstimme und dann kommt das Pferd.

-Es wird meditiert.

Und dann kommt das zweite Siegel:

Als es das zweite Siegel öffnete, hörte ich das zweite Wesen sagen, komm. Und ein anderes Pferd kommt hervor, ein Feuerrotes und dem der darauf saß, wurde Macht gegeben den Frieden von der Erde hinweg zu nehmen und zu bewirken, dass sie einander hinschlachten sollten und es wurde ihnen ein großes Schwert gegeben.

Da müssen wir bedenken, dass dies die Frucht der zweiten Nachatlantischen Kulturepoche ist. Wir müssen wieder zurückfühlen zu Zarathustra, Ahura-Mazdao und Ahriman, zu der Aufgabe des Ackerbaus in der Nachatlantischen Zeit und versuchen dasjenige, was hier als Bild gegeben wird zu verstehen als eine imaginative Stufe, die durchschritten werden muss, um zu der Inspiration zu gelangen.

Und als es das zweite Siegel öffnete, hörte ich das zweite Wesen sagen: Komm! Und ein anderes Pferd kam hervor, ein feuerrotes; und dem, der auf ihm saß, wurde die Macht verliehen, den Frieden von der Erde zu nehmen, dass sie einander niedermetzelten. Und ein großes Schwert wurde ihm gegeben.

-Es wird weiter meditiert.

Wir müssen bedenken, dass wir hier in gewissem Sinn den Hüter an der Schwelle gegenüberstehen und dass wir uns in dieser imaginativen Stufe bewusst werden müssen, dass dasjenige, was Blutnatur, Begierdennatur im Menschen ist, oder war, dass das Rosennatur annehmen muss.

-Es wird weiter meditiert.

109

Man muss es natürlich als ein umfassendes Bild anschauen. In der lemurischen Zeit kam das Ich zu den Menschen. Und Rudolf Steiner hat das früher in seiner theosophischen Zeit beschrieben als die Monade. Das sind wunderbare Vorträge. Da spricht er über die Monade, das ist eigentlich das Ich, das den Frieden in die Begierdenhaftigkeit für die Seele bringt. Und das sehen wir hier im Bild ausgedrückt, dass in der eigenen menschlichen Seele die Begierden miteinander Krieg machen. Nur wenn das Ich auf dem Pferd sitzen kann, wird Frieden gebracht. Aber wir stehen hier vor dem Hüter der Schwelle. Wenn wir die Apokalypse als Offenbarung auffassen können, die den ganzen Einweihungsweg beschreibt, dann sind wir hier in der Phase, dass durch Imagination die ganze Vergangenheit der seelischen Entwicklung angeschaut wird und das zeigt sich hier in heftigen Bildern.

Dann kommt das dritte Siegel, das geöffnet wird:

Und als es das dritte Siegel öffnete, hörte ich das dritte Wesen sagen: Komm! Und ich schaute: Und siehe, ein schwarzes Pferd, und der auf ihm saß, hielt eine Waage in seiner Hand. Und ich hörte eine Stimme inmitten der vier Wesen sagen: Ein Maß Weizen für einen Denar! Und drei Maß Gerste für einen Denar! Doch dem Öl und dem Wein füge keinen Schaden zu!

Hier tritt die Frucht der dritten Kulturepoche hervor, wo die Menschheit gelernt hat, wie zu rechnen und zu wägen und zu messen ist und so weiter.

Und siehe, ein schwarzes Pferd, und der auf ihm saß, hielt eine Waage in seiner Hand. Und ich hörte eine Stimme inmitten der vier Wesen sagen: Ein Maß Weizen für einen Denar! Und drei Maß Gerste für einen Denar! Doch dem Öl und dem Wein füge keinen Schaden zu!

-Es wird weiter meditiert.

Und als es das vierte Siegel öffnete, hörte ich die Stimme des vierten Wesens, das sprach: Komm! Und ich schaute: Und siehe, ein fahles Pferd, und der Name

dessen, der auf ihm saß, war ‹Tod›, und die Unterwelt zog mit ihm einher, und
es wurde ihnen die Macht gegeben über den vierten Teil der Erde, zu töten mit
Schwert, Hunger und Pest und durch die wilden Tiere der Erde.

Hier haben wir einen Vergleich mit der vierten Kulturepoche, wo
der Menschensohn zu der Gemeinde Thyatira gesprochen hat. In
dieser Periode hat sich das Mysterium von Golgatha vollzogen. Und
das muss mit diesem Bild Erlebnis werden.

Und siehe, ein fahles Pferd, und der Name dessen, der auf ihm saß, war ‹Tod›,
und die Unterwelt zog mit ihm einher, und es wurde ihnen die Macht gegeben
über den vierten Teil der Erde, zu töten mit Schwert, Hunger und Pest und
durch die wilden Tiere der Erde.

-Es wird meditiert.

Man muss da leiden lernen an dem Verlust der Spiritualität.

-Es wird weiter meditiert.

Und dann kommt das fünfte Siegel. Da kommt die Imagination von
der Frucht der fünften Kulturepoche, wo der Menschensohn zu der
Gemeinde von Sardes gesprochen hat und wir müssen das wiederum
auf uns selbst beziehen.

Und als es das fünfte Siegel öffnete, sah ich am Fuß des Altars die Seelen
derer, die hingeschlachtet worden waren um des Wortes Gottes und um des
Zeugnisses willen, das sie abgelegt hatten. Und sie schrien mit lauter Stimme:
Wie lange noch, Herrscher, Heiliger und Wahrhaftiger, zögerst du, zu richten
und unser Blut zu rächen an denen, die auf der Erde wohnen? Und einem
jeden von ihnen wurde ein weißes Gewand gegeben, und es wurde ihnen
geboten, sich noch eine kurze Zeit zu gedulden, bis auch ihre Mitknechte und
ihre Brüder, die wie sie getötet werden sollten, in die Vollendung aufgenom-
men würden.

Das fünfte Siegel offenbart also die Seelen derer, die hingeschlachtet worden waren, um des Wortes Gottes Willen. Und sie bitten eigentlich um Rache, aber müssen noch eine Weile Geduld haben. Sie bekommen weiße Kleider.

-Es wird meditiert.

In diesem Bild können wir erleben, wie die Spiritualität allmählich wieder zurückgewonnen wird und wie ein reines Denken versinnbildlicht ist in den weißen Kleidern. Lebendig ist es noch nicht.

Und ich schaute: Als es das sechste Siegel öffnete, da gab es ein starkes Erdbeben, und die Sonne wurde schwarz wie ein Trauergewand, und der ganze Mond wurde wie Blut, und die Sterne des Himmels fielen auf die Erde wie die Winterfrüchte vom Feigenbaum, wenn er vom Sturmwind geschüttelt wird. Und der Himmel verschwand wie eine Buchrolle, die man zusammenrollt, und jeder Berg und jede Insel wurde von ihrem Platz gerückt. Und die Könige der Erde, ihre Großen und ihre Befehlshaber, die Reichen und die Mächtigen und jeder, Sklave wie Freier, verbargen sich in den Höhlen und in den Felsen der Berge, und sie sagen zu den Bergen und zu den Felsen: Fallt auf uns und deckt uns zu vor dem Angesicht dessen, der auf dem Thron sitzt, und vor dem Zorn des Lammes! Denn gekommen ist der große Tag ihres Zorns. Wer kann da bestehen?

Das sechste Siegel ist Frucht der sechsten Kulturepoche, wo der Gipfel der Entwicklung erreicht wurde und das, was hier beschrieben wird. Der Menschensohn hat zu der Gemeinde Philadelphia gesprochen. Wenn man diese Stufe der Imagination erreicht, verschwindet alles, was noch bindet an die Macht der Sinne und nichts bleibt mehr übrig vom äußerlichen Leben, nichts mehr von dem Erleben eines Kosmos, nichts mehr von demjenigen, was man selbst leiblich gewesen ist. Alles was auf der Erde Würde und Wert gehabt hat, fällt ab. Und man erwartet mit Gottesfurcht, mit tiefer Ehrfurcht dasjenige, was der Eröffnung des siebenten Siegels noch vorangeht.

Und wenn wir so, es ist ein kurzes Stückchen Text eigentlich, wenn wir das so versuchen in Imaginationen zu erleben, ja, da kommt es darauf an, dass die Fähigkeit, solche Bilder auch wirklich in das Erleben hinein zu bringen, dass die immer weiter gesteigert wird und dann haben wir in diesen zwei Spalten Text eine gewaltige Steigerung der Dramatik. Es fängt ganz abgeklärt ruhig an, mit dem weißen Pferd und führt uns dann über immer stärker werdende Bilder zu diesem sechsten Bild, wo alles von uns abfallen muss, wenn wir den Abgrund zur Inspiration überbrücken wollen. Mit der Imagination haben wir immer noch Verbindung mit allem, was eine äußerliche Welt ist, aber das muss hier mit der Eröffnung des sechsten Siegels alles ganz abfallen. Und das ist eine ungeheure Gewalt, die da auftritt. Das wird hier in diesem sechsten Siegel geschildert.

Die zwei Zwischenstücke könnt ihr dann vielleicht selbst heute Abend so tief wie möglich durchfühlen.

Und dann kommen wir zur Eröffnung des siebenten Siegels. Und das kann man dann erlebend an die Eröffnung des sechsten Siegels anschließen, wo diese dramatische Entwicklung stattfindet. Es wird das siebente Siegel geöffnet. Wir gedenken des Menschensohns, wie er zu der Gemeinde von Laodicea gesprochen hat.

Und als es das siebte Siegel öffnete, trat im Himmel eine große Stille ein, etwa eine halbe Stunde lang.

Und das ist auch eine Imagination, dass wir versuchen zu erleben, wie es sein würde, wenn alles eine halbe Stunde still werden würde.

Eine Stille im Himmel etwa eine halbe Stunde lang.

-Es wird meditiert.

Ich habe den Vergleich gemacht mit der Aufeinanderfolge meditativer Übungen, wo zuerst zum Beispiel ein Sinnbild imaginativ geformt wird, also das Bild wird geformt. Und wenn dann dieses Bild so kräftig dastehen kann, dass man sich ganz damit vereinigen kann, da kann man die Aufmerksamkeit von dem Bild ablenken und zu der bildschaffenden Tätigkeit hinlenken. Dann ist der nächste Schritt, dass man diese bildschaffende Tätigkeit noch ganz vergisst oder zur Ruhe bringt. Und dann tritt eine Leere ein. Da hat man dann eigentlich einen Vergleich mit dem siebenten Siegel, wo dasjenige, was noch mit der sinnlichen Welt zu tun hat, abfällt. Denn das Sinnbild hat noch damit zu tun und die sinnbildende Tätigkeit hat auch noch damit zu tun. Und erst, wenn man das wegschaffen kann, kommt man in eine Leere hinein, wo kurz meistens nichts mehr aus der sinnlichen Welt hineinspielt. Und dann haben wir das sechste Siegel geöffnet. Und dann kommt eigentlich die Aufgabe, in dieser Leere ruhen zu können und das sehen wir in dem siebenten Siegel, wo es im Himmel eine halbe Stunde lang ganz still wird. Wenn wir das auf uns selbst

114

beziehen, da können wir sagen, dass auch das Denken, aber auch die Gefühle und Willensregungen, dass das alles ganz schweigt, ganz zur Ruhe kommt. Und das wäre dann die Eröffnung des siebenten Siegels.

Ich fand es sehr schön, was wir heute Morgen am Ende mit dem Singen von Heilig, heilig, heilig gemacht haben, wie Simon es geleitet hat – ich weiß nicht, ob er das bewusst gemacht hat oder nicht, das kann er nur selbst sagen, natürlich. Denn zuerst haben wir alle im Kreis gestanden und gesungen und dann hat er vier Wesenheiten zusammengerufen und diese vier, die haben dann im Mittelpunkt gestanden. Wir waren nicht ganz vierundzwanzig, aber haben darum herumgestanden und haben geschwiegen. Wir haben zugehört, was da war. Und er sagte, versuche nicht innerlich mitzumachen, aber zu hören, was da in der Mitte klingt. Nun soll bei der Eröffnung des siebenten Siegels auch das nicht mehr klingen, aber bei der Haltung, die wir dann doch kurz geübt haben, dass wir in dem großen Kreis uns nicht geregt haben, innerlich, das hat eine Ähnlichkeit mit dieser Eröffnung des siebenten Siegels. Es war ganz wunderbar, auch das Bild, dass vier in der Mitte standen und dann wir mit, ich muss zählen wie viele wir sind, die darum herumgestanden haben. 28 waren es.

JM: Simon, war das bewusst, oder …?

Simon: Ja, der Grund dafür war nur, dass ich wusste, dass das Erleben für etwas, was wir singen, durch das Singen eigentlich gestört wird. Dass das Singen zwar noch da ist, aber im weitesten möglichst zurückgenommen wird, damit man nur hört. Weil sonst singen wir immer und empfinden, also bleiben in der Stärke der Empfindung für ,heilig' stehen. Aber das müsste tiefer werden, das war mein Versuch, das zu vertiefen.

MM: Gut, dann versuchen wir dieses singende Gebet nochmal zu tun. Und dann rechne ich damit, dass ihr selbst die zwei Zwischenstücke heute Abend zu euch nehmt.

Es ist etwas Wunderbares, zu Pfingsten die Geburt des wahren Menschen zu feiern, denn das ist es eigentlich, was wir heute tun werden. Es werden dann heute noch mehr die Geburtswehen sein und morgen erleben wir dann das Ziel der Erde. Dieses Ziel ist nicht das Ende der Erdenentwicklung, denn das siebte Zeitalter, das dann sein Ende findet und wo ein neuer Formzustand eintritt, ist natürlich noch lange nicht das Ende der Erdenentwicklung, aber es ist wohl der Abschluss der physischen Entwicklung. Und das ist der eigentliche Erdenzustand. Alles, was nachher kommt, ist eigentlich Nachspiel, könnte man sagen. Also das, was in diesem physischen Formzustand sich abspielt, ist Kern und Keim der irdischen Entwicklung.

Wir singen, versuchen zu singen, den ersten Choral aus der Motette von Johann Sebastian Bach, Jesu meine Freude. Das ist eigentlich, könnte man sagen, die gebetsartige Umrahmung von einem Text von Paulus aus seinem Brief an die Römer, im achten Kapitel. Das wird dann vom Chor gesungen, vielleicht, wenn wir noch 20 Jahre weiter machen, können wir so etwas als Chor auch richtig singen, aber vorläufig ist es nur ein Choral, was wir singen. Aber den Text aus dem Brief von Paulus möchte ich dann jetzt doch vorlesen, so wie er in dieser Motette gesungen wird. Und jedes Mal kommt dann dieser Choral als Umrahmung, als gebetsartige Umrahmung dazu:

Jesu meine Freude, meines Herzens Weide, Jesu meine Zier.
Ach, wie lang, ach lange ist dem Herzen bange und verlangt nach dir. Gottes Lamm, mein Bräutigam, außer dir soll mir auf Erden nichts sonst Liebers werden.

Paulus:

Es ist nun nichts Verdammliches an denen, die in Christo Jesu sind, die nicht nach dem Fleisch wandeln, sondern nach dem Geist.

Und dann hören wir wieder den Choral:

Unter deinem Schirme bin ich vor den Stürmen aller Feinde frei. Lass den Satan wittern, lass den Feind erbittern, mir steht Jesus bei. Ob es jetzt gleich kracht und blitzt, ob Sünde und Hölle, Schrecken, Jesus will mich decken.

Dann wiederum Paulus:

Denn das Gesetz des Geistes, der da lebendig machet in Christo Jesu hat mich frei gemacht von dem Gesetz der Sünde und des Todes.

Choral:

Trotz dem alten Drachen,
trotz des Todes Rachen,
trotz der Furcht dazu!
Tobe, Welt, und springe, ich steh hier und singe in gar sich'rer Ruh.
Gottes Macht hält mich in acht; Erd und Abgrund muss verstummen,
ob sie noch so brummen.

Und dann wieder Paulus.

Ihr aber seid nicht fleischlich, sondern geistlich, so anders Gottes Geist in euch wohnet.
Wer aber Christi Geist nicht hat, der ist nicht sein.

Choral:

Weg mit allen Schätzen! Du bist mein Ergötzen,
Jesu, meine Lust!
Weg ihr eitlen Ehren, ich mag euch nicht hören,
bleibt mir unbewusst!

118

Elend, Not, Kreuz, Schmach und Tod
soll mich, ob ich viel muss leiden, nicht von Jesu scheiden.

Und dann wieder Paulus:

So aber Christus in euch ist, so ist der Leib zwar tot um der Sünde willen;
der Geist aber ist das Leben um der Gerechtigkeit willen.

Choral:

Gute Nacht, o Wesen, das die Welt erlesen, mir gefällst du nicht.
Gute Nacht, ihr Sünden, bleibet weit dahinten, kommt nicht mehr ans Licht!
Gute Nacht, du Stolz und Pracht! Dir sei ganz, du Lasterleben,
gute Nacht gegeben.

Und dann wiederum Paulus.

So nun der Geist des, der Jesum von den Toten auferwecket hat,
in euch wohnet, so wird auch derselbige, der Christum von den Toten aufer-
wecket hat,
eure sterbliche Leiber lebendig machen um des willen, dass sein Geist in euch
wohnet.

Choral:

Ihr Trauergeister, denn mein Freudenmeister,
Jesus, tritt herein.
Denen, die Gott lieben, muss auch ihr Betrüben
lauter Zucker sein.
Duld ich schon hier Spott und Hohn,
dennoch bleibst du auch im Leide,
Jesu, meine Freude.

Solange es Einweihung gibt, ist der Gegenstand der Einweihung das *Wort Gottes*. Und dann ist es natürlich deutlich, dass bei der In-karnation dieses Gottes Wort in Jesus von Nazareth, die Einweihung offenbar wird. Was zuvor in Mysterienschulen im Geheimen gepflegt wurde und wo gesucht wurde dieses Wort Gottes, wird jetzt offenbar. Wenn die Einweihung stattfand, dann fand eine Verbindung, eine Erkenntnis und ein Durchzogen-Werden mit diesem Gotteswort statt. Das Ganze, was vor Christus auf Erden Ziel der Einweihung gewesen ist, das spielte sich vor allen Augen weltlich ab. Und das muss man in der Meditation regelmäßig verstärken. Diese Idee, diese Wahrheit, dass dasjenige, was wir selbst dann wieder suchen in der Spiritualisierung des Denkens und den drei höheren Bewusstseinsstufen, dass das auch wiederum nichts anderes ist, als die Vereinigung mit dem Christus, der jetzt natürlich in einer anderen Form erreicht wird, als in der Zeit vor dem Mysterium von Golgatha. Wir können dann sagen, dasjenige, was Johannes als Offenbarung, als Apokalypse aufgeschrieben hat, war immer schon das Ziel der Einweihung. Es ist für uns in einer auferstandenen Gestalt zugänglich und das ist die Bedeutung von den Worten: Nicht ich, sondern Christus in mir.

Paulus, der diese Worte verwendet, hat selbst die Anschauung von Christus, dem Auferstandenen gehabt. Er verkündet das in seiner Art und Weise, aber Johannes empfängt diese Offenbarung in all seiner Detailliertheit. Wir müssen das wirklich ernst nehmen, dass die Apokalypse Christus selbst ist und dass wir dadurch, dass wir sie in uns aufnehmen, das Ich, das wir sind, erfüllen mit Christus selbst. Also, was wir hier eigentlich in diesen vier Tagen versuchen, oder womit wir einen Anfang machen, ist, dass wir lernen, wie wir ich sagen können und dann mit dem 'Ich-sagen' die ganze Apokalypse meinen. Erst dann kann man sagen: Nicht ich, sondern Christus in mir. Es ist also nicht eine so einfache Formel, dass man sich einfach öffnet und sagt, jetzt kann ich das! Es ist etwas sehr Weit-reichendes.

Wir sind gestern mit der Apokalypse zu der Eröffnung des siebenten Siegels gekommen und wir mussten uns das im sechsten Zeitalter vorstellen, also nach dem Krieg aller gegen alle. Nach der siebenten Kulturepoche tritt ein neues Zeitalter ein und im sechsten Zeitalter werden die Siegel geöffnet. Und ich habe versucht das im Einklang mit der Erkenntnisstufe der Imagination zu sehen, oder mit der Entwicklungsstufe des Geistselbst.

Heute müssen wir versuchen unser Erleben aus der Lässigkeit und Lauheit zu befreien und dasjenige, was wir gestern hoffentlich schon gefühlt haben, nämlich diese Steigerung, die auftritt, nach dem Erfolg der Ereignisse, dass wir das fortsetzen und zu Erlebnissen kommen, die wir noch nie in unserem Leben gehabt haben. Nie in dem allergrößten Leid und nie in der allerhöchsten Freude haben wir solche Erlebnisse gehabt, denn sie sind nicht von unserer Zeit. Unsere Zeit ist eine Zeit, worin wir zwar leben, aber zu gleicher Zeit eigentlich tot sind, ich glaube nicht, dass wir wirklich erfühlen können, wie tot wir eigentlich sind, zu wie wenig Gefühl wir eigentlich imstande sind. Wenn wir fühlen, denken wir, dass das etwas ist. Aber dasjenige, was in der Musik vielleicht noch ab und zu klingt, das machen wir dann auch mit dem Gefühl kaum mit. Man muss zu einer in völliger Beherrschung gehaltenen Ekstase kommen können, also nicht so, dass man aus seinem Dach herausgeht und wegfliegt in die Fernen, sondern, dass man wirklich seine Freude und sein Leid in Beherrschung hält, die aber so heftig sind, wie nur möglich.

Das brauchen wir heute. Wir können eigentlich nicht mit dem gewöhnlichen Seelenzustand durch diesen Tag hindurch kommen. Und das geht auch wirklich gut mit der Feier von heute zusammen. Denn wenn wir die Beschreibungen lesen, was sich zu Pfingsten abgespielt hat, dann kann man sagen, dass man, dass die Jünger Christi eigentlich nicht einmal mehr Worte gefunden haben, um ihre Erlebnisse zum Ausdruck zu bringen, das reichte nicht. Man muss etwas ganz anderes können, um diese Erlebnisse erleben zu können. Heute sind es Geburtswehen.

Es ist wichtig, dass wir uns vorstellen, dass das Ziel der Erdenentwicklung jetzt bevorsteht und dass in einem letzten Ansturm die Gegenmächte versuchen, alles aufzuhalten und zu vernichten. Und jeder Mensch, der geistig strebt, der kennt diese Anstürme. Wenn man sagt, ich habe sie nicht, dann ist das Streben noch nicht stark genug, das kann man ruhig so sagen. Das bedeutet nicht, dass man ihnen auch verfallen wird, das ist etwas anderes. Aber dass sie auftreten und dass man sie erlebt, das gehört zu dem Geburtsprozess dazu.

Gestern hatten wir in der Eröffnung des siebenten Siegels diese ganz tiefe Stille im Himmel, eine halbe Stunde lang, erlebt. Bis jetzt haben wir die okkulten Bilder, die uns in der Apokalypse gegeben werden, mehr oder weniger gesehen. Jetzt tritt der Übergang zu einer höheren Art des Erlebens ein. Es sind nicht mehr Siegel, die geöffnet werden, sondern es sind Posaunen, die geblasen werden. Das sind auch wiederum sieben.

Rudolf Steiner sagt, wenn man solche *gehörten* Zeichen in materieller Form erscheinen lassen möchte, dann müsste man – nicht zur Malerei greifen – sondern Musik komponieren. Oder wenn man es wirklich anschaulich machen will, dann muss man plastizieren und dann würde man die Klänge, die Sphärenharmonien, die da posaunt werden, in Formen gerinnen lassen. Was dann erscheinen würde, das sind die Planetensiegel. Die sieben verschiedenen Formkompositionen, die mit den Säulen im Goetheanum zu tun haben und die dann in allerlei Art erschienen sind. Wir sehen sie sehr oft auf den Büchern von Rudolf Steiner, hier ist es das Merkursiegel. Wir haben auch einmal im Berner Oberland, im Kiental, versucht selbst Siegel zu zeichnen. Rudolf Steiner sagt, wenn es – dann müsste es aber räumlich sein, wenn man es so gezeichnet sieht, ist das Räumliche weg, ist es projiziert – räumlich ist, müsste man mit seinem, wenn man hellsichtig, hellhörig ist, müsste man mit seinem musikalischen Mitfühlen eigentlich alle Linien, Flächen und Rundungen und alles, was darin sich so gestaltet hat, dann mithören. Und dann würde so etwas erklingen wie apokalyptische Posaunen.

Wir müssen uns vorstellen, dass in dem siebenten Zeitalter die Menschheit schon lange nicht mehr in einem derben physischen Leib herumgeht. Der Tod ist schon längst nicht mehr da, aber es gibt im Menschen noch immer Wesenheiten, die diese Vergeistigung aufhalten wollen. Und in der Erkenntnisstufe der Inspiration – das

122

ist der Auftakt für die Intuition, wo die wahre Wesenheit des eigenen Wesens und der geistigen Welt erscheint – geht das zusammen mit furchtbaren Wehen. Und das sind die Anstürme der Gegenmächte, wovon der Apokalyptiker angibt, dass sie ihre Zeit haben und dass letztendlich der Sieg kommen wird, aber sie müssen doch durchlebt werden. Wenn wir dieses Buch als Einweihungsbuch sehen, dann sind es unsere eigenen Kämpfe, die da beschrieben werden.

Ich wiederhole dann noch mal, erst, wenn wir diese Bilder und Klänge auf uns selbst bezogen haben, dann kommt erst die wahrhaftige Möglichkeit diese Bilder und Klänge auch auf die prophetische Geschichte, auf das, was noch kommen wird, zu beziehen. Man wird nicht so stark der menschlichen Neigung verfallen, sich selbst als gut anzuschauen und das, was böse ist, als etwas anderes anzuschauen. Es ist unendlich wichtig, dass wir zuerst diese ganze Fülle von bösen Anlagen, die der Mensch nun einmal mitbekommen hat, zu durchleben versuchen und dann auch erkennen, dass gerade, wenn wir so weit kommen, dass wir mit Recht das Gefühl haben: Ich nähere mich meiner geistigen Geburt – dass gerade dann diese Anstürme nochmal heftig aufkommen. Das muss man erkennen wollen und auch erleben lernen. Man kann sagen, dass schon in jedem gewöhnlichen Wutausbruch so etwas gegeben ist. In allem Kampf und Streit zwischen Menschen, wo sie sich gestatten, wütend zu werden, in all diesen Ereignissen kann man jetzt schon diese Anstürme von den furchtbar kräftigen Gegenmächten spüren.

In einer wunderbaren Zeile in den Vorträgen von Nürnberg sagt Rudolf Steiner, dass der Mensch eigentlich nie von Christus abfallen kann. Das ist menschlich gesehen eine Unmöglichkeit. Es sind immer die Gegenmächte, die das tun. Der Mensch tut es nicht. Also, wenn wir sehen, dass ein Mensch etwas Schlimmes macht, muss man eigentlich immer dabei bedenken: Das ist nicht der Mensch, der das tut, das sind Mächte in ihm und was man ihm vorwerfen kann, ist, dass er das zulässt, oder dass er vielleicht eine gewisse Liebe dazu fasst, zu diesen Gegenmächten, aber dann ist er kein Mensch mehr. Also der Mensch kann nicht von Christus abfallen.

Das sehen wir dann immer stärker und stärker werden in dem Verlauf der Schilderungen der Apokalypse. Wenn wir das äußerlich auffassen würden, dann würden wir sehen, dass die Menschheit sich unantastbar auf das Neue Jerusalem vorbereitet. Und wir würden sehen, dass die Gegenmächte alles einsetzen, was sie in sich noch an Möglichkeiten haben, um dieses sich Herabsenken des Neuen Jerusalem zu verhindern, was ein grundloses Streben ist, denn es wird misslingen. Aber inzwischen bringen sie viel Elend mit sich mit. Es geht eigentlich in der Einweihung darum, dass man Mensch wird, ein wahrer Mensch, das wollen wir werden, wenn wir die Einweihung suchen. Und alles Übrige, was nicht menschlich ist, das wollen wir entweder verwandeln, wenn es einigermaßen möglich ist, oder wenn das zu sehr widerstrebt, dann müssen wir es von uns abfallen lassen.

Das finden wir in diesem Abschnitt der Posaunen und auch später noch, aber dann hat es wiederum eine andere Färbung bekommen, bei den Zornesschalen. Man muss ganz deutlich festhalten, dass die Posaunen die Klänge sind, die, wenn man sie als Sphärenharmonie siebenfach materialisieren würde, dann als diese Säulengebilde erscheinen würden. Das ist eigentlich das, was hier klingt. Aber zu gleicher Zeit muss alles, was nicht im Einklang sein kann, auch untergehen. Und in erster Linie müssen wir das wirklich *innerlich* auffassen.

Wir haben eine ganze Welt mitbekommen, die zu überwinden oder zu verwandeln ist. Und es ist uns eine Zeit lang gestattet, dass wir diese Welt, die zu überwinden ist oder zu verwandeln, bevorzugen. Dann sieht die Welt aus wie eine Welt, in der die Menschlichkeit nicht leicht zu finden ist, denn dann sind es die Gegenmächte, die am Spiel sind. Aber dann muss man nicht überhören, dass über diesem physischen Donnerwesen, die Sphärenharmonie darüber hinaus erklingt.

Wenn wir zum Beispiel die Philosophie der Freiheit so studieren, dass wir sie versuchen zu verwirklichen, dann verwandelt sich die Philosophie der Freiheit in Musik. Da sind wir eigentlich in diesen Posaunenklängen darin, da wird das Denken musikalisch, nicht nur in der Dynamik, das ist vielleicht das Erste, was man erlebt, dass so ein Buch so geschrieben ist, dass es dynamisch wirkt im Denken, aber zu gleicher Zeit kommt dann allmählich auch eine Art von Tönen zustande. Und das ist diese Harmonie der Begriffe, was das begreifende Denken so schön macht, dass man, wenn man etwas begreift, in der Sphärenharmonie darin ist. Das Begreifen könnte man so vertiefen, dass man das hört, dass es nicht nur Schattenwirksamkeit bleibt, sondern dass es wirklich zum Hören aufsteigt. Das sind also in der heutigen Zeit schon Möglichkeiten, um etwas ganz Anfängliches zu erleben von diesen übersinnlichen sphärenharmonischen Klängen.

Ich muss da natürlich immer an Pythagoras denken, der in seiner Lehre dieses Tönen und Harmonieren noch darinnen hatte und auch an so ein merkwürdiges Buch von Kepler in der neueren Zeit, der die Astronomie noch so beschreibt, dass er das Gefühl hat, er hört noch die Harmonie.

Der Sonnenaufgang von Richard Strauß ist so etwas Merkwürdiges, was natürlich immer noch viel zu schwach ist, aber hörbar wird schon etwas, was man normalerweise nur sieht. Man hört die Sonne klingend aufgehen, mit einer Gewalt, das ist unglaublich. Aber die Gewalt ist in Wirklichkeit natürlich noch viel, viel stärker, als was man da hört. Aber man kann doch ein bisschen davon erleben.

Teilnehmer: In der Kymatik sind auch solche ähnlichen Sachen nachvollziehbar, wo sich dann in Flüssigkeiten oder in Strukturen Figuren niederschlagen, was auch umgekehrt wieder zurückverwandelt werden kann.

MM: Das ist eigentlich die andere Seite davon. Hier hat man es zu tun mit übersinnlichen Tönen, die noch gar nicht hörbar sind, die man also auch nicht spielen kann. Und wenn man diese unhörbaren Töne plastizieren lässt, dann kommen solche Siegel zum Vorschein. Wenn man dann mit dem musikalischen Erleben diesen Dingen folgt, gibt es etwas Unhörbares, das tönt.

Die Geburt des wahren Menschen bedeutet, dass die physische Erde in einen vollkommenen astralischen Zustand übergehen wird. Und das wird geblasen, könnte man sagen.

Also, wir hatten die Eröffnung des siebenten Siegels im achten Kapitel.

Und als es das siebte Siegel öffnete, trat im Himmel eine große Stille ein, etwa eine halbe Stunde lang.

Die Ausrüstung der sieben Engel

Und ich sah die sieben Engel, die vor Gott standen, und es wurden ihnen sieben Posaunen gegeben. Und ein anderer Engel kam und trat an den Altar. Der hatte eine goldene Räucherpfanne, und es wurde ihm viel Räucherwerk gegeben, dass er es mit den Gebeten aller Heiligen hinlege auf den goldenen Altar, der vor dem Thron stand. Und der Rauch des Räucherwerks stieg mit den Gebeten der Heiligen aus der Hand des Engels empor vor Gottes Angesicht. Und der Engel nahm die Räucherpfanne und füllte sie mit dem Feuer vom Altar und warf es auf die Erde. Da erhob sich ein Getöse, Blitz und Donner, und die Erde bebte. Und die sieben Engel, die mit den sieben Posaunen, schickten sich an zu blasen.

Das Ertönen der ersten vier Posaunen

Und der Erste blies die Posaune: Da gab es Hagel und Feuer, mit Blut vermischt, und es fiel auf die Erde nieder. Und der dritte Teil der Erde verbrannte, und ein Drittel der Bäume verbrannte, und alles grüne Gras verbrannte.

Die Siebengliederung müssen wir auch hier wieder behalten, Physisch, Ätherisch, Empfindungsseele, Verstandes-Gemütsseele, Bewusstseinsseele, Geistselbst, Lebensgeist und Geistesmensch.

Und der zweite Engel blies die Posaune: Da stürzte etwas wie ein großer, feuriger Berg ins Meer, und der dritte Teil des Meeres wurde zu Blut. Und es starb ein Drittel der Geschöpfe, die im Meer lebten, und ein Drittel der Schiffe

126

wurde zerstört. Und der dritte Engel blies die Posaune: Da fiel ein großer Stern vom Himmel, brennend wie eine Fackel, und er fiel auf ein Drittel der Flüsse und auf die Wasserquellen. Und der Name des Sterns lautet ‹Wermut›, und der dritte Teil des Wassers wurde zu Wermut. Und viele Menschen starben, weil das Wasser bitter geworden war.

Und der vierte Engel blies die Posaune: Da wurde der dritte Teil der Sonne weggeschlagen, und der dritte Teil des Mondes und ein Drittel der Sterne, sodass ein Drittel von ihnen finster wurde und der Tag zu einem Drittel sein Licht verlor, und so auch die Nacht. Und ich schaute: Und ich hörte einen Adler, der hoch oben am Himmel flog, mit lauter Stimme rufen: Wehe, wehe, wehe denen, die die Erde bewohnen, wenn dann die Posaunen der drei Engel ertönen, die noch blasen werden!

Das Ertönen der fünften Posaune

Und der fünfte Engel blies die Posaune: Und ich sah einen Stern, der vom Himmel auf die Erde gefallen war, und ihm wurde der Schlüssel zur Pforte des Abgrunds gegeben. Und er öffnete die Pforte des Abgrunds; da stieg Rauch empor aus dem Schacht, Rauch wie aus einem großen Ofen, und finster wurde die Sonne vom Rauch aus dem Schacht, und schwarz wurde die Luft. Und aus dem Rauch kamen Heuschrecken herab auf die Erde; und es wurde ihnen Macht gegeben, eine Macht, wie sie die Skorpione der Erde haben. Und es wurde ihnen gesagt, sie sollten dem Gras der Erde keinen Schaden zufügen, keinem Grün und keinem Baum, sondern nur den Menschen, die das Siegel Gottes nicht auf der Stirn tragen. Es wurde ihnen befohlen, sie nicht zu töten, sondern sie zu peinigen, fünf Monate lang; und ihre Pein sollte sein wie die Pein eines Menschen, wenn ein Skorpion ihn sticht. Und in jenen Tagen werden die Menschen den Tod suchen, doch sie werden ihn nicht finden; sie werden den Tod herbeisehnen, doch der Tod wird sie fliehen. Und die heuschreckenartigen Wesen sahen aus wie Pferde, die zum Kampf gerüstet sind, und was sie auf dem Kopf trugen, sah aus wie eine golden schimmernde Krone, und ihre Gesichter waren wie Menschengesichter, und Haare hatten sie wie Frauenhaar, und ihre Zähne waren wie die von Löwen; und einen Brustkorb hatten sie wie mit Eisen gepanzert, und das Schlagen ihrer Flügel war wie das Dröhnen von Streitwagen mit vielen Pferden, die sich in die Schlacht stürzen. Und sie haben

Schwänze gleich denen von Skorpionen und Stacheln; und in ihren Schwänzen liegt ihre Macht, den Menschen Schaden zuzufügen, fünf Monate lang. Sie haben über sich einen König, den Engel des Abgrunds; sein Name lautet auf Hebräisch Abaddon, und im Griechischen hat er den Namen Apollyon.

Das erste Wehe ist vorüber; siehe, danach kommen noch zwei Wehe.

Das Ertönen der sechsten Posaune

Und der sechste Engel blies die Posaune: Da hörte ich eine Stimme von den vier Hörnern des goldenen Altars, der vor Gott steht, die sagte zum sechsten Engel, der die Posaune hatte: Binde los die vier Engel, die am grossen Fluss Euphrat gefesselt sind. Und die vier Engel, die auf Stunde und Tag, auf Monat und Jahr bereitstehen, wurden losgebunden, ein Drittel der Menschen zu töten. Und die Zahl der Reiterheere betrug zwanzigtausend mal zehntausend; dies war die Zahl, die ich hörte. Und so sah ich in dieser Erscheinung die Pferde und die darauf saßen: Sie trugen Panzer, feuerrot und dunkelblau und schwefelgelb, und die Köpfe der Pferde waren wie Löwenköpfe, und aus ihren Mäulern tritt Feuer, Rauch und Schwefel. Durch diese drei Plagen wurde ein Drittel der Menschen getötet, durch das Feuer, den Rauch und den Schwefel, der aus ihren Mäulern trat. Denn die Macht der Pferde liegt in ihrem Maul und in ihren Schwänzen; ihre Schwänze sind Schlangen gleich und haben Köpfe, und mit denen stiften sie Unheil. Und die andern Menschen, die bei diesen Plagen nicht ums Leben gekommen waren, auch sie kehrten nicht um und ließen nicht ab vom Werk ihrer Hände; sie hörten nicht auf, die Dämonen anzubeten und die Götterbilder aus Gold, Silber, Bronze, Stein und Holz, die ja weder sehen noch hören noch gehen können. Und sie wandten sich nicht ab von ihrem Morden und ihrer Zauberei, von ihrer Unzucht und ihrer Dieberei.

Wir können in einem Halbtag nicht all diese Bilder meditativ vertiefen. Wir werden nach der Pause die sechste Posaune dann versuchen meditativ ins Bild zu bringen. Und ich werde dann noch mal darauf hinwiesen, wie wir das machen müssten, damit es nicht etwas Äußerliches wird, das kann in zweiter Linie noch geschehen, aber dass es zuerst eine innerliche Sache ist. In dem nächsten Bild kommt das Ziel der Erde in Erscheinung. Das ist dann die Sphärenharmonie, der sphärenharmonische Zusammenklang der Posaunen. Wir haben die Schrecken gehört, die durch das Blasen der Posaunen angeleitet wird, aber das ist die eine Seite, das ist der Teil, der überwunden werden soll, wenn wir zu der wahren Menschwerdung aufsteigen wollen. Und in dem nächsten Bild werden uns dann die eigentlichen Sphärenharmonischen Klänge geben und das können wir dann deuten lernen und in uns selbst erwecken als großes Ideal der Erde. Wir haben in den Siegeln an der Wand gestern Mittag und heute Morgen das dritte Siegel kennengelernt. Das Ideal der irdischen Entwicklung ist das vierte Siegel.

ZEHNTE STUNDE

Parpan, 20.05.2018

Im Gespräch kam eine gewisse Verwirrung auf hinsichtlich das Böse. Die Engel schicken die Plagen und man könnte sie als Böses ansehen, aber das sind sie natürlich nicht. Das Böse lebt bei den Menschen und die Zeichen dafür sind die Plagen, nicht einmal als Strafe gemeint, aber als selbstverständliche, gesetzmäßige Zusammenhänge.

MM: Die Plagen sind eigentlich nicht das Böse. Das Böse ist es, wodurch sich die Menschen verführen lassen, und das kommt dann in der Gestalt der Stadt Babylon ganz deutlich in den Vordergrund. Das ist dann eigentlich das Böse und es gibt immer bestimmte böse Wesenheiten, die da aktiv sind.

JM: Aber die andererseits auch von Gott zugelassen werden, um da sein zu können.

MM: Man müsste das eigentlich mit dem Manichäismus durchfühlen, ja wie soll ich es sagen, bedenken, wie das Gute und das Böse angeschaut werden und wie dann die Überwindung stattfinden wird. Dann kann man erst wirklich durchempfinden, was hier gegeben wird. Hier hat es natürlich eine Gestalt, die man nicht so leicht ertragen kann. Da muss man einiges mit sich selbst vornehmen, um das in der richtigen Art aufzufassen, dass es nicht ein Gegensatz, zwischen dem Göttlichen und dem Teuflischen, oder so etwas wird.

Bei Rudolf Steiner kann man dann auch finden, dass dieses Jüngste Gericht, was eigentlich ein Endstück zu sein scheint, dass man das nur als Ziel der irdischen Entwicklung sehen soll. Und man kann es auch noch viel weiter in die Zukunft, zu Venus zum Beispiel, oder sogar zu Vulkan hineinversetzen. Aber wenn man es sieht als ein Geschehen, was nach dem siebenten Zeitalter stattfindet, dann findet man in der Anthroposophie den Trost, dass es gar nicht das Ende ist, sondern dass es nur ein Anfang des Endes ist und dass es immer wieder möglich bleibt, sich zu dem Menschentum zu erheben. Zu spät zwar, aber trotzdem immer noch möglich.

Aber man kann solche 'Plagen' schon in dem Erleben des Karma erkennen lernen, dass gerade die Schwierigkeiten durch das Schicksal gebracht werden, und die bringen die Kraft, die Läuterung und die Ausdauer usw. Es ist nicht schön, dass man solche Leiden durchzumachen hat. Aber wenn man sie im Zurückschauen anschaut, dann sagt man sich: wenn ich sie nicht gehabt hätte, wenn alles ganz leicht gewesen wäre, dann wäre ich ganz schlaff geworden, auch im Kleinen brauche ich die Widerstände. Man kann es auch im Großen verstehen und deshalb sage ich fortwährend: beziehe es auf dich selbst. Versuche diese Dinge zuerst mal anzuschauen als Prüfungen. Und die physischen Bilder, die gegeben sind, die muss man vergeistigen, die muss man spiritualisieren. Und dann lernt man sich als Wesenheit erleben, die auf dem Weg zu dem wahren Menschsein ist, so wie es auch im Mysterium Magnum bei dem Übergang in die geistige Welt hinein klingt: Du wirst ein wahrer Mensch werden. Zuvor ist das noch gar nicht, das ist ein ganzer Prozess. Diese Menschwerdung können wir durch die Apokalypse lernen, diese wird noch das ganze Nachatlantische Zeitalter und noch das sechste und das siebente Zeitalter hindurch dauern, und dann ist erst der Anfang der Menschwerdung da, aber dann wird auch das Erdenziel erreicht sein, das Neue Jerusalem wird als wahrer Mensch erscheinen.

Beim Anschauen der Heuschrecken-Plage kann man bedenken, dass dies mit der Wahl zusammenhängt, dass man sein Ich in Entwicklung bringen wird, dass man das Ich als Dirigent, der seinen Platz einnehmen will, entwickeln will, und nicht eine Ich-lose Wesenheit sein will, die einfach Begierden und Lüsten folgt. Dieses Ich als Dirigent hat ein ganzes Orchester zur Verfügung, zu dem man sagen kann: So soll gespielt werden – während sonst das Orchester einfach spielt, was jedes Glied selbst will: eine Kakofonie der Lüste wird das!

Teilnehmer: Ich hatte gerade die Idee, was ich noch beitragen wollte, wie eigentlich das Göttliche sich als, oder scheinbar, als Böses oder

Schreckliches offenbart. Ich habe eine Stelle bei Paulus gefunden, die das ganz kurz sehr exakt ausdrückt, die heißt:

Denn es offenbart sich Gottes Zorn vom Himmel her über alle Gottlosigkeit und Ungerechtigkeit der Menschen, die die Wahrheit unterdrücken durch Ungerechtigkeit. (…)

Für mich war das sehr präzise ausgedrückt, wie der Zusammenhang ist zwischen der Erscheinung des Göttlichen, was schrecklich ist, als Folge der menschlichen Verhältnisse. Das ist der erste Brief an die Römer im ersten Kapitel, der dritte Abschnitt.

Teilnehmer: Ich wollte noch sage, ich habe mich, als du das gelesen hast, auch an den Exodus erinnert, denn es ist ja fast ähnlich eigentlich, was da vor sich geht. Und ich glaube, dass da eine Wiederholung, eigentlich eine innere Wiederholung zu erleben ist.

MM: Ja, du meinst, dass das Volk eigentlich immer wieder abfällt und dass dann alle möglichen Plagen geschickt werden.

Dann gehen wir weiter mit der Apokalypse.

Und der sechste Engel blies die Posaune: Da hörte ich eine Stimme von den vier Hörnern des goldenen Altars, der vor Gott steht, die sagte zum sechsten Engel, der die Posaune hatte: Binde los die vier Engel, die am großen Fluss Euphrat gefesselt sind. Und die vier Engel, die auf Stunde und Tag, auf Monat und Jahr bereitstehen, wurden losgebunden, ein Drittel der Menschen zu töten. Und die Zahl der Reiterheere betrug zwanzigtausendmal zehntausend; dies war die Zahl, die ich hörte. Und so sah ich in dieser Erscheinung die Pferde und die darauf saßen: Sie trugen Panzer, feuerrot und dunkelblau und schwefelgelb, und die Köpfe der Pferde waren wie Löwenköpfe, und aus ihren Mäulern tritt Feuer, Rauch und Schwefel. Durch diese drei Plagen wurde ein Drittel der Menschen getötet, durch das Feuer, den Rauch und den Schwefel, der aus ihren Mäulern trat. Denn die Macht der Pferde liegt in ihrem Maul und in ihren Schwänzen; ihre Schwänze sind Schlangen gleich und haben Köpfe, und mit denen stiften sie Unheil.

Dieses Bild von den Pferden und von denen, die darauf saßen, können wir versuchen auszugestalten und dann versuchen zu erleben, was dies mit uns selbst zu tun hat.

Man soll versuchen, es bewusst selbst hervorzubringen. Und in diesem bewussten Hervorbringen liegt die Weisheit verborgen, die darin eigentlich gegeben ist. Also, auch wenn man es nicht weiß, vereinigt man sich dadurch, dass man das Bild schaffend hervorbringt, mit der ursprünglichen Weisheit, die dieses Bild gibt. Und da kommt man wenigstens in die Nähe davon.

Und dann kommt das Zwischenstück und das ist das vierte apokalyptische Siegel: Kapitel 10.

Und ich sah einen anderen starken Engel vom Himmel herabsteigen, bekleidet mit einer Wolke. Über seinem Haupt stand der Regenbogen, und sein Angesicht war wie die Sonne, und seine Füße waren wie Feuersäulen. In seiner Hand hielt er ein kleines Buch, das geöffnet war. Und er setzte den rechten Fuß auf das Meer, den linken aber auf das Land. Und er rief mit lauter Stimme, so wie ein Löwe brüllt. Und als er rief, erhoben die sieben Donner ihre Stimme. Als die sieben Donner gesprochen hatten, wollte ich es aufschreiben. Doch ich hörte eine Stimme aus dem Himmel sagen: Versiegle, was die sieben Donner gesagt haben, und schreib es nicht auf! Und der Engel, den ich auf dem Meer und auf dem Land stehen sah, hob seine rechte Hand zum Himmel empor und schwor bei dem, der in alle Ewigkeit lebt, der den Himmel geschaffen hat und was unter ihm ist und die Erde und was auf ihr ist und das Meer und was in ihm ist: Es wird keine Zeit mehr geben, vielmehr wird in den Tagen, da die Stimme des siebten Engels erklingt, wenn er die Posaune bläst, auch das Geheimnis Gottes vollendet sein, wie er es seine Knechte, die Propheten, hat verkündigen lassen.

Und die Stimme, die ich aus dem Himmel vernommen hatte, redete wiederum mit mir, und sie sprach: Geh, nimm das Buch, das geöffnet in der Hand des Engels liegt, der auf dem Meer und auf dem Land steht. Und ich ging hin zu dem Engel und bat ihn, mir das Büchlein zu geben. Und er sagt zu mir: Nimm und iss es! Es wird deinen Magen bitter machen, aber in deinem Mund wird es süß sein wie Honig. Und ich nahm das Büchlein aus der Hand des Engels und aß es. Und in meinem Mund war es wie süßer Honig; doch als ich es gegessen hatte, wurde es mir bitter im Magen. Und mir wurde gesagt: Noch einmal sollst du weissagen über Völker und Nationen, über Sprachen und viele Könige.

Hier sehen wir also in diesem Bild die Erfüllung der irdischen Entwicklung. Der Engel, der auf dem Meer und auf dem Land steht, ist der neue Mensch und er steht auf dem Meer als Sinnbild für einen früheren Bewusstseinszustand, zurückverweisend nach dem Bewusstseinszustand des alten Mondes, wo die Materialität der Erde in diesem Sinn, dass sie Widerstand bietet, noch nicht war. Und sein anderes Bein steht auf dem Land als Sinnbild für die Erde selbst. Und die beiden Säulen sind die Stärke und die Weisheit. Darauf steht eigentlich der neue Mensch und der hat eine neue Aufgabe auf der Erde zu erfüllen und die sehen wir versinnbildlicht in dem Regenbogen und in der Sonne. Das ist Sinnbild für die Liebe, das ist Erdenziel. Das Buch ist die Einweihung, das ist die wahre Menschwerdung und wer sie sucht, der findet, dass sie süß schmeckt, aber bei der Verdauung gibt es vieles, was bitter ist.

JM: Das Blau und das Rot, das rote und das blaue Blut ... sauerstoffreich und sauerstoffarm, das hat natürlich auch eine Bedeutung.

MM: Ja, die rote Säule ist das ursprünglich lebendige, der Baum des Lebens, und das Blaue ist der Baum der Erkenntnis, der den Tod bringt. Und die Aufgabe, die darin liegt, ist, dass wir zu einem lebendigen Denken uns hinauf schulen. Das hängt dann wiederum zusammen mit der Bereitung vom Stein der Weisen, wodurch wir dann den Sauerstoff nicht mehr von außen brauchen und imstande sein werden, um innerhalb unserer eigenen Organisation immer wieder das Leben zurückzubringen.

Es ist auch die Liebe, die da sichtbar wird. Rudolf Steiner sagt dann noch, dass die rechte Säule, wenn man es von dem Engel aus sieht, wenn man gegenüber steht, ist es links, wo er auf dem Meer steht, die Marsphase der Erde ist und da steht eigentlich Elias als Prophet. Das andere Bein, die andere Säule steht auf der Erde und ist die Merkurphase der Erde und das ist Moses. Das kann man also auch noch in diesem Bild sehen. Die Säulen werden auch Jachin und Boaz genannt nach dem zwei freistehenden kupferen Säulen bevor dem Tempel von Salomo in Jeruzalem.

JM: Das war dann eigentlich voraus verkündet, die Verherrlichung Christi auf dem Berg Tabor, da sieht man Elias und Moses an der linken und rechten Seite des Christus.

Teilnehmer: Was bedeutet diese Zweiteilung in Mars und Merkur?

136

MM: Ja, dann muss man eigentlich wiederum dieses Weltenwortzeichen hinzunehmen, den Siebenstern. Dann sieht man, es geht von der Sonne aus, geht dann zum Mond und dann kommt Mars, Merkur, Jupiter, Venus und dann letztendlich Saturn. Man könnte auch sagen Vulkan, das ist der neue Saturn. Und da beginnt wieder ein neuer Zyklus. Das sind auch die Wochentage, so ist die Reihenfolge, wenn man sie in der Zeit sucht, die Reihenfolge der Planeten in der Zeit.

Es wird das mystische Lamm mit den sieben Augen genannt.

Das Mystische Lamm:

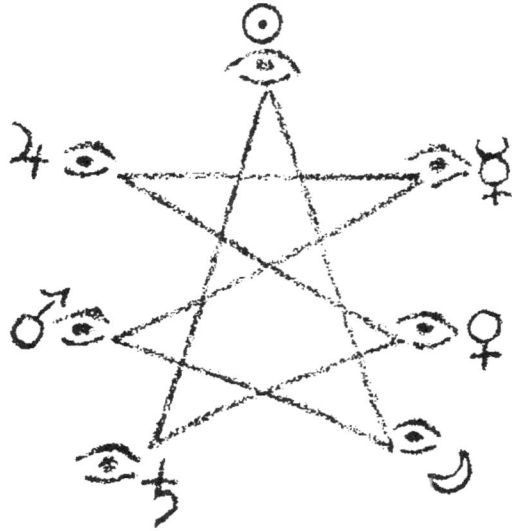

Mars und Merkur sind nicht zwei physische nebeneinander sich bewegende Planeten, es sind zwei Stufen der Entwicklung in der Zeit des irdischen Bewusstseinszustandes.

Es wird auch in dem Sechsstern ausgebildet, die Rudolf Steiner dann auch zur Meditation gegeben hat, die haben wir auch schon oft angeschaut. Er sagt darüber, dass wenn man dieses Gebilde für die Meditation verwendet, dass dann der Astralleib, der mit den Planeten zusammenhängt, sich regelmäßig entwickelt. Das ist beim Menschen eigentlich ein chaotisches Gebilde. Aber durch solche Meditationen wird es regelmäßig gebildet. Und dann haben wir zwei Dreiecken, das ist ein Sechsstern, mit einem Dreieck, das nach unten weist und mit einem Dreieck, das nach oben weist. Und das fängt dann mit Saturn an, unten Spitze und dann geht es zur Sonne, Mond, das ist das eine Dreieck und das andere hat dann die Spitze in Mars und geht dann zu Merkur und Jupiter. Weiter geht es dann nicht. Und dann ist die Spitze nach unten grün und nach oben, Mars ist rot. Und dann gibt es dazwischen links und rechts die Zwischenfarben im Regenbogen, orange oder gold bei der Sonne, gelb für Merkur und dann blau für Jupiter und violett für Mond. Da hat man das auch diesen Umgang durch die verschiedenen Bewusstseinszustände.

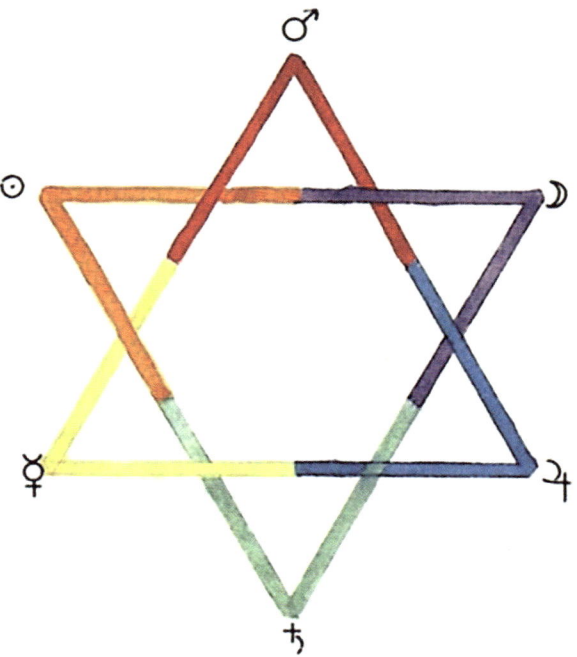

138

Wir können es mal versuchen, dass wir dieses Bild vom Engel mit dem Büchlein verinnerlichen.

Und ich sah einen anderen starken Engel vom Himmel herabsteigen, bekleidet mit einer Wolke. Über seinem Haupt stand der Regenbogen, und sein Angesicht war wie die Sonne, und seine Füße waren wie Feuersäulen. In seiner Hand hielt er ein kleines Buch, das geöffnet war. Und er setzte den rechten Fuß auf das Meer, den linken aber auf das Land. Und er rief mit lauter Stimme, so wie ein Löwe brüllt. Und als er rief, erhoben die sieben Donner ihre Stimme. Als die sieben Donner gesprochen hatten, wollte ich es aufschreiben. Doch ich hörte eine Stimme aus dem Himmel sagen: Versiegle, was die sieben Donner gesagt haben, und schreib es nicht auf! Und der Engel, den ich auf dem Meer und auf dem Land stehen sah, hob seine rechte Hand zum Himmel empor und schwor bei dem, der in alle Ewigkeit lebt, der den Himmel geschaffen hat und was unter ihm ist und die Erde und was auf ihr ist und das Meer und was in ihm ist: Es wird keine Zeit mehr geben, vielmehr wird in den Tagen, da die Stimme des siebten Engels erklingt, wenn er die Posaune bläst, auch das Geheimnis Gottes vollendet sein, wie er es seine Knechte, die Propheten, hat verkündigen lassen.

Und die Stimme, die ich aus dem Himmel vernommen hatte, redete wiederum mit mir, und sie sprach: Geh, nimm das Buch, das geöffnet in der Hand des Engels liegt, der auf dem Meer und auf dem Land steht. Und ich ging hin zu dem Engel und bat ihn, mir das Büchlein zu geben. Und er sagt zu mir: Nimm und iss es! Es wird deinen Magen bitter machen, aber in deinem Mund wird es süß sein wie Honig. Und ich nahm das Büchlein aus der Hand des Engels und aß es. Und in meinem Mund war es wie süßer Honig; doch als ich es gegessen hatte, wurde es mir bitter im Magen. Und mir wurde gesagt: Noch einmal sollst du weissagen über Völker und Nationen, über Sprachen und viele Könige.

-Es wird meditiert.

Der Aufruf, das Buch zu verschlingen, ist eigentlich das, was ich meine, wenn ich sage, dass man sich vereinigt mit dem Bild und es nicht außerhalb lässt, aber dass es wirklich verschlungen werden muss, man muss sich ganz damit vereinigen, auch wenn es nicht immer süß schmeckt. Es ist leichter, es außerhalb zu lassen. Aber wenn man es wirklich mit vollem Bewusstsein und Willen gestaltet, dann fängt es an in einem zu kraften, wird eine Kraftgestalt. Und das hängt mit dem Verschlingen zusammen und es ist eine ganz andere Art von Aufnehmen von Erkenntnis, als wir gewohnt sind.

Das zweite Zwischenstück, das müsst ihr dann heute Abend selbst wieder verschlingen.

Dann erschallt die siebente Posaune:

Und der siebte Engel blies die Posaune: Da ertönten im Himmel laute Stimmen, die riefen:

Nun gehört die Herrschaft über die Welt unserem Herrn und seinem Gesalbten, und er wird herrschen von Ewigkeit zu Ewigkeit.

Und die vierundzwanzig Ältesten, die vor Gott auf ihren Thronen sitzen, fielen nieder auf ihr Angesicht und beteten zu Gott: Wir danken dir, Herr, Gott, Herrscher über das All, der da ist und der da war, dass du deine große Macht ergriffen und die Herrschaft angetreten hast. Die Völker sind zornig geworden, doch da ist dein Zorn gekommen und die Zeit, die Toten zu richten und den Lohn zu geben deinen Knechten, den Propheten und Prophetinnen, und den Heiligen und denen, die deinen Namen fürchten, ob klein oder groß, und zu vernichten, die die Erde zerstören. Und es tat sich auf der Tempel Gottes, der im Himmel steht, und die Lade seines Bundes wurde sichtbar in seinem Tempel. Und es entstand ein Getöse, Blitz und Donner, Erdbeben und heftiger Hagel.

Und dann kommt das fünfte apokalyptische Siegel, was da steht:

Und es erschien ein gewaltiges Zeichen am Himmel: eine Frau, bekleidet mit der Sonne, und der Mond unter ihren Füßen, und auf ihrem Haupt ein Kranz von zwölf Sternen. Sie ist schwanger, und sie schreit in den Wehen und Schmerzen der Geburt. Und ein anderes Zeichen erschien am Himmel: Siehe, ein Drache, groß und feuerrot, mit sieben Köpfen und zehn Hörnern, und auf seinen Köpfen sieben Diademe. Und sein Schwanz fegte ein Drittel der Sterne des Himmels hinweg, und er schleuderte sie auf die Erde. Und der Drache steht vor der Frau, die gebären soll, um ihr Kind zu verschlingen, sobald sie es geboren hätte. Da gebar sie einen Sohn, einen Knaben, der alle Völker weiden wird mit eisernem Stab; und ihr Kind wurde zu Gott entrückt, zu seinem Thron. Und die Frau floh in die Wüste, wo sie einen Ort hat, der ihr auf Gottes Geheiß bereitet worden ist; dort soll sie mit Nahrung versorgt werden, zwölfhundertsechzig Tage lang. Und es brach ein Krieg aus im Himmel: Michael und seine Engel kämpften mit dem Drachen. Und der Drache und seine Engel nahmen den Kampf auf, doch er vermochte sich nicht zu behaupten, und es gab für sie keinen Platz mehr im Himmel.

Und hinabgeworfen wurde der große Drache, die alte Schlange, die auch Teufel oder Satan heißt und den ganzen Erdkreis verführt. Und er wurde auf die Erde geworfen, und seine Engel wurden mit ihm hinabgeworfen.

Und ich hörte im Himmel eine mächtige Stimme rufen:

Jetzt ist erschienen das Heil und die Kraft und die Königsherrschaft unseres Gottes und die Vollmacht seines Gesalbten. Denn hinabgeworfen ist der Ankläger unserer Brüder und Schwestern, der sie Tag und Nacht verklagt hat vor unserem Gott. Sie selbst haben ihn besiegt dank dem Blut des Lammes und dank dem Wort ihres Zeugnisses; und sie haben ihr Leben gering geschätzt bis hin zum Tod. Darum freut euch, ihr Himmel, und ihr, die ihr darin wohnt! Wehe aber der Erde und dem Meer, denn der Teufel ist zu euch herabgekommen; er ist voller Zorn, weil er weiß, dass ihm wenig Zeit bleibt. Als der Drache sah, dass er auf die Erde hinabgeworfen war, verfolgte er die Frau, die den Knaben geboren hatte. Da wurden der Frau die beiden Flügel des großen Adlers gegeben, dass sie in die Wüste fliege, an den Ort, wo sie mit Nahrung versorgt werden sollte, dreieinhalb Zeiten lang, geschützt vor dem Anblick der Schlange. Und die Schlange spie aus ihrem Rachen Wasser wie einen Strom hinter der Frau her, dass sie von den Fluten mitgerissen werde. Doch die Erde kam der Frau zu Hilfe; und die Erde öffnete ihren Schlund und verschlang den Wasserstrom, den der Drache aus seinem Rachen spie. Da wurde der Drache zornig über die Frau und ging fort, Krieg zu führen mit dem Rest ihrer Nachkommenschaft, mit denen, die die Gebote Gottes beachten und am Zeugnis Jesu festhalten.

Das fünfte apokalyptische Siegel: das Weib, angetan mit der Sonne und der Mond unter ihren Füßen und auf ihrem Haupt einen Kranz von zwölf Sternen. Das ist der himmlische Mensch, der aus der Enge des physischen Gefängnisses sich ausgeweitet hat über den ganzen Kosmos und dann als Herz eine Sonne hat, auf dem Mond steht und mit dem Haupt bis in die Fixsterne reicht und da sein Denken hat, sein Fühlen in der Sonne und den Willen auf der Mond – Erde
.

Das können wir uns auch noch mal meditativ vorstellen. Und da ist es vielleicht weniger schwierig, das auch zu eigen zu machen, weil man das in der Meditation vielleicht auch kennt, weil man über sich, über seine Gestalt, die auf dem Stuhl sitzt, hinaus wächst und dann das Herz weit über dem gewöhnlichen Haupt mit der Sonne zusammenwachsen fühlt und das Haupt mit der Sternen-Weisheit sich vereinigen fühlt. Ein Bild, was auch in den esoterischen Stunden von Rudolf Steiner 1924 gegeben wurde.

Versuchen wir das dann noch mal meditativ nachzuempfinden und es bleibt immer die große Aufgabe ein so stark wie mögliches Erleben zu haben.

-Es wird meditiert.

Dann besiegt Michael den Drachen und stürzt ihn auf die Erde.

Wir werden dann heute Mittag eine bittere Mahlzeit haben, denn wir werden die Stadt Babylon und, die zwei Tiere und dann den Untergang von Babylon kennenlernen.

Heute Morgen hatten wir das Blasen der Posaunen und wenn ihr das vielleicht noch mal nachempfindet, dann muss diese Steigerung, die darin liegt noch viel stärker als gestern empfunden werden, weil alles dahin blickt, dass das Ziel der Erde erreicht wird und dass sie in einen neuen astralischen Zustand übergehen wird, sodass der Mensch dann wirklich Mensch geworden ist. Dieser Geburt wird vorangegangen durch Wehen und die haben wir dann in den Posaunenklängen gehört. Aber wir müssen über diese vernichtenden Wirkungen hinaus dann die andere Seite viel stärker hören lernen, die in dem vierten und fünften apokalyptischen Siegel gegeben sind, so wie diese hier um uns herum in Bildern stehen. Also die vernichtenden Klänge, die sind da, damit die Geburtsklänge gehört werden können von denjenigen Wesen, die sich damit verbinden wollen und verbunden haben.

Man kann sich immer wieder neu verwundern, wie schwach die menschliche Seele jetzt noch ist, dass sie sich so wenig zu solchen Schöpfungsgefühlen emporheben kann. Alles wird immer wieder zum Schatten herabgedämpft. Und das ist das Ziel der Meditation, dass wir so weit kommen, dass wir in diesem flackernden Strömchen Geist, dass wir in dem Denken noch haben, die Quelle finden, um alles, was mit dem Geist zu tun hat, so zu pflegen und zu verstärken, dass letztendlich dasjenige, was man zum Beispiel als Text aufnimmt, Wirklichkeit wird, dass das nicht Text bleibt. Aber heute ist der Verstand und sind die Sinne, die abschwächenden Organe, die immer wieder dafür sorgen, dass alles schattenhaft wird. Die einzige Wirklichkeit, die wir als Wirklichkeit erleben, bleibt die Sinneswirklichkeit. Dasjenige, was innerlich ein bisschen da ist, das ist sofort wieder weg.

Und jetzt machen wir uns so viel wie möglich Mühe, um dem entgegenzuwirken und so weit zu kommen, dass man wirklich mit dem

Ich diese Offenbarung gestalten kann, damit man selbst ein Apokalyptiker wird.

Gut, dann enden wir wieder mit unserem musikalischen Gebet.

ELFTE STUNDE
Parpan, 20.05.2018

Jetzt kommt das Böse noch einmal gewaltig stark auf und es ist sehr lehrreich ganz genau aufzunehmen, wie es das macht. Dass es ein Tier genannt wird, das es zwei Tiere sind sogar, das will nicht sagen, dass man sich auch vorzustellen hat, dass das Böse in Tiergestalt erscheint, das ist übersinnlich so, es gibt auch unter den heutigen Menschen Wesen, die wie Menschen aussehen, als ob sie Menschen sind, aber in der Tiefe, wenn man sie übersinnlich anschauen kann, eher eine Tiergestalt zeigen als eine Menschengestalt. Und in der Gesamtheit der Menschheit muss jetzt die Tiergestalt sowieso noch überwunden werden. Also, wir sind äußerlich schon Menschen. Dank sei der göttlichen, menschlichen Gestalt, die wir haben, scheinen wir Menschen zu sein. Aber innerlich ist das noch lange nicht so. Und wir wissen natürlich auch, dass wenn der Tod eintritt, die Innerlichkeit des Menschen freikommt und dann noch nicht geeignet ist, um sich mit der himmlischen Welt vereinigen zu können. Und dasjenige, was der Leib auf Erden macht, damit wir menschlich sein können, das macht die Welt der Hierarchien unter Leitung von Christus nach dem Tod, damit wir dann nicht tierähnlich sind. Also, heute brauchen wir noch eine große Bescheidenheit mit Bezug auf die Menschlichkeit. Das ist äußerlich schon menschlich, aber innerlich tobt da noch viel, was eher tierähnlich ist.

Wer sich darin weiter vertiefen möchte, könnte die Vortragsreihe von Rudolf Steiner lesen: Der Mensch im Lichte von Okkultismus, Theosophie und Philosophie (GA 137). Darin wird sehr eindrücklich beschrieben, dass wenn die menschliche Gestalt zerfällt – das kann man auch meditativ machen – dass diese mehr oder weniger zerbröckelt, dass man kurz diese Gestalt nicht hat. Dann tritt unmittelbar die Tiergestalt auf und das ist der Hüter der Schwelle, der uns zeigt, siehe mal, du bist noch gar nicht Mensch.

Was wir hier in der Apokalypse haben, ist die Phase in der Entwicklung, worin es Wesenheiten gibt, die in menschlichen Leibern gelebt haben, die aber nicht Mensch werden wollen und die lassen sich durch Wesenheiten, die böse Tiere sind, führen. Und das kommt hier noch einmal in einer negativ großartigen Weise in Erscheinung, bevor dann die Intuition durchbricht und das eigentliche, wahrhafte menschliche Wesen aufkommt.

Johannes beschreibt seine Erlebnisse, Kapitel 13:

Und ich sah ein Tier aus dem Meer aufsteigen, das hatte zehn Hörner und sieben Köpfe. Auf seinen Hörnern trug es zehn Diademe und auf seinen Köpfen standen Lästernamen. Und das Tier, das ich sah, glich einem Panther, und seine Füße waren wie die eines Bären, und sein Maul war wie das Maul eines Löwen. Und der Drache übergab ihm seine Gewalt und seinen Thron und große Vollmacht. Und einer seiner Köpfe sah aus wie hingeschlachtet zum Tode, doch seine Todeswunde wurde geheilt. Da geriet alle Welt in Staunen und lief dem Tier hinterher. Und sie beugten ihre Knie vor dem Drachen, weil er dem Tier die Vollmacht gegeben hatte; und sie beugten ihre Knie vor dem Tier und sagten: Wer ist dem Tier gewachsen, und wer kann den Kampf mit ihm aufnehmen? Und es wurde ihm ein Maul gegeben, das machte große Worte und hielt Lästerreden; und es wurde ihm Macht gegeben, dies zweiundvierzig Monate lang zu tun. Und es tat sein Maul auf zu Lästerreden gegen Gott, zu lästern seinen Namen und seine Wohnung und alle, die im Himmel wohnen. Und es wurde ihm gegeben, Krieg zu führen gegen die Heiligen und sie zu besiegen; und es wurde ihm Macht gegeben über jeden Stamm und jedes Volk, über jede Sprache und jede Nation. Und anbeten werden es alle, die die Erde bewohnen, jeder, dessen Name nicht seit Anbeginn der Welt aufgeschrieben ist im Lebensbuch des Lammes, das geschlachtet ist. Wer Ohren hat, merke auf:

Wer in Gefangenschaft gerät, zieht fort in die Gefangenschaft. Wer durch das Schwert fallen muss, wird durch das Schwert fallen. Hier ist von den Heiligen Standhaftigkeit und Glaube gefordert!

Und ich sah ein anderes Tier vom Land aufsteigen; das hatte zwei Hörner gleich einem Lamm, und es redete wie ein Drache. Und die ganze Macht des ersten Tieres übt es aus vor dessen Augen. Und es bewirkt, dass die Erde und die sie bewohnen das erste Tier anbeten – das Tier, dessen Todeswunde geheilt worden ist. Und es tut große Zeichen, sogar Feuer lässt es vor den Augen der Menschen vom Himmel auf die Erde fallen; und es verführt die Bewohner der Erde kraft der Zeichen, die es auf Geheiß des Tieres vor dessen Augen tat. Und es befiehlt den Bewohnern der Erde, ein Bild zu machen für das Tier, das die Wunde des Schwertes hat und wieder lebendig geworden ist. Und es wurde ihm Macht gegeben, dem Bild des Tieres Leben einzuhauchen, ja das Bild des Tieres begann sogar zu sprechen und bewirkte, dass alle getötet wurden, die ihre Knie nicht beugten vor dem Bild des Tieres. Und es bringt alle, die Kleinen und die Großen, die Reichen und die Armen, die Freien und die Sklaven, dazu, sich auf die rechte Hand oder auf die Stirn ein Zeichen machen zu lassen, so dass niemand mehr etwas kaufen oder verkaufen kann, es sei denn, er habe das Zeichen: den Namen des Tieres oder die Zahl seines Namens.

Hier ist Weisheit gefordert! Wer Verstand hat, berechne die Zahl des Tieres, denn es ist die Zahl eines Menschen, und seine Zahl ist sechshundertsechsundsechzig.

*

Und ich sah ein Tier aus dem Meer aufsteigen, das hatte zehn Hörner und sieben Köpfe. Auf seinen Hörnern trug es zehn Diademe und auf seinen Köpfen standen Lästernamen. Und das Tier, das ich sah, glich einem Panther, und seine Füße waren wie die eines Bären, und sein Maul war wie das Maul eines Löwen.

Kraft und Macht bekommt er von dem Drachen. Und es geschieht ein Wunder, denn einer seiner Köpfe war zu Tode getroffen, aber die Wunde wurde geheilt. Und das wird so bewundert, dass die ganze Erde das Tier anbetet. Er bekommt als Gabe ein Maul, das große Worte und Lästerungen redet, 42 Monate darf er so treiben. Gotteslästerungen, Lästerungen von seinem Namen und seiner Zeit. Er darf Krieg führen mit den Heiligen und sie besiegen. Macht über alle Geschlechter, Völker, Sprachen, Nationen, und alle Bewohner werden ihn anbeten, dessen Name von Grundlegung der Welt an nicht geschrieben steht im Lebensbuch des Lammes, das geschlachtet ist.

Lasst uns diese Beschreibung des ersten Tieres mal vorsichtig vertiefen, dass wir es ein wenig festhalten und auch anschauen, was die kennzeichnende Art ist, wie dieses Tier vorgeht, damit wir, wenn es aktiv wird, es auch wiedererkennen und nicht durch ein mangelndes Unterscheidungsvermögen meinen, dass es ein Eingeweihter ist.

-Es wird meditiert.

Hier sind die Standhaftigkeit und der Glaube der Heiligen vonnöten. Und dann kommt das zweite Tier.

Es hat zwei Hörner gleich einem Lamm, aber es redet wie ein Drache. Alle Macht des ersten Tieres übt es vor seinen Augen aus. Es sorgt dafür, dass alle Bewohner der Erde das erste Tier anbeten, es kommen große Zeichen, Feuer vom Himmel. Und es sorgt dafür, dass ein Bild gemacht wird von dem ersten Tier und dass dieses Bild angebetet wird.

-Es wird weiter meditiert.

Alle Menschen bekommen ein Malzeichen auf ihre rechte Hand, oder auf ihre Stirne. Und nur mit diesem Malzeichen kann man kaufen, oder verkaufen.

-Es wird weiter meditiert.

Und dann wird angegeben, wann die Zeit sein wird, dass dieses Tier erscheinen wird – und dann müssen wir wiederum unsere Zeittafel dazu nehmen.

Es ist dann nicht so, dass es in der sechsten nachatlantischen Kulturepoche auftritt, aber es geht jedes Mal darum, dass die sechs durchlebt sind. Wenn wir also die 6 in der nachatlantischen Epoche suchen, dann ist es Anfang 7. Epoche. Die Kulturepoche der Brüderlichkeit, das ist die sechste Kulturepoche, ist doch nicht die böse Zahl. Aber das ist eigentlich erst, wenn die 6. vollbracht sein wird. Die Zeit, die dann

150

kommt, ist die Zahl 6, dann ist 6 vollendet. Also nicht während 6 läuft, aber nachher, also nicht in den sechsten, sondern in der siebten. Und diese Erscheinung des Tieres wird hier als Zahl 666 gegeben. Und dann sagt Rudolf Steiner, das wird erst wirklich so sein, wenn 6 Formzustände durchlaufen sind und dann 6 Zeitalter und dann noch 6 Epochen. Also nicht in unserem Formzustand bereits, das ist der vierte, sondern man muss wieder weite Blicke entwickeln, es ist schon schwierig genug uns vorzustellen, wie wir im physischen Formzustand sind und dann in dem fünften Zeitalter und dann in der fünften Kulturepoche. Jetzt müssen wir uns vorstellen, dass wir in den Formzustand des höheren Devachan kommen und dass dann darin, in diesen sieben Zeitaltern, die es da auch geben wird, wenn das 6. Zeitalter vollbracht ist, also auch in das 7. hineingekommen ist, erst dann wird wirklich 666 da sein.

In der Zeit, worin die Posaunen klingen, also in dem siebten Zeitalter, wenn dann die letzte Epoche anbricht, da haben wir dann eigentlich noch immer nicht 666.

Jetzt sind wir im Physischen und wenn diese Zeit anbricht, worüber hier gesprochen wird, dann ist fast der physische Formzustand vorbei, man könnte also sagen 4 ist das, es ist das Ende von 4. Und dann in der siebenten, in dem siebenten Zeitalter innerhalb von 4 und darin in der siebenten Kulturepoche. Darüber wird hier gesprochen, das ist das, was hier in der Apokalypse angedeutet wird. Eigentlich ist es 466. Die eigentliche Zahl liegt viel weiter weg noch, also den Endzustand muss man noch viel weiter weg sehen. Und man könnte sich vorstellen, dass man sogar sagt, Vulkan ist der siebente Bewusstseinszustand, darin gibt es den siebenten Lebenszustand und den siebenten Formzustand, das wird die große 666 sein.

Wir müssen bedenken, dass die Entwicklung dieses Kosmos, der hier als Zeitschema gegeben ist, dass diese Entwicklung der Mensch ist. Und so kann man dann verstehen, dass gesagt wird: Es ist die Zahl eines Menschen, denn es gehört zu der Entwicklung dazu, worin wir das Hauptziel der Entwicklung sind. Und wenn wir eine Stelle in der

Einweihung geben, dann müssen wir also sagen, wir haben erst die Sendschreiben bekommen, das waren die moralischen Aufforderungen für eine Spiritualisierung der Intelligenz, die dann in dem sechsten Zeitalter wirklich durchbricht, das haben wir gesehen, als wir die Siegel geöffnet gesehen haben, das ist die Erkenntnisstufe der Imagination, die Entwicklung des Geistselbst. Das geht durch sieben Kulturepochen hindurch und kommt dann in das siebente Zeitalter hinein, das auch wiederum sieben Kulturepochen haben wird und da werden die sieben Posaunen geblasen. Und am Ende dieser Zeit ist die Erde physisch so weit entwickelt und auch wieder in Rückgang gekommen, dass sie in einer ganz neuen Form erscheinen kann, nicht mehr in der physischen Form, sondern in der vollkommeneren astralischen Form. Soweit sind wir noch nicht hier, in diesem Moment der Apokalypse, aber das steht bevor, es ist fast so weit. Das sind die Geburtswehen, die eintreten und das ist das Aufkommen dieser zwei Tiere, die die letzten Prüfungen sind. Und so, wie es in der Apokalypse beschrieben steht, kann man verstehen, dass das alles nach einem göttlichen Plan so geregelt ist. Die Tiere bekommen ihre Zeit und sie bekommen sie von Gott selbst, er gibt die Zeit, er gibt die Prüfungen. Und auch das kann man ganz innerlich versuchen zu verstehen, dass eine wieder hervortretende Prüfung auftritt, bis der Eingeweihte so standhaft und der Glaube so stark ist, dass er all diese Prüfungen besteht. Dann bricht er durch zu seiner wahren Wesenheit und erreicht die Stufe der Intuition. Es ist, wie Rudolf Steiner in *Wie erlangt man Erkenntnisse der höheren Welten* mit wenigen Worten sagt, immer noch möglich, dass der Eingeweihte verführt wird, bis zu einem gewissen Punkt, wo er den Sieg davon trägt, dann ist es nicht mehr möglich. Man sieht hier in dieser langen Geistesgeschichte, dass bis in die Erkenntnisstufe der Inspiration noch immer die sinnlichen und untersinnlichen Impulse da sind und auch verführerisch wirken können. Aber man muss sich natürlich auch vorstellen, dass der Mensch inzwischen so standhaft und gläubig geworden ist, dass das nicht geschieht, aber möglich bleibt es dann noch immer. Und so, wie es hier geschrieben steht, kommt es natürlich mit aller Gewalt auf und ist es fast unmöglich, nicht in die Nähe dieser Verführung zu kommen.

Man sieht natürlich in dieser Beschreibung, das werdet ihr alle bestimmt haben, dass das Antlitz eines Diktators erscheint, auch eines falschen Propheten, das ist hier natürlich ganz deutlich, aber wenn sie wirklich erscheinen werden, dann wird es nicht so deutlich sein und dann wird die verführerische Lügenhaftigkeit so sein, dass man schon ein sehr geschultes Unterscheidungsvermögen braucht, um nicht in den Fall hineinzufallen.

Und noch immer ist die Dramatik in der innerlichen Entwicklung, in der Geistesgeschichte der Menschheit, so wie sie hier beschrieben steht, sehr stark. Da sind die Wehen gekommen, da kommen die Verführer auf, die eine zwingende Macht haben, vor der man nicht gerne stehen möchte. Und dann kommt das Lamm.

Also, wir müssen die Schrecken wirklich tief erlebt haben, um dann auch diese nächste Szene wirklich erleben zu können, in all ihrer Größe und Herrlichkeit. Kapitel 14.

Und ich schaute: Und siehe, das Lamm stand auf dem Berg Zion und mit ihm hundertvierundvierzigtausend, die seinen Namen und den Namen seines Vaters auf ihrer Stirn geschrieben hatten. Und ich hörte eine Stimme vom Himmel wie das Rauschen vieler Wasser und wie gewaltiges Donnergrollen, und die Stimme, die ich hörte, klang wie Musik von Harfenspielern, die ihre Harfen schlagen. Und sie singen etwas, ein neues Lied vor dem Thron und vor den vier Wesen und den Ältesten. Und niemand konnte das Lied lernen, allein die hundertvierundvierzigtausend, die von der Erde losgekauft sind. Es sind die, die sich nicht mit Frauen befleckt haben; jungfräulich sind sie geblieben. Es sind die, die dem Lamm folgen, wohin es auch geht. Sie wurden losgekauft aus der Zahl der Menschen, als Erstlingsgabe für Gott und das Lamm. In ihrem Mund fand sich kein Falsch, sie sind ohne Makel.

Und ich sah einen anderen Engel hoch oben am Himmel fliegen, der hatte die ewige Heilsbotschaft bekommen, um sie auszurufen über die, die auf der Erde sitzen, über jedes Volk und jeden Stamm, jede Sprache und jede Nation. Und er rief mit lauter Stimme:

Fürchtet Gott und gebt ihm die Ehre, denn gekommen ist die Stunde, da er Gericht hält! Und beugt eure Knie vor dem, der den Himmel gemacht hat und die Erde und das Meer und die Wasserquellen!

Und ein anderer Engel, ein zweiter, folgte und rief:

Gefallen, gefallen ist Babylon die Große, die vom Wein des Zornes über ihre Unzucht alle Völker hat trinken lassen!

Und ein anderer Engel, ein dritter, folgte ihnen und rief mit lauter Stimme:

Wer das Tier und sein Bild anbetet und sich ein Zeichen machen lässt auf die Stirn oder auf die Hand, wird selbst auch trinken müssen vom Zorneswein Gottes, der unverdünnt gemischt ist im Becher seines Zornes, und wird gepeinigt werden in Feuer und Schwefel, im Angesicht der heiligen Engel und des Lammes. Und der Rauch ihrer Pein steigt empor in alle Ewigkeit, und keine Ruhe haben sie, weder bei Tag noch bei Nacht, die das Tier und sein Bild anbeten – und wer sich das Zeichen seines Namens machen lässt. Hier ist von den Heiligen Standhaftigkeit gefordert, hier sind gefordert, die festhalten an den Geboten Gottes und am Glauben an Jesus! Und ich hörte eine Stimme vom Himmel rufen: Schreib:

Selig die Toten, die im Herrn sterben von jetzt an! Ja, spricht der Geist, sie sollen ausruhen von ihren Mühen, denn ihre Werke begleiten sie.

Und ich schaute: Und siehe, eine weiße Wolke, und auf der Wolke saß einer, der sah aus wie ein Menschensohn, mit einer goldenen Krone auf dem Haupt und einer scharfen Sichel in der Hand.

Und ein anderer Engel trat aus dem Tempel und rief mit lauter Stimme dem auf der Wolke Sitzenden zu:

Schick deine Sichel und lass die Ernte einbringen, denn gekommen ist die Zeit der Ernte, da dürr zu werden droht, was auf Erden zu ernten ist. Da legte, der auf der Wolke saß, seine Sichel an die Erde, und abgeerntet wurde die Erde.

154

Und ein anderer Engel kam aus dem Tempel im Himmel, und auch der hatte eine scharfe Sichel.

Und wieder ein anderer Engel kam vom Altar her, der hatte Macht über das Feuer. Und er rief dem mit der scharfen Sichel mit lauter Stimme zu: Schick deine scharfe Sichel und schneide die Trauben vom Weinstock der Erde, denn seine Beeren sind reif geworden. Da ließ der Engel seine Sichel über die Erde sausen; und er erntete vom Weinstock der Erde und warf es in die Kelter des Zornes Gottes, des großen Zornes Gottes. Und getreten wurde die Kelter vor den Toren der Stadt, und Blut spritzte aus der Kelter bis hinauf an die Zügel der Pferde, tausend sechshundert Stadien weit.

Vielleicht ist es in unserer Kulturepoche der Entwicklung der Bewusstseinsseele am allerschwersten diese Worte zu ertragen. Es hat Zeiten gegeben, dass es noch selbstverständlich war, dass es diese göttliche Macht gibt, die letztendlich siegen wird. Aber jetzt sind wir im Zeitalter der Bewusstseinsseele und ist auch wirklich die Aufgabe, dass wir uns auf unsere eigenen geistigen Füße stellen. Aber das bedeutet, dass das Ich sich auch nichts mehr sagen lässt und sagen lassen will. Wir wollen selbst entscheiden und nichts wissen von dieser gewaltigen göttlichen Macht. Ich sage wir, aber ihr versteht wohl, was ich meine, wir vielleicht nicht, es sitzt natürlich in der Entwicklung der Bewusstseinsseele auch als Notwendigkeit darin, dass man gerade diese gewaltige göttliche, siegende Macht nicht sieht und dadurch selbst Entscheidungen treffen kann. Würde man diese Macht fortwährend sehen, dann würde man nicht anders können, als einfach standhaft und gläubig bleiben. Aber es wurde zugelassen, dass wir eine Zeit lang taub und blind sind für diese göttliche Macht und dass wir also selbst weise werden können. Aber damit geht einher, dass man sich auch eigentlich nichts sagen lassen will. Das liegt sehr stark in unserer Zeit darin, das macht es so schwierig, um solche Inhalte zu bringen, oder auszusprechen. Man kann noch nicht fühlen, dass gerade durch diese Entwicklung dieser Bewusstseinsseele es möglich wird, um in Freiheit und Liebe sich mit dieser göttlichen Macht wieder zu vereinen und dann nicht mehr der Macht zu unterliegen, sondern mit der Macht zusammen zu arbeiten. Und das ist, was Rudolf Steiner so stark gebracht hat, dieses Wissen von der Bewusstseinsseele, die eine lange Vorbereitung gehabt hat und dann auch wiederum sehr lange nachwirken wird. Die Zeit ist gekommen, dass wir Menschen immer mehr und mehr selbst die Entwicklung in die Hand nehmen dürfen und das auch allmählich können und auch tun werden. Das muss man, wenn man diese Offenbarung aufnimmt, als moderne geisteswissenschaftliche Erkenntnis haben. Man kann es nicht mehr so lesen, so wie Johannes in seiner Zeit das geschrieben hat, man braucht in unserer Zeit das Wissen von der Bewusstseinsseele. Die eigenen geistigen Füße, die suchen wir. Und damit darf man dann auch stark werden. In Vorträgen von Rudolf Steiner gibt es bestimmte Stellen, wo er das sehr deutlich ausspricht, zum Beispiel in den Vorträgen über die esoterischen karmischen Betrachtungen, da spricht er sehr viel über die Michaelsschule und dass wir annehmen dürfen, weil wir so tätig sind, wie wir sind, dass wir in dieser Michaelsschule als Schüler dabei gewesen sind. Mit dieser gewaltigen Michaelischen Kraft kommen wir in das Bewusstseinsseelenzeitalter hinein, stoßen dann auf Ahriman, der das Bestreben hat, alle spirituelle Kraft abzuschatten, abzutöten und zu lähmen. Damit kommen wir in Berührung, das lässt sich nicht anders machen, wenn man auf die Erde auftritt. Aber diese gewaltige Michaelische Macht, die wir im Himmel aufgenommen haben, die müsste sich eigentlich nicht aufhalten lassen. Und dann sagt Rudolf Steiner, dass man dankbar und ein gewisses Seligkeitsgefühl haben kann, dass man als Mensch jetzt schon so stark sein darf. Wir dürfen auch wirklich die spirituelle Kraft mit aller Stärke versuchen in die Kultur hineinzubringen, weil die Bewusstseinsseele auch die Möglichkeit haben muss, neben den ahrimanischen Kräften auch die Michaelischen kennenzulernen. Und wenn wir nichts tun, ja dann ist nichts da, denn von selbst geht es nicht mehr. Das ist das Faszinierende unseres Zeitalters, oder unserer Kulturepoche, wo das eigentlich zum ersten Mal in der Geschichte der Entwicklung auftritt, dass wir selbst geistig tätig werden dürfen. – Und dann auch in gewissem Sinn müssen.

Diese Einsicht, die mit der Bewusstseinsseele erst gegeben werden kann, also hier in der Apokalypse noch nicht darin ist, aber die wir bei

Rudolf Steiner in der Anthroposophie in all seiner Herrlichkeit immer wieder finden, diese Einsicht, dass wir jetzt selbst mit tätig werden können und dann auch müssen, die brauchen wir, wenn wir diesen Abschnitt in der Offenbarung auch meditieren wollen, dass wir diese überwältigende göttliche Macht anschauen lernen als eine Macht, mit der wir vereinigt sind und die uns nicht überwältigen will.

Aber trotzdem greift diese göttliche Macht mit Gewalt ein, das ist dann auch wiederum so. Und das sehen wir dann, wenn die Zornschalen ausgegossen werden, das sind die Becher, die Schalen, worin der göttliche Zorn braust. Und wir haben soeben dann gehört über die Ernte und die Weinlese. Wir können uns das im Bild vorstellen, was das eigentlich ist, diese Flüssigkeit, die da auf die Erde ausgegossen wird. Wie die Siegel das Bild sind für die Imagination, sind die Posaunen, die man hören wird, die Inspiration, so kommt hier die *Urgewalt* auf uns zu. Und nachher wird es möglich, dass die neue Menschlichkeit geboren wird. Jetzt ist alles noch Weh.

Ich lese noch Kapitel 16 über das Ausgießen der Zornschalen und dann gehen wir nach der Pause über nach Babylon.

Und ich hörte eine laute Stimme aus dem Tempel den sieben Engeln zurufen: Geht hin und gießt aus die sieben Schalen des Zornes Gottes über die Erde! Und der erste ging und goss seine Schale aus über die Erde, und ein bösartiges und schmerzhaftes Geschwür befiel die Menschen, die das Zeichen des Tieres trugen und ihre Knie beugten vor seinem Bild. Und der zweite goss seine Schale aus über das Meer, und es wurde zu Blut, wie das eines Toten, und alles, was im Meer lebte, starb, jedes lebendige Wesen. Und der dritte goss seine Schale aus über die Flüsse und die Wasserquellen, und alles wurde zu Blut. Und ich hörte den Engel, der über die Wasser gebietet, rufen:

Gerecht bist du, der da ist und der da war, du Heiliger, denn so hast du das Urteil gesprochen: Das Blut von Heiligen und von Propheten haben sie vergossen, und Blut hast du ihnen zu trinken gegeben; sie haben es verdient.

Und ich hörte den Altar sprechen:

Ja, Herr, Gott, Herrscher über das All, voller Wahrheit und Gerechtigkeit ist dein Urteil.

Wir müssen uns wieder der sieben Stufen physischer Leib, Ätherleib, Empfindungsseele, Verstandes-Gemütsseele, Bewusstseinsseele, Geistselbst und Lebensgeist bewusst sein.

Und der vierte goss seine Schale aus über die Sonne, und es wurde ihr Macht gegeben, die Menschen zu peinigen mit ihrer Glut. Und die Menschen wurden mit großer Hitze geschlagen, und sie verfluchten den Namen des Gottes, der Macht über diese Plagen hat; doch sie kehrten nicht um, ihm die Ehre zu geben. Und der fünfte goss seine Schale aus über den Thron des Tieres, und Finsternis legte sich auf sein Reich. Und sie bissen sich vor Schmerz auf die Zunge. Und sie lästerten den Gott des Himmels wegen ihrer Schmerzen und wegen ihrer Geschwüre. Doch sie ließen nicht ab von ihrem Tun. Und der sechste goss seine Schale aus über den großen Fluss Euphrat, und sein Wasser versiegte, so dass der Weg bereitet war für die Könige vom Aufgang der Sonne.

Und ich sah aus dem Schlund des Drachen und aus dem Maul des Tieres und aus dem Mund des falschen Propheten drei unreine Geister fahren – wie Frösche. Geister von Dämonen sind es, und sie tun Zeichen und Wunder. Sie gehen aus zu den Königen des ganzen Erdkreises, um sie zu sammeln zum Kampf am großen Tag Gottes, des Herrschers über das All.

Siehe, ich komme wie ein Dieb. Selig, wer wach ist und acht gibt auf seine Kleider, dass er nicht nackt daherkommen muss und man seine Blöße sieht.

Und der Engel versammelte sie an dem Ort, der auf Hebräisch Armageddon heißt.

Und der siebte goss seine Schale aus über die Luft, und es ertönte aus dem Tempel vom Thron her eine laute Stimme, die rief: Es ist geschehen!

Und es erhob sich ein Getöse, Blitz und Donner, und die Erde bebte so stark, wie sie noch nie gebebt hatte, seit es Menschen gibt auf Erden, so gewaltig war dieses Beben. Und die große Stadt zerbarst in drei Teile, und die Städte der

Völker fielen in sich zusammen. Und Babylons der Großen gedachte man vor Gott, ihr den Becher mit dem Wein seines grimmigen Zornes zu geben. Und alle Inseln verschwanden, und die Berge waren nicht mehr zu finden. Und gewaltiger Hagel, zentnerschwer, fiel vom Himmel auf die Menschen nieder. Und die Menschen lästerten Gott wegen der Hagelplage, denn die Plage war schrecklich.

-Eine Weile Stille …

Das war die Offenbarung von Johannes Kapitel 16.

Dann ruhen wir eine Weile und dann kommt Babylon.

ZWÖLFTE STUNDE

Parpan, 20.05.2018

Das große Babylon ist ein Bild für die problematische Natur des Menschen und es ist natürlich alles in Bilder umgeschrieben. Wenn wir die Anthroposophie studieren, dann haben wir es auch in gewissem Sinn mit Bildern zu tun. Aber da ist natürlich das Neue, dass es so beschrieben wird, dass mit dem Denken alles nachvollzogen werden kann. Wenn wir dies hier aufnehmen, ist es etwas ganz anderes. Das sind auch Bilder, aber das sind Bildbilder. Und was Rudolf Steiner bringt, das sind Denkbilder, oder in Gedanken umgeschriebene Bilder.

Hier wird das große Babylon beschrieben. Man muss mit der Empfindung, mit dem Erleben wiederum mitgehen und dann erlebt man schon, wie man das sagen würde in der neuen Zeit, in unserer Zeit. Man kann das für sich selbst wohl zurückfinden, wo das noch da ist in seiner Natur, wo vielleicht schon etwas überwunden worden ist, vielleicht auch viel überwunden worden ist, aber wo auch immer noch etwas davon geblieben ist. Aber es sind Bilder für Realitäten.

Und es kam einer von den sieben Engeln mit den sieben Schalen, und er redete mit mir und sprach: Komm, ich will dir das Gericht über die große Hure zeigen, die an vielen Wassern sitzt. Mit ihr haben die Könige der Erde Unzucht getrieben, und die Bewohner der Erde sind trunken geworden vom Wein ihrer Unzucht. Und er führte mich durch den Geist in die Wüste.

Und ich sah eine Frau auf einem scharlachroten Tier sitzen, das war rundum bedeckt mit Lästernamen und hatte sieben Köpfe und zehn Hörner. Und die Frau war gekleidet in Purpur und Scharlach und geschmückt mit Gold, Edelsteinen und Perlen, und in der Hand hielt sie einen goldenen Becher – der war voll von Abscheulichkeiten und dem Unrat ihrer Unzucht. Und auf ihre Stirn war ein Name geschrieben, ein Geheimnis: Babylon die Große, Mutter der Huren und Greuel der Erde. Und ich sah diese Frau, trunken vom Blut der Heiligen und vom Blut der Zeugen Jesu. Und bei ihrem Anblick geriet ich in großes Staunen.

161

Und der Engel sagte zu mir: Warum staunst du? Ich will dir sagen, was das Geheimnis dieser Frau ist und des Tieres, das sie trägt, das mit den sieben Köpfen und den zehn Hörnern: Das Tier, das du gesehen hast, es war und es ist nicht und es wird aufsteigen aus dem Abgrund und ins Verderben gehen, und staunen werden die Erdenbewohner, deren Namen im Buch des Lebens nicht aufgeschrieben sind vom Anbeginn der Welt, wenn sie das Tier erblicken; denn es war und es ist nicht und es wird da sein. Hier ist Verstand gefordert, der Weisheit hat! Die sieben Köpfe, das sind die sieben Hügel, auf denen die Frau sitzt. Und es sind sieben Könige: Fünf sind schon gefallen, einer ist da, ein weiterer ist noch nicht gekommen, und wenn er dann kommt, darf er nur kurze Zeit bleiben. Und das Tier, das war und nicht ist, ist selbst der achte; er kommt aus den sieben, und er geht ins Verderben. Und die zehn Hörner, die du gesehen hast, das sind die zehn Könige, die die Herrschaft noch nicht übernommen haben; doch sie werden als Könige die Macht ergreifen für eine einzige Stunde, zusammen mit dem Tier. Diese sind eines Sinnes, und ihre Macht und Gewalt übergeben sie dem Tier. Sie werden Krieg führen gegen das Lamm, doch das Lamm wird sie besiegen, denn es ist der Herr der Herren und der König der Könige, und die mit ihm sind, sind Berufene und Auserwählte und Getreue.

Und er sagt zu mir: Die Wasser, die du gesehen hast, dort wo die Hure sitzt, das sind Völker und Scharen, Nationen und Sprachen. Und die zehn Hörner, die du gesehen hast, und das Tier, sie werden die Hure hassen und sie einsam machen und nackt; sie werden ihr Fleisch fressen und sie im Feuer verbrennen. Denn Gott hat ihnen ins Herz gegeben, eines Sinnes seinen Willen zu tun und ihre Herrschaft dem Tier zu übergeben, bis die Worte Gottes erfüllt sind. Und die Frau, die du gesehen hast, das ist die große Stadt, die über die Könige der Erde regiert.

Das sind alle möglichen Eigenschaften, die der Mensch haben kann und die er möglicherweise sogar liebt und behalten will. Es geht dann etwas weiter, noch weiter.

Und ich sah eine Frau auf einem scharlachroten Tier sitzen, das war rundum bedeckt mit Lästernamen und hatte sieben Köpfe und zehn Hörner. Und die Frau war gekleidet in Purpur und Scharlach und geschmückt mit Gold, Edelsteinen und Perlen, und in der Hand hielt sie einen goldenen Becher – der war voll von Abscheulichkeiten und dem Unrat ihrer Unzucht. Und auf ihre Stirn war ein Name geschrieben, ein Geheimnis: Babylon die Große, Mutter der Huren und Greuel der Erde. Und ich sah diese Frau, trunken vom Blut der Heiligen und vom Blut der Zeugen Jesu. Und bei ihrem Anblick geriet ich in großes Staunen.

Dann Kapitel 18:

Danach sah ich einen anderen Engel vom Himmel herabsteigen, der hatte große Macht, und die Erde wurde erleuchtet von seinem Glanz.

Und er schrie mit gewaltiger Stimme:

Gefallen, gefallen ist Babylon die Große! Zur Behausung von Dämonen ist sie geworden und zu einem Schlupfwinkel für jeden unreinen Geist, zu einem Schlupfwinkel für jeden unreinen Vogel, ja zu einem Schlupfwinkel für jedes unreine und verhasste Tier.

Denn vom Wein des Zornes über ihre Unzucht haben alle Völker getrunken. Die Könige der Erde haben Unzucht getrieben mit ihr, und die Kaufleute der Erde sind reich geworden durch ihren überbordenden Luxus.

Und ich hörte eine andere Stimme vom Himmel her sprechen:

Geht fort aus ihr, mein Volk, damit ihr nicht teilhabt an ihren Sünden und nicht getroffen werdet von den Plagen, die über sie kommen!

Denn ihre Sünden haben sich aufgetürmt bis zum Himmel, und Gott hat ihrer Schandtaten gedacht.

Gebt ihr zurück, wie sie euch gegeben hat; zahlt ihr das Doppelte heim von dem, was sie getan hat! Schenkt ihr in den Becher, den sie euch gemischt hat, das Doppelte ein!

Was sie an Pracht und Luxus genossen hat, das gebt ihr nun an Qual und Trauer! Denn in ihrem Herzen sagt sie: Als Königin sitze ich auf dem Thron, und

Witwe bin ich nicht, und Trauer werde ich nie sehen. Darum werden die Plagen über sie kommen an einem einzigen Tag: Tod und Trauer und Hunger, und im Feuer wird man sie verbrennen, denn mächtig ist Gott, der Herr, der sie richtet.

Und die Könige der Erde, die mit ihr Unzucht getrieben haben und an ihrem Luxus teilhatten, werden weinen und wehklagen über sie, wenn sie den Rauch von ihrer Brandstätte aufsteigen sehen.

In der Ferne werden sie stehen bleiben aus Furcht vor ihrer Qual und sprechen: Wehe, wehe der Stadt, der großen, Babylon, der mächtigen Stadt: In einer einzigen Stunde ist das Gericht über dich gekommen.

Und die Kaufleute der Erde weinen und trauern um sie, weil niemand mehr ihre Ware kauft:

Gold, Silber, Edelsteine, Perlen, feines Leinen, Purpur, Seide und Scharlach und all das Thujaholz und all das Gerät aus Elfenbein und all das Gerät aus teuerstem Holz und Erz, aus Eisen und Marmor,

auch Zimt und Amomum, Räucherwerk und Salböl und Weihrauch, Wein und Olivenöl, Weißmehl und Weizen, Rinder und Schafe, die Fracht von Pferden und Wagen und Sklaven, und Menschenleben.

Und das Obst, an dem deine Seele sich ergötzte, ist dahin, und alles, was dein Leben angenehm und prächtig gemacht hat, ist dir verloren gegangen, und nie mehr wird es sich finden.

Die Kaufleute, die mit all dem Handel trieben und sich an ihr bereichert haben, werden in der Ferne stehen bleiben aus Furcht vor ihrer Qual; sie werden weinen und klagen und sagen:

Wehe, wehe der Stadt, der großen, die gekleidet war in feines Leinen, in Purpur und Scharlach, die geschmückt war mit Gold, Edelsteinen und Perlen:

In einer einzigen Stunde ist dieser große Reichtum vernichtet worden! Und jeder Kapitän und jeder Küstenschiffer, die Seeleute und alle, die zur See fahren, blieben in der Ferne stehen, sahen den Rauch der Feuersbrunst und schrien laut: Wer ist jetzt mit der großen Stadt noch zu vergleichen?

Und sie streuten Staub auf ihr Haupt, schrien, weinten und klagten und sagten:

Wehe, wehe der Stadt, der großen, in der reich geworden sind durch ihren Wohlstand alle, die Schiffe auf dem Meer haben: In einer einzigen Stunde ist sie verwüstet worden!

Freue dich, Himmel, über sie, freut euch, ihr Heiligen, Apostel und Propheten! Denn vollstreckt hat Gott das Urteil, an ihr für euch.

Und ein starker Engel hob einen Stein, groß wie ein Mühlstein, in die Höhe
und warf ihn ins Meer und sprach:
So, mit solcher Wucht, wird Babylon, die große Stadt, weggeschleudert werden,
und sie wird nicht mehr zu finden sein. Und keinen Klang von Harfenspielern,
von Sängern, von Flöten- und Posaunenbläsern wird man in deinen Mauern
mehr hören, und keinen Meister, der sich auf irgendeine Kunst versteht, wird
man mehr antreffen, und kein Geräusch eines Mühlsteins wird man mehr hören.
Und kein Licht einer Lampe wird mehr scheinen, und kein Lied von
Bräutigam und Braut wird man mehr hören. Denn deine Kaufleute waren
die Großen der Erde; durch deine Zauberkünste ließen sich verführen alle
Völker. Und in ihren Mauern fand man das Blut der Propheten und Heiligen
und aller, die hingeschlachtet wurden auf Erden.

Lasst uns darauf besinnen, auf diese große Stadt Babylon, die beschrieben wird als ein Weib auf einem Tier und wie sie untergeht
und was mit ihr untergeht. Und vergessen wir nicht, das immer auch
wieder auf die eigene menschliche Natur zu beziehen.

-Es wird meditiert.

Wir erinnern uns daran, dass wir hier in dem Zeitalter sind, das
am Ende des siebten Zeitalters kommen wird und dass die Erde ihre
physische Form, ihren physischen Formzustand durchlaufen hat und
übergehen muss in den vollkommenen astralischen Zustand. Dann
muss man alles, was physische Reichtümer und alles, was Essen und
Trinken und Wein und Weib und alles, was damit zusammenhängt,
wie es hier genannt wird, Unzucht, die getrieben wird, das alles muss
verlassen werden und das alles zusammengefasst ist der Untergang von
Babylon. In unserer Zeit blüht die Stadt natürlich noch immer in
all ihren Qualitäten. Aber es wird eine Zeit kommen, dass sie nicht
weiter mit der Entwicklung mitgehen kann. Und das wird hier beschrieben. Wer die Einweihung sucht, der verfrüht eigentlich diese
Prozesse und will aus sich heraus, jetzt schon, oder bald, Babylon
überwinden. Alles, was hier beschrieben wird, ist uns doch wirklich
gut bekannt, ob es nun aus eigenen Erfahrungen ist, oder aus Erleben,
dass es in der Welt solche Dinge gibt.

Für die Einweihung ist es wichtig, dass man dieses Bild übersetzen kann in die menschlichen Untugenden, die verwandelt und abgelegt werden müssen. Und das steht hier beschrieben. Man kann die Erkenntnisstufe der Intuition nicht in seiner vollen Intensität betreten, wenn Babylon noch wirksam ist. Und wenn man das innerlich in die Meditation versetzt, dann kann man sagen, dass alle sinnlichen Gedanken und Gefühle, die in der Meditation immer aufkommen wollen – und es scheint manchmal, dass sie stärker aufkommen, nachdem man sie weniger will – Babylon ist, und das will immer wieder aufkommen, auch wenn man die Imaginationen weggeschafft hat und die bildschaffende Tätigkeit ganz stark in dem Bewusstsein handhaben kann, das sind immer noch Babylonische Ausläufer, die hineinwachsen wollen. Es ist ein wunderbares Bild hier, dieses Babylon, auch wenn man es also ganz innerlich für die meditative Tätigkeit auffasst. Will man zur Erkenntnisstufe der Intuition aufsteigen, dann muss das während der Meditation endgültig zum Schweigen gebracht werden und muss eigentlich also keinen Anteil mehr an dem Leben haben.

Im Moment der Intuition, wenn es so ist, dass man seine Meditation macht, muss man alles hinter sich lassen, auch alles Wissen, das man hat, denn das steht im Wege, da kann nichts Neues auftauchen, wenn man immer wieder mit seinen eigenen Erkenntnissen da steht.

Die Könige, die Kaufleute, die Schiffsleute, die Steuerleute, die alle bereuen den Fall Babylons, aber im Himmel wird ein Frohlocken gehört.

Kapitel 19:

Danach hörte ich etwas, das klang wie ein vielstimmiger Chor im Himmel:

Halleluja! Das Heil und die Herrlichkeit und die Macht sind in der Hand unseres Gottes.
Denn voller Wahrheit und Gerechtigkeit ist sein Urteil: Er hat gerichtet die große Hure, die die Erde verdarb mit ihrer Unzucht, und gerächt an ihr das Blut seiner Knechte.

166

Und ein zweites Mal riefen sie:

Halleluja! Und ihr Rauch steigt auf in alle Ewigkeit.

Und die vierundzwanzig Ältesten und die vier Wesen fielen nieder und beugten ihre Knie vor Gott, der auf dem Thron sitzt, und sprachen:

Amen. Halleluja!

Und eine Stimme kam vom Thron her und sprach:

Lobsingt unserem Gott, ihr alle, die ihr seine Knechte seid, und die ihn fürchten, die Kleinen und die Großen!
Da hörte ich etwas, das klang wie ein vielstimmiger Chor und wie das Rauschen vieler Wasser und wie das Dröhnen eines gewaltigen Donnerschlags:

Halleluja! König geworden ist der Herr, unser Gott, der Herrscher über das All.
Lasst uns fröhlich sein und frohlocken und ihm die Ehre geben! Denn gekommen ist die Hochzeit des Lammes, und seine Braut hat sich schön gemacht.
Und sie durfte sich kleiden in leuchtend weißes, reines Leinen – das Leinen, das sind die gerechten Taten der Heiligen.
Und er sagt zu mir: Schreib! Selig, die zum Hochzeitsmahl des Lammes geladen sind! Und er sagt zu mir: Diese Worte sind die wahrhaftigen Worte Gottes.
Und ich warf mich zu seinen Füßen, ihn anzubeten. Er aber sagt zu mir: Nicht doch! Dein Mitknecht bin ich und der deiner Brüder, die Zeugnis ablegen für Jesus. Vor Gott beuge deine Knie! Denn im Zeugnis für Jesus äußert sich der Geist der Prophetie.

Stellen wir uns dann mal dieses himmlische Frohlocken vor und fühlen wir dann auch die Schwäche der Möglichkeiten in dem Kontrast zwischen demjenigen, was es eigentlich ist und was wir erleben können. In diesem Kontrast liegt gerade die Stärke.

-Es wird meditiert.

Es gibt natürlich Komponisten, die versuchen solche jauchzenden

167

Erlebnisse in Musik wiederzugeben und ein bisschen davon entsteht dann auch. Aber wir können bedenken, dass bereits in der Zeit von König David dessen Verhalten, dass er tanzend vor der Bundeslade vorausging, dass er deshalb verspottet wurde. Man fand es lächerlich, dass er so viel Freude hatte, dass er vor der Bundeslade hinausging und tanzte. Ja, das ist jetzt noch viel, viel stärker geworden, dass alles natürlich schnell lächerlich ist. Dadurch können wir uns zu solchen starken, hohen Fröhlichkeitserlebnissen gar nicht aufschwingen.

Teilnehmerin: Hat das mit dem Körper zu tun, dass das nicht geht?

MM. Das spielt natürlich auch eine Rolle, aber es ist vor allem die Kleinbürgerlichkeit, die die menschliche Seele erfasst hat.

In Babylon kommt es zu einem Ende ihrer Macht. So, wie es in der Apokalypse beschrieben steht, ist es auch ein Punkt, wo keine Rückkehr mehr möglich ist. Die Menschen rufen: Wehe, wehe, Babylon du große Stadt. Sie ist zugrunde gegangen und dann kommt es darauf an, ob du schon zuvor zu der Einsicht gelangt bist, dass du davon Abstand nehmen müsstest, oder wird sie dir jetzt mit Gewalt genommen. Das ist so ein Vorspiel des jüngsten Gerichts. Vorher gibt es die Möglichkeit, einfach nicht nach Babylon zu reisen und nicht diese Stadt zu besuchen und nicht teilzuhaben an allem, was da ist. Und so kann man aus sich heraus entscheiden, dass man daran nicht teilhaben will. Aber es kommt ein Punkt, da wird die Stadt vernichtet werden, dann hat der Mensch sie nicht überwunden, dann ist es Gott, der sie überwindet und dann ist man zu spät. Man steht dann da und hat sich nur zu fürchten vor dem, was dann geschehen wird.

Teilnehmer: Also ich hätte noch mal eine Frage zu der Sprache: die Sprache, die Johannes verwendet, ist ja oft ziemlich hart in den Ausdrucksformen. Inwieweit müssten wir uns denn eigentlich mit dieser Härte konfrontieren? Was ist für uns denn das Richtige jetzt, um zu suchen?
MM: Wenn wir nicht in der Bewusstseinsseelenzeit, worin wir jetzt sind, so wie wir jetzt beschaffen sind, wenn wir nicht dies mit der Bewusstseinsseele zuerst aufnehmen, dann können wir die Härte auch

nicht richtig einschätzen und können dann auch nicht nachher gut damit umgehen. Es ist wirklich eine andere Zeit, in der dies geschrieben worden ist. Wenn man das Alte Testament nimmt, dann ist es noch nachdrücklicher, noch härter. Das wird immer weniger, weil die Menschheit sich entwickeln muss zu einer verständnisvolleren Auffassung, die damit anfängt, dass man zuerst all diese Prozesse, die man verwerfen soll, dass man die zuerst in sich selbst entdeckt und sie dann selbst verwirft. Dann kann man auch die Härte verstehen, aber sonst geht es falsch, denn dann fasst man mit seiner menschlichen Härte die göttliche Härte auf – und das ist etwas ganz anderes.

Man weiß gar nicht, was göttliche Härte eigentlich ist und es steht menschlich da. Wir können es nicht anders als mit dem menschlichen Auffassungsvermögen aufnehmen, aber es wird anders, wenn man es zuerst in sich selbst findet. Wahrscheinlich liegt da auch der Unterschied, den du spürst, dass, wenn ich darüber spreche, dass es etwas anderes ist. Das hat damit zu tun, dass es durch den Menschen hindurch gefunden wird und dann erst nach außen sich gestaltet.

Teilnehmer erneut: Ja, die Beobachtung ist, dass du es uns sagst, dann geht es. Durch die Bilder an sich, ohne dass ich mein Denken richtig in Gang setze, werde ich eigentlich zurückgestoßen.

MM: Ja, das ist die Bewusstseinsseele. Das ist das, was ich heute Mittag versucht habe zu sagen, dass die Bewusstseinsseele dies nicht mehr akzeptiert, die will selbst entscheiden und nicht diese göttliche Allmacht akzeptieren, ohne die eigene Stellung darin zu erkennen, ohne die Möglichkeit, zu wählen, wo man stehen will. Also versuchen wir jetzt, das in einer Bewusstseinsseelenart aufzunehmen, aber dann muss man es sich zu *eigen machen*.

Teilnehmerin: Ich wollte noch was sagen: Es ist ja ähnlich wie bei den Märchen, wo man denkt, die Grausamkeit ist schlecht für die Kinder. Aber wenn ich daran denke, dass die Märchen Seelenbilder sind, ist es anders. Wenn ich in mir eine schlechte Eigenschaft entdecke und ich will die raus haben, dann kann ich nicht liebevoll damit umgehen. Wenn ich so ein bisschen lüge und sage: macht ja nichts oder so, das ist nicht der Weg. Mit Schwert und Feuer muss ich sagen: nicht mehr, überhaupt nicht! Man darf mit den eigenen Schwächen keine Nachsicht haben, da muss ich die ganze Härte einsetzen, sonst mache ich immer wieder die gleiche Sache.

MM: Wenn man das nicht zuerst bei sich selbst übt, dann kann man auch nicht akzeptieren, dass es so hart ist, wie es da steht.

Teilnehmerin: Mieke, du hast doch gesagt, dass diese Stadt Babylon ein Bild für die Untugenden ist, mit denen wir selber zu tun haben. Und in diesem Bild und auch im Bild davor tauchte der Begriff auf, dass man das Blut der Heiligen trinkt. Ist das so etwas, wie in unserer Zeit die Menschen es mit der Heiligkeit schwer haben?

MM: Hier wird noch etwas viel Schlimmeres gemeint, und das ist, dass man absichtlich die Heiligkeit verspottet und sogar mit schwarzer Magie wirksam wird. Was hier geschildert wird, das ist der Endpunkt von demjenigen, was wir im Kleinen in uns selbst finden. Aber dann trinkt man wirklich das Blut der Heiligen, bildlich gesprochen, dann ist der Hass auf die Heiligkeit so gewaltig groß, dass man aus dem Töten der Mitmenschen, die das Gute wollen, dann auch die Kraft holt, um reicher zu werden, um Babylon wachsen zu lassen usw. Also man kann es sich kaum schlimm genug vorstellen.

Teilnehmerin erneut: Das ist natürlich schwer in der Selbsterkenntnis zu finden.

MM: Ja doch, im Kleinen ist das schon angelegt.

JM: Vernichtungswille, das ist in jedem Menschen drin. Es ist auch die Kraft des Ich, wenn es gleich nach außen kommt, dann vernichtet es, aber wenn es zum Geist hoch geht, dann wird es zur Freiheit und dann zur Liebe.

Es wurde zum Schluss noch gesungen.

DREIZEHNTE STUNDE

Parpan, 21.05.2018

Wir haben am Freitag den Anfang gemacht mit der Rosenkreuz-
meditation, als Bild für denjenigen Prozess, den der Mensch durchlaufen muss, um letztendlich in das Neue Jerusalem aufgenommen
zu werden. Man kann natürlich sagen, wir haben noch Zeit und das
haben wir natürlich auch. Aber einmal muss dann doch der Anfang
gemacht werden. Und die Apokalypse als Einweihungsinhalt für
das Ich gab uns dann auch die notwendigen moralischen Impulse,
wodurch wir sehen, dass es nicht nur eine technische Denkentwick-
lung ist, oder eine künstlerische Schönheitsentwicklung. Aber dass die
Güte, dass das Gute, die Liebe, dass die entwickelt werden müssen im
Verlauf der Zeit, das ist das Ziel der Erde, Freiheit nach der einen Seite
und Liebe nach der anderen Seite. Und in der Apokalypse wird uns
der ganze Inhalt für die Einweihung gegeben.

Wenn wir das mit den esoterischen Stunden, den Klassenstunden
von Rudolf Steiner, vergleichen wollen, dann könnte man sagen, dass
er 19 Stunden in der ersten Klasse gegeben hat und es war eigentlich vorgesehen, dass in der ersten Klasse noch zwei Unterteile folgen
würden. Da muss man sich natürlich doch vorhalten, dass es Vorbereitung ist, also vergleichbar mit den sieben Sendschreiben und dann
mit der Eröffnung der sieben Siegel.
Und dann war eine zweite Klasse, auch wiederum mit drei Abteilun-
gen vorgesehen. Und das wäre dann das Blasen der Posaunen geworden.
Und dann die dritte Klasse, wo, wenn ich es richtig verstanden habe,
es nicht mehr in der freien Wahl des Geistesschülers liegen sollte, ob
er da mitmacht, aber da musste 'meisterhaft' gewählt werden, könnte
man sagen, dann musste der Schüler gezeigt haben, dass er für diese
höchste Stufe sich bereit und würdig erwiesen hatte. Und das ist
dann das Ende der Apokalypse, wo dieses Ausgießen der Zornesschalen stattfindet und dann letztendlich das vierte, fünfte, sechste und
siebente okkulte Siegel verwirklicht wird.

Das haben wir also nicht bekommen, diese Inhalte, aber wir haben sie in der Apokalypse in einer alten Form, die aber dann doch schon ganz durchchristet ist, und so haben wir sie doch. Es ist fortwährend notwendig, dass wir zu uns selbst sagen: Die Apokalypse ist die Einweihung und die ist in unserer Zeit nicht mehr so, dass sie außerhalb des Ich vollständig stattfinden kann, die Schritte müssen mit dem Ich anfänglich gemacht werden. Und dann später weiß man, wie man das Ich an seiner richtigen Stelle halten kann und dann mit dem Menschensohn, der das erwachte astralische Bewusstsein ist und dem Ätherleib zu der tatsächlichen Hellsichtigkeit kommen kann. Aber zuerst muss in unserer Zeit die Offenbarung im Ich aufgenommen werden. Und so, wie wir im Ich unsere Gedanken formen und wie wir mit dem Ich die Biografie gelebt haben und auch noch immer leben, in einer solchen intimen Art müsste man mit der Apokalypse zusammenleben lernen.

Obwohl es nicht so viele Seiten sind, der Inhalt jedoch so reich ist, hat man dann immer die Schwierigkeit, gehe ich ganz in die Tiefe hier in vier Tagen, da komme ich nicht viel weiter, als vielleicht vier Kapitel, oder ist es notwendig, dass wir zuerst einmal zusammen das Ganze anschauen. Das habe ich dann gewählt, das muss eigentlich wohl, denn sonst haben wir das zusammen auch gar nicht erlebt und vielleicht sind sogar Menschen hier, die die Apokalypse nicht wirklich gelesen haben und worüber sprechen wir dann. Also für mich war es unmittelbar eine Notwendigkeit, den ganzen Inhalt der Apokalypse hier miteinander zu erleben und dann, wie ich schon oft gesagt habe, in der Art, wie wir uns versuchen bewusst zu sein, dass in erster Linie diese Offenbarung auf uns selbst bezogen werden muss und dass wir dann später auch die Möglichkeit haben sie in geschichtlichem oder in kulturellem oder sogar wirtschaftlichem Sinn aufzufassen. Zum beispiel als Geschichtsbuch in spirituellem Sinn für unsere eigene Kulturepoche, die Epoche der Bewusstseinsseele. Dann zieht man eigentlich den ganzen Prozess in einer Kulturepoche zusammen und kann dann anschauen, wie dieser Prozess der Einweihung der Menschheit in jeder Epoche stattfindet und dann die Form annimmt, die mit der Epoche zusammenhängt.

Ich habe gestern auch gesagt, dass wir in unserer Zeit der Bewusst-seinsseele nicht mehr so autoritär angesprochen werden wollen. Wir wollen selbst verstehen, worum es geht und dann auch selbst entschei-den, ob ich das will oder nicht. Wenn ich es einmal einsehe, dann kann ich es auch wirklich selbst wollen. Wenn es mir einfach darge-boten wird als 'du sollst', 'du musst', dann sagt die Bewusstseinsseele: dann mache ich nicht mit. Das ist unsere Zeit, so wollen wir es nicht haben. Und damit müssen wir dann auch rechnen, dass wenn wir ein solches Dokument zu uns nehmen, dass wir es also zuerst in eine Einsicht umwandeln. Und wenn wir die Einsicht einmal haben, dann können wir auch ja sagen.

Ich habe hier und dort so etwas vernommen von einer beginnenden Mutlosigkeit, weil die Aufgabe so gewaltig groß und ja auch überwäl-tigend ist. Das ist natürlich etwas, was geschehen könnte, wenn man einen solchen Inhalt aufnimmt.

Aber andererseits habe ich auch hier und dort vernommen, dass es gerade die Ideale anspricht und dass man gerade durch die Einsicht befeuert wird, um sich so entwickeln zu wollen, dass man letztend-lich eine Säule werden darf im Neuen Jerusalem, die nicht mehr von ihrem Platz entfernt werden kann. Also das könnte auch eine gewaltige Befeuerung sein und man muss dann auch nie kleinmü-tig werden. Deshalb ist auch die Zeitperspektive so wichtig, dass wir sehen, dass wir bedenken, wie lange das Nachatlantische Zeitalter dauert und noch dauern wird. Und wir bedenken dann, dass es noch zwei solche Zeitalter geben wird, bevor dann das Ende der Apokalypse mit dem jüngsten Gericht und das Herabsenken des Neuen Jerusa-lems anbricht, dass das noch so lange Zeit fragt und auch uns Zeit gibt. Ja, dann gibt es eigentlich keinen Anlass, zu verzweifeln. Die Unterschiede zwischen den Menschen sind in Bezug auf diesen Zeita-spekt natürlich sehr gering. Wir sind alle unterwegs und die Entschei-dung wird ganz langsam und gründlich getroffen.

Und wenn ihr zu Hause weiter machen möchtet mit der Apokalypse – ich könnte mir vorstellen, dass man das Feuer bekommt, um täglich weiter zu lesen und zu meditieren, ich sage nicht, dass das sein muss, aber das könnte aufkommen – dann rate ich, eine solche Arbeit und Meditation immer mit der Imagination des Menschensohnes, mit dem ersten Bild anzufangen, denn dieses Bild umfasst das Ganze, Er ist ja das Alpha und das Omega und trägt das Ganze bereits in sich und man durchdringt sich dann mit dem Menschensohn und man muss das als etwas Reales auffassen, nicht als eine unwirksame Idee, aber als eine wachsende Realität. Und darin kann dann die Apokalypse eingebettet werden.

Die Meditation des Rosenkreuzes ist natürlich immer gut und eigentlich immer notwendig, aber für die Apokalypse empfinde ich dieses erste okkulte Siegel als Trost und Schutz auch. Man muss dann nicht das fertige Bild des Siegels vorstellen, sondern anhand des Textes die Imagination bilden.

Man muss das dann sehr detailliert tun. Wir haben es hier natürlich doch wegen der Zeit noch ziemlich schnell gemacht. Aber man sollte das viel detaillierter machen. So wie wir zum Beispiel gestern die Stadt Babylon gesehen haben mit den verschiedenen Teilnehmern, die in der Ferne anschauen, was alles untergeht. Es ist wichtig, dass man das alles als Bild auffasst, denn dieselben Stoffe, die da genannt werden, damit ist dann auch die Braut letztendlich bekleidet. Also die Details sind in Babylon, aber sie sind auch im Neuen Jerusalem. Also es geht nicht um die Stoffe, nicht um die Perlen und die Edelsteine, denn die finden wir im Neuen Jerusalem wieder, aber es geht natürlich darum, wie sie verwendet werden, wie man sie bekommt und wie man Lust daran hat, wie man weiter wieder reich damit wird, usw.

JM: Saint Germain war auch so bekleidet, er trug auf seiner Jacke und sogar auf seinen Schuhen überall Edelsteine …

MM: Ein Mensch wie Saint Germain, der Johannes selbst ist, der kann das machen, denn er zeigt damit die Herrlichkeit und die Pracht der Schöpfung. Aber in Babylon ist es Götzendienst gewesen und Medium für schwarze Magie. Deshalb muss man die Bilder in dieser

Weise auffassen und nicht mit dem gegenständlichen Denken, denn dann geht man ganz falsch.

Teilnehmer: Wir haben ja hier sieben Siegel, die nicht identisch sind mit den Siegeln in der Apokalypse, sondern Zusammenfassungen. Kann man auch diese Bilder, wie eine Abkürzung von dem Inhalt nehmen, oder sollte man besser am Text entlang aufbauen, der ist ja sehr vielfältig, bis ich den kapiert habe und den so ausführlich kenne? Das dauert ein bisschen. Wie würdest du vorschlagen, wie man diese Bilder innerlich in sich aufbaut, die von Clara Rettich ausgeführt wurden, mit Anweisung von Steiner?

MM: Ja, ich würde dann raten, von den da seienden Bildern abzusehen und sich zurück zu fühlen zu den Anweisungen von Rudolf Steiner, die dem zugrunde liegen. Denn es ist eine Auskristallisation einer Person, die künstlerisch begabt war, aber doch ihre Persönlichkeit auch mitgenommen hat, das geht natürlich nicht anders. Das ist das Schwierige bei Bildern, dass sie sehr stark wirksam sind und sich auch stark einprägen können und dann kommt man nicht leicht davon los. Also muss man selbst versuchen, die Bilder innerlich nachzuschaffen und nicht die Fotografie vor Augen zu haben. Man kann sagen, ja, die vier Tiere, die kann man nach Vorbild dieses Bildes so gestalten, aber man soll nicht das genaue Bild vor Augen haben.

Teilnehmer erneut: Aber du würdest vorschlagen, dass man diese Bilder, die Clara Rettich nach Anweisung von Rudolf Steiner gefertigt hat, dass man das zugrunde nimmt, oder die Bilder, wie sie in der Apokalypse literarisch geschildert werden? Oder ist es hilfreicher, das in Bilder zu fassen, was dem zugrunde liegt, was diese Malerin ausgeführt und was Rudolf Steiner gegeben hat? Also ist es besser diese Abkürzungen der Bilder zu nehmen, oder lieber am Text entlang?

MM: Zuerst eine lange Zeit am Text, und dann kann man diese Abkürzungen als Bilder formen. Sonst hat man nicht, worauf es ruht. Und immer mit dem Menschensohn anfangen. Und dann mit dem Ich gestalten, genauso, wie man den Begriff des Kreises denkt. Einerseits tun wir das auf eigene Weise, aber der Inhalt ist doch universell, bei jedem der gleiche. Und so, in diesem Gebiet der Seele müsste man das machen, und dann trotzdem *sehr stark erleben*.

Aber man muss sie nicht auf sich selbst beziehen, das ist es nicht was ich meine, wenn ich sage, dass man sie mit dem Ich formen soll. Man muss die Bilder so formen, wie man auch reine Gedanken formt, vom Bewusstsein aus, dass es der Inhalt des eigenen Ichs ist, der da gegeben wurde. Und da braucht man nicht weiter, wenn man es tut, darüber zu denken. Man soll nur nicht vergessen, dass es nicht um anderes geht, aber um das Ich.

Hilfreich ist dann das sechste Kapitel in der Philosophie der Freiheit, die menschliche Individualität. Es wird ganz deutlich unterschieden, was das Denken ist und was das Fühlen ist und wie die beiden miteinander zusammenhängen. Und das gipfelt dann in der Einsicht, dass diejenige Individualität am höchsten entwickelt ist, die ganz ideal, in Idealen, in der Idee denken kann und die Gefühle mitnehmen kann in diese Höhe. Das wird wunderbar deutlich dargestellt. Und das kann man dann auch wiederum mitfühlen, dass es das Gewöhnliche ist, dass man mit einer ganzen Menge von Gefühlen dem Inhalt begegnet und dann seine Gefühle über die Inhalte ausbreitet. Das soll es nicht sein. Zuerst gibt es die Idee und dann wird das Bild ganz aktiv ohne eigene Gefühle gestaltet, aber die Gefühle müssen dann dieses gestalten und den Wert des Gestaltens fühlen. Und das nenne ich dann *erleben*. Das kann nicht stark genug sein. Aber man muss sie nicht zuvor schon haben, das heißt ein Vorurteil, wenn man das hat.

Teilnehmerin: Zuhause heißt das, ich nehme jedes Bild nacheinander …?

MM: Du könntest auch die Bilder, das sind Hauptbilder, okkulte Hauptbilder, die Siegel meditieren und nur das aus der Apokalypse holen und für die Meditation verwenden. Aber um wirklich zu Hause anzukommen, in dieser Apokalypse, ist es dann doch wertvoll oder

176

sogar notwendig, um das ganz auszuschöpfen, weil man weiß, dass jedes Bild zählt und man könnte auch sagen, jedes Wort zählt. Aber wir haben die Worte natürlich nicht ganz exakt, dann müssten wir die ursprüngliche Sprache lernen und jede Übersetzung hat natürlich Fehler. Aber die Bilder kann man doch ganz genau formen, ja. Und das ist an sich eine, wenn man es technisch anschaut, wunderbare Übung für die Imagination. Da lernt man die Bedeutungen in Bildern zu denken.

Teilnehmer: Eine Frage, wie man das machen muss, ... ob man seinen eigenen Rhythmus haben kann, ob man da auch vorgreifen kann? Es gibt ja manche, die sind eben für die Inspiration und manche vielleicht auch mehr für die Intuition begabt. Kann man zum Beispiel mit den Posaunen anfangen?

MM: Man kann machen, was man will und meint, was richtig ist. Aber Grundlage muss immer die Apokalypse bleiben, so wie sie gegeben wurde.

Gestern Mittag haben wir am Ende des 18. Kapitels, Vers 21 über den Untergang von Babylon gehört. Da wird gesagt:

Und ein starker Engel hob einen Stein, groß wie ein Mühlstein, in die Höhe und warf ihn ins Meer und sprach:

So, mit solcher Wucht, wird Babylon, die große Stadt, weggeschleudert werden, und sie wird nicht mehr zu finden sein. Und keinen Klang von Harfenspielern, von Sängern, von Flöten- und Posaunenbläsern wird man in deinen Mauern mehr hören, und keinen Meister, der sich auf irgendeine Kunst versteht, wird man mehr antreffen, und kein Geräusch eines Mühlsteins wird man mehr hören. Und kein Licht einer Lampe wird mehr scheinen, und kein Lied von Bräutigam und Braut wird man mehr hören. Denn deine Kaufleute waren die Großen der Erde; durch deine Zauberkünste ließen sich verführen alle Völker. Und in ihren Mauern fand man das Blut der Propheten und Heiligen und aller, die hingeschlachtet wurden auf Erden.

Und dann kommt das Halleluja:

Danach hörte ich etwas, das klang wie ein vielstimmiger Chor im Himmel:

Halleluja! Das Heil und die Herrlichkeit und die Macht sind in der Hand unseres Gottes.

Denn voller Wahrheit und Gerechtigkeit ist sein Urteil: Er hat gerichtet die große Hure, die die Erde verdarb mit ihrer Unzucht, und gerächt an ihr das Blut seiner Knechte. Und ein zweites Mal riefen sie:

Halleluja!

Und ihr Rauch steigt auf in alle Ewigkeit. Und die vierundzwanzig Ältesten und die vier Wesen fielen nieder und beugten ihre Knie vor Gott, der auf dem Thron sitzt, und sprachen:

Amen. Halleluja!

Und eine Stimme kam vom Thron her und sprach:

Lobsingt unserem Gott, ihr alle, die ihr seine Knechte seid, und die ihn fürchten, die Kleinen und die Großen!

Da hörte ich etwas, das klang wie ein vielstimmiger Chor und wie das Rauschen vieler Wasser und wie das Dröhnen eines gewaltigen Donnerschlags:

Halleluja! König geworden ist der Herr, unser Gott, der Herrscher über das All. Lasst uns fröhlich sein und frohlocken und ihm die Ehre geben! Denn gekommen ist die Hochzeit des Lammes, und seine Braut hat sich schön gemacht.
Und sie durfte sich kleiden in leuchtend weißes, reines Leinen – das Leinen, das sind die gerechten Taten der Heiligen. Und er sagt zu mir: Schreib! Selig, die zum Hochzeitsmahl des Lammes geladen sind! Und er sagt zu mir: Diese Worte sind die wahrhaftigen Worte Gottes. Und ich warf mich zu seinen Füßen, ihn anzubeten. Er aber sagt zu mir: Nicht doch! Dein Mitknecht bin ich und der deiner Brüder, die Zeugnis ablegen für Jesus. Vor Gott beuge deine

Knie! Denn im Zeugnis für Jesus äußert sich der Geist der Prophetie. Und ich sah den Himmel offen stehen, und siehe: Ein weißes Pferd, und der auf ihm sitzt, heißt ‹Treu› und ‹Wahrhaftig›, und er richtet und kämpft in Gerechtigkeit. Seine Augen sind wie Feuerflammen, und auf seinem Haupt trägt er viele Diademe; auf ihm steht ein Name geschrieben, den niemand kennt als er allein. Und bekleidet ist er mit einem Mantel, der in Blut getaucht ist, und sein Name lautet ‹Wort Gottes›. Und die himmlischen Heere folgten ihm auf weißen Pferden, in weißes, reines Leinen gehüllt. Und aus seinem Mund kommt ein scharfes Schwert hervor, mit dem er die Völker schlagen soll; und er wird sie weiden mit eisernem Stab. Er selbst tritt die Kelter des Weines des grimmigen Zornes Gottes, des Herrschers über das All, und auf seinem Mantel und seiner Hüfte steht der Name geschrieben: König der Könige und Herr der Herren.

Und ich sah einen Engel in der Sonne stehen, und der rief mit lauter Stimme allen Vögeln, die hoch oben am Himmel flogen, zu: Kommt, versammelt euch zum großen Gastmahl Gottes! Fresst das Fleisch von Königen, das Fleisch von Feldherren, das Fleisch von Starken und das Fleisch von Pferden und ihren Reitern, fresst das Fleisch von allen, von Freien und Sklaven, von Kleinen und Großen!

Und ich sah das Tier und die Könige der Erde und ihre Heere versammelt, Krieg zu führen gegen den, der auf dem Pferd sitzt, und gegen sein Heer. Und das Tier wurde überwältigt und mit ihm der falsche Prophet, der die Zeichen vor ihm getan und durch sie alle in die Irre geführt hatte, die das Mal des Tieres empfangen und ihre Knie gebeugt hatten vor seinem Bild. Bei lebendigem Leib wurden die beiden in den Feuersee geworfen, der im Schwefel brennt. Die anderen wurden getötet durch das Schwert dessen, der auf dem Pferd sitzt, durch das Schwert, das aus seinem Mund hervorkommt; und alle Vögel fraßen sich satt an ihrem Fleisch.

Versuchen wir dieses Bild intensiv zu gestalten, zuerst soweit wir das können mit demjenigen, was wir jetzt aus der Erinnerung behalten haben, dann werde ich es in zweiter Linie noch mal vorlesen.

-Es wird meditiert.

179

Gestalten wir das Bild noch einmal.

-Es wird meditiert.

Gut, dann gehen wir nach der Pause zu dem Kapitel, das uns das Bild von dem tausendjährigen Friedensreich gibt und dann den letzten Ansturm und die Vernichtung des Satans und seiner Scharen.

VIERZEHNTE STUNDE

Parpan, 21.05.2018

Und ich sah einen Engel aus dem Himmel herabsteigen, der hatte den Schlüssel zum Abgrund und eine große Kette in der Hand. Und er packte den Drachen, die alte Schlange – das ist der Teufel oder der Satan – und legte ihn in Fesseln für tausend Jahre. Und er warf ihn in den Abgrund, den er verschloss und versiegelte, damit er die Völker nicht mehr verführe, bis die tausend Jahre vollendet sind. Danach muss er für kurze Zeit wieder freigelassen werden.

Und das ist dann das sechste Bild, das wir haben.

Und ich sah Throne, und sie setzten sich darauf, und sie wurden beauftragt, Gericht zu halten. Und ich sah die Seelen derer, die enthauptet worden waren, weil sie am Zeugnis für Jesus und am Wort Gottes festgehalten hatten, und jener, die sich geweigert hatten, das Tier und sein Bild anzubeten und sich das Zeichen auf Stirn und Hand machen zu lassen. Sie wurden lebendig und herrschten mit Christus, tausend Jahre lang. Die anderen Toten wurden nicht lebendig, bis die tausend Jahre vollendet waren. Dies ist die erste Auferstehung. Selig und heilig, wer teilhat an der ersten Auferstehung! Über sie hat der zweite Tod keine Macht, sondern sie werden Priester und Priesterinnen Gottes und Christi sein und mit ihm herrschen, tausend Jahre lang.

Zuerst wieder versuchen, aus der Erinnerung dieses Bild hervorzubringen.

-Es wird meditiert.

MM: Es ist nicht so schlimm, dass wir uns viel Mühe machen müssen, um die Inhalte zu erinnern, denn die Kraft der Erinnerung ist an sich auch sehr wichtig, denn dadurch wird die Aufmerksamkeit viel stärker, jedes Mal, wenn man das wiederholt, gibt man mehr Acht.

Deshalb sage ich: zuerst aus der Erinnerung, damit es nicht solche

181

fertigen Bilder sind, die einfach wieder auftauchen. Aber vielleicht ist das Wort Erinnerung noch nicht deutlich genug. Es muss eigentlich aus der Erinnerung geschöpft werden. Also nicht vorgestellt. Hier ist dies Ich-Tätigkeit, die hängt damit zusammen, dass man es wieder ganz neu gestaltet. So wie man es tun würde, wenn man es selbst aufschreiben würde. Aber es geht nicht um das Schreiben, sondern um dasjenige, was das Schreiben begleitet, oder was Anlass für das Schreiben ist. Das Ich bringt das Bild fortwährend hervor, lässt es nicht zu einer Vorstellung werden, denn dann ist man nicht mehr drin.

Man kann hier auch erleben, dass diese Bilder noch in einer ganz anderen Art gegeben werden, als was in unserer Zeit möglich ist, so wie wir es in der Anthroposophie kennenlernen. Im Anfang habe ich da viel Rätselhaftes erlebt, weil Rudolf Steiner sagt, dass das Denken ein Denken in Worten und Begriffen ist, dass es jedoch wiederum ein Denken in Bilder werden muss. Aber wenn man dann seine Vorträge und Bücher liest, dann sagt er, dass er Bilder gibt, aber er gibt eigentlich Begriffe, oder Geschehen, oder beschriebenes Geschehen. Das Bild muss man dann wirklich selbst formen, und das ist im Anfang schon schwierig. Hier sind die Bilder gegeben, und kann man sie nachformen. Das tut Rudolf Steiner nicht. Es ist ganz, ganz selten, dass er das tut. Meistens ist es so, dass zuerst der Begriffszusammenhang gegeben wird, und darin liegt dann eigentlich die Aufforderung, das so zu denken, dass es nicht mehr Gedanke bleibt, nicht mehr Wortgedanke, sondern, dass es Bilder werden. Und das ist gerade hier in diesem Stück für mich sehr deutlich. Das Bild wurde schon gegeben. Und wenn wir zum Beispiel die Geheimwissenschaft ins Bewusstsein rufen, dann fühlen wir den Unterschied.

Ich will damit nur sagen, dass wir wirklich in einer anderen Zeit leben und dass die Mysterienweisheit jetzt in einer anderen Gedankensprache gegeben werden kann, die dann auch mit der Bewusstseinsseele übereinstimmt. Und bei diesen Bildern müssen wir die Inspiration haben, um zu dem lebendigen Begriffsinhalt zu bekommen.

182

Es ist natürlich doch wirklich eine wunderbare Übung für die Imagination. Und wenn man das mit der in unserer Zeit gegebenen gedanklichen Tätigkeit macht, also mit derjenigen Tätigkeit, womit man sonst seine Begriffe formt, dann formt man jetzt diese Bilder. Und in dem Formen wirkt die Inspiration. Also die ist eigentlich bei dem Bilden schon da. Aber die Begriffe kommen dann nicht als Antworten auf, auf konkrete Bedeutungsfragen, aber die kommen in der Gestaltung mit. Und das finden wir in erster Linie nicht so angenehm. Man will einfach wissen, was wird hier nun eigentlich gemeint. Aber das steht in dem Bild drin und man kann es herausbekommen, dadurch, dass man mit der reinen Gedankentätigkeit Bilder denkt.

Teilnehmerin: Das Erste ist eine Ahnung.

MM: Ja, das Erste ist eine Ahnung. Aber das hängt damit zusammen, dass diese Art von Verstehen noch geübt werden muss. Und trotzdem tut man es eigentlich fortwährend, auch im Alltag. Wenn wir sinnlich anschauen, dann haben wir auch direkt in der sinnlichen Anschauung das Wissen schon drin. Nur, wenn wir mehr wissen wollen, als was unmittelbar gegeben ist, dann muss man nachdenken, oder Wissenschaftler werden. Aber primär ist das Wissen schon gegeben. Das ist hier auch so, aber wir sind nicht daran gewöhnt, auch nicht darin geübt, so stark die Bilder zu gestalten, dass in der Gestaltung die Antworten zu finden sind. Aber die sind da, man braucht dazu gar nicht mehr zu tun, als sie so intensiv wie möglich zu gestalten.

Wenn zum Beispiel gesagt wird: *Und ich sah einen Engel aus dem Himmel herabsteigen, der hatte den Schlüssel zum Abgrund und eine große Kette in der Hand. Und er packte den Drachen, die alte Schlange – das ist der Teufel oder der Satan -, und legte ihn in Fesseln für tausend Jahre. Und er warf ihn in den Abgrund, den er verschloss und versiegelte, damit er die Völker nicht mehr verführe, bis die tausend Jahre vollendet sind. Danach muss er für kurze Zeit wieder freigelassen werden.*

Dann ist es so, dass man gewöhnlicher Weise sich selbst beim Lesen zuhört und man weiß dann, was da steht. Ob man dann versteht, was da steht, oder tiefere Einblicke hat, das ist noch etwas anderes, aber man kann es nachsagen, wenn man es sich gut gemerkt hat. Das ist also die gewöhnliche Haltung beim Lesen. Aber jetzt sagen wir, nun bilden wir das ganz intensiv, diese Gegebenheiten und dann wird tausend Jahre der Übergang, der liegt zwischen dem physisch-irdischen Formzustand und dem astralischen Formzustand. Das liegt in diesen tausend Jahren darin. Also, man wird dahin bewogen, mehr oder weniger. Alles, was zuvor zu erleben war, hat man dann natürlich auch so erlebt. Wenn man es nur mit einem Satz macht, dann geschieht selbstverständlich nichts. Aber wenn die Apokalypse zu einem Geschehen geworden ist, in Bildern, dann ist man durch dieses Geschehen bis an den äußersten Rand der Grenze von der irdischen Existenz gebracht, so wie sie uns jetzt bekannt ist. Und in diesen Tausend Jahren liegt der Übergang zu einem Zustand, wo die Erde nicht mehr in ihrem physischen Formzustand sein wird, aber in ihrem astralischen Formzustand, wir sind dahin bewogen worden, so meine ich es. Da wird eigentlich jedes Wort bedeutsam, es sitzt Bewegung drin und es ist nicht so, dass es einfach abgedruckt vor uns steht und wir das nachsagen können. Das ist das gewöhnliche, gegenständliche Erkennen. Wenn wir Bilder formen, dann versuchen wir in die Imagination hineinzukommen. Die sind hier gegeben, die Imaginationen. Und wenn wir sie intensiv nachbilden, dann fangen sie an ihre Bedeutung in uns zu, man kann nicht sagen, gewöhnlich zu sprechen, denn man hört nicht, dass es da steht, aber es steht da. Es wird einfach lebendig, es wird ein Geschehen. Und man bekommt dann das Bild von den Thronen, worauf die Wesenheiten sich setzen und es wird ein Gericht gehalten und es gibt Seelen, die gestorben sind und es gibt Völker, die noch lebendig sind, die noch da sind. Und die Gestorbenen, die sind unterteilt in Seelen, die enthauptet worden sind, um des Zeugnisses von Jesus und des Wortes Gottes Willen, *und die das Tier nicht angebetet hatten, noch sein Bild noch das Malzeichen weder auf ihrer Stirn, noch auf ihrer Hand angenommen hatten,* die stehen wieder auf aus dem Tod. Die nicht so gelebt haben, die stehen nicht auf aus dem Tod, aber es gibt auch noch Völker, die inzwischen auch noch lebendig sind.

184

Wenn man das so ausgestaltend bildet, gestaltend denkt, fühlt man, das ist Bild für ein Geschehen. Und wenn man es wörtlich, buchstäblich nimmt, dann muss man sagen, Johannes sieht den Tod als etwas Einmaliges. Er sieht den physischen Tod und sieht am Ende des physischen Daseins, des physischen Formzustands der Erde noch leibliche Völker. So könnte man es eigentlich hieraus aufnehmen. Man muss das jedoch viel mehr in Bewegung halten, um nicht zu festen Aussagen zu kommen, woraus man dann sagen kann, siehst du, Johannes der Apokalyptiker der hat nicht an Reinkarnation geglaubt, das kann man hier deutlich sehen. Menschen, die sich an Christus gehalten haben, die sind dann gestorben, sind tot geblieben, bis zu diesem Augenblick, dann stehen sie auf und die anderen, die sich nicht an Christus gehalten haben, die werden nicht auferweckt. Und es gibt natürlich noch Menschen, die noch auf der Erde herumgehen. Das steht da, aber es steht auch was anderes da, das kommt dann heraus, wenn man sich nicht durch die gegenständliche Bedeutung beirren lässt, sondern, wenn man mit dem tätigen Denken die Bilder gestaltet und dann kommen sie zu viel größerer Intensität und Bedeutung und dann wird man das so nicht mehr sagen.

Teilnehmer: Ich habe stark den Eindruck, dass das Gefühl eigentlich dazukommt. Kann man es dann denkend fühlen, was imaginieren ist? Denn ich denke nur, was da steht, stelle es mir vielleicht mehr übersichtlich vor, kann es mir dann mehr detailliert vorstellen, aber dann kann ich auch noch das Gefühl dazu nehmen und dann wird es mehr imaginativ, dann wird es wirklich ein Geschehen.

MM: Ja, wenn du es so auslegen möchtest, dann müsste man sagen, dass der Wille in das Denken, aber dann in das bildende Denken, gebracht wird und dass die Bedeutung mit dem Gefühl gelesen wird.

Doch wenn die tausend Jahre vorüber sind, wird der Satan freigelassen werden aus seinem Gefängnis, und er wird ausziehen, die Völker zu verführen, die an den vier Enden der Erde wohnen – den Gog und den Magog -, um sie zu sammeln zum Krieg, eine Schar, so zahlreich wie der Sand am Meer. Und sie kamen heraufgezogen auf die Ebene der Erde und umstellten das Lager der

Heiligen und die geliebte Stadt. Da fiel Feuer vom Himmel und verzehrte sie. Und der Teufel, der sie verführte, wurde in den Feuer- und Schwefelsee geworfen, wo auch das Tier und der falsche Prophet sind. Und sie werden gepeinigt werden Tag und Nacht, in alle Ewigkeit.

Versuchen wir das wieder aus der Erinnerung zu bilden.

-Es wird meditiert.

Und ich sah einen großen weißen Thron und den, der darauf saß. Und vor seinem Angesicht flohen die Erde und der Himmel und es fand sich keine Stätte mehr für sie. Und ich sah die Toten, die großen und die kleinen vordem Thron stehen und es wurden Bücher geöffnet. Und ein anderes Buch wurde geöffnet, das das Buch des Lebens ist. Und die Toten wurden gerichtet aufgrund dessen, was in den Büchern geschrieben war nach ihren Werken. Und das Meer gab seine Toten wieder und der Tod und das Totenreich gaben ihre Toten wieder und sie wurden gerichtet, jeder nach seinen Werken. Und der Tod und das Totenreich wurden in den Feuersee geworfen. Dies ist der zweite Tod, der Feuersee. Und wenn jemand nicht im Buch des Lebens aufgezeichnet gefunden wurden, so wurde er in den Feuersee geworfen.

-Es wird meditiert.

Dieses Bild hat ja viele Maler inspiriert, das Jüngste Gericht.
Gut, dann singen wir noch, und dann finden wir uns um 15 Uhr in der Kirche wieder zusammen. Und dann heute Mittag das Neue Jerusalem.

186

FÜNFZEHNTE UND SECHZEHNTE STUNDE

Parpan, 21.05.2018

Rudolf Steiner, Vorträge und Kurse über christlich religiöses Wirken, Band 5 über die Apokalypse:

In der hebräischen Geheimlehre zeigt man das folgende: Die Seelen kommen aus der geistigen Welt. Diese Seelen, die aus der geistigen Welt kommen, umkleiden sich mit dem, was von der Erde kommt; und wenn die Seelen sich äußerlich, für die alleräußerlichsten Verrichtungen des Geistes Häuser bauen, so entstehen Städte. Wenn sie aber die inneren Verrichtungen der menschlichen Seele umhüllen, so entsteht eben der menschliche Leib aus den Bausteinen der Erde. Es floß der Begriff des äußeren Wohnstättenbauens mit dem Begriff des eigenen Leibbauens zusammen. Und das war ja ein schönes, ein wunderbar schönes Bild, weil es sachlich begründet ist, daß man ein Haus als dasjenige ansah, in dem sozusagen das Verbreiten und Fortsetzen der Taten und Seelenvorgänge, Seelenfunktionen, seine Umhüllung findet, und daß man in dem äußeren Haus sozusagen die Hülle dafür sah. Man hatte diese wunderschöne Vorstellung: Wenn ich für mein äußeres Tun ein Haus aus Erdenmaterie auferbaue, so ist die Hausmauer, das ganze Haus, eine Hülle für das, was ich tue. Das ist nur eine erweiterte, ich möchte sagen, eine verhärtete, sklerotisierte Fortsetzung dessen, was der Mensch sich als erstes Haus gebaut hat, denn als erstes Haus baut sich der Mensch ein Haus für die inneren Verrichtungen der Seele, und das ist sein Körper. Und wenn er nun seinen Körper als Haus hat, so baut er sich ein zweites Haus, das nun eben aus den Ingredienzien der Erde gebaut wird. Es war eine ganz gang und gäbe Vorstellung, daß man den Körper wirklich als Haus ansah und dieses Haus sozusagen als die Hülle, die der Mensch sich anzieht hier in der physischen Erdenwelt. Daher sah man das, was aus dem Seelenbildenden hervorgeht, an als ein Häuserbauen der Menschen.

Es war ja in älteren Zeiten der Mensch wirklich auch äußerlich stark zusammengewachsen mit dem, was sein Haus war und dergleichen. Wir

187

wollen es zeichnen: Hier hat er seinen Körper mit der Haut. Und würde er jetzt im Verlauf seines Lebens noch eine andere Haut kriegen für die äußerliche Wirksamkeit der Seele, so wäre das wie ein Zelt, nur wächst das Zelt nicht von selber, sondern der Mensch macht es sich.

Nun hat man gerade in der hebräischen Geheimlehre dieses Zusammenfließen im Beherrschen des Irdischen und im Aufnehmen der irdischen Ingredienzien zur menschlichen Entwickelung auf eine ganz bestimmte Art angesehen. Sehen Sie, in bezug auf das Physische wird man zugeben: Die Erde ist so eingerichtet, daß sie einen Nordpol hat, daß sich dort gewissermaßen die Kälte sammelt; und man kann äußerlich physisch-geographisch aus der Natur der Erde diesen Nordpol beschreiben und ihn als etwas Wesentliches der Erde ansehen. Die hebräische Geheimlehre hat das auch mit dem gemacht, was an seelischer Tätigkeit in den Kräften der Erde steckt, und sah nun - wie im Sinne eines geogra-phischen Nordpols - den Pol auf der Erde, wo alles zusammenfließt an Kultur, wo also die Versammlung der vollkommensten Häuser ist, und das sah sie in Jerusalem, in der ganz konkreten Stadt Jerusalem. Das war der Pol für die Konzentrierung der äußeren Kultur um die Menschenseele herum, und die Krönung dieser Stadt war der Salomonische Tempel.

Nun fühlte man, daß dies in der Evolution der Erde erschöpft ist. Diejenigen, die etwas von der hebräischen Geheimlehre verstanden, die sahen in dem, was auf das Mysterium von Golgatha folgte, in der Zerstörung Jerusalems, nicht ein äußeres Ereignis, das durch die Römer bewirkt wurde. Die Römer waren nur die Handlanger der geistigen Mächte, die das ausführten, was ganz im Plan der geistigen Mächte war. Denn, so stellten sie es sich vor: Diese alte Art, von der Erde aus die Ingredienzien zu suchen, um den Menschenleib als Haus zu erbauen, ist erschöpft. Indem Jerusalem zu seiner Größe gekommen ist, ist alles das erschöpft, was von der Erde aus an Substanz, an Materialität verwendet werden konnte, um den Menschenleib als Haus zu erbauen.

In das Christliche umgesetzt, bedeutet diese hebräische Geheimlehre: Wäre das Mysterium von Golgatha nicht geschehen, so wäre dennoch die Zerstörung Jerusalems gekommen. Aber es wäre nicht hineingelegt worden

188

in diesen Untergang des mit Hilfe der Erde schaffenden Menschenwesens dasjenige, was Neugestaltung werden kann. Gewissermaßen der Keim zu einer völligen Neugestaltung ist in das Jerusalem hineingelegt, das zum Untergang bestimmt war. Die Mutter Erde erstirbt in Jerusalem. Die Tochter Erde lebt in der Erwartung eines anderen Keimes. Da werden dann nicht mehr durch Heranziehen der Ingredienzien aus der Erde die Leiber gebaut und die Häuser des alten Jerusalem, das dastand als die Krönung desjenigen, was auf der Erde vor sich geht, sondern die Erde erhebt sich als ein geistiger Pol des alten Jerusalem. Nicht mehr wird man imstande sein, aus den Ingredienzien der Erde heraus so etwas zustande zu bringen wie das alte Jerusalem. Dafür tritt aber die andere Zeit ein, die im Keime veranlagt wurde durch das Mysterium von Golgatha. Die Menschen bekommen nun von oben herunter das, was ihr Inneres umhüllt (Tafel 7), mehr von außen. Die neue Stadt senkt sich von oben herunter und gießt sich über die Erde aus: das neue Jerusalem. Das alte Jerusalem war aus der Erde und ihren Stoffen, das neue Jerusalem ist aus dem Himmel und seinen geistigen Ingredienzien.

Sie werden eine solche Vorstellung zunächst merkwürdig finden gegenüber alle dem, was in unserer Zeit gedacht wird und was Sie eben lernen konnten aus dem, was in unserer Zeit gedacht wird. Wie stellt man sich denn in unserer Zeit anatomisch-physiologisch den Menschen in seiner Entwickelung vor? Er ißt, er bekommt Stoffe der Nahrung in seinen Magen, er verdaut sie, wirft gewisse Stoffe ab und ersetzt das, was ersetzt werden muß, durch die Stoffe, die er aufnimmt.

So ist es aber nicht, sondern der Mensch ist ein dreigliedriges Wesen, er ist Nerven-Sinnes-Mensch, er ist rhythmischer Mensch und er ist Stoffwechsel-Gliedmaßen-Mensch. In den eigentlichen Stoffwechsel-Gliedmaßen-Menschen geht substantiell gar nichts von dem hinein, was in den Nahrungsmitteln liegt, sondern das nimmt alles der Nerven-Sinnes-Mensch auf. Der Nerven-Sinnes-Mensch nimmt das auf, was gebraucht wird an Salzen und an solchen Stoffen, die immer fein verteilt sind in Luft und Licht, und leitet es in den Stoffwechsel-Gliedmaßen-Menschen. Der Stoffwechsel-Gliedmaßen-Mensch wird ganz von oben herunter genährt. Es ist gar nicht wahr, daß er aus den physischen Nahrungsmitteln seine Subs-

189

tanzen erhält. Wenn Substantielles von der Erde in den Stoffwechsel-Gliedmaßen-Menschen kommt, so ist schon die Krankheit da. Alles, was durch die Nahrung aufgenommen und was verdaut wird, alles das versorgt nur die Organe des Nerven-Sinnes-Menschen. Gerade der Kopf ist dasjenige, was substanziell von der Erde aus gebildet wird. Die Organe des Stoffwechsel-Gliedmaßen-Menschen hingegen sind vom Himmel aus gebildet. Das, was im rhythmischen Menschen ist, hat eine nach beiden Seiten hin gehende ausgleichende Bedeutung. Der Mensch ißt nicht den Sauerstoff der Luft, sondern er atmet ihn ein. Es ist eine gröbere Art, wie der Mensch durch sein Nerven-Sinnes-System Substantielles aufnimmt, als für den Stoffwechsel-Gliedmaßen-Menschen. Eine ungeheuer verfeinerte Atmung ist es, wodurch der Mensch das aufnimmt, was er für den Stoffwechsel-Gliedmaßen-Menschen braucht. Die Atmung ist demgegenüber etwas Gröberes. Und was der Mensch mit dem Sauerstoff macht - Kohlensäure erzeugen -, das ist wiederum etwas Feineres gegenüber dem, was geschieht, damit die Nahrungsmittel, die durch den Magen gehen, den Kopf versorgen können. Der Übergang ist im rhythmischen Menschen.

Das ist die Wahrheit über den Bau des menschlichen Organismus und seine Prozesse. Was heute gelehrt wird in Anatomie und Physiologie, ist vor dem Antlitz der Wahrheit nur ein Unsinn, herbeigeführt durch die materialistische Anschauung. In dem Augenblick, wo man so etwas weiß, weiß man, daß nicht nur das, was den menschlichen Körper aufbaut, von unten herauf kommt, vom Pflanzen-, Mineral- und Tierreich der Erde, sondern daß das, was gerade seine oftmals als die gröbsten angesehenen Organe ernährt, das von oben Kommende ist. Da wird man sich vor allem klar vorstellen können, daß eine Art Überschuß in der Ernährung von unten da war bis zu der Zeit, wo Jerusalem zugrunde ging. Dann beginnt wirklich mit dem Mysterium von Golgatha allmählich das wichtig zu werden, was von oben kommt.

Wenn auch die Menschen in der genannten Art diese Tatsachen verkehrt haben, heute wird zunächst die Entwickelung so vollzogen, daß in vieler Beziehung an die Stelle der alten Ernährung von unten die Ernährung von oben die Hauptsache bildet. Damit wird auch der Mensch umgebildet. Unser Kopf gleicht nicht mehr den Köpfen der Alten. Die Köpfe

der Alten waren vielmehr so gebildet, daß sie eine etwas weiter zurück-
gehende Stirne hatten (Tafel 7). Die heutige Stirn des Menschen ist her-
vortretend, das äußere Gehirn ist wichtiger geworden. Das ist schon die
Umgestaltung, denn gerade das, was da wichtiger wird im Gehirn, ist den
Verdauungsorganen ähnlicher als das, was darunter liegt. Das periphe-
rische Gehirn wird den Verdauungsorganen des Menschen ähnlicher als
die feinen Gewebe des mittleren Gehirns, das heißt, die Fortsetzung der
Sinnesnerven weiter gegen den Mittelpunkt des Kopfes hin. Denn gerade
das, was Organ des Stoffwechsels ist, wird von oben ernährt.

Diese Dinge kann man bis ins einzelnste wirklich einsehen, wenn man
den Willen hat, gegenüber gewissen Dingen so zu reden, wie der Apokalyptiker sagt: Hier ist Weisheit. - Nur ist in unserer gewöhnlichen Erkenntnis, die heute unter den Menschen lebt und webt, nicht Weisheit,
sondern Finsternis. Das, was man heute Ergebnisse der Wissenschaft
nennt, ist durchaus Ergebnis des Kaliyuga, der äußersten Verfinsterung
der menschlichen Mentalität. Man sollte das als ein Geheimnis betrachten
und es nicht auf die Straße tragen, denn das Esoterische besteht darin, daß
es eben in einem gewissen Kreis bleibt.

Sehen Sie, das hat schon begonnen seit dem Mysterium von Golgatha,
dieses Heranwachsen des neuen Jerusalem. Der Mensch wird, wenn seine
Erdenzeit völlig erfüllt ist, dazu gekommen sein, daß er nicht nur durch
seine Sinne in seinen eigenen Leib die Himmelssubstanz hineinarbei-
tet, sondern daß er diese Himmelssubstanz durch das, was man geistiges
Wissen und Kunst nennt, auch ausdehnt auf das, was dann die äußere
Stadt sein wird, auf die Fortsetzung des Leibes in dem Sinne, wie ich das
auseinandergesetzt habe. Das alte Jerusalem war von unten nach oben
gebaut, das neue Jerusalem wird von oben nach unten ganz wirklich
gebaut sein. Das ist die gewaltige Perspektive, die aus einer Vision, aus
einer überkolossalen Vision des Apokalyptikers aufgegangen ist. Ihm geht
dieses Gewaltige auf: Da steigt alles, was die Menschen bauen konnten,
aus dem Erdboden auf nach oben, und das konzentrierte sich in dem alten
Jerusalem. Das hat nun ein Ende. Er sah dieses Aufsteigen und dieses Ab-
schmelzen in dem alten Jerusalem und er sah die Menschenstadt des neuen
Jerusalem herabkommen von oben, von den geistigen Welten.

Das ist die moderne geisteswissenschaftliche Beschreibung von dem Neuen Jerusalem. Und wenn wir das nochmal in Gedanken wiederholen, dann müssen wir also sagen, dass man das so empfunden hat, und so angeschaut hat, dass die menschliche Seele, die aus der geistigen Welt in den physischen Leib hinuntersteigt, dass sie diesen physischen Leib mehr oder weniger um sich herum aufbaut. Also er nimmt von den Stoffen der Erde und baut sich seinen physischen Leib als Haus für seine Seele. Aber dabei bleibt es nicht, er will auch für seine äußerlichen Verrichtungen Häuser haben. Also, er baut sich nicht nur seinen Leib, aber er baut auch äußerliche Häuser. Und all diese äußerlichen Häuser zusammen bilden eine Stadt.

Und in der hebräischen Stadt fühlte sich das so an, dass alles, was im innerlichen und äußerlichen Sinn Bedeutung auf Erden hat, seinen Konzentrationspunkt in der Stadt Jerusalem hat. Also das ist das erste Bild, das Rudolf Steiner hier gibt. Und hier haben wir so ein Beispiel für ein Bild, das in der neuen Geisteswissenschaft Bild ist, aber das mit Begriff durchzogen ist. Man versteht, was mit dem Bild des alten und neuen Jerusalem gemeint wird.

Dann hat man die Zerstörung von Jerusalem so aufgefasst, dass die Kräfte und Stoffe, die die Erde zur Verfügung stellt für den menschlichen Leib und für das Bauen von Häusern, dass diese Kräfte und Stoffe allmählich erschöpft sind. Der Aufbau von Leib und Stadt kann jetzt nicht mehr durch die Erde geliefert werden. Und da hat man die Vision gehabt, Johannes hat die Vision gehabt, dass dies sich ganz verwandeln wird und dass immer mehr und mehr nicht die Kräfte aus der Erde und die Stoffe aus der Erde die Leiber und die Häuser bauen werden, sondern, dass es die himmlischen Substanzen und die geistigen und künstlerischen Substanzen sein werden, die Leib und Haus bilden werden.

Und dann gibt Rudolf Steiner seine menschenkundliche Weisheit und sagt: wenn man den Menschen mit dem übersinnlichen Blick anschaut, dann sieht man, dass was der Mensch an äußerlichen Stoffen aus der Erde als Ernährung, als Nahrung hat, dass das alles gar nicht seinen Stoffwechsel und seine Organe nährt, sondern dass das Allerfeinste, was darin vorhanden ist, aufgenommen wird, und dass das zu dem Gehirn emporgeschickt wird und das Gehirn aufbaut. Das kann man auch in einem Bild sehen, dass eigentlich alles, was nicht feine Mineralien sind, was Kohlenhydrate sind und Fette und Eiweiß, mehr oder weniger abfällt, überflüssig ist und dass es eigentlich darauf ankommt, dass wir die feinsten Mineralien aus der für die Ernährung des Gehirns verwenden. Andererseits gibt es die geistige Einatmung, die wir aus dem Kosmos empfangen, das sind die Sinneseindrücke und die damit zusammenhängenden reinen Gedanken, das ist das Allerfeinste, was in den Menschen hineinkommt aus der äußerlichen Welt, die mit den Sinnen wahrgenommen werden. Und diese geistige Nahrung, die versorgt unsere Organe und unseren Stoffwechsel und unsere Glieder.

Und dieses Bild sehen wird dann hier, wenn man den heiligen Gral nach Rudolf Steiner beschreibt, dann muss man ganz in denselben Worten sprechen, nämlich, dass der heilige Gral dasjenige ist, das aus den feinsten Stoffen der Nahrung mit den feinsten Eindrücken und Gedanken der Sinne zusammenfließt. Und das Zusammengehen von diesen beiden Strömen der Nahrung, eine substanzielle und eine ätherische, dieses Zusammengehen *ist der Heilige Gral*. Hier in dem siebenten Siegel wird das in geheimnisvoller Weise dargestellt. Wir könnten sagen, dass wir hier tatsächlich das Neue Jerusalem anschauen und man kann natürlich auch dieses Neue Jerusalem wiederum in vielerlei Art deuten, dass es der heilige Gral ist, dass es die Vergeistigung von Mutter Erde ist und natürlich auch, dass es die Auferstehungsleiblichkeit von Christus ist. So schließt Rudolf Steiner bei der alten hebräischen Weisheit an, gibt dann seine menschenkundlichen Erkenntnisse und kommt dann zu dieser Schilderung des Neuen Jerusalem, wo die Menschheit sich so umgewandelt haben wird, dass sie keine irdischen substanziellen Stoffe für den Aufbau des Leibes und für den Bau einer Stadt mehr brauchen wird, sondern dass alles aus den spirituell-wissenschaftlichen und spirituell-künstlerischen Kräften kommen wird, die dann von oben dem Menschen den Leib geben werden, was dann natürlich nicht mehr ein substanziell stofflicher Leib sein wird und die dann auch die Kräfte geben werden, die um den Menschen herum die Stadt bauen werden.

Ich habe diese Einsicht von Rudolf Steiner auch in Ansbach versucht auszusprechen, als ich gesprochen habe über Saint Germain, weil man hier in dieser Umwandlung der Stoffe, so wie Johannes das in seiner Vision von dem Neuen Jerusalem schaut, in dieser Umwandlung der irdischen Stoffe in spirituelle inhaltliche Stoffe, dass man seine Alchemie schon entdeckt. Diese Möglichkeit, die er dann entwickelt, um wirklich das Wesen vom Stoff so zu erfassen, dass es möglich wird, dem Stoff die beliebige Form einzuprägen, die finden wir bei dem Grafen von Saint Germain.

Und wir müssen dann natürlich wiederum dabei bedenken und erleben, dass wir jetzt wirklich den Übergang finden zu dem neuen Formzustand der Erde. Da geht der physische Zustand in einen vollkommenen astralischen Zustand über und was da geschaut wird, ist dann das Neue Jerusalem. Beim jüngsten Gericht hörten wir schon, dass vor dem Angesicht von demjenigen, der auf dem Thron saß, die Erde und der Himmel flohen. Die sind nicht mehr nachher. Und dann sagt Johannes:

Und ich sah einen neuen Himmel und eine neue Erde. Denn der erste Himmel und die erste Erde sind vergangen, und das Meer ist nicht mehr. Und die heilige Stadt, ein neues Jerusalem, sah ich vom Himmel herabkommen von Gott her, bereit wie eine Braut, die sich für ihren Mann geschmückt hat. Und ich hörte eine laute Stimme vom Thron herrufen:

Siehe, die Wohnung Gottes bei den Menschen! Er wird bei ihnen wohnen, und sie werden seine Völker sein, und Gott selbst wird mit ihnen sein, ihr Gott. Und abwischen wird er jede Träne von ihren Augen, und der Tod wird nicht mehr sein, und kein Leid, kein Geschrei und keine Mühsal wird mehr sein; denn was zuerst war, ist vergangen.

Und der auf dem Thron saß, sprach: Siehe, ich mache alles neu! Und er sagt: Schreib, denn diese Worte sind zuverlässig und wahr.

194

Und er sagte zu mir: Es ist geschehen. Ich bin das A und das O, der Anfang und das Ende. Ich werde dem Dürstenden von der Quelle des Lebenswassers zu trinken geben, umsonst. Wer den Sieg erringt, wird dies alles erben, und ich werde ihm Gott sein, und er wird mir Sohn sein. Den Feigen und Ungläubigen, den mit Greueltaten Befleckten und Mördern, den Unzüchtigen, Zauberern und Götzendienern und allen, die der Lüge dienen, wird ihr Teil beschieden sein im brennenden Feuer- und Schwefelsee; das ist der zweite Tod.

Das neue Jerusalem

Und es kam einer von den sieben Engeln, die die sieben Schalen mit den sieben letzten Plagen hatten, und er redete mit mir und sprach: Komm, ich werde dir die Braut zeigen, die Frau des Lammes!

Und er führte mich durch den Geist auf einen großen, hohen Berg und zeigte mir die heilige Stadt Jerusalem, wie sie vom Himmel herabkam, von Gott her, angetan mit der Herrlichkeit Gottes. Ihr Lichtglanz war wie kostbarster Edelstein, wie kristallklarer Jaspis. Sie hat eine große, hohe Mauer mit zwölf Toren, und auf den Toren zwölf Engel; darauf sind Namen geschrieben, die Namen der zwölf Stämme der Söhne Israels: drei Tore nach Osten, drei Tore nach Norden, drei Tore nach Süden, drei Tore nach Westen. Und die Mauer der Stadt hat zwölf Grundsteine, und darauf stehen die zwölf Namen der zwölf Apostel des Lammes. Und der mit mir redete, hatte als Messstab ein goldenes Rohr, um die Stadt und ihre Tore und ihre Mauer zu vermessen. Die Stadt ist angelegt als Viereck von gleicher Länge und Breite. Und er vermaß die Stadt mit dem Rohr und kam auf zwölftausend Stadien; ihre Länge und Breite und Höhe sind gleich. Und er maß ihre Mauer: Hundertvierundvierzig Ellen waren es nach Menschenmaß, das auch das Engelsmass ist. Und ihr Mauerwerk war aus Jaspis, und die Stadt war aus reinem Gold, das war wie reines Glas. Die Grundsteine der Stadtmauer waren aus je einem Edelstein kunstvoll gefertigt: Der erste Grundstein war ein Jaspis, der zweite ein Saphir, der dritte ein Chalzedon, der vierte ein Smaragd, der fünfte ein Sardonyx, der sechste ein Karneol, der siebte ein Chrysolith, der achte ein Beryll, der neunte ein Topas, der zehnte ein Chrysopras, der elfte ein Hyazinth, der zwölfte ein Amethyst. Und die zwölf Tore waren zwölf Perlen; jedes der Tore bestand aus einer einzigen Perle. Und die Straße der Stadt war reines Gold, wie durch-

sichtiges Glas. Einen Tempel aber sah ich dort nicht, denn Gott, der Herr, der Herrscher über das All, ist ihr Tempel, er und das Lamm. Und die Stadt bedarf nicht der Sonne noch des Mondes, dass sie ihr scheinen, denn die Herrlichkeit Gottes erleuchtete sie, und ihre Leuchte ist das Lamm. Und die Völker werden ihren Weg gehen in ihrem Licht, und die Könige der Erde tragen ihre Pracht zu ihr hin. Und ihre Tore werden niemals geschlossen, nicht bei Tag und – Nacht wird es dort keine mehr geben. Und sie werden in sie hineintragen die Pracht und die Schätze der Völker. Und nichts Gemeines wird in sie hineinkommen, keiner, der tut, was abscheulich ist, oder der Lüge dient, allein die eingetragen sind im Buch des Lebens, dem Buch des Lammes. Und er zeigte mir den Fluss mit dem Lebenswasser, der klar ist wie Kristall, und er entspringt dem Thron Gottes und des Lammes.

In der Mitte zwischen der Straße und dem Fluss, nach beiden Seiten hin, sind Bäume des Lebens, die zwölfmal Frucht tragen. Jeden Monat spenden sie ihre Früchte, und die Blätter der Bäume dienen zur Heilung der Völker.

Und nichts Verfluchtes wird mehr sein. Und der Thron Gottes und des Lammes wird dort sein, und seine Knechte werden ihm dienen.

Sie werden sein Angesicht schauen, und auf ihrer Stirn wird sein Name stehen.

Keine Nacht wird mehr sein, und sie brauchen weder das Licht einer Lampe noch das Licht der Sonne. Denn Gott, der Herr, wird über ihnen leuchten, und sie werden herrschen, von Ewigkeit zu Ewigkeit.

Lass uns versuchen die Kraft zu finden, um aus der Erinnerung die Imagination zu formen, die Rudolf Steiner von dem Neuen Jerusalem gibt, also was ich vorgelesen habe aus dem Vortrag für die Priester. Das ist auch eine Imagination, aber ganz durchzogen mit Inspiration und Intuition. Das ist unsere heutige Möglichkeit. Versuchen wir das zuerst und dann werden wir sehen, ob wir noch weiterkommen können. Zuerst versuchen wir es aus der Erinnerung und vielleicht muss ich es dann nochmal sagen, aber wir versuchen es zuerst so.

-Es wird meditiert.

196

Wir erleben, dass die ganze Apokalypse der Mensch ist, dass es Christus ist, aber dass auch der Mensch darin wohnt, und wir erleben diese großen Gegenströme, die in der Anthroposophie so bekannt geworden sind, der Stoffwechselgliedmassenstrom und der Sinnesnervenstrom, die dann im rhythmischen System den Ausgleich finden. Was von unten aufgebaut wurde und immer noch ein wenig wird, verwandelt sich allmählich in eine Umstellung der Kräftestärke, dass dasjenige, was von oben kommt das Übergewicht bekommt und dann keine irdisch-stofflich-sinnlichen Inhalte mehr hat, aber seelisch-geistige Bilder und Gedanken. Das kann man wirklich durch die Vertiefung der Einsicht erleben. Man erlebt diese zwei gegenüberstehenden Strömungen, wobei die von oben kommende sich allmählich so verstärken wird, dass sie das Neue Jerusalem wird. Und das, was wir jetzt an Spiritualisierung des Denkens üben, das ist Vorbereitung, buchstäblich, da bereiten wir das Neue Jerusalem vor, und fügen uns dem dadurch auch schon ein.

Dieses gewaltige Bild, das dann am Ende der Apokalypse gegeben wird, kommt überein mit dem siebenten Siegel. Man könnte auch da anfangen, bei diesem Bild. Hier ist es leichter, um da anzufangen mit diesem Bild, weil da nur noch Kraftgewalten sichtbar gemacht sind und dann natürlich die Taube.

In den anderen Bildern dagegen, worin viele Gestalten gegeben sind, bleibt man leicht daran hängen, als ob es so aussieht und das sieht so natürlich nicht aus, es ist nur ein vorübergehender Eindruck, wie das aussieht. In diesem Siegel aber hat man ein Kraftgebilde, damit könnte man sich versuchen zu vereinigen. Und man kann natürlich auch dieses Bild vom Neuen Jerusalem, so wie es in der Apokalypse steht, Schritt für Schritt intensiv imaginieren, wenn zum Beispiel die Grundsteine genannt werden, ja, dann bekommt man doch eine Sehnsucht sie wenigstens einmal in die Hand nehmen zu können. Es ist schön, dass da steht Jaspis, Saphir usw., aber das ruft natürlich doch die Sehnsucht auf, dass man sie dann auch mal wirklich in die Hand nehmen kann. Also habe ich sie mitgenommen und hier auf dem Tisch ausgelegt, das habt ihr natürlich gesehen.

In der üblichen niederländischen Übersetzung stehen merkwürdigerweise einige Edelsteine anders. Die Folge ist gleich, aber man hat da so seine Gedanken gehabt und z. B. bei Saphir gemeint, dass doch eigentlich der Lapis-Lazuli gemeint wird, was auch ein Saphir ist.

Bei Chalzedon steht sowohl in der katholischen, wie auch in der protestantischen Übersetzung der Apokalypse Karneol. Dann findet man, dass das auch miteinander übereinstimmt, aber nicht ganz. Smaragd ist Smaragd, Sardonyx ist Sardonyx, Sarder ist Sarder, aber Chrysolith ist Olivijn. Man kann es da anschauen, Chrysolith oder Olivijn. Für Beryll steht in der niederländischen Übersetzung Aquamarin, Topas Topas, Chrysopas Chrysopas, Hyazinth ist Granat und Amethyst Amethyst.

Soweit es mir gelungen ist, habe ich von beiden ein Exemplar dahin gelegt, aber das ist nicht bei allen so.

Teilnehmerin: Aber Saphir und Lapis sind sehr unterschiedlich.

MM: In der alten Auffassung war der Saphir, was wir jetzt Saphir nennen, in der griechisch-lateinischen Zeit Lazur. Ich weiß auch nicht, wie das ist, aber das wird dann so gesagt, was wir heute Saphir nennen, war in der Zeit, in der die Apokalypse geschrieben worden ist Lazur, was wir heute Saphir nennen. Und die Holländer meinen es besser zu wissen und sagen, das war nicht Saphir, das war Lapis-Lazuli.

So könnte man also detailliert all diese Bilder, die gegeben sind, zu durchfühlen versuchen. Und dann darf man natürlich nie vergessen, dass es Bilder sind.

Teilnehmer: Das Neue Jerusalem beginnt, wie du vorhin gesagt hast, oder fing langsam an, schon mit Golgatha? Und das wird im 7. Zeitalter sich hinuntersenken?

MM: Ja. Es bleibt noch Erde. Soweit ist es dann noch nicht, dass der Jupiter kommt. Es ist der physische Formzustand der Erde, der dann übergeht in den astralischen Formzustand der Erde, dann muss noch ein niederes Devachan und ein höheres Devachan als Formzustand folgen und dann kommen noch drei Lebenszustände und erst dann, wenn die auch vollzogen sind, kommt Jupiter.

Wir müssen bedenken, dass die Erde auch eine Zeit hatte, worin die Mondenform wiederholt wurde. So wird es auch eine Zeit geben, in der die Jupiterform vorausgenommen werden wird. Das ist alles Erde. So durchläuft das immer wieder diese sieben Stufen und weil der vierte Formzustand und auch der vierte Lebenszustand ja der Kern der irdischen Entwicklung sind, führt alles zu diesem Punkt hin. Nachher klingt es wieder ab. Also alle Zeiten, die dann noch kommen, sind ein Abklingen von allem, was in aller Herrlichkeit im vierten Lebenszustand und im vierten Formzustand geschehen ist. Und das sieht man – wenn man die Geheimwissenschaft liest – bei allen Beschreibungen der Bewusstseinszustände, dass etwas zur Entwicklung kommt, was dann eigentlich das Wesen dieser planetarischen Phase ist. Das kommt ungefähr in der Mitte auf und vollzieht sich dann und dann klingt es wieder ab, bis es in die neue Phase übergeht. Also was wir hier haben, ist ja das allerwichtigste.

Teilnehmer: Hab ich das gut in Erinnerung, dass Rudolf Steiner auch noch angegeben hat, dass die Entwicklungsgeschwindigkeit von diesem Moment an zunimmt?

MM: Ja, ich denke, dass man das dann auch wieder anders auffassen muss. So wie die Zeit schneller geht, wenn nicht so viel Wichtiges passiert, das kennen wir. Wenn Tage von vielen wichtigen Sachen erfüllt sind, dann dauern zwei Tage eine Ewigkeit und wenn es nicht so viel Interessantes gibt, dann überschaut man drei Monate in einem Blick.

Teilnehmerin: Mit der Zeitvorstellung habe ich ganz große Schwierigkeiten. Wenn ich dann denke an die verschiedenen Kulturepochen, dann habe ich das räumlich, auch hier ist es räumlich. Der goldene Schnitt, der immer größer und größer, immer kleiner und kleiner wird, das ist noch vorstellbar. Aber die lineare Zeit, die hört irgendwann auf?

MM: Ja, aber sie ist natürlich auch nicht linear in dem Sinn, dass sie von einer urfernen Vergangenheit in eine ebenso urferne Zukunft läuft, von hier nach dort, aber es ist natürlich der rücklaufende Zeitstrom auch immer da und das ist es eigentlich, was wir tun, wenn wir so ein Schema haben, dass wir uns einerseits in die Zukunft hinein mit der Zeit vereinigen, aber wenn wir zurückblicken, versuchen in die Vergangenheit zu blicken, dann steigen wir ein in den Zug der Zeit, der zurückfährt. Und das muss man fühlen lernen. Deshalb ist ein Einleben in die Zeit noch etwas sehr Wichtiges, denn das, die astralische Umformung, die hier bevorsteht, die kann man nur noch mit Zeitbewusstsein erfassen und nicht mehr mit einem räumlichen Bewusstsein. Und so hat man auch in der großen Entwicklung der Planeten die Zeit – das wird in der Geheimwissenschaft auch deutlich angegeben: hier fängt die Zeit an und zuvor war sie nicht, aber sie war doch, sie war zu gleicher Zeit allerfernste Zukunft, wie auch undenkbare Vergangenheit und alles zugleich, und das ist dann Dauer, das ist Ewigkeit, da ist keine Zeit, aber da ist Dauer.

Der erste Schritt von dem sinnlichen Bewusstsein in das Übersinnliche ist ein Übergang von Raum in Zeit. Und dann muss die Zeit räumlich werden, das ist dann das Folgende. Aber man muss durch das Nadelöhr hindurch, da muss alles weg, alles Räumliche muss weg, und nur noch Zeit.

Teilnehmer erneut: In den Texten, die wir gehört haben, ist auch die Rede, dass das Neue Jerusalem in alle Ewigkeit dauert und auch der Satan ist in dieses Schwefelbad reingeworfen worden … auch bis auf alle Ewigkeit. Was meint dieser Begriff Ewigkeit? Also wenn jetzt keine Zeit ist, ich meine im Jupiterzeitalter, Venus usw. kann man da auch von Zeit sprechen und wie weit ist diese Dauer des neuen Jerusalems, bis an die Ewigkeit, oder ist es nur ein Ausdruck dafür, dass es große Zeiträume sind?

MM: Ja, das meine ich immer, wenn ich sage, denke daran, dass es Bild ist. Ewigkeit ist für den Verstand die Zeit, die nie gekommen ist und auch nie aufhört. Das wäre Ewigkeit. Aber spirituell gesehen ist das nicht richtig. Die Zeit ist von dem Augenblick da, dass die Zeitgeister, die Geister der Persönlichkeit, die Archai, die Urbeginne, tätig werden. Zuvor kann man nicht von Zeit sprechen, aber dann fehlt die Möglichkeit, um das zu erfassen, weil das menschliche Denken in der Zeit verläuft. Und wie soll man dann diese Dauer erfassen? Ich meine, ich glaube, dass es in der Geheimwissenschaft steht, aber es könnte auch die Akashachronik sein, wo Rudolf Steiner versucht, das darzustellen, wie man das dann vorzustellen hat, wenn die Zeit *nicht ist*. Dann kommt doch wieder eine Art von räumlicher Vorstellung auf, von einem Nebeneinander und nicht einem Nacheinander. Also, da ist alles, was für uns in der Zeit nacheinander ist, nebeneinander zugleich. Dann ist die ganze Entwicklung zugleich da. Das sind schöne Übungen für den Verstand, um durch die Grenzen hindurch zu brechen.

Teilnehmer: Das Neue Jerusalem gleicht der neuen Erde, oder?

MM: Es ist die astralische Erde.

Teilnehmer erneut: Kannst du mit deinen Worten noch mal sagen, woraus das Neue Jerusalem besteht, also, wofür diese Steine dann Bild sind?

MM: Ja, ich muss dann eigentlich wiederum etwas anderes sagen, was dann auch nicht einfach verständlich ist und das ist die Auferstehungsleiblichkeit, wobei wir uns vorstellen können, dass es wirklich der physische Leib ist, aber dann ohne die mineralischen, festen Bestandteile. Aber nicht in seiner anatomischen Form, so wie wir ihn jetzt haben, sondern in einer Form, die man vergleichen könnte mit dem ganzen Aufbau des Kosmos und dann so, dass man auch noch wissen würde, wie alle Differenzen, die im Kosmos da sind, wie die aufeinander wirksam sind und miteinander im Einklang funktionieren. Und wenn man das dann imaginativ ausdrücken könnte, dann würde man wahrscheinlich Edelsteine wählen, um das auszudrücken. Die zwölf Tierkreisbilder in ihrer besonderen Art, wie sie in dem menschlichen Leib zum Beispiel zu finden sind in den Sinnesorganen, könnte man verbildlichen durch Edelsteine.

JM: Rudolf Steiner beschreibt auch, dass der Aufbau des Körpers zurückgeht auf die Mineralien, die man im Tierkreis auffinden kann. Er zeichnet das auch, wie die Kräfte einstrahlen. Die Metalle haben mehr mit dem Astralischen-Ätherischen zu tun. Aber der Aufbau des rein Physischen kommt von dem Tierkreis. Auf den Körper ist es wirksam und hängt mit den Mineralien zusammen.

Teilnehmer erneut: Ich möchte noch mal fragen nach dem Moralischen, Rudolf Steiner sprach ja darüber, dass die Christuswesenheit jetzt die Erde als Leib hat und das in einer Zukunft, also vielleicht sprach er von dem Jupiter schon, dass dann der Leib der Christuswesenheit mitgebildet wird z. B. aus den Gewissensregungen der Menschen.

MM: Ja, das findet man hier auch leise angedeutet, zum Beispiel wo gesagt wird:

Die Hochzeit des Lammes ist gekommen und sein Weib hat sich gerüstet und ihr wurde gegeben sich zu kleiden in glänzendes reines Linnen und sein Weib ist das neue Jerusalem.

Das ist die Hochzeit, das Lamm feiert Hochzeit mit der Tochter Erde. Was zuerst Mutter Erde gewesen ist, wird Tochter Erde und Er ist Bräutigam und sie ist Braut.

Es wurde ihr gegeben sich zu kleiden in glänzendes, reines Linnen

Das Linnen nämlich sind die gerechten Taten der Heiligen. Das ist so eine Andeutung, dass das was hier Substanzbeschreibungen sind, eigentlich moralische Eigenschaften sind. So könnte man die Edelsteine zweifellos in bestimmte Tugenden auflösen.

Teilnehmerin: Ich möchte noch etwas ganz anders hervorheben, ein Erlebnis, was du vorbereitend vorgelesen hast von Rudolf Steiner. Das ist für mich erschütternd zu erleben, dass wir wirklich so durch den Kosmos ernährt werden, und dass das uns im normalen Bewusstsein gar nicht so gegenwärtig ist. Wir sind jetzt so festgepflanzt auf der Erde, mit unserer festen Ernährung und wenn man dann vernimmt, dass es jetzt schon so ist, dass wir von oben ernährt werden und das gar nicht merken, also nicht beachten. Ich bekam davon doch eine Ahnung.

MM: Ja, und dann sind wir selbst die Akteure, die Tätigen. Also das geht nicht mehr ohne uns.

JM: Es ist vielleicht interessant, den schweizerischen Nationalheiligen, Bruder Klaus, zu erwähnen. Der hat in einer Klause gelebt und als er das machte, lebte er nur von der heiligen Hostie und von Wasser aus dem Bach. Das hat er viele Jahre gemacht. Er hat von kosmischen Kräften leben können. Es war also diese Verbindung da, weil er natürlich auch sehr religiös war.

MM: Aber es geht auch in gewissem Sinn von selbst, weil die Erde in der Qualität der Nahrung und Umwelt immer abnimmt, dass die Menge an Kohlensäure in der Umgebung zunimmt usw. Das sind alles auch notwendige Änderungen, aber sie kommen viel zu früh. Aber dass sie kommen, das kann nicht anders sein. Denn es ist das Bild vom alten Jerusalem, dass die Erde aufgebraucht wird und von einem gewissen Zeitpunkt an nicht mehr genügend zu geben hat, um uns zu ernähren. Und dann müssen wir so weit sein, dann müssen wir das immer mehr und mehr aus dem Kosmos empfangen können.

JM: Aber das ist auch das Bereiten des Steins der Weisen.

MM: Ja, das ist die Kohlensäure-Umwandlung.

Teilnehmerin: Habe ich das richtig verstanden, dass es das Neue Jerusalem schon gibt, es ist schon da, wir entwickeln uns dort hin, oder durch unsere Entwicklung entwickelt sich das Neue Jerusalem?

MM: Natürlich ist es in dem Auferstehungsleib von Christus in gewissem Sinn schon da, aber es fehlen die Mittätigen, die Mitbewohner und die moralischen Substanzen auch, die von uns kommen müssen. Und das ist natürlich die Zeit, ein ganzes Zeitalter haben wir noch und noch einen Teil eines dritten Zeitalters. Aber das Denken ist als Prozess schon vergeistigt und in diesem Sinn ist das Neue Jerusalem bereits da.

Teilnehmerin erneut: Kannst du den Unterschied noch mal erklären, zwischen der Tätigkeit, also was man tut, wenn man einen Inhalt von Steiner meditiert und wenn man das Bild aus der Apokalypse meditiert?

MM: Ja, diese Bilder der Apokalypse sind rein imaginativ und man kann, wenn man eine geistige Schulung durchmacht, natürlich aus diesen Imaginationen auch die Bedeutung herauslesen lernen. Rudolf Steiner hat das vollzogen und gibt dann, was hier zugrunde liegt. Und das ist, warum ich angefangen habe mit seiner Deutung des Bildes des Neuen Jerusalem.

Teilnehmerin erneut: Ist die Tätigkeit eine andere?

MM: Ja, das ist insoweit eine andere, als bei Rudolf Steiners Beschreibung die inspirativ-intuitive Seite eigentlich überwiegend ist und hier die imaginative Seite überwiegt und in der Beschreibung von Rudolf Steiner ist es auch ohne Weiteres deutlich, dass es um den Menschen geht. In der Apokalypse könnte man noch meinen, dass es um eine Stadt geht, worin es Menschen gibt. Obwohl im Anfang der Apokalypse, in dem sechsten Sendschreiben, natürlich wohl gesagt wird, wenn ihr überwindet, dann werde ich euch zu einer Säule in dem Neuen Jerusalem machen, die nicht mehr weggenommen werden kann. Es ist deutlich, dass wir Bestandteile sein werden in diesem Neuen Jerusalem. Aber man könnte das auch anders auffassen hier. Bei Rudolf Steiner wird es deutlich, dass man es wirklich auf sich selbst in höherem Sinn beziehen kann.

Wenn man mit dem Denken, das Anhand der Anthroposophie entwickelt wird, die Apokalypse meditiert, dann kann nicht passieren, dass man auf Irrwegen gerät, dann hat man fortwährend das gestaltende Denken dabei. Und wenn man Gold gestaltet, dann hat man nicht nur, was Gold materiell ist, sondern auch, was es spirituell ist.

Teilnehmer: Mit der Apokalypse hattest du auch darüber gesprochen, dass die Siegel für die Imagination und die Posaunen für die Inspiration stehen. Gibt es auch etwas, wo man sagen kann, das wäre die intuitive Erkenntnis?

MM: Das ist, wenn die siebente Posaune geklungen hat und dann der Übergang da ist zu dem Ausgießen der Zornschalen. Alles, was physisch noch da ist auf der Erde wird vernichtet, dann auch noch die Stadt Babylon, die zuerst beschrieben wird und dann in einem Schwung vernichtet wird. Und dann kommt diese dramatische Steigerung der Ereignisse mit den Tieren und ja, das ist alles Intuition.

Teilnehmer: Wie ist der Zusammenhang mit Shambhala?

MM: Mit Sicherheit sage ich dies nicht, aber für mich sind die Beschreibungen von Shambhala übereinstimmend mit der Erscheinung von Christus in der ätherischen Welt. Und dasjenige, was durch dieses Erscheinen für uns die Welt wird, das ist Shambhala, das ist jetzt schon so. Es war gestern so, dass plötzlich die Sonne, nach einem trüben Tag, erscheint und dieser Übergang von Trübheit in Leuchten, wodurch alles hell und farbig wird, ist physisches Bild für den Übergang von dem gewöhnlichen irdischen Erleben in ein Erleben, das durch die Erscheinung von Christus in der ätherischen Welt überstrahlt, durchglüht, geändert ist. Und das können wir jetzt schon finden, dieses Reich, dieses Land Shambhala.

Teilnehmer: Noch eine Frage zu der Aussage von Steiner, dass die Juden in ihrer Geheimlehre von dem Abbau des alten Jerusalems wussten, dass das zerfallen muss. Und nach meinem Verständnis liegt darin die Möglichkeit, dass die sozusagen im Verfolg dieser Idee eigentlich darauf kommen müssen, dass das Christusereignis stattfindet. Weißt du, wie weit dieses Wissen dieses Zerfalls, die Vorstellung des Alten Jerusalem und Neuen Jerusalem vorhanden ist?

MM: Ich weiß wohl, dass es jüdische Weise gibt, die sich dann auch keine Juden nennen, sondern Hebräer, die selbstständig darauf kommen, dass der Messias da gewesen und dass das Christus gewesen ist. Und die haben dann auch selbstverständlich die Vorstellung vom Abbrechen des Tempels und in drei Tagen wiederaufbauen, was natürlich dann Christus selbst sagt, was er tun wird. Es wird der Zusammenhang angedeutet zwischen dem Tempel in Jerusalem und dem Auferstehungsleib. Also, es gibt sicher Strömungen der hebräischen Lehre, wo man das heute auch noch weiß, aber im gewöhnlichen Judentum nicht. Das ist so vergleichbar mit dem gewöhnlichen Christentum und der Anthroposophie.

Teilnehmer: Wie soll man denn die Relation sehen zwischen Jahwe und Christus.

MM: Jahwe soll man als Vorläufer von Christus anschauen. Ja, es sind zwei Brüder, könnte man sagen, beide zu den Elohim gehörend. Rudolf Steiner hat jedoch auf eine Frage geantwortet, dass man Christus als Führer der Elohim anschauen muss und sogar als Führer der ganzen umfassenden Wesenheit unserer menschlichen Entwicklung, aber in gewissem Sinn auch als einen der Brüder der Elohim. Jahwe hat seine Aufgabe vorchristlich und Christus übernimmt diese Aufgabe.

JM: Jahwe ist ein Mondengott und Christus der Sonnengott. Also der Mond nimmt die Sonne auf und strahlt die Sonne dann zur Erde, das ist eigentlich dann die Elohimwesenheit von Jahwe, aber er ist ein Mondengott, kein Sonnengott. Das hängt dann auch mit der alten hebräischen Geschichte zusammen.

MM: Wir müssen dann jetzt mit dem Gedicht abschließen, das wir gesungen haben und das wir dann heute Abend nach dem Abendessen noch mal singen werden.

Jesu meine Freude
meines Herzens Weide
Jesu meine Zier.
Ach wie lang, ach lange

Ist dem Herzen bange
Und verlangt nach dir.
Gottes Lamm, mein Bräutigam,
Ausser dir soll mir auf Erden
nichts sonst liebers werden.
Wir Töchter der Erde
werden zusammen die Braut sein
Und Gottes Lamm unser Bräutigam.

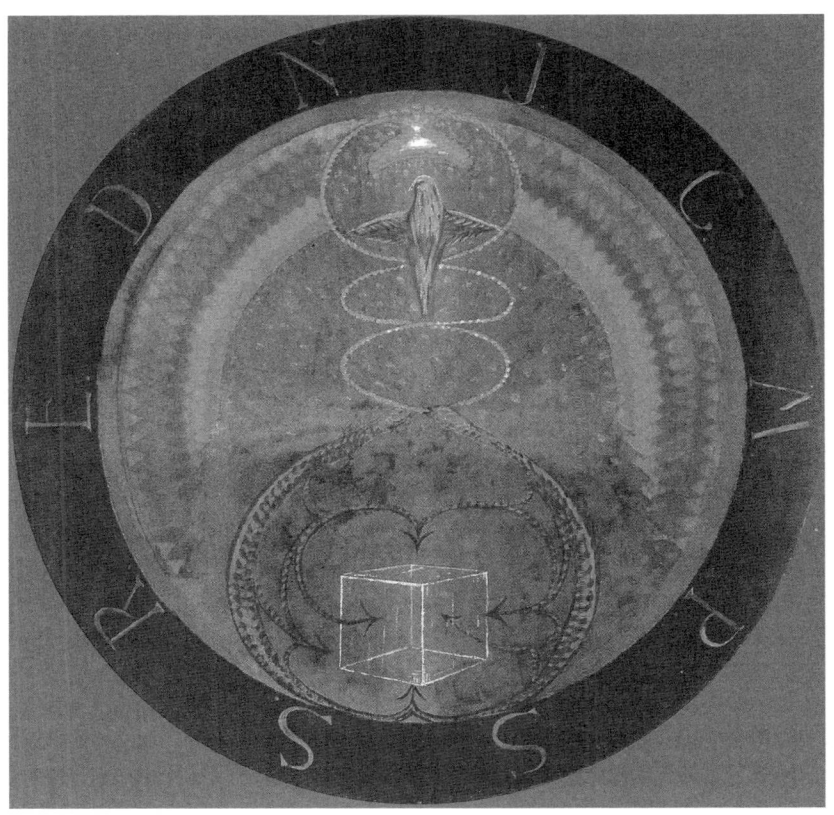

Das siebente apokalyptische Siegel, Der Heilige Gral

KIENTAL SOMMER 2018

ERSTE STUNDE

1908 hat Rudolf Steiner in Nürnberg den großen Vortragszyklus über die Apokalypse gehalten und wenn man diese studiert und meditiert, dann bekommt man eine ganz große Sicht auf die Erdenentwicklung und wie die Erde sich, nachdem sie Erde gewesen ist, weiter entwickeln wird. Das findet man natürlich alles auch in der Geheimwissenschaft im Umriss, aber hier in diesem Apokalypse Zyklus kann man sich ganz gut einleben in die für uns doch wie eine Ewigkeit wirkende Zeit. Da geschieht es nämlich, dass deutlich wird, dass die sieben planetarischen Verkörperungen der Erde – vielleicht hat man sie in der Geheimwissenschaft in eine Übersicht bekommen – eine Ewigkeit sind, aber hier wird deutlich, dass jede planetarische Verkörperung wiederum eine Ewigkeit an sich ist. Und wenn wir versuchen – das haben wir tatsächlich zu Pfingsten versucht, anhand von diesem Zyklus in Nürnberg – uns einzuleben in dasjenige, was mit der Apokalypse offenbart wird, dann kann man eigentlich nicht anders, als seine eigene Kleinheit und Beschränktheit erleben, weil man dann erfahren muss, dass man mit seinem Blick eigentlich nicht einmal das Leben von der Geburt bis zum Tod überschauen kann, man kann ja sein eigenes Leben nicht einmal gründlich überschauen.

Wenn Rudolf Steiner dann sagt, je weiter die Einweihung sich vollzieht, umso größer wird die Zeit, die man überblicken kann, dann muss man sich doch zu einer Bescheidenheit erziehen, dass man sich eigentlich eingestehen muss: Dank der Geisteswissenschaft von Rudolf Steiner habe ich Ahnungen über Geburt und Tod hinaus. Aber ein wirkliches sich darin wachend und schauend Hineinleben können, das ist noch etwas ganz Anderes.

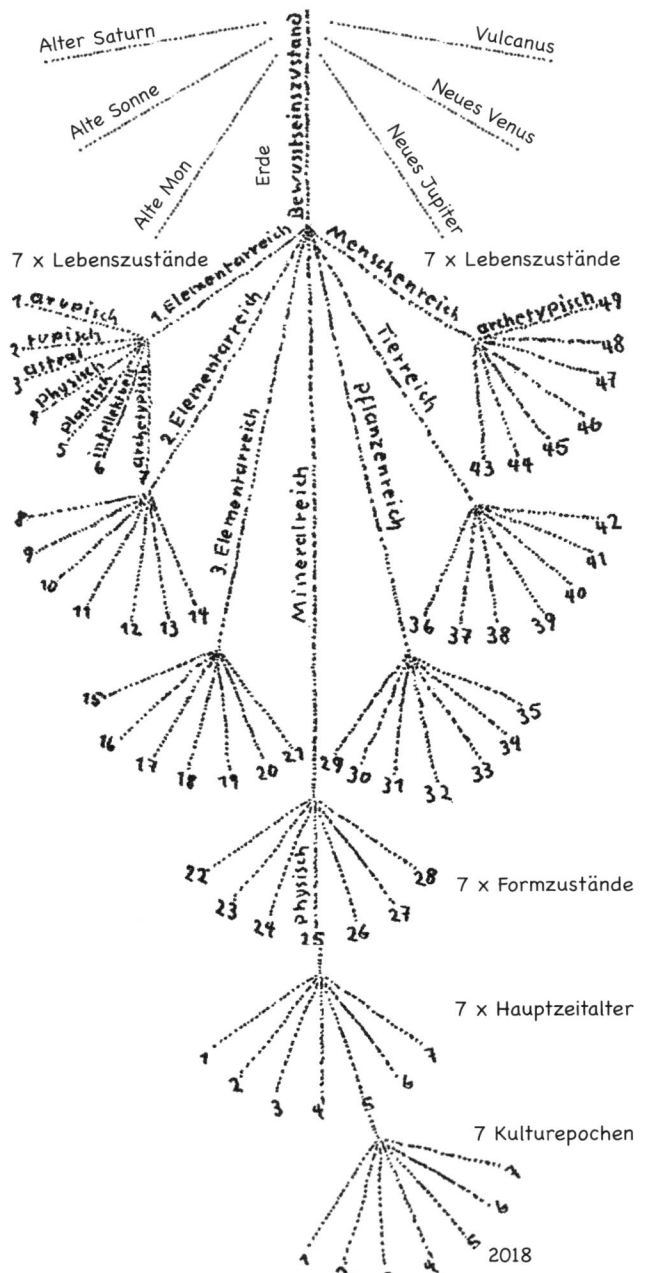

Alter Saturn

Alte Sonne

Alte Mon

Erde

Bewusstseinszustand

Vulcanus

Neues Venus

Neues Jupiter

7 x Lebenszustände

1. Elementarreich

Menschenreich

7 x Lebenszustände

1. arupisch
2. typisch
3. astral
4. Physisch
5. plastisch
6. intellektuell
7. archetypisch

2. Elementarreich

3. Elementarreich

Mineralreich

Pflanzenreich

Tierreich

archetypisch 49

48

47

46

45

43 44

42

41

40

39

8
9
10
11
12 13 14

36 37 38

15
16
17 18 19 20 21

29 30 31 32

33

34

35

22
23
24 25 26

Physisch

27

28   7 x Formzustände

7 x Hauptzeitalter

1
2
3 4 5

7
6

7 Kulturepochen

1
2 3 4

7
6
5   2018

212

In diesem Zyklus wird also deutlich, wie wir uns die Zeit der Menschheitsentwicklung vorzustellen haben. Wenn wir versuchen wollen, etwas zu erahnen von der Zeit, die unserer Zeit vorangegangen ist, und die noch folgen wird, ja dann müssen wir eigentlich von diesem Jahr, worin wir jetzt sind, ausgehen. Das ist für uns die Wirklichkeit. Und dann können wir versuchen zu fühlen, zu empfinden, wie weit sich das erstreckt. Wenn man oben anfängt, dann kann man es schematisch noch einigermaßen mit dem Verstand eingliedern, das kann man natürlich auch tun, das müsst ihr sicher auch tun. Aber wenn man unten anfängt, dann muss man sich in den Zeitpunkt hineinfühlen und dann versuchen zu empfinden, wie viel sich schon ereignet hat, und wie wenig wir eigentlich davon als Wirklichkeit jetzt erleben können.

Denn wir leben jetzt in dem fünften Nachatlantischen Kulturepoche. Diese Kulturepoche läuft ungefähr von 1415 und dann 2160 Jahre lang. Also wir haben noch nicht einmal die Hälfte davon durchlebt. Das ist die Zeit, in der die Bewusstseinsseele entwickelt werden soll. Diese Bewusstseinsseele äußert sich jetzt schon sehr deutlich darin, dass jede Individualität sich auf eigene Füße stellen möchte und dann auch so, dass sie sich nicht nur auf eigene Füße stellt, aber dass sie auch weiß, dass sie da ist und wer sie ist. Das ist Bewusstseinsseele. Und man kann das bei den kleinen Kindern, die noch lange nicht in diese Zeit hineingekommen sind, denn die fängt erst mit 35 Jahren im Leben an, dass die eine Eigensinnigkeit haben, die früher, und das ist nicht so lange her, dieses Früher, noch gar nicht so da war. Also die Kinder haben schon diese Bewusstseinsseelenanlage in sich und wollen selbst. Wenn sie etwas älter sind, können sie sagen, ich mache was ich will, aber das können sie, wenn sie ganz klein sind natürlich noch nicht. Aber eigentlich möchten sie, so klein wie sie sind, selbst bestimmen, was sie tun möchten und das geht natürlich nicht. Also das macht die Erziehung zu etwas ganz anderem, als was sie früher gewesen ist.

Wenn wir dann zurückgehen in die vierte Nachatlantische Kulturepoche hinein, das das griechisch-römische Kulturepoche genannt wird, dann müssen wir also von 1415 N.Chr. angefangen 2160 Jahre zurückzählen, um den Anfang (745 N.Chr.) zu finden.

Und wenn wir in der Selbsterkenntnis versuchen, eine gewisse Ehrlichkeit zu haben, dann können wir sagen: In unserem Zeitalter, in der 5. Kulturepoche, können wir uns vorstellen, wie zum Beispiel die großen Individualitäten in der Renaissance gewesen sind. Waren die schon nicht ganz anders veranlagt, als wir jetzt? Wenn wir mit unseren konstitutionellen Fähigkeiten von jetzt uns in die Renaissance zurückversetzten, dann tun wir das natürlich mit unserer eigenen, jetzigen Erkenntnisfähigkeit. Aber man kann sicher sein, dass das gar nicht zureichend ist, dass das nicht zutrifft, dass man schon innerhalb dieser Spanne sich nicht mehr vorstellen kann, wie die Menschen damals gewesen sind. Es gibt Beispiele von Rudolf Steiner, wo er das Gemüt beschreibt und dann sagt, dass, wenn wir uns mit unserer bürgerlich erzogenen Gemütsbeherrschung zurückversetzt fühlten in ungefähr diese Zeit, oder noch früher, und wir würden die Gemütsbewegungen bei diesen Menschen anschauen, dann würden wir denken, die sind verrückt. Das war eine solch starke Begeisterung, die da aufkam und auch geäußert wurde, das ist für uns nicht fühlbar, aber auch nicht anständig, so macht man das nicht, man lässt sich nicht so gehen. Und wir wissen also nicht einmal, was wir verloren haben. Und das ist nur eine ganz kleine Spanne von einigen Jahrhunderten, in der sich so viel geändert hat. Rudolf Steiner sagt ebenfalls, dass es überhaupt unmöglich ist, sich mit dem heutigen Bewusstseinszustand einzufühlen, wie der Grieche gelebt hat, wie er sich gefühlt hat, wie er gedacht hat, wie er wahrgenommen hat. Das war ganz, ganz anders, als das, was wir jetzt als Wahrnehmen und Denken kennen.

Und dann sind wir mit den Griechen erst in der vierte Nachatlantischen Kulturepoche angelangt. Wenn wir das Alte Testament nehmen, dann können wir sagen, dass sich in diesem Alten Testament die große hebräische Geschichte in der dritten Nachatlantischen Kulturepoche, in der Ägyptisch-Chaldäischen Kulturepoche abspielt, das geht dann bis an das Neue Testament, wo unsere Zeitrechnung anfängt und ist dann schon vierte Nachatlantisches Kulturepoche, aber das Alte Testament ist größtenteils im dritten Nachatlantischen Kulturepoche zu finden.

Ich habe es aufgesucht: Elias lebte ungefähr 800 vor Christus, das ist nicht einmal so lange her, aber wenn wir fühlen, wie die Zeit damals gewesen ist, dann ist das eine Art von Urerlebnis, was man dann bekommt und so lange her ist es dann auch wiederum nicht. Dann David, der König, rund um 1000 vor Christus, Moses ungefähr 1300 vor Christus und Abraham, da denkt man, das ist tausende Jahre vor Christus, aber das wird 1900 vor Christus gesetzt. Und wenn wir dann bedenken, dass Gilgamesch und Eabani ungefähr 2600 vor Christus lebten, dann bekommt man so ein bisschen ein Gefühl, was Ewigkeit eigentlich ist.

Man muss natürlich dabei bedenken, dass Abraham, der dann in 1900 vor Chr. gelebt haben soll, höchst wahrscheinlich die letzte wirklich irdische Erscheinung der Wesenheit von Abraham gewesen ist, dass er aber eigentlich schon durch viele Jahrhunderte auf Erden wirksam war. Also dass die Wirksamkeit von Abraham viel früher angefangen hat, aber dann mit einer mehr oder weniger historischen Inkarnation schließt, so wie wir das auch zum Beispiel von Zarathustra kennen, von dem gesagt wird, dass er im 6. Jh. vor Christus lebte, aber in Wirklichkeit hatte er seine Wirksamkeit in der zweiten Nachatlantischen Kulturepoche. Also das müssen wir versuchen zu erleben, dass wir uns jetzt, in unserer Zeit, in ein paar vergangene Jahrhunderte zurückempfinden können und dass dann schon die Wirklichkeit aus der Empfindung verschwindet. Dann haben wir nur noch mit dem Verstand bestimmte Kenntnisse. Aber man muss unterscheiden zwischen der Möglichkeit zu erleben und dass man etwas weiß. So kann man sagen, es gibt eine Nachatlantische Zeit und diese nachatlantische Zeit hat sieben Kulturepochen, eine indische, eine persische, eine ägyptische, eine griechisch-romanische, eine mitteleuropäische, eine russische und eine amerikanische Kulturepoche. Die mitteleuropäische Epoche, da sind wir jetzt und die anderen vier sind vorangegangen. Das kann man mit dem Wissen einfach sagen. Die Apokalypse gibt die Möglichkeit, dass man dieses Wissen auch in einem gewissen Sinn erlebend differenzieren kann. Aber das sind dann noch immer Verstandes-Erkenntnisse, und man soll sich dessen bewusst sein.

Wir werden heute Mittag, wenn wir die Briefe an die sieben christlichen Gemeinden meditieren werden, versuchen diese vier, fünf, sechs, sieben Kulturepochen nicht nur zu benennen. Wir müssen nicht nur eine Beschreibung haben, sodass man sagt, die indische Zeit, das war die Entwicklung des physischen Leibes, die persische Zeit des Ätherleibes, die ägyptische Zeit der Empfindungsseele, die griechisch-römisch Zeit der Verstandesseele, Gemütsseele, unsere Zeit ist die Entwicklung der Bewusstseinsseele, die sechste Kulturepoche wird eine Vorausnahme des Manas sein und dann wird eine siebte Kulturepoche kommen, die eigentlich eine Vervollkommnung des Nachatlantischen Zeitalters bedeuten wird, aber zu gleicher Zeit wird diese in sich schon die Keime der Zerstörung und in diesem Sinn auch eine Dekadenz in sich tragen.

Also, das kann man alles sagen, aber eigentlich müssten wir so weit kommen, dass wir damit gar nicht zufrieden sind, dass das seelisch eine Art von Hunger und Durst in uns weckt, dass wir dadurch das Gefühl bekommen, ich habe nicht viel, wenn ich weiß, dass es diese Kulturepochen gegeben hat und noch geben wird, ich will etwas *erleben*, ich will etwas davon haben, dass so ist, als ob ich mich erinnere, dass ich damals auch da gewesen bin.

Also, wenn wir diese Figur anschauen, dann sehen wir in der untersten Verzweigung die Formzustände. Jeder Formzustand hat wiederum sieben Zeitalter. Die 25. Stufe der Formzustände hat die Zeitalter polarisch, hyperboräisch, lemurisch, atlantisch, nachatlantisch und dann noch zwei weiteren Zeitalter. Jedes Zeitalter hat sieben Kulturepochen, wir sind in der fünften, der Bewusstseinsseelenentwicklung. Wenn wir das von uns aus überschauen wollen, dann bekommen wir große Schwierigkeiten, um das noch erleben zu können. Vergessen wir nicht, dass wir in den Kulturepochen siebenmal zweitausendeinhundertsechzig Jahre haben. Schauen wir, dass es das Nachatlantische Zeitalter ist, das also siebenmal zweitausendeinhundertsechzig Jahre dauern wird und dass, bevor das Nachatlantische Zeitalter eingetreten ist, die Zeit von Atlantis selbst gewesen ist, die dann auch wiederum sieben, ja man wird dann nicht sagen Kulturepochen, aber sieben verschiedene

Entwicklungsstufen durchlaufen hat, die dann auch alle wiederum zweitausendeinhundertsechzig Jahre gedauert haben und so auch Lemurien, Hyperborea und die polarische Zeit. Und vielleicht waren die Epochen früher noch viel länger als jetzt, das kann auch sehr wohl sein.

Und da wird es uns schon recht schwindlig, das können wir gar nicht mehr erfassen, das muss man bekennen können, das muss man zu sich sagen können, da kann ich nicht so einfach mit. Das ist so etwas, als wenn man eine Milliarde sagt, was ist eine Milliarde, eine Milliarde Äpfel, so ist es hier mit Jahren, wohl keine Milliarde, aber die Unergründlichkeit, die wird immer größer. Denn diese sieben physisch-irdischen Zustände, polarisch, hyperboräisch, lemurisch, atlantisch, nachatlantisch und dann noch sechs und sieben, die sind also zusammen ein Formzustand, und dieser ist ein Formzustand innerhalb von sieben Formzuständen, die zu einem Lebenszustand gehören. Und Lebenszustände gibt es auch sieben, innerhalb eines Bewusstseinszustands.

Das Physische ist das eigentlich Irdische, aber vorangegangen ist eine astralische Art, ein astralischer Zustand, ein Zustand, den man niederes Devachen nennt und dann ein Zustand, den man höheres Devachan nennt.

Und wenn die fünfte Nachatlantische Zeit, das sechste und das siebente Zeitalter vollendet sein werden, dann tritt die Erde in einen vollkommeneren astralischen Formzustand ein, macht dann wiederum sieben Zeitalter durch und jedes Zeitalter hat dann wiederum sieben Stufen. Also es ist wirklich ein Baum, den wir hier haben.

Nun ist die in Nürnberg beschriebene Apokalypse, wie Rudolf Steiner sie da beschrieben hat, wie sie in dem vierten Formzustand, in der physischen Phase, sich entwickelnd. Diese läuft von Lemurien bis an den Übergang zu einem vollkommeneren, astralischen Zustand. Das ist die große Apokalypse. Man könnte sich vorstellen, aber das können wir nicht, dass es eine noch viel größere Apokalypse gibt, nämlich eine, die sieben Formzustände umfasst, oder eine noch viel größere, die die sieben

Lebenszustände umfasst und dann letztendlich die allergrößte, die die sieben Bewusstseinszustände umfasst. Und das letzte, das wird nur allzu leicht vorgestellt, es gibt ja Saturn, Sonne, Mond, Erde, Jupiter, Venus, Vulkan. Das sind sieben Verkörperungen der Menschheitsentwicklung, könnte man sagen. Das scheint ganz einfach zu sein und so sagt man, die Apokalypse, die findet eigentlich in der Venus den Abschluss. Aber dann hat man nicht eine große Apokalypse, aber man hat eine, ja, ich habe keine Worte dafür, eine noch größere, eine noch größere und eine noch größere Apokalypse. Und es ist doch wichtig, dass wir uns das mal vorstellen. In Wirklichkeit kann man es nicht, aber man kann es mal denken. Und man kann es doch erleben, dass das Denken zu vielem imstande ist, was man gar nicht erleben kann. Man kann das sehr wohl denken, aber erleben kann man es überhaupt nicht, nur, dass es so viel, so weit von uns weg ist. Es ist aber gut, zu bedenken, dass der letztendliche Untergang, das große Weltgericht, erst am Ende der allergrößten Apokalypse definitiv sein wird. Die Manichäer können bis an Vulkan, also noch während der Venus-Entwicklung, die Menschenseelen, die nicht mitkommen und nicht mitkommen wollen, noch versuchen in die gute Bahn zu bringen.

JM: Wenn das Böse in der Welt nicht wäre, dann würde auch nicht immer Besseres, Gutes entstehen können. Die Menschen, die das dann wohl erreichen, werden versuchen mit Manichäertum die bösere Menschheit umzuwandeln und durch diese Umwandlung wird immer Besseres, Gutes entstehen. Ohne das Böse wird das nie entstehen können. Also das ist notwendig, dass das Bösere existiert, um immer zu Besserem, Gutem zu kommen, dieser Gegensatz muss da sein.

Teilnehmer: Apokalypse übersetzt heißt Offenbarung. Es sind immer so Endzeitschilderungen, die in verschiedenen Kulturen dagewesen sind. Es gibt ja literarisch, kulturgeschichtlich auch noch andere Apokalypsen.

MM. Ja, natürlich. Aber das Spezifische von dieser Apokalypse ist der Christus und das ist das Besondere in dieser Apokalypse.

Nun gibt es in der letzten Arbeitszeit von Rudolf Steiner noch einen großen Vortragszyklus über die Apokalypse und diesen Zyklus hat er für die Priester der Christengemeinschaft gehalten. Und darin werden dann Hinweise gegeben, wie wir diese Zukunftsoffenbarung auf unsere eigene Zeit beziehen können.

Und als ich dann zu Pfingsten versucht habe diese große Apokalypse zu berühren, da kam natürlich doch die Sehnsucht, dann auch als zweite apokalyptische Tätigkeit, diese kleinere Apokalypse zu ergründen zu versuchen, so weit, wie das geht. Das geht nicht weit, doch so weit, dass man eine Ahnung der Wirklichkeit bekommt und dass man die verschiedenen Stufen in der Offenbarung auf die eigene Arbeit, auf unsere eigene Tätigkeit beziehen kann. Das ist natürlich auch wichtig, dass wir in den Bildern der Apokalypse sehen lernen, womit wir es heute zu tun haben. Nun ist die Schwierigkeit, dass diese Vorträge für die Priester gehalten wurden und das sind wir natürlich nicht, wir alle sind nicht Priester. Und da liegt die Schwierigkeit, dass wir uns darauf besinnen müssen, was will der Mensch, der seine Bewusstseinsseele entwickelt, was will der eigentlich in unserer Zeit entwickeln?

Vielleicht ist das ganz am Anfang für mich die am meisten begeisternde Erkenntnis in der Anthroposophie gewesen, als ich entdeckte, dass die Menschheitsentwicklung wirklich *eine Entwicklung* ist, dass es nicht so ist, dass der Mensch nur physisch eine Evolution durchmacht und in diesem Sinn natürlich doch in Entwicklung ist. Dass auch eine seelisch-geistige Entwicklung durchgemacht wird und dass so, wie wir jetzt seelisch-geistig sind, ein Resultat, oder eine Folge ist von vielen Stufen, die vorangegangen sind. So bekommt man eine völlig andere Sicht, auf das, was der Mensch wirklich ist, dann ist die Menschheit nicht so eine gleichgültige Reihe von Körpern, die immer vollkommener und vollkommener werden, aber die innerlich dann nicht existent sind. Was darin lebt, das bedeutet nichts, es ist nur die äußere Erscheinung, die sich entwickelt. Es ist etwas Undifferenziertes und da bleibt man gleichgültig. Aber hier, wenn man so zu denken lernt, dass auch geistig-seelisch eine Entwicklung durchgemacht wird, dann kommt eine Gliederung hinein.

219

Und so sieht man allmählich, dass wir in einer Zeit leben, wo wir eigentlich wild vor Begeisterung sein müssten, dass wir hier sind, weil jetzt die Zeit anfängt, dass dasjenige, was bis jetzt durch die Götter und die Dämonen geschah, wir nicht nur erkennen können, sondern dass wir das auch selbst allmählich in die Hand nehmen können. Und das ist erst recht Bewusstseinsseele, dass man sich nicht bis an die letzte Stunde führen lassen möchte, sondern, dass man wach wird und sieht, die Zeit ist da, dass wir erkennen, dass wir in der Bewusstseinsseele angelangt sind und dass das nicht nur Erkenntnis ist, dass wir nicht nur uns selbst erkennen sollen, sondern dass es auch Kultus ist, nämlich, dass wir mit dieser Selbsterkenntnis eine Heiligung der Menschlichkeit vornehmen können und Schritt für Schritt selbst das in die Hand bekommen, was in all diesen vorhergehenden Zeiten durch die Götter und die Dämonen gemacht wurde.

Dann ist es auch deutlich, dass, wenn der Mensch, wenn die Zeit reif ist, das alles verschläft, eine Dekadenz kommen muss, ein Verfall eintreten muss, weil der richtige Punkt, wo man es erfassen kann, und dann auch soll, nicht erkannt wird und nicht erfasst wird.

Und in diesem Sinn kommt die Zeit heran, dass wir alle Priester werden sollen. Dass wir nicht mehr den Priester brauchen, um uns zu Gott hinzuführen, sondern, dass wir den Priester in uns selbst erwecken und mit diesem erweckten Geist uns zu dem Geist des Weltenalls bringen. Wir wollen uns nicht mehr führen lassen, sondern selbst Schritt für Schritt gehen. Aber zu gleicher Zeit, wenn wir diesen Punkt wirklich kennen, wird deutlich werden, dass wir das noch immer nicht mit unserer gewöhnlichen, alltäglichen Menschlichkeit tun können, oder wollen sollten. Jetzt gibt es nicht einen Führer, sondern ist es der Gott selbst, der unter uns gekommen ist, und der durch uns hindurch sprechen, denken, fühlen und wollen kann, und dann so, dass wir unsere eigene Individualität nicht aufgeben.

Das ist das Gralsbild, dass die eigene Individualität die Schale ist, die die Speise in sich trägt, weil diese Individualität das will und nicht nur *einmal* will, nicht nur *einmal* sagt ja, das will ich, sondern in *jeder*

Sekunde dieses Ja lebt. Das ist der *Gottessohn*, der durch uns denkend, sprechend, empfindend und handelnd uns zu einem *Menschensohn* machen wird. Das ist Bewusstseinsseele. Also einerseits ist diese Eigensinnigkeit von ‚ich will selbst', ich mache was ich will, und keiner wird mir sagen, was ich zu tun habe, das ist einerseits da, aber das ist eigentlich nur da, damit wir mit dieser Freiheit zu einer Erkenntnis kommen, dass die eigene Individualität den Bruder braucht, der nicht Meister ist, nicht Vater ist, aber der Bruder ist und der als Bruder so durch uns hindurch seelisch-geistig wirksam ist, in dem, worin wir mittun, fortwährend mittun, weil wir das wollen, dass es so wirkt, dass letztendlich alle Menschen Brüder werden.

In der Offenbarung von Johannes wird der Geburtsprozess geschildert, das ist wirklich eine Geburt, die da beschrieben wird. Diese Geburt geht mit Wehen einher, das geht nicht ohne Schmerz und bei der Geburt muss auch dasjenige abfallen, was nicht weiter mitkommen kann. Das macht diese Offenbarung zu solch einer bedrohenden Sache. Aber wir werden in den kommenden Tagen hoffentlich sehen, dass man so etwas entwickeln muss, so wie wir eine Möglichkeit brauchen, um die gewaltigen Zeitverwandlungen einzuschätzen, wir auch eine Möglichkeit brauchen, um die gewaltige, moralischen Unterschiede, die auftreten werden in der Zukunft einzuschätzen und zu sehen, dass, weil der Mensch immer mehr selbst der Tätige wird, der erkennt, dass es dann auch so ist, dass die Menschen, die das Böse wählen, das auch voll bewusst und erkennend tun. Und das kennen wir in unserer Zeit eigentlich noch kaum. In unserer Zeit muss man immer noch denken, das ist nicht der Mensch selbst, der böse ist, das sind die bösen Mächte in ihm, wodurch er sich besitzen lässt, zulässt, dass er besessen ist. Aber das ist nicht der Mensch selbst. Es wird eine Zeit kommen, dass man wissen wird und schauen wird: da ist es der Mensch selbst, der das Böse wirklich will. Und darum geht es dann eigentlich in diesem apokalyptischen Schreckenszustand. Also, ich hoffe, dass wir das in den kommenden Tagen auch erleben können. Dass man das auch nicht mit dem noch aus dem vierten Zeitalter kommenden Verstand und Gemüt lesen und aufnehmen sollte, wo alles eigentlich erkenntnismäßig ungefähr gleichgültig nebeneinander steht, aber wo wir die verschiedenen Stufen in der Entwicklung wirklich mit dem bewussten Erleben mitvollziehen können.

Also die große Apokalypse lassen wir dann in gewissem Sinn sein und wir werden in den kommenden Tagen eine Apokalypse durchleben, die ungefähr anfängt in dem Augenblick, wo der Apokalyptiker im Anfang der Zeitrechnung steht, und wo dann die Offenbarung die Zustände wiedergibt, die für Johannes damals Zukunft waren, die für uns aber teils schon Vergangenheit sind und teils auch noch Zukunft sind. Das werden wir viel stärker erleben können, wahrscheinlich, als die Stufen in der großen Apokalypse, weil wir uns noch nicht so richtig vorstellen können, was es bedeutet, wenn der physische Erdenzustand übergeht in einen astralischen Zustand. Was wir uns wohl einigermaßen vorstellen können ist, was es bedeutet, wenn unsere Verstandes-Gemütsverfassung sich steigert zu einer Bewusstseinsseelenverfassung, und wo die Bewusstseinsseele zu dem Entschluss kommt, dass sie die Spiritualisierung des Denkens will, dann zu bewussten, moralischen Intuitionen aufsteigt, sich dazu bereit macht den Christus im Ätherischen zu schauen, sich bereit macht, durch die moralischen Intuitionen in das Irdische moralisch zurückzuwirken und so allmählich mitzubauen an dem Neuen Jerusalem. Und dieses müssten wir uns dann so ungefähr vorstellen am Ende der sechsten Nachatlantischen Kulturepoche.

Darüber werde ich dann heute Mittag noch weitersprechen. Machen wir jetzt zuerst eine Pause und nach der Pause werden wir dann versuchen die ersten Bilder der Offenbarung im Jetzt zu erfassen und zu meditieren.

Teilnehmer: Ich hätte noch eine Frage, darf ich die stellen? Und zwar hast du gesagt, dass es eine Zeit geben wird, wo jemand voll bewusst sich willentlich für das Böse entscheiden kann. Aber ist nicht so eine Entscheidung, nämlich für das Böse, Ausdruck eben gerade nicht vom vollen Bewusstsein, weil würde man wirklich die Tragweite durchschauen, dann würde man sie nicht haben. Also ist eine Bewusstseinstrübung da?

MM: Nein, es wird eine Zeit kommen, in der es Menschen geben wird, die eine ganz klare Bewusstseinsverfassung haben, so wie sie auch diejenigen haben, die eine Spiritualisierung des Denkens durchmachen, aber die wollen nicht eine Spiritualisierung des Denkens, sondern wollen gleichsam eine Materialisierung der Menschheit und die wollen das und durchschauen das auch.

Teilnehmer erneut: Schwer nachzuvollziehen.

MM: Das meinte ich, dass wir das ebenso schwer nachvollziehen können, wie wir diese langen Zeitstrecken überschauen können.

Teilnehmerin: Das fängt doch jetzt schon an.

MM: Ja, aber man kann sich nicht vorstellen, wie weit das gehen wird. Was wir jetzt sehen, sind wirklich ganz kleine Anfänge von etwas, was sich noch sehr, sehr weit entwickeln wird und dann auch bewundernswerte, in Anführungszeichen, Formen annehmen wird.

Teilnehmerin: Die Ursula von Bernus, ich glaube, das war so eine Person, ich weiß nicht, ob ihr sie gekannt habt, das war eine Schwarzmagierin und der Weihrauch hat interviewartig ein Buch geschrieben. Sie hat gesagt, wie man Menschen umbringt, so und ganz kalt. Und dann also die von Bernus hat noch Steiner gekannt, und sie hat dann einen Autounfall gehabt und hat sich dann bekehrt, aber das war ganz brutal.

MM: Ich kenne sie nicht, aber dann müssen wir uns noch vorstellen, dass es ein Kinderspiel ist, verglichen mit dem, was noch kommen wird.

Teilnehmerin: Wie soll ich verstehen, dass durch das Böse mehr Gutes entstehen soll?

MM: Ja, ich denke, dass man das doch differenziert auffassen muss. Das Abstreifen der materiellen Reste, die das Böse sind, das tut der Gott selbst, das ist die Apokalypse, da sieht man, wie Gott damit umgeht und das kann der Mensch, soll der Mensch, muss der Mensch nicht. Was der Manichäer will, ist, diese in dem Bösen verhärteten Seelen versuchen durch Erkenntnis einsehen zu lassen, dass das auch anders gehen kann. Aber das sind zwei verschiedene Dinge.

Ich hatte eigentlich, das ist dann das Letzte, was ich jetzt sage. Ich hatte eigentlich die Hoffnung, in dieser Einleitung eine Ahnung zu wecken, dass wir mit unserem heutigen Erkenntnisvermögen, Gefühlsintensität und Willenswirklichkeit, dass wir damit eigentlich keine Ahnung haben können, von demjenigen, was Zeit ist, was Ewigkeit ist, was gut und böse ist, was Gott ist, was Mensch ist, was Dämonen sind, was Satan ist usw. Wir haben Worte dafür und wir haben leise Ahnungen und die Ahnungen sind dann eigentlich noch mehr wert als die Begriffe. Und wir brauchen natürlich zuerst, dass wir fühlen, wie wenig unsere heutige Erkenntnisposition ein solches Dokument, wie die Offenbarung, wirklich auffassen kann. Und wenn wir das zuerst mal haben, dann können wir auch eine Hoffnung haben, dass dieses Auffassungsvermögen sich doch entwickelt. Denn wenn wir von Anfang an schon denken, ach das lesen wir mal und wir meditieren es und dann wird es schon deutlich werden, dann wird es natürlich nie deutlich werden. Wenn wir nicht fühlen können, wie wenig der Mensch dafür geeignet ist, um das zu ergründen, dann erreichen wir nichts. Und das ist, was immer wieder auffällt, dass der Mensch mit seinem gewöhnlichen Denken, Fühlen und Wollen das doch angehen will und das geht eigentlich gar nicht. Also, das ist ein Eröffnungswort.

ZWEITE STUNDE

Kiental, 13.08.2018

Rudolf Steiner sagt zu den Priestern, dass es viele Interpretationen der Apokalypse gibt, dass man eigentlich mit der Apokalypse nur arbeiten kann, wenn man die Anthroposophie hat. Und beim Münchener Kongress der Theosophical Society hatte er die Apokalyptischen Siegel dabei und hat dann deutlich erklärt, dass die Apokalypse eigentlich auch eine Darstellung der Einweihung ist, also sie ist eine Zukunftsprophezeihung, aber sie ist auch ein Einweihungsbuch. Zu Pfingsten haben wir versucht, in gewissem Sinn bewusst zu werden und vielleicht auch etwas zu verwirklichen, dass man die Offenbarung eigentlich nicht nur lesen und empfinden sollte, sondern, dass man sich mehr und mehr bewusst werden muss, dass es der Inhalt des Ich ist.

Das war für mich eine wirkliche Offenbarung, kann ich wohl sagen. Weil wenn man mit der Philosophie zu einem Punkt kommt, wo man die eigene Denktätigkeit anschaut und natürlich nicht nur die eigene Denktätigkeit anschaut, sondern auch den Quellpunkt, woraus diese Tätigkeit sich entfaltet, anschaut - das ist man selbst, das ist das Ich, da schaut man in seine eigene Ich-Tätigkeit hinein und hat eine wunderbare Erfahrung, dass es etwas gibt im Leben, wo man sagen kann: Ich schaue es an, aber ich bin es selbst. Und ich schaue das nicht so an, wie ich alle übrigen Dinge anschaue, ich schaue hier etwas an, wo ich die Tätigkeit selbst hervorbringe und auch weiß, wie das gemacht wird, was ich hervorbringe und ich durchschaue auch ganz, was ich hervorbringe.

Da hat man das Ich als eine Art von Punkt. Dieser Punkt ist Wille und der bringt das Denken aus sich hervor, aber bleibt in gewissem Sinn eine lange Zeit ein Punkt und man möchte einen Inhalt für diesen Punkt haben. Dann entdeckt man allmählich, dass man in diesem Punkt einen Punkt hat, den man mit Ehrfurcht dem Menschensohn zurechnen darf, aber der Sohn sucht doch auch den Ursprung und die Vollendung, Alpha und Omega. Und das ist wirklich eine Offenbarung, wenn man nicht nur weiß, sondern auch allmählich erleben darf, dass es einen geschriebenen Inhalt für das Ich gibt, dieser Inhalt existiert. Obwohl jedes Ich verschieden ist, ist der Inhalt doch immer diese Apokalypse, aber dieser vervielfältigt sich in dem Maße, wie viele Iche sich damit beschäftigen. Also diese Offenbarung nimmt eine Individuelle Form an, obwohl der Inhalt gleich ist.

Wenn ich, das ist natürlich etwas ganz Einfältiges im Vergleich hiermit, den Begriff des Kreises denke, dann haben wir alle dieselbe Begriffsbeschreibung, aber wir tun es doch alle verschieden. Und so muss man das auch verstehen. Aber es ist wirklich eine erste Erleuchtung für das Ich, dass es eine aufgeschriebene Offenbarung dieses Ich gibt, und dass man also diese Offenbarung auch mit dem tätigen Ich aufnehmen kann, das ist wunderbar. Dies ist dann eigentlich eine Spiritualisierung des Denkens, denn man wird sich dadurch bewusst, dass man im gewöhnlichen Erkenntnisprozess die Sinneswahrnehmung hat und dass man sein Denken hat. Es ist natürlich deutlich, dass im alltäglichen Leben die Sinneswahrnehmung viel mehr mit Wirklichkeit durchtränkt scheint, als das Denken. Das Denken folgt so ein bisschen und tut so etwas aus sich selbst auch, und brütet allerlei aus und urteilt und hat Meinungen usw. Aber wenn das Denken sich wirklich ganz streng an die Sinneswahrnehmung hält, wenn man eine Art von Phänomenologie übt, dann muss man doch noch immer in sich selbst entdecken, dass das Denken eigentlich eine Art von Schein ist und dieser Schein hat an sich nicht viel zu bedeuten, so scheint es.

Erst wenn man dann entdeckt, dass man ein Denken entwickeln kann, das ohne Sinneswahrnehmung doch existieren kann - es ist dann meistens Philosophie, die man denkt, da braucht man keine Sinneswahrnehmung, und hat man die Gedanken an sich als Entfaltungstätigkeit - dann bekommt man eine erste Ahnung davon, dass das Ich durch Freiheit sich in Tätigkeit versetzen kann. Aber wenn es das tut und es tut das wirklich bewusst, dann weiß es auch, dass es sich selbst erkennt und dass es möglich sein müsste, auch andere Dinge aus sich selbst in dieser Art zu denken.

226

Und so könnte man dann die Apokalypse versuchen zu denken, so, dass man einerseits da, wo es Bilder sind, diese Bilder so genau und scharf und wirklichkeitsdurchtränkt formt, wie die Sinneswahrnehmung selbst erscheint. Also wenn wir später das Bild, das erste apokalyptische Siegel und dann das zweite, meditieren, dann müssen wir nicht so einfach ein bisschen darauf ruhen, aber dann muss versucht werden, so stark mit dem Ich dargestellt zu werden, dass es ist, als ob man mit den Sinnen schaut. Das ist die eine Seite.

Die andere Seite ist, dass man eigentlich davon überzeugt ist, oder allmählich wird, dass in so einem Bild dessen Bedeutung vorangegangen ist. Also bei einem solchen Schauen, wie hier beschrieben steht, hat derjenige, der hier schaut, mit dem Bild zu gleicher Zeit auch die volle geistige Bedeutung, braucht das nicht zu denken, braucht nicht zu denken, was bedeutet dies eigentlich. Das haben wir natürlich nicht unmittelbar in unserer Macht. Wenn wir das lesen, dann kommt die Interpretationssucht auf, dass wir wissen wollen, was bedeutet das, aber es würde sich aussprechen, wenn wir es in der richtigen Art meditieren würden und dann zu gleicher Zeit die Anthroposophie haben, um außerhalb der Meditation die Bedeutung, so wie Rudolf Steiner sie gibt, aufzunehmen. Und dann braucht man die Geduld.

Es ist wichtig, dass wir uns bewusst werden, dies ist die Einweihung selbst, dies ist die Zukunft für die Entwicklung des Ich, das Ich, das sich auf sich selbst stellen muss und eine Geschichte bekommt, nicht nur eine Biographie, sondern eine Menschheitsgeschichte bekommt. Wenn man das so aufnehmen kann, dann wird es deutlich, dass dasjenige, was in der Anthroposophie als Erleuchtung beschrieben steht, da wo die Seele nicht das Physische, sondern das Ätherische anschaut, dass im Moment, dass die Seele nicht mehr soweit durch das Ätherische hindurch schießt, dass es nur das Physische sieht, sondern sich etwas zurückzuhalten weiß, damit es das Ätherische schauen kann, die Erleuchtung ist. Dann sieht man das zweite Siegel. Da sieht man das, was hier beschrieben steht.

Viertes Kapitel, der Apokalypse.

Danach schaute ich: Und siehe, eine Tür im Himmel stand offen, und die Stimme, die ich am Anfang gehört hatte - eine Stimme wie von einer Posaune, die mit mir sprach -, sie sagte: Komm hier herauf, und ich werde dir zeigen, was dann geschehen soll. Sogleich wurde ich vom Geist ergriffen, und siehe, ein Thron stand im Himmel, und auf dem Thron saß einer, und der da saß, hatte ein Gesicht, das war wie Jaspis und Karneol, und den Thron umgab ein Regenbogen, der sah aus wie ein Smaragd. Und rings um den Thron sah ich vierundzwanzig andere Throne, und auf den Thronen saßen vierundzwanzig Älteste, in weiße Gewänder gehüllt und mit goldenen Kronen auf dem Haupt. Von dem Thron aber gehen Blitze aus, Stimmen und Donner, und sieben Fackeln brennen vor dem Thron, das sind die sieben Geistwesen Gottes. Und vor dem Thron ist etwas wie ein gläsernes Meer, gleich einem Kristall.

Und mitten auf dem Thron und rings um den Thron herum sind vier Wesen, die mit Augen übersät sind, vorne und hinten.

Das erste Wesen gleicht einem Löwen, das zweite gleicht einem Stier, das dritte hat das Gesicht eines Menschen, das vierte gleicht einem Adler im Flug. Und die vier Wesen haben, jedes einzelne, sechs Flügel, und außen herum und innen sind sie mit Augen übersät, und sie rufen ohne Unterlass Tag und Nacht:

Heilig, heilig, heilig ist der Herr, Gott, der Herrscher über das All, der war und der ist und der kommt.

Und wenn die Wesen Lobpreis, Ehre und Danksagung darbringen dem, der auf dem Thron sitzt und in alle Ewigkeit lebt, werden die vierundzwanzig Ältesten niederfallen vor ihm, der auf dem Thron sitzt, und sie werden zu ihm beten, zu ihm, der in alle Ewigkeit lebt, und ihre Kronen werden sie niederlegen vor dem Thron und sagen:

Würdig bist du, Herr, unser Gott, zu empfangen den Lobpreis, die Ehre und die Macht, denn du hast alles erschaffen, durch deinen Willen war es und ist es erschaffen worden.

Und wenn wir das dann so genau wie möglich, als wäre es eine wirkliche Wahrnehmung, die so wirklichkeitsdurchtränkt ist, wie die Sinneswahrnehmung, meditieren könnten, dann hätten wir eine meditative Vorstellung von der Erleuchtung, von demjenigen also, was geschieht, wenn die Seele den Ätherleib anschaut und eigentlich den Ätherleib als Spiegel hat, um sich selbst zu sehen.

Rudolf Steiner sagt, dass dieser fünfte, der hier als Gott auf dem Thron beschrieben wird, dass der in der alten Zeit als eine mehr oder weniger noch undifferenzierte Gestalt angeschaut wurde, dass wir aber, nachdem Christus auf Erden gekommen ist, gestorben und wieder auferstanden ist, die Möglichkeit haben – zum Beispiel dadurch, dass wir die sieben Leidensstufen im Johannesevangelium meditieren, aber auch durch andere meditative Übungen - dass diese fünfte Gestalt, es gibt also die vier Tiere und in der Mitte eine zuerst undifferenzierte fünfte Gestalt, dass diese sich ausprägt, ausdifferenziert zu der Gestalt, die wir dann anschauen können auf dem Bild des ersten Siegels. Also wir bekommen zuerst etwas, das in der Apokalypse etwas später steht und bekommen dann das Frühere hinzu. Wir müssen uns vorstellen, dass diese vier Tiere zusammen der Mensch sind, der in Entwicklung ist.

Dieser Mensch nimmt in der Bewusstseinsseelenzeit die fünfte Gestalt als nicht ihn führende, aber durch ihn sprechende, denkende, fühlende und wollende in sich auf und dann sieht man, was Johannes beschreibt im ersten Kapitel:

Und ich wandte mich um, die Stimme zu sehen, die zu mir sprach. Und als ich mich umwandte, sah ich sieben goldene Leuchter, und inmitten der Leuchter eine Gestalt, einem Menschensohn gleich, gekleidet in ein Gewand, das bis zu den Füßen reichte, und um die Brust gegürtet mit einem goldenen Gürtel. Sein Haupt aber und sein Haar waren weiß wie weiße Wolle, wie Schnee, und seine Augen wie Feuerflammen, seine Füße gleich Golderz, wie im Ofen geglüht, und seine Stimme wie das Rauschen vieler Wasser. Und in seiner Rechten hielt er sieben Sterne, und aus seinem Mund kam ein scharfes, zweischneidiges Schwert, und sein Antlitz leuchtete, wie die Sonne strahlt in ihrer Kraft

Und das ist die nächste Stufe der Einweihung. Zuerst Erleuchtung, dann Einweihung und man kann sie nur im christlichen Sinn haben, wenn man sich mit christlichen Inhalten und Willensimpulsen in der Meditation durchdringt. Und das wird dann so beschrieben, dass wir, wenn wir die Stufe erreicht haben, dass die Seele sich selbst anschaut im Spiegel des Ätherischen und dann das zweite Siegel als Bild bekommt, dass dann die Seele davon absehen kann, dass sie das Ätherische als Spiegel braucht und dann sich in sich selbst schaut. Man kann sagen, man muss Augen von innen haben, nicht nur Augen, die nach außen sehen, man muss nach innen schauen können. Und dann schaut man das Astralische ohne Vermittlung durch das Ätherische und sieht dann die eigentliche Gestalt des Astralleibes. Das wird hier beschrieben. Das ist diese fünfte Gestalt, die in dem zweiten Bild noch eigentlich mehr oder weniger undifferenziert ist.

JM: Das kann man dann den Menschensohn nennen, das Bewusstsein vom Astralischen in sich selbst.

MM: Wenn wir die Meditationstechnik üben, wenn wir wissen wollen, wie wir meditieren müssen, dann haben wir immer zuerst die Konzentration kennengelernt. Man konzentriert sich auf ein Bild oder einen Spruch, und es wird allmählich die Aufmerksamkeit auf einen *Inhalt zu der Tätigkeit* abgelenkt. Und wenn man das tut, dann hat man eine Ähnlichkeit damit, wie man das Astralische im Spiegel des Ätherischen anschaut. Aber dann muss *von* diesem *Tätigkeitserleben* auch noch *abgesehen* werden. Dann ist man mit dem Astralischen in sich selbständig allein, aber schaut dann, wenn man eine durchchristete Seele ist, den Menschensohn.

Es kommt darauf an, dass man sich mit der festen Überzeugung durchdringt - die dann auch zu der Aktivität führt - dass Meditieren der Apokalypse etwas ist, was so bewusst, so scharf, so klar, so wach, so aktiv, so energisch, so begeistert und dann doch so voller Ehrfurcht sein muss, dass etwas Lebendiges entsteht und nicht, dass es so dürr und undifferenziert bleibt mit unendlich vielen Details, wie der Verstand alles Lebendige ablehnt. Es ist auch eine Methode für eine Spiritualisierung des Denkens, aber nur, wenn man es so macht, dass man wirklich bis in alle Details die Wachheit, die Begeisterung, die Ehrfurcht, die Tätigkeit usw. hineinführt. Und das ist ziemlich ungewohnt, das kennen wir nicht. Auch wenn man die Philosophie der Freiheit liest, tut man es so nicht, da kann man eine Steigerung bekommen von der Begriffstätigkeit und die Tätigkeit des Denkens und die reine Begriffsfolge, die darin liegt. Aber dies hier erhebt einen viel größeren Anspruch.

Versuchen wir das, was das zweite Bild uns gibt, so, wie wir es uns erinnern können, zu einer sinnlichen Anschauungswirklichkeit zu bringen, als ob es sinnlich anschaulich ist. Der Thron Gottes mit seiner Umgebung. Es ist immer sehr hilfreich, wenn man auch darauf achtet, was man nicht vermag, was nicht gelingt. Denn aus dieser Erkenntnis kommt das folgende Mal, oder irgendeinmal, ein Gelingen.

-Es wird meditiert.

Gut.

Danach schaute ich: Und siehe, eine Tür im Himmel stand offen, und die Stimme, die ich am Anfang gehört hatte - eine Stimme wie von einer Posaune, die mit mir sprach -, sie sagte: Komm hier herauf, und ich werde dir zeigen, was dann geschehen soll. Sogleich wurde ich vom Geist ergriffen, und siehe, ein Thron stand im Himmel, und auf dem Thron saß einer, und der da saß, hatte ein Gesicht, das war wie Jaspis und Karneol, und den Thron umgab ein Regenbogen, der sah aus wie ein Smaragd. Und rings um den Thron sah ich vierundzwanzig andere Throne, und auf den Thronen saßen vierundzwanzig Älteste, in weiße Gewänder gehüllt und mit goldenen Kronen auf dem Haupt. Von dem Thron aber gehen Blitze aus, Stimmen und Donner, und sieben Fackeln brennen vor dem Thron, das sind die sieben Geistwesen Gottes. Und vor dem Thron ist etwas wie ein gläsernes Meer, gleich einem Kristall.

Und mitten auf dem Thron und rings um den Thron herum sind vier Wesen, die mit Augen übersät sind, vorne und hinten.

Das erste Wesen gleicht einem Löwen, das zweite gleicht einem Stier, das dritte hat das Gesicht eines Menschen, das vierte gleicht einem Adler im Flug. Und die vier Wesen haben, jedes einzelne, sechs Flügel, und außen herum und innen sind sie mit Augen übersät, und sie rufen ohne Unterlass Tag und Nacht:

Heilig, heilig, heilig ist der Herr, Gott, der Herrscher über das All, der war und der ist und der kommt.

Und wenn die Wesen Lobpreis, Ehre und Danksagung darbringen dem, der auf dem Thron sitzt und in alle Ewigkeit lebt, werden die vierundzwanzig Ältesten niederfallen vor ihm, der auf dem Thron sitzt, und sie werden zu ihm beten, zu ihm, der in alle Ewigkeit lebt, und ihre Kronen werden sie niederlegen vor dem Thron und sagen:

Würdig bist du, Herr, unser Gott, zu empfangen den Lobpreis, die Ehre und die Macht, denn du hast alles erschaffen, durch deinen Willen war es und ist es erschaffen worden.

Nun könnten wir die Meditation noch einmal machen, dann würde es besser, deutlicher, mehr detailliert sein und dann, wenn wir das gemacht hätten, da könnten wir wiederum denselben Text lesen, da würden wir sehen, was noch immer nicht im Bewusstsein dabei ist und da könnten wir wiederum die Meditation machen und so kann man immer weiter schreiten, in der Vervollkommnung, während der Meditation. Wenn man sich dann bei der Meditation bewusst ist, dass es eine Vorstellung davon ist, dass die Seele sich selbst im ätherischen Spiegel anschaut und dann eigentlich die gegliederte Tierheit ihres eigenen Wesens anschaut, dreigegliedert und das vierte Glied bringt ein gewisses Gleichgewicht. Der Adler für das Denken, der Löwe für das Fühlen, der Stier für das Wollen und der Mensch bringt das Gleichgewicht, aber es ist noch immer der Mensch in Entwicklung. Und wenn man so weit kommen kann, dass man dieses ringsherum um den Thron ein bisschen vage werden lassen kann, und dasjenige, was zentral ist, aufkommen lässt, dann könnte man da die Imagination vom Menschensohn meditieren, so, wie sie im ersten Kapitel beschrieben wird und wie sie auf dem ersten Siegel versucht ist zu verbildlichen.

Man kann sagen, das reicht für das ganze Leben, so könnten wir die Meditation der Apokalypse anfangen und immer wieder vervollkommnen, bis irgendwann einmal der Augenblick kommt, dass diese Vorstellung von der Erleuchtung und von der Einweihung nicht mehr Vorstellung bleibt, sondern wirklich Tatsache wird. Dafür brauchen wir den Glauben. 2012 haben wir hier im Kiental im Parzivalhaus damit angefangen, den Glauben zu besingen und wir brauchen ihn natürlich fortwährend. Also haben wir die Musik jetzt auch wiederum mitgebracht, *Der Glaube lebt*.

Der Glaube lebt;
die Taube schwebt,
des Heilands holder Bote.
Der für euch fließt,
des Weines genießt
und nehmt vom Lebensbrote!

DRITTE STUNDE

Nach Christus macht die Menschheit einen gewaltigen Niedergang, aber auch einen Aufgang durch. Das können wir versuchen zu erleben, wenn wir die Offenbarung, die Apokalypse, mit dem Verlauf der Zeit so erleben, wie sie sich von Christus ab, bis an die siebente nachatlantische Kulturepoche entrollt. Das Ende der sechsten Kulturepoche ist das Gleichnis für das Neue Jerusalem. Jetzt leben wir in der Vorbereitung, wo die Geburtswehen schon voll im Gang sind und vielleicht wird es uns helfen, um diese schwierige Zeit besser zu verstehen und auch zu ertragen, wenn man sieht, wie das alles in der allerbesten Art geschaffen und geregelt worden ist. Das macht schon etwas aus.

Der Philosoph und Naturwissenschaftler *Leibnitz*, der, ja man könnte sagen, einen Schöpfungsoptimismus hatte, hat mich sehr angesprochen und ich habe ihn auch oft erwähnt. Er hat eine Aussage getan, dass so, wie die Schöpfung ist, sie die beste, allerschönste ist, die möglich ist. Und ich kann es nicht so schön nachsprechen, weiß es auch nicht auswendig, aber er singt fast seine Freude über die Schönheit und Güte der Schöpfung. Und vielleicht können wir das ein bisschen verstehen, wenn wir die Apokalypse auf unsere Zeit beziehen können.

Wir können die Hilfe von Rudolf Steiner dankbar annehmen, so wie er sie in den Vorträgen für die Priester, im September 1924, gegeben hat, wirklich kurz bevor er seine Tätigkeit einstellen musste, ich glaube, dass der letzte Vortrag für die Priester am 22. September ist und am 28. September kommt von ihm denn noch eine letzte Ansprache für Michaeli.

Ich habe diese Vorträge durch dreißig Jahre hindurch regelmäßig wieder aufgenommen und erlebt und es wird immer deutlicher, dass es zu gleicher Zeit auch eine Art von Offenbarung von Rudolf

Steiner selbst ist, worin er in seinem letzten Vortrag die Priester darauf hinweist, dass es wirklich an der Zeit ist, es absolut notwendig ist, dass die Menschheit, ein Teil wenigstens, so weit kommt, dass die Menschen das Denken selbst in die Hand nehmen. Mit dem Fühlen können sie das noch nicht und mit dem Wollen schon gar nicht. Aber für das Denken ist es an der Zeit, dass es in die Hand genommen wird, dass es etwas wird, was der Mensch selbst ganz in seiner Beherrschung hat. Tut er es nicht, dann kommen die Intelligenzwesen der Widersacher, die ahrimanischen Intelligenzwesen und ziehen die menschliche Intelligenz an sich und das wird dann zur Folge haben, dass auch allmählich das Gefühlsleben und das Willensleben in die Macht von Ahriman kommt. Das ist eigentlich die letzte Botschaft für die Priester.

Das ist etwas, was wir wirklich jetzt in unsere Zeit stellen müssen. Und wenn wir durch diese Tage hindurch gehen, dann werden wir auch sehen, dass wir das als das auf die Erde kommen der Intelligenz auffassen müssen, der kosmischen Intelligenz, die irdisch in den Menschen verteilt mehr oder weniger lebt und dass Michael, der der Verwalter der kosmischen Intelligenz war, mehr oder weniger dieser Intelligenz zur Erde hin nachreist, nachzieht, dass er mitgeht und eigentlich da wartend steht, ob wir Menschen diese Intelligenz in die Hand nehmen und sie dann freiwillig Michael zurückgeben wollen. Das ist wirklich für unsere Zeit die Aufgabe.

Wenn wir zu der Zeit, kurz nach der Zeit, dass Christus auf Erden war, gestorben und auferstanden ist, zurückgehen, dann müssen wir die erste nachchristliche Zeit als die Zeit der Briefe auffassen. Wir können dann erleben lernen, dass in den verschiedenen Gemeinden, die in Asien da waren und die im Ursprung natürlich heidnisch gewesen sind, christlich werden und davon gibt es sieben. Alles, was Gemeinschaftsbildung ist, hat sieben mögliche Weisen, worin es sich ausprägt. Sind es acht, dann ist die achte eigentlich eine Wiederholung von dem, was schon da war. Also sieben Gemeinden gibt es und jede Gemeinde bekommt einen Brief. Das ist der Ausgangspunkt für die Offenbarung.

Wenn wir uns damit identifizieren könnten, dann würden wir das Fundament, die Grundlage haben, worauf wir dann die apokalyptische Einweihung aufbauen könnten. Also die Briefe sind die erste Zeit, kurz nach der Auferstehung.

Und dann kommt die Öffnung der sieben Siegel. Das müssen wir uns dann so vorstellen, dass das in der Zeit der ersten Jahrhunderte nach Christus geschieht, bis ungefähr an die Zeit von Chartres und die Kreuzzüge. Wenn man sich der großen Apokalypse bewusst wird, dann ist das Öffnen der Siegel etwas, was nicht mehr in dieser Nachatlantischen Zeit geschieht, sondern erst nach dem Krieg von allen gegen alle, also noch ganz weit von uns entfernt, in dem sechsten Zeitalter.

Aber im Kleinen finden wir das vorgeahnt und auch vorgeschehen in dieser Zeit zwischen den ersten Jahrhunderten nach Christus und der Zeit der Kreuzzüge und Chartres. Und wir werden morgen sehen, dass das noch ganz in der Entwicklung der vierten Kulturepoche liegt, wo Verstand und Gemüt ausgebildet werden. Man kann das wirklich in dem Öffnen der Siegel ganz differenziert zurückfinden, wie bestimmte Stufen durch die Menschheit durchgemacht werden, die mit der Entwicklung von Verstand und Gemüt zu tun haben, die aber dann bereits durchchristet sind. Wir haben natürlich vor Christus die Zeit, wo bereits die Intelligenz in Richtung der Erde kommt, aber wirklich bei uns angekommen ist sie erst viel später. Und man kann das in der Literatur erleben lernen.

Wir haben uns voriges Jahr im Sommer in die Trinität vertieft und haben etwas von Dionysios Areopagita, von Scotus Eriugena und von Thomas von Aquin aufgenommen und ich denke, dass, wenn wir uns daran zurückerinnern, dass wir uns wohl noch erinnern können, wie Dionysius mit seinen Erkenntnissen und seiner Art sich zu Gott zu erheben noch ganz mit der kosmischen Intelligenz arbeitet und wie Scotus Eriugena eine Art von Anfang macht, selbst menschlich zu denken und wie wir dann bei Thomas von Aquin einen Menschen finden, der selbst denkt und dann versucht mit der menschlichen Intelligenz die göttliche Offenbarung zu verstehen.

Also wir können darin empfinden, wie in dieser Zeit für die Menschen die Schwierigkeit entsteht, die Frage, was ist eigentlich das Denken, das ich immer mehr und mehr selbst tue und tun muss und was hat dieses Denken eigentlich noch mit der Welt zu tun, was hat es mit Gott zu tun.

Wir finden dann die Verwandlung des Denkens, wie sie erst viel später in unserer Zeit anfänglich möglich wird, schon vorausgesagt in der Öffnung der Siegel. Aber das werden wir dann morgen versuchen zu erleben.

Dann können wir die Posaunen, die geblasen werden, auffassen als eine mehr auf das Gefühl gehende Entwicklung. In der großen Apokalypse haben wir gesehen, dass die Posaunen in dem siebenten Zeitalter geblasen werden, der Zeit, bevor die Erde von dem physischen Formzustand übergeht in den astralischen Zustand. Das ist also noch sehr, sehr weit weg. Aber so, wie Rudolf Steiner das dann für die Priester bespricht, sind wir jetzt, in unserer Zeit, voll in dem Blasen der Posaunen darinnen. Und wir müssen uns dann vorstellen, dass in dem Blasen der ersten Posaune die Kreuzzüge stattfinden.

In Rudolf Steiners Zeit wurde die sechste Posaune geblasen und man stand an der Grenze zu der siebenten Posaune. Die siebente Posaune ist unsere Zeit. Und was dann in dieser Zeit der Wehen stattfindet, das müssen wir wirklich als zu unserer Zeit gehörend auffassen, aber alles natürlich noch ganz im Kleinen, es wird viel später größer und gründlicher auftreten. Aber wir haben jetzt schon solche Ereignisse bevorstehen oder stehen schon ganz darin.

So gibt Rudolf Steiner an, dass der Mohammedanismus zusammengeht mit der Eröffnung des vierten Siegels und dass dann eigentlich zum ersten Mal nach Christus das Tier Sorat auftritt, aber dann noch unerkannt. Wenn zweimal 666 sich abgespielt hat, tritt das zweite Mal Sorat auf und das ist der Prozess gegen die Templer. Wir müssen nicht Zahlenfanatiker sein, denn das erste war nicht genau 666, und das zweite nicht genau 2 x 666. Aber wir müssen es so verstehen, dass

238

bei der Folterung der Templer, bei der diese solche Gotteslästerungen geäußert haben, es Sorat selbst gewesen ist, der durch diese Menschen hindurch sich geäußert hat. Da wird er schon hörbar, da kann man ihn schon hören. Im Mohammedanismus ist es noch verborgen, hat es eine vielmehr verborgene Wirkung, aber in dem Prozess gegen die Templer spricht er schon hörbar.

Und dann kommt dreimal 666 und das ist unsere Zeit, das ist 1998. Aber so, wie zweimal 666 nicht genau die Zeit der Templer ist, sondern ungefähr, so kann man sagen, dass dreimal 666 auch nicht genau 1998 ist, aber in der Zeit, in der Christus im Ätherischen sichtbar wird, in dieser Zeit tritt Sorat zum dritten Mal auf und verhüllt sich gar nicht mehr. Da wird das ganz öffentlich gemacht und es ist natürlich nicht so schwierig, herauszufinden, was das dann für ein Ereignis gewesen ist, wenn man denkt, was war das Schlimmste im 20. Jhd., was geschehen ist, ja dann wissen wir schon, woran wir denken müssen. Wir müssen noch abwarten, was uns bevorsteht, ob noch Schlimmeres sich ereignen wird…

Wenn man so, von diesem Gesichtspunkt aus, den zweiten Weltkrieg anschaut, dann bekommt dieser eine tiefe spirituelle Bedeutung und bekommt man auch eine gewisse Achtung, oder einen Respekt, aber dann natürlich im Negativen. Aber für Sorat braucht man auch Respekt für die Ereignisse, die hinter uns liegen. Das ist die Erscheinung des Tieres mit der Zahl 666.

So wird das Erscheinen am Himmel von dem Weib, mit der Sonne bekleidet, von Rudolf Steiner als etwas beschrieben, was sich wirklich auch in unserer Zeit vollzieht, was aber eine Art von Erinnerung ist an eine Zeit, die weit hinter uns liegt, nämlich an die Zeit von Atlantis. Er sagt dann, es wird im 20. Jh. für viele Menschen möglich werden dieses Bild zu schauen und dann werden die Menschen aus sich heraus selbst Erkenntnisse bekommen, darüber, was die Geheimwissenschaft beschrieben hat, nämlich über die Entwicklung der Erde und der voriridischen planetarischen Verkörperungen, über die verschiedenen Zeitalter usw. Das Bild dafür ist das Weib mit der Sonne bekleidet und dem Drachen unter den Füßen. Und das Weib ist schwanger und es erwartet die Geburt eines Knaben. Und wenn wir dieses Bild meditieren würden, dann würden wir sehen, dass das eine Gleichartigkeit hat mit dem Bild von Isis und dem Horuskinde, aber natürlich auch mit dem Bild von Maria mit dem Jesuskind. Und wir sehen z.B. beim Dichter Novalis, wie er auch eine Vorahnung hat von unserer Zeit, wo dieses Bild geschaut werden kann und er schaut es bereits. *Ich sehe dich in tausend Bildern, Maria, lieblich ausgedrückt.*

Und damit geht zusammen, dass die Menschheit als ganze Menschheit über die Schwelle zur geistigen Welt geht. Wenn wir die esoterischen Stunden in Erinnerung rufen, das Mysterium Magnum, das große menschliche Mysterium, dann wissen wir daraus, dass, wenn der Mensch in seiner eigenen Entwicklung durch die Meditation soweit kommt, dass die Seele die Schwelle übertritt, dass dann das Denken, Fühlen und Wollen eigene Wege gehen. Vor der Schwelle zur geistigen Welt sind sie eins, nach der Schwelle zur geistigen Welt sind sie drei. Da gehen Denken, Fühlen und Wollen eigene Wege.

Für die Priester schreibt Rudolf Steiner, dass das auch etwas ist, was in unserer Zeit geschieht, aber dann für die ganze Menschheit, dass also nicht nur die Möglichkeit entsteht, dass jeder Mensch für sich die Schwelle übertritt, aber dass die ganze Menschheit das unbewusst macht. Und das führt dazu, dass es eine Trennung innerhalb der Menschheit geben wird und dass es immer mehr so sein wird, dass es Menschen geben wird, die mehr für das Denken veranlagt, Menschen, die mehr für das Fühlen veranlagt sind, und die mehr für das Wollen veranlagt sind und dass man eigentlich den Wassermann braucht, um diese Drei dann doch wiederum miteinander im Gleichgewicht zu halten. In der individuellen Entwicklung bekommt man auf dem Schulungsweg genügend Anweisungen, um diese Gleichgewichtslage zu behalten, um das bewusst zu machen, dass man das selbständig gewordene Denken, Fühlen und Wollen doch miteinander in Verbindung halten kann.

Aber für die Menschheit als Ganzes ist das natürlich etwas anderes.

240

Es ist notwendig, dass es Menschen gibt, die ein Wissen haben, dass das offenbart wird, dass das geschehen wird und eigentlich jetzt schon stattfindet und dass man von da aus die Menschheit besser verstehen lernt.

Dann gibt es in dem Bild von dem Engel mit dem Büchlein - das Bild kann in sehr verschiedenen Weisen gedeutet werden, aber wenn man es in der kleinen Apokalypse deutet, dann zeigt gerade dieses Bild auf die Dreigliederung, wo man schauen kann, dass die Menschheit in drei auseinander geht. Und Rudolf Steiner sagt dann: Wolkenmenschen, Regenbogenmenschen und Feuerfüßemenschen. Wolkenmenschen findet man vor allem in Osten, Feuerfüßemenschen im Westen und der Regenbogenmensch ist in der Mitte.

Dass wir in Babylon leben, das ist deutlich genug, denke ich. Wir sind in einer Handelsstadt, da wohnen wir und das ist die ganze Welt, könnte man sagen. Alles geht um die Ökonomie, um das Geld, um die Verhältnisse der wirtschaftlichen Werte in den Staaten.

Es ist natürlich eine gewaltige Aufgabe für Menschen, die etwas tiefer schauen können, denn die haben das Bewusstsein, dass es jetzt die Mitteleuropäische Kulturepoche ist, und dass in dieser Mitteleuropäischen Kulturepoche der deutsche Geist entwickelt werden muss. Es gibt keinen größeren Feind dieses Geistes, als dass der Mitteleuropäer sich nur mit Wirtschaft befasst. Also, man kann natürlich die Gefahren gegen die Mitteleuropäische Kulturepoche und ihre Aufgabe überall suchen, aber die größte Gefahr liegt immer innerhalb des Menschen selbst, wo eigentlich das Heil gesucht werden muss. Da liegt auch die Gefahr, dass es nicht gelingen wird.

Am Ende des 19. Jh. gab es Menschen, die gesehen haben, dass die Deutschen ihre Aufgabe nicht erfüllen, weil sie nicht verstehen, dass es nicht um die deutsche Nation geht und schon gar nicht um die deutsche Wirtschaft, aber dass es um den deutschen Geist geht. Und was ist der deutsche Geist? Das ist die Spiritualisierung des Denkens. Goethe und Schiller haben schon viele Seufzer gelassen, Nietzsche

241

tut das auch sehr heftig, sieht eigentlich sehr klar ein, dass das deutsche Volk seine Aufgabe vergisst. Und es ist dann natürlich die Frage, gibt es überhaupt noch eine Möglichkeit, um darin heilend einzugreifen?

Es ist noch wichtig, dass wir wissen, dass es drei Weisen gibt, drei Arten, worin das Böse sich äußert. In Babylon äußert das Böse sich durch den Materialismus, aber auch durch die spirituelle Richtung, die mit dem Materialismus zusammenhängt und das wird immer mehr und mehr *die schwarze Magie.*

Man kann mitfühlen, miterleben in der Apokalypse und auch in den Beschreibungen von Rudolf Steiner, dass das nicht zu einer Spiritualität im Denken kommen lässt, sondern dass man auf andere Wege die Spiritualität suchen wird und suchen wird gerade da, wo sie nicht gesucht werden soll, nämlich in der materiellen Seite der Existenz. Das ist Babylon, das ist Babylon als Bild für die schwarze Magie.

Die zweite Art, worin das Böse versucht die Menschheit zu verderben, ist die *Besessenheit.* Es ist das Tier und der falsche Prophet, auch *Sorat* genannt, die die Menschen in Besitz nehmen wollen und dann wird es so sein, dass der Mensch nicht mehr selbst das Wort führt, sondern, dass es Dämonen und satanische Wesen sind, die durch ihn, oder durch sie hindurch sprechen und handeln.

Rudolf Steiner gibt noch eine dritte Art, worin das Böse wirksam wird, und das ist wirklich *Satan* selbst, der eintritt und es ist erschütternd, wenn man sich das so lebendig wie möglich vorstellt, dass Michael nichts machen kann. Denn Michael ist ein Wesen, das zu den Erzengeln gehört und Rudolf Steiner beschreibt hier Satan als gehörend zu den Hierarchien der Archai und die Archai haben die Möglichkeit, *die Planeten aus ihrer Bahn zu bringen,* das können die Archangeloi nicht. Also, Satan versucht, er lauert fortwährend im Kosmos, die Planeten aus ihrer Bahn zu bringen. Und weil die richtige, wahrhaftige, schöne, gute Menschheitsentwicklung die planetarische Konstellation braucht, wie sie ist, würde eine Änderung davon bedeuten, dass der Mensch sich nicht mehr finden kann. Und das ist es, was der Satan will. Da kann man als Mensch schon gar nichts mehr dagegen machen, aber sogar Michael steht da ohne Macht, er steht machtlos im Respekt für den Satan.

Die Menschen selbst müssen dafür sorgen, dass sie in sich selbst ein gesundes Planetensystem haben. Dann wird es für Satan unmöglich sein, das im Großen zu verderben. Aber es genügt natürlich, das kann man unmittelbar verstehen, nicht *ein* Mensch, es muss ein großer Teil der Menschheit aus eigenem Willen gesund werden. Und dann kann Satan nicht tun, was er will.

Teilnehmerin: Ist es dann möglich, dass Satan die ganze Menschheitsentwicklung brechen kann?

MM: Theoretisch ja, aber die Apokalypse lässt eigentlich sehen, dass das eine Illusion von Satan ist.

Teilnehmer: Sieht Satan aus wie Ahriman?

MM: Ja, das sind die ahrimanischen Wesenheiten mit Satan.

Teilnehmer: Also positiv, woher nimmst du deinen Optimismus?

MM: Aus der Apokalypse. Weil Ahriman und Satan ihre Zeit bekommen, aber dann ist es vorbei.

Teilnehmer erneut: Ich habe noch eine Frage, du hast jetzt 666 mit dem Islam in Verbindung gebracht. Gibt es auch im Islam gute Strömungen, ich betrachte insbesondere die Sufis, oder solche, die durchaus für mich eine gewisse Höhe haben und Innigkeit.

MM: Es geht darum, dass in der Strömung, die von Mohamed initiiert wurde, nur das Vaterprinzip Geltung hat. Und dass es unmöglich wird, wenn man nur den Vater hat, dass man je die Freiheit finden würde. Man kann also nicht sagen, es ist der Islam an sich, aber es sind alle Erscheinungen, die mit dem Mohammedanismus zusammenhängen, das müsste man dann wirklich tiefgehend meditativ versuchen zu ergründen, denn es gibt natürlich auch Strömungen, die nicht so absolut nur väterlich sind. Und es gibt außerhalb vom Islam auch Strömungen die vornehmlich väterlich sind, wie zum Beispiel die Zeugen Jehovas. Aber auch in der katholischen Kirche findet man den Vater, wo man Christus sagt. Dann ist Brüderlichkeit nicht möglich.

Teilnehmer erneut: Und was meinst du zum Beispiel zum Judentum, da wird doch auch sehr stark der Vatergott betont?

MM: Ja, das Judentum wartet immer noch auf den Sohn, aber sie haben wenigstens den Glauben, dass es einen Sohn gibt. Für Mohammed gibt es nichts anderes als den Vater.

JM: Die Juden erwarten noch immer den Messias.

Teilnehmerin: Du hast gesagt, wir können selbst ein gesundes Planetensystem haben. Wie meinst du das?

MM: Das habe ich in meinem medizinischen Beruf kennengelernt. Ich habe es als Ansatz eigentlich nur in diesem Buch, was wir euch geschenkt haben auch, kurz angedeutet, aber man hat, in der esoterischen Menschenkunde immer gewusst, dass der Mensch ein Mikrokosmos ist. Und wenn alle Mikrokosmosse gesund sind, dann kann der Makrokosmos nicht ungesund werden. Wir haben in unserem Leib, in diesem Mikrokosmos, Organe, aber auch seelische Veranlagungen.

JM: Der Mensch ist ein siebengliedriges Metall, da hat man die sieben Metalle, die verbunden sind mit den sieben Planeten, das funktioniert so im Menschen, die verschiedenen Organe, die zusammenarbeiten wie die Planeten es machen.

Teilnehmerin erneut: Wie können wir aktiv daran arbeiten? Die Gegebenheiten sind da, aber können wir aktiv etwas tun, damit es gesund ist und bleibt?

MM: Ja, Selbsterkenntnis, im Denken, Fühlen und Wollen, wo wir dann im Denken Saturn, Jupiter und Mars haben, im Fühlen die Sonne und im Wollen Venus, Merkur und Mond. Und wenn wir diese in der Seele in Harmonie bringen können, dann wird es im Kosmos auch angeregt, in Harmonie bleiben zu wollen.

Teilnehmer: Die Schwierigkeit ist ja bei diesen physischen Dingen, dass zum Beispiel die ganzen Nahrungsmittel total vergiftet sind, das Wasser was wir zu uns nehmen, dass jetzt in starkem Maß also auch gentechnologisch Sachen vorbereitet werden, also die Genstrukturen gentechnologisch verändert werden. Wie kann man da vorgehen, in solchen massiven dunklen Sachen, die uns so einfach in unserer Freiheit beeinträchtigen, da alles giftig durchtränkt ist. Was könnten wir da machen?

MM: Konzentrationsübungen so kräftig, dass das Geistig-Seelische sich außerhalb des Leibes bewusst wird.

Teilnehmer erneut: Konzentration so stark, dass das Geistig-Seelische sich außerhalb des Leibes bewusst wird? Würden wir dadurch die Gifte umwandeln können?

MM: Das führt dann letztendlich zu diesem wunderbaren Bild, dass wir dann haben werden und das hier auf die sechste Kulturepoche bezogen ist und nicht erst nach so vielen Zeitaltern kommt, nämlich, dass das Neue Jerusalem gebaut werden wird, nicht aus den physischen Stoffen, sondern dass es sich herabsenkt und gebaut wird aus geistigem Material.

Teilnehmer erneut: Konzentrationsübung, wie wir sie hier auch in anthroposophischen Zusammenhängen machen, gibt's da was besonders Gutes, als Heilmittel, ein kleines Fläschchen…?

MM: Das Problem ist, dass die Stärke, womit diese Konzentrationsübungen gemacht werden müssen, nicht vermutet wird. Man denkt, wenn man ein bisschen dabeibleibt, dann ist es schon einigermaßen gelungen. Aber die Konzentrationskraft muss sich jeden Tag steigern, bis man mit Sicherheit weiß: Jetzt bin ich als Ich und Seele in mir selbst ganz sicher wach, bewusst, aber der Leib tut nicht mehr mit.

Teilnehmerin: Aber solange das nicht so ist, schadet es ja den Menschen trotzdem, dass all diese Sachen passieren. Und die Kinder sind ja trotzdem dem ausgesetzt, oder?

MM: Ja, aber das ist Teil der Niedergangserscheinungen und Teil der Wehen. Geburtswehen sind es, aber nicht so, wie bei uns Frauen, wo es deutlich ist, was geboren wird und was abfällt, aber eine mächtige Geburt steht bevor und es gibt viel Niedergangserscheinungen, die dazu gehören. Und das ist auch der Wert der Apokalypse, dass man das immer besser und besser verstehen lernt, dass es nicht anders geht, als dass etwas zugrunde geht, damit etwas anderes auferstehen kann.

Teilnehmerin erneut: Man kann nicht ein Kind diesen Einflüssen aussetzen und denken, das ist jetzt unsere Zeit, zum Beispiel.

MM. Nein, natürlich nicht, aber man wird immer sein Bestes tun, um soviel wie möglich zu vermeiden, dass diese Einflüsse wirksam werden, aber man weiß zu gleicher Zeit, dass es doch nicht zu 100 % gelingen kann. Man braucht nur die Nase hinauszustecken und schon ist es falsch, da kommen schon verkehrte Dinge herein. Man kann tun, was man vermag, aber vollkommen wird es ja nie.

Teilnehmerin erneut: Und wie ist es mit dem besessenen Menschen, ich denke, dass es immer mehr von diesen gibt, weil ja sehr viele Menschen Drogen nehmen. Ist es so?

MM: Ja, aber nicht nur Drogen. Computerwerk kann auch besessen machen. Aber ich habe immer gedacht und denke das noch: Es gibt nur einen Ort, wo man heilen kann und das ist man selbst eigentlich. Das Übrige, das ist nicht zu erreichen. Ich kann natürlich mein Bestes tun, um so viel wie möglich die Verhältnisse so mitzugestalten, dass sie das Allerbeste ermöglichen, aber ja, es bleibt natürlich doch:

Verbessere die Welt und fang bei dir selber an.

Teilnehmer: Gibt es auch irgendwie Wege, die jenseits der korrupten Parlamentaristen und der Demokratie, in der Art, wie wir sie kennen, dass man etwas tun könnte?

MM: Ja, es gibt natürlich noch etwas anderes, aber das glaubt auch kein Mensch. Nun ja, kein Mensch darf ich nicht sagen, aber das glauben nicht viele, dass man durch eine Hierarchienmeditation, durch ein Flehen, ein Beten, ein Bitten, ein Fragen an die Hierarchien, wobei man so gut, wie man kann, auch weiß, wer sie sind - also nicht etwas ganz Unbekanntes, nicht ein unbekannter Gott, aber etwas Differenziertes - dass man da seine Bitten und Fragen stellen kann. Aber wie Christus im Evangelium sagt, wenn die Jünger kommen und sagen, wir können nicht heilen, dann wirft er ihnen vor, dass sie nicht gläubig genug sind. Sie glauben ihre eigene Frage nicht. Glauben wir unsere Fragen?

JM: Sie glauben nicht, dass es gelingen wird und dann gelingt es auch nicht.

Teilnehmer: Also das, was wir in der Weihnachtszeit gemacht haben, exemplarisch.

MM: Aber die Zweifel, die kriechen da hinein, dann ist es wirkungslos.

Teilnehmerin: Ich habe nochmal eine Frage zu dem ersten Üben, also Babylon ist der Materialismus Suchende, und da wollte ich nochmal nachfragen. Wenn man nicht in dem Denken die Spiritualisierung sucht, aber im Materiellen, dann ist das Babylon, das ist schwarze Magie. Ich bin geboren worden in eine materialistische Familie und da wird jeglicher Geist abgelehnt und eine Ahnung, was schwarze Magie ist, hat man da gar nicht. Du meinst nicht, dass der Materialismus zugleich wie schwarze Magie wirkt, sondern es gibt noch etwas anders?

MM: Nein, wenn der Materialismus sich spiritualisiert, und Materialismus bleibt, dann wird es schwarze Magie. Der materialisierte Geist.

Teilnehmerin: Kannst du da mal ein Beispiel sagen?

MM: Ich finde es schwierig, das auszusprechen. Aber man kann etwas lernen, wenn man ein Buch darüber liest, wie man Menschen tot wünscht. Dass man also nicht durch eine Erhöhung der Moralität spirituell wird, aber dadurch, dass man immer niedrigere Ziele hat, die letztendlich so weit gehen, dass man zaubern kann, dass man wirklich mit Materie zaubern kann. Das wäre ein Beispiel. Aber das sind Dinge, die jetzt noch nicht so sind, also wenn man jetzt Materialist ist, dann ist das noch unschuldig, und vielleicht ist dieser Materialist das nächste Mal ein Anthroposoph. Also das steht jetzt noch lange nicht fest.

In den kommenden Tagen werden wir versuchen, die Apokalypse weiter zu lesen, und hier und dort eine Meditation zu machen. Nach der Pause werde ich dann einen kleinen Anfang mit den Briefen machen. Wir können eine so große Offenbarung natürlich nicht bewältigen, das ist unmöglich. Das Einzige, was wir tun können, ist immer wieder einen kleinen Teil daraus nehmen und versuchen, damit so umzugehen, wie man es eigentlich mit dem Ganzen tun sollte. Wenn wir also etwas rausnehmen von den Briefen, etwas von den Siegeln und etwas von den Posaunen, von den Wehen, dem Tier usw. und am letzten Tag das Neue Jerusalem versuchen zu erleben und zu tun, dann denke ich, haben wir schon sehr viel getan. Es ist immer wichtig, keine Angst zu bekommen, aber man muss sich doch bewusst machen, dass, was wir mit der Apokalypse versuchen zu erleben, dass das die dämonischen und satanischen Wesenheiten wütend macht. Das ist gerade das, was sie nicht wollen, dass das gemacht wird. Also arbeiten wir, ohne dass man davon Ängste bekommt, denn die brauchen wir nicht zu haben, weil wir den Schutz bei uns haben. Aber es ist natürlich wohl gut, um sich dessen bewusst zu sein.

248

VIERTE STUNDE

Die Spiritualisierung des Denkens macht das Denken zu einer Kunstform. Gewöhnlicher Weise ist das Denken auch ein wenig in der Kunst da, aber meistens stört es mehr, als dass es fördert. Aber nun haben wir die Möglichkeit, dass das Denken selbst zur Kunst wird und man kann natürlich schon fühlen, dass es früher, in älteren Zeiten, als das Denken bei den Menschen noch ziemlich jung war, es noch viel mehr diese künstlerische Art hatte, aber so wie unsere Entwicklung in der äußeren Kultur geht, verlieren wir die künstlerische Verfassung im Denken selbst immer mehr. Durch das Denken werden wohl noch differenzierte Unterschiede gemacht, man kann noch bestimmen. Aber dass ein Erleben von demjenigen, was man denkt, entsteht, geht mehr und mehr verloren und man müsste das wieder ganz bewusst in Gang bringen.

Wenn man in den Süden Europas fährt, zum Beispiel nach Spanien, findet man bestimmte landschaftliche Schönheiten, die mit dem südlichen Klima zu tun haben. Man kann Fotografien anschauen wenn man da gewesen ist, und dann weiß man auch, wie es sich da einigermaßen anfühlt. Wir bekamen danach ein paar Fotografien von unserem Sohn, der in Italien war. Und da sieht man ungefähr die gleichen Bilder, das ist nicht so verschieden, wenn man nur äußerlich schaut, dann ist es ziemlich ähnlich. Natürlich nicht Rom und Valencia, aber der Mediterrané. Aber wenn man in beiden Ländern gewesen ist, dann weiß man doch sehr wohl, wie unterschiedlich sich das anfühlt, obwohl es gleichartig aussieht. Es sieht ähnlich aus, aber es fühlt sich ganz anders an. Und das geht verloren. Ich denke, dass eine Zeit kommen wird, dass es einerlei ist, ob man in Italien, in Spanien, in Griechenland oder in der Türkei ist, und dass dasjenige, was außerhalb von demjenigen, was man sieht, übersinnlich da ist, dass man das nicht mehr wahrnehmen wird.

Das ist ein Beispiel dafür, in welche Richtung die Anschauung, die sinnliche Anschauung und das Denken, sich bewegen. Das können wir wiedererkennen, wenn wir versuchen zu unterscheiden zwischen den sieben Briefen.

Ich habe heute Morgen gesagt: Mit dem gewöhnlichen Denken erfasst man die Unterschiede, aber das tut man denkend und mit dem Erleben kommt man nicht so leicht mit. Aber wenn man meditieren will und das in Richtung einer Spiritualisierung der Intelligenz tun will, dann muss man viel Aufmerksamkeit geben, dass man das richtig macht. Viel andächtige Tätigkeit muss dabei sein.

Rudolf Steiner hat gewaltig dabei geholfen, dass er uns die Zeitperspektive gegeben hat, wodurch wir wissen, dass wir jetzt im fünften Zeitalter sind, dass das vierte Zeitalter Atlantis genannt wird. Im fünften Zeitalter, nach Atlantis, gibt es sieben Kulturepochen. Die erste Kulturepoche, die nach der Atlantischen Flut auftritt, wird die indische Kulturepoche genannt. Das ist die erste Phase in der Nachatlantischen Zeit. Die Menschheit hat noch eine Sehnsucht nach demjenigen, was auf Atlantis noch Eigentum gewesen ist. Das war eine weitgehende Spiritualität und eine sehr geringe physisch-sinnliche Anlage.

Wenn wir dann den ersten Brief lesen, der als Sendschreiben gegeben wird, dann können wir mitfühlen, mitschwingen, mit dieser ersten Nachatlantischen Kulturepoche, wo die Menschheit die Aufgabe hatte - oder eigentlich, wo es so geschah - dass vor allem der physische Leib in Entwicklung gebracht wurde, aber dass die Menschen selbst eine Sehnsucht nach dem Geist behalten hatten und es schwierig fanden, um sich wirklich auf die Erde zu begeben. Und sie haben die sinnliche Realität mehr oder weniger als Illusion erlebt, als Maya.

Johannes schreibt - und man kann nach Rudolf Steiner auch wirklich Johannes als den Verfasser der Apokalypse auffassen:

'Dem Engel der Gemeinde in Ephesus schreibe: So spricht, der die sieben Sterne in seiner Rechten hält, der einhergeht inmitten der sieben goldenen Leuchter:

250

Ich kenne deine Werke und deinen Einsatz und deine Beharrlichkeit, und ich weiß, dass du die Bösen nicht ertragen kannst, dass du geprüft hast, die da sagen, sie seien Apostel, und es nicht sind, und dass du sie als Lügner entlarvt hast.

Ausgeharrt hast du, und um meines Namens willen erträgst du dies alles und bist nicht müde geworden.

Ich habe dir aber vorzuwerfen, dass du deine erste Liebe verlassen hast.

Bedenke, aus welcher Höhe du gefallen bist, kehr um zu den Werken des Anfangs; wenn nicht, werde ich zu dir kommen und deinen Leuchter von seinem Platz stoßen, wenn du nicht umkehrst.

Aber dies halte ich dir zugute: Du hasst die Werke der Nikolaiten, die auch ich hasse.

Wer Ohren hat, der höre, was der Geist den Gemeinden sagt. Wer den Sieg erringt, dem werde ich zu essen geben vom Baum des Lebens, der im Paradies Gottes steht.'

Zuerst wird eine Charakteristik von demjenigen gegeben, der da spricht, Johannes schreibt, was Er spricht. Und da hat man eine wunderbare Unterscheidung in den sieben Briefen, denn es wird jedes Mal ein anderer Aspekt des Menschensohnes angedeutet. Und wenn wir das mit einer imaginativen, inspirativen Qualität meditieren könnten, dann würde allmählich deutlich werden, warum hier die sieben Sterne inmitten der sieben goldenen Leuchter sind und warum in dem zweiten Brief der Sprecher als der Erste und der Letzte bezeichnet wird, der tot war und wieder lebendig geworden ist. Also das wäre eine wunderbare Möglichkeit zur Unterscheidung, wenn man die Briefe meditieren will, da kann man den Menschensohn in sieben verschiedenen Gestaltungen ausgeprägt wiederfinden. Und dann hat man die erste Möglichkeit zur Unterscheidung. So, dass das nicht nur ein Denken bleibt, sondern, dass das wirklich kunstvoll wirken wird.

Dann ist immer das Zweite, dass das Positive nachdrücklich darge-stellt wird und da wird die Gemeinde in gewissem Sinne gepriesen. Das Dritte ist, dass gesagt wird, was der Menschensohn dagegen hat, was er tun wird, wenn nicht Buße getan wird und was er tun wird, wenn wohl zugehört wird.

Wenn wir dann von Rudolf Steiner wissen, dass der erste Brief zu-sammenhängt mit demjenigen, was nach Christus in Kleinasien von ursprünglich indischer Kulturweisheit noch übrig gelblieben war, dann hat man schon viel zur Verfügung, um diesen Brief wirklich ganz ausführlich für sich in einer meditativen Tätigkeit auszumalen und zuzuhören. Aber man fühlt schon, man muss sehr aktiv werden, man kann nicht einfach sitzen, wie man ein Gemälde anschaut und sagen, ach wie schön ist das.

Es muss die eigene Tätigkeit wirklich sehr angeregt werden, um so unterscheiden zu lernen, dass auch etwas daran zu erleben ist.

'So spricht, der die sieben Sterne in seiner Rechten hält, der einhergeht inmitten der sieben goldenen Leuchter:

Ich kenne deine Werke und deinen Einsatz und deine Beharrlichkeit, und ich weiß, dass du die Bösen nicht ertragen kannst, dass du geprüft hast, die da sagen, sie seien Apostel, und es nicht sind, und dass du sie als Lügner entlarvt hast.

Ausgeharrt hast du, und um meines Namens willen erträgst du dies alles und bist nicht müde geworden.'

Das alles ist ein Preisen. Aber dann:

Ich habe dir aber vorzuwerfen, dass du deine erste Liebe verlassen hast.

Bedenke, aus welcher Höhe du gefallen bist, kehr um zu den Werken des Anfangs; wenn nicht, werde ich zu dir kommen und deinen Leuchter von seinem Platz stoßen, wenn du nicht umkehrst.

Und dann kommt noch etwas Positives:

Aber dies halte ich dir zugute: Du hasst die Werke der Nikolaiten, die auch ich hasse.

Wer Ohren hat, der höre, was der Geist den Gemeinden sagt. Wer den Sieg erringt, dem werde ich zu essen geben vom Baum des Lebens, der im Paradies Gottes steht.

Teilnehmerin: Die Nikolaiten sind Materialisten?

MM: Ja, das sind Materialisten.

JM: Ich habe gelesen, dass es eine christliche Strömung war, die alles jedoch materiell machten.

Teilnehmerin: Was ist denn mit dem goldenen Leuchter gemeint, den er umstößt?

MM: Dann wird die Gemeinde selbst umgestoßen.

Teilnehmer: Und die erste Liebe?

MM: Die erste Liebe, die diese Gemeinde verlassen hat, davon sagt Rudolf Steiner, dass diese Menschen vor allem in der Spiritualität leben wollten, und eigentlich das Physisch-Sinnliche nicht geachtet haben, ihm keinen Wert gegeben haben. Deshalb haben sie natürlich auch die Nikolaiten gehasst. Aber es geht zu weit. Sie sind die Gemeinde, die übrig geblieben ist von der Strömung, in der gerade das Physische entwickelt werden musste, oder wurde. Also, da liegt ein Problem, dass diese ersten Menschen der Nachatlantischen Zeit sich da niederlassen müssen und dass sie die erste Epoche sind, in der die Menschheit sich allmählich ganz mit der Erde verbinden muss. Aber sie wollen das nicht, weil sie sich noch zurücksehnen nach dem, wie es früher gewesen ist.

Aber wenn sie zuhören, gerade dann bekommen sie zu essen vom Baum des Lebens, der im Paradiese Gottes ist. Also gerade diesen Menschen verspricht der Menschensohn dann, dass sie zurück in das Paradies gehen dürfen, was sie eigentlich wollen, aber sie tun nicht, was sie tun sollen. Und wenn sie das nicht tun, dann verlieren sie ihre Gemeinde, aber wenn sie das wohl tun, dann bekommen sie das, was sie so gerne haben.

Teilnehmer: Wie wichtig ist eigentlich, wenn man so was meditiert, diese Reihenfolge? Soll man dem Text genau folgen?

MM: Ja sicher. Man muss sich vorstellen, wenn wir die Meditation mit dem Rosenkreuz machen, dann machen wir zuerst eine ganz große, umfangreiche Begriffsbildung und dann kommt das Bild. Das ist ganz umgekehrt dem Erkenntnisprozess gegenüber, wo wir zuerst wahrnehmen und dann denken. Und bei dem geistigen Schauen ist es so, dass die schauende Person eigentlich zuerst den Begriff hat und dann das Bild. Das geht natürlich ganz schnell. Aber das Bild ist nicht begriffslos. Das ist nicht so, wie wir es in der äußerlichen Erkenntnis haben, dass man denken muss, was habe ich hier eigentlich, wenn es kompliziert ist. Hier weiß man erst, was man hat und dann kommt das Bild. Und deshalb sind alle Details auch so wichtig, weil es nicht nur Details sind und man später sagen kann, ja, das war eigentlich nicht so wichtig, das kann ich auch weglassen. Die bildgestaltende Tätigkeit, die hängt unmittelbar mit dem darin lebenden Begriff zusammen und der Begriff ist dann natürlich auch nicht so Begriff, wie wir den Begriff des Kreises haben, aber er ist ein lebendiger Gestaltbegriff und das wollen wir wieder daraus, wie soll ich das sagen, herauslösen, dass es wieder lebendig wird.

Teilnehmer erneut: Und es würde mich noch interessieren, wenn ich das vielleicht noch anführen darf? Du sprichst vom Menschensohn, es gibt aber auch den Gottessohn. Sind das grundsätzlich verschiedene Dinge, oder sind das einfach verschiedene Aspekte?

MM: Rudolf Steiner beschreibt etwas Wunderbares für die menschliche Entwicklung in einem Leben, dass, vor dem dritten Jahr, bevor das Kind Ich sagt, das Kind eigentlich ein Gottessohn ist und dass es danach, nach dem dritten Jahr, ein Menschensohn wird. Da fühlt man, dass dies ein Unterschied ist.

JM: Und am Ende des Lebens kommt der Gottessohn dann wieder zusammen mit dem Menschensohn. Eigentlich bleibt das höhere Ich beim dritten Jahr stehen, das Leben geht voran und dann am Ende fügt es sich wieder hinzu, mit dem, was erworben worden ist durch den Menschensohn. Es ist etwas sehr Schönes, was man von Rudolf Steiner beschrieben bekommt.

MM: In Unterschied zu dieser ersten Kulturepoche in dem ersten Brief, lese ich dann den zweiten Brief:

Zweite Kulturepoche, die persische Kulturepoche, in der Zarathustra der große Lehrer gewesen ist und der lehrte den Unterschied zwischen Licht und Finsternis, Ahura Mazdao und Ahriman. Aber wichtig war in dieser zweiten Kulturepoche, dass diese Gruppe von Menschen, die da die führende Menschengruppe war, sich bereit gemacht hat, die Erde zu bearbeiten, den Ackerbau usw. zu entwickeln, also mit der Erde wirklich tätig zu werden.

Und da steht in dem Brief:

Der Brief an die Gemeinde in Smyrna

Und dem Engel der Gemeinde in Smyrna schreibe: So spricht er, der Erste und der Letzte, der tot war und wieder lebendig wurde:
Ich kenne deine Not und deine Armut - und doch bist du reich -, und ich weiß, wie du verwünscht wirst von Seiten derer, die sagen, sie seien Juden, und es nicht sind, sondern eine Synagoge des Satans!
Fürchte dich nicht vor dem, was dir an Leiden noch bevorsteht. Siehe, der Teufel wird einige von euch ins Gefängnis werfen, um euch zu versuchen, und ihr werdet Not leiden, zehn Tage lang. Sei treu bis in den Tod, und ich werde dir die Krone des Lebens geben.

Wer Ohren hat, der höre, was der Geist den Gemeinden sagt: Wer den Sieg erringt, dem wird der zweite Tod nichts anhaben können.'

MM: ‚Hier spricht der Erste und der Letzte, der tot war und wieder lebendig geworden ist'. Hier hat er eigentlich nicht wirklich Kritik, er beschreibt den Zustand und verkündet, was noch geschehen soll und gibt Mut.

Vielleicht könnt ihr heute Abend mal versuchen diese zwei Briefe zu bedenken, zu meditieren und zu versuchen, diesen gewaltigen Unterschied zwischen indischer und persischer Kulturepoche gewahr zu werden.

Dann können wir morgen früh, wenn wir wieder mit der Arbeit anfangen, darüber noch sprechen.

Hier liegt das Fundament für die Meditation der Apokalypse. In der ersten Zeit nach Christus gab es sieben Christengemeinschaften, die sieben verschiedene Hintergründe hatten. Ich habe da wiederum das Buch hingelegt mit der Karte von Kleinasien, wo man sehen kann, wo diese sieben Gemeinden lokalisiert waren. Da sieht man, dass die ganz nah aneinander grenzen, sie sind ganz nah beisammen, aber es sind sieben ganz verschiedene Charakteristiken.

Und wenn man zu den Siegeln, Posaunen usw. weiter gehen möchte, so muss man schon diese Spiritualisierung des Denkens vollzogen haben, da muss man so weit sein, dass man weiß, wie man das gewöhnliche unterscheidende Denken zu einer Kunst umformt. In der großen Apokalypse war es ja so, dass die Briefe mit unserer Nachatlantischen Zeit zusammenhängen, mit der fünften Phase der irdischen Entwicklung, es kommen noch eine sechste und eine siebente. Die sechste ist das Eröffnen der Siegel, die siebente die Posaunen, bis an das Herunterkommen des Neuen Jerusalem und den Übergang in eine astralische Erde. Aber jetzt, wenn wir es mehr auf unsere Zeit beziehen wollen, dann ist dies schon wieder lange her, kurz nach Christus, wo es sieben Christengemeinschaften mit ganz verschiedenen Eigenschaften gab.

Teilnehmer: Die erste Liebe von der ersten nachatlantischen Kultur, die auf das Physische gerichtet ist, kann ich das denken, so wie ein kleines Kind mit der Physischen Welt umgeht? Ich suche ein Bild, wie ist denn das richtige Verhältnis damals zu verbildlichen.

MM: Ja, du kannst tatsächlich sagen, dass das Kind eine Wiederholung der indischen Kulturepoche ist, aber man muss es dann wiederum nicht festlegen, es ist nur ein Aspekt.

Teilnehmer: Und sollen wir es bei dieser Meditation auch so machen, wie du es das letzte mal gesagt hast, in Graubünden, dass wir dieses Gesamtbild des Menschensohnes zuerst meditieren, weil am Anfang der Briefe immer nur Aspekte von Christus gezeigt werden?

MM: Was wir heute Morgen gemacht haben, – das waren die vier Tiere um den Fünften in der Mitte als undifferenzierte Gestalt, der nach Christus immer mehr deutlich werdend der Menschensohn ist. Das ist das erste Kapitel.

Gut, dann singen wir noch *Jesu meine Freude*. Die meisten von euch haben das zu Pfingsten schon mühevoll mitgemacht…

Es wird gesungen.

FÜNFTE STUNDE

Kiental, 14.08.2018

Die Meditation wird noch intensiver werden, wenn wir zuerst das Bild aus dem vierten Kapitel nehmen, das zweite apokalyptische Siegel, das Bild mit dem Thron Gottes, den vier Tieren und die vierundzwanzig Ältesten, das beim Kongress in München gezeigt wurde; wenn wir uns dann bewusst sind, dass diese Gestalt in der Mitte der Menschensohn selbst wird. Also, dann fängt man mit dem Bild des vierten Kapitels an. Das hängt damit zusammen, dass es auch schon vor Christus so war, dass, wenn die Einweihung so weit fortgeschritten war, oder die Entwicklung zur Einweihung hin, dass ein Blick mit dem Astralleib auf den Ätherleib geworfen werden konnte, oder dass der Astralleib im Spiegel des Ätherleibes sich selbst anschauen konnte, dass dann dieses Bild erschien. Da gab es noch nicht den Menschensohn, so wie er am Anfang der Apokalypse steht.

In der meditativen Praxis kommt zuerst das imaginative Schauen, wodurch man die Erleuchtung erhält, dadurch, dass eine Konzentration und Meditation auf imaginative Bilder oder Sprüche gemacht wird und es dann soweit Erfolg hat, dass man sich mit dem Astralleib und dem Ich ganz außerhalb des Physisch-Ätherischen halten und dann das Physisch-Ätherische von außen anschauen kann, was man normalerweise nicht kann, man sitzt dann zu viel darinnen. Nur wenn man aufwacht am Morgen, gibt es einen kurzen Augenblick, wo das auch so ist, und dann treten Träume auf. Dann hat man, dass man sich eigentlich kurz in dem Ätherischen hält und dann schießt man sofort hindurch in die Sinneswelt hinein. Also da gibt es von Natur aus einen Augenblick, wo man dieses Bild schauen könnte, aber man schaut es nicht, weil man es nicht geübt hat. Da müsste man sich etwas länger zurückhalten können und dann rein darin verweilen können. Aber das tut man nicht, wenn man träumt, denn da kommen alle eigenen Prozesse ganz gewaltig auf und überdecken die geistige Realität.

Teilnehmer: Ich habe verstanden, dass man nicht nur das äußere Bild meditieren muss, diese Bilder sind mehr eine Anfüllung, eine Erweiterung. Im ersten Kapitel ist auch der Menschensohn beschrieben, aber es ist umfangreicher, als das Bild ist.

MM: Ja, die Bilder sind nur zur Illustration da und sind mehr oder weniger konzentrierte Stufen der Rosenkreuzereinweihung. Also man kann die sieben Stufen der Rosenkreuzereinweihung darin wiedererkennen. Und wie es mit allen Bildern so ist, wenn sie einmal festgelegt werden, dann werden sie auch starr und sind immer mangelhaft. Ein geistiges Bild, ein imaginatives Bild, das ist lebendig, wie wenn man einem Menschen, der lebt, gegenüber steht. Hier ist etwas festgehalten, was eigentlich nur ein Moment ist und das ist zur gleichen Zeit natürlich ein Problem.

JM: Dann könnte man das besser aus den apokalyptischen Bildern, die man in der Bibel liest, selbständig aufbauen und dann so die Konzentration üben.

MM: Die Bilder von Clara Rettich sind Abbildungen der sieben Stufen der Apokalypse und in diesem Sinne Hinweise darauf. Sie sind auch eine Anregung zur Imagination. Aber man sollte nie ein fertiges Bild abbilden, sondern selbst imaginieren.

Teilnehmer: Ich habe auch noch eine Frage und zwar ist mir aufgefallen, schon zu Hause, dass immer dieser Menschensohn mit bestimmten Attributen gezeigt wird, nur im jeweiligen Bild, z.B. mit Leuchtern, mit Sternen, später auch mit dem Schwert oder mit den Erzfüßen gezeigt wird. Sind das verschiedene Aspekte, liegt darin auch ein Geheimnis?

MM: Ja, Er wird natürlich zuerst mit allen Attributen gemalt, im ersten Kapitel. Und dann, in den sieben Briefen, hat jede Gemeinde etwas, einen Aspekt davon. Die Gemeinde wird vom Menschensohn so angesprochen, dass etwas in den Vordergrund tritt und das Übrige im Hintergrund bleibt, obwohl es natürlich da ist, aber das wird nicht betont. Und das meinte ich gestern, als ich sagte, ja, das ist eine Übung für die Spiritualisierung des Denkens, weil man diese Betonung kennen lernt und wenn man lange in den Unterschieden der sieben Gemeinden verweilen könnte, und sich fragen könnte: Was tritt hervor bei Ephesus, was bei Smyrna, was bei Pergamos usw., dann würde man viel entdecken können. Das ist natürlich von tiefer Bedeutung, man könnte vielleicht versuchen zu interpretieren, aber das soll man nicht, man könnte es einfach anschauen, so wie man die Sinnesanschauung hat, wie man gegenüber von etwas steht, was sehr bedeutsam ist, aber was sich vorerst nicht ausspricht, obwohl die Bedeutung darin sitzt. Also, das ist unsere eigene Dummheit, dass wir das nicht wissen. Denn der Apokalyptiker hat das Wissen zur gleichen Zeit mit dem Bild gehabt.

Teilnehmer: Darf ich noch fragen, weil ich gestern Mittag nicht da war, welche Kulturepochen sind mit den Briefen angesprochen?

MM: Ich sagte gestern, dass es sieben Christengemeinschaften in Asien gab, ganz nahe zu einander, wo die vorchristliche, also heidnische Einweihung noch lebte und dann durchchristet wurde. Und jede Gemeinde, jede Gemeinschaft, hatte eine Prägung, eine Überlieferung einer Kulturepoche. Also die kommen dann doch wieder auf, aber werden durchchristet. Da ist eigentlich die ganze nachatlantische Entwicklung in sieben Gemeinden gegeben. Also das Ganze, was sich nach Atlantis zugetragen hat, das findet man in diesen sieben Gemeinschaften, die dann durchchristet werden.

Und in Bezug darauf sagt Rudolf Steiner zu den Priestern, dass, wenn die Zahl sieben gegeben wird, es immer um Gemeinschaften, um gemeinschaftliches Arbeiten geht. Es gibt nur sieben Arten, mehr gibt es nicht. Wenn es acht sind, dann ist die Achte wieder zu einer der sieben zugehörig.

Wenn es zwölf sind, dann sind es Individualitäten, die auf sich selbst gestellt wirksam sind und die haben dann auch wiederum zwölf Möglichkeiten, wodurch eine Individualität wirksam wird. Also wenn man mit Individualitäten zusammenwirken will, dann gibt es zwölf und das sehen wir dann in der Einweihung von Christian Rosenkreuz, der bei der Einweihung umgeben ist von den zwölf Möglichkeiten. Wir sehen es in den zwölf Aposteln um Christus, oder die zwölf Bodhisattwas um Christus.

Und dann gibt es noch vierundzwanzig und das sind die Menschheitsaufgaben, die in einem Menschheitsrepräsentanten – nicht *dem* Menschheitsrepräsentanten - aber einem Repräsentanten der Menschheit, so wie Elias, Moses, Abraham usw. sich äußern, da gibt es vierundzwanzig, das sind die Ältesten.

Teilnehmerin: Die zwölf, sind das dann die Weltanschauungen?

MM: Ja, das ist ein Aspekt der Zahl zwölf.

JM: Zwölf Apostel, Zwölf Ritter um König Artus usw.

MM: Aber in den Briefen haben wir es zu tun mit der gemeinschaftlichen Arbeit mehrerer Menschen, die zusammen etwas repräsentieren und das sind immer sieben.

Teilnehmerin: Die Schweiz hat auch sieben Bundesräte, die die Kantone repräsentieren.

Teilnehmerin: Wie ist es mit dem Dreizehnten, die Zwölf und dann noch einer dazu, ist das der Christus?

MM: Ja. Die dreizehnte Kategorie.

JM: Christian Rosenkreuz war auch der Dreizehnte.

MM: Ja. Und dann gibt es noch ein wunderbares Bild für den Logos, für das Wort Gottes. Da ist ‚das Alpha und Omega‘ in der Mitte umgeben von sieben Vokalen und vierundzwanzig Konsonanten. Das kann man sich dann auch so wunderbar vorstellen, dass wirklich in diesem zweiten Siegel das Göttliche Wort wiederum gegeben ist, wo der Thron Gottes ist mit den sieben goldenen Leuchtern und den vierundzwanzig Ältesten darum herum.

Teilnehmer: Darf ich noch was fragen? In der kleinen Apokalypse fängt es mit der Beschreibung an und wo stehen wir jetzt, heute, in Zusammenhang mit dieser kleinen Apokalypse?

MM: Die siebente Posaune, mitten in den Wehen. Aber man muss dann nicht verstandesmäßig alles ganz in der Folge zuordnen wollen, das werden wir noch sehen. So wie eigentlich die Meditation anfangen müsste mit dem zweiten Bild, mit dem vierten Kapitel und dann das erste Kapitel darin erscheinen würde, kommt es natürlich später wieder zurück. So ist das an mehreren Stellen in der Apokalypse, dass das Spätere die Ursache des Früheren ist und dass man es eigentlich anders herum vorstellen müsste, oder dass etwas, was viel früher stattfindet, später erst Tatsache wird. Wenn man es wirklich verstandesmäßig einordnet, dann sagt man, ja, wenn man jetzt die siebente Posaune hat und die erste deutete auf die Kreuzzüge hin, dann muss die dritte Posaune irgendwo kurz vor der Mitte stattgefunden haben. Aber dann, wenn man das auf sich wirken lässt – das muss ich noch besprechen – dann tritt etwas sehr Eindrucksvolles nach vorne. Dann kann man auch sagen, dass die dritte Posaune wiederum in unserer Zeit geblasen wird. Also, man kann nicht so sagen: Ah jetzt weiß ich es und nun weiß ich: das ist dies, das ist das. So ist es nicht. Es ist äußerlich zurückzufinden, aber es ist innerliches Geschehen. Und deshalb müssen wir, wenn wir damit arbeiten, uns immer wieder bewusst machen, dass es das Schicksal des Ich ist, was da gegeben wird und dass wir das mit unserem Ich mitleben sollten. Denn wir sind es selbst, diese Apokalypse. Es ist nicht: Hier bin ich und da geschieht das, sondern ich bin es selbst, der das alles durchmacht und das hat physische Folgen, irdische Folgen auch, aber es ist innerlich geistig. Das ist natürlich schwierig, das da heraus zu präparieren.

Wir sind natürlich nicht weit genug entwickelt, um uns in der richtigen Art identifizieren zu können. Also man muss versuchen, sich mit etwas zu vereinen, aber das bedeutet nicht, dass man damit weiter etwas tut. Also wir kommen immer wieder zurück zu dem Satz von Thomas von Aquin, *dass der Denker und das Gedachte ein und dasselbe werden muss.* Und das ist nicht unsere gewöhnliche Lage, worin wir denken. Ich bin hier und meine Gedanken sind wohl von mir, aber dass ich sie wirklich ganz beieinander halte, das ist nicht so, das muss durch Übung zustande gebracht werden und das ist dieses Identifizieren, dass man die Gedanken, die Bilder so hervorbringt, dass sie eigen bleiben und nicht etwas Fremdes sind oder werden.

Die vier Tiere stimmen mit den ursprünglichen Gruppenseelen der Menschen überein und so wie der Mensch im Verlauf der Zeit durch sein Ich alles in Beherrschung nehmen muss, so wird er letztendlich der dreigliedrige Mensch, der diese drei Glieder im Gleichgewicht hält.

Wir können heute Mittag mit der Eurythmie miterleben, wie sich das anfühlt, diese vier Gesten, die noch immer in uns sind, die wir auch schauen würden, wenn wir uns selbst, mit der Seele, im Ätherischen spiegeln könnten. Und das Ich, das kommt in der Mitte auf, mitten zwischen den Tieren, und so könnte man dann auch dieses Bild von dem Thron Gottes mit den sieben goldenen Leuchtern usw. verstehen, dass Gott in der Mitte umgeben ist von seinen vier Evangelisten: Matthäus, der Mensch, Wassermann; Lukas, der Stier; Markus, der Löwe; und Johannes, der Adler.

In unserer Zeit wird das wieder aktuell dadurch, dass Rudolf Steiner sagt: In unserer Zeit geht die Menschheit über die Schwelle zur geistigen Welt, aber unbewusst. Jeder Mensch muss letztendlich die Wahl treffen, ob er das selbst auch individuell anstreben will, aber auch wenn er es nicht macht, geschieht es trotzdem, aber dann unbewusst. Und das bedeutet, dass dasjenige, was in dem Einweihungsweg verborgen liegt, nämlich dass Denken, Fühlen und Wollen selbständige Welten werden, wenn der Mensch über die Schwelle geht, dass das in der Menschheit sich auch im Großen ereignet und dass also eine Dreigliederung der Menschheit stattfinden wird. Das Ich muss dann entwickelt werden, damit es diese Einseitigkeiten wiederum in die Hand bekommt.

Rudolf Steiner spricht von Menschen, bei denen nur das Denken entwickelt wird, aber dann so entwickelt wird, dass es mächtiger ist, als der Mensch selbst und dass man hinter seinen Gedanken herlaufen muss, um Schritt zu halten, dass man eigentlich ein so starkes Denken hat, dass man es nicht halten kann. Und dasselbe tritt dann für anderen Menschen ein, mit anderer Veranlagung. Das Fühlen geht eigene Wege, da fängt der Löwe an uns zu überwältigen, und beim Denken fliegt der Adler hoch weg. Und dann gibt es noch die Menschen, bei denen der Wille überherrscht und wo die natürliche Anlage fehlt um den Willenspol in der Hand zu halten, dann rennt man hinter seinem eigenen Willen her, um dabei bleiben zu können. Dann muss man ein Stierkämpfer werden ... ihn bei den Hörnern fassen und sich darauf schwingen und das in die Hand bekommen. Wenn das gelingt, blühen auch Gefühl und Denken wieder auf, sonst gehen sie ganz eigene Wege. Also das kommt wieder zurück, aber in neuer Gestalt. Es ist dann nicht mehr Gruppenseele, aber Völkerart. Die Menschen, die in einem Volk geboren werden, wo das Denken vor allem, oder das Fühlen vor allem, oder das Wollen vor allem vorherrscht, die müssen selbst die Entwicklung anfangen, um das in die Hand zu bekommen und werden dann viel stärkere Iche bekommen, als sie schon hatten, dadurch, dass sie das tun.

Der Mensch ist der Wassermann, der *ist* noch nicht ausgeglichen, aber der gleicht aus, das ist eine Vorgestalt des Ich, das ist noch nicht das Ich, aber ist eine Andeutung für das Ich. In dieser eurythmischen Darstellung kann sehr stark erlebbar werden, wenn der Wassermann gezeigt wird, wie da das Gleichgewicht nicht so sehr da ist, sondern gesucht wird.

Der Mensch hat diese Fähigkeit, aber es ist Vorarbeit. Seit dem dritten Jahrhundert nach Christus ist das Ich wirklich bei den Menschen angekommen und das geht über diesen Wassermannmenschen hinaus, das bist wirklich du selbst und du selbst musst jetzt nicht nur Wassermann sein, sondern auch Adler, Löwe und Stier und da hineinkriechen können und das alles von innen heraus in die Hand bekommen. Der Anfang liegt beim Denken, denn man hat nicht die Möglichkeit, unmittelbar den Willen zu bewältigen, auch nicht, das Gefühl zu gestalten. Das Denken jedoch ist voll bewusst und kann man in die Hand bekommen und da liegt die Arbeit für das Ich. Dann hat man natürlich einen Menschen, der Wassermann ist, noch immer dabei, der hilft uns ja.

Ich habe immer beim Vortragen für Menschen, die nicht mit der Anthroposophie bekannt sind, das Bedürfnis gehabt, die Geschichte des Denkens darzustellen und habe das dann auch oft für Anthroposophen gemacht, zum Beispiel zweimal in Chartres. Denn der Mensch weiß meistens nicht, dass das Denken eigentlich erst seit der griechischen Zeit eine wirklich menschliche Tätigkeit ist, wobei im Anfang der griechischen Zeit das vor allem durch Inspiration geschah. Da dachte der Mensch nicht selbst, sondern wurde in seinen Gedanken inspiriert. Und ich habe dann immer den Übergang von Plato zu Aristoteles angegeben, als eine Art positiv-dramatische Entwicklung, worin das platonische Element noch zurückverweist zu der alten Zeit, wo der Mensch noch Einweihungswissen hatte, was dann von Aristoteles ganz in Verstandesformen gebracht wurde. Das ist ein dramatischer Übergang. Da sollte man diese Löwenbegeisterung mal in sich wachrufen, dass man spürt: Was ist das etwas Wunderbares, was da geschieht und zu gleicher Zeit ist es eine Tragik. Denn das alte durchgeistigte Denken läuft aus und ein neues Denken fängt an, das der Mensch ganz versteht, wo er selbst ganz durchschaut, was er macht, Aristoteles vermag das wenigstens. Das ist derjenige, der dann das Denken als menschliche Tätigkeit konzipiert, anschaut und beschreibt und das gibt diese dürre Logik. Während es bei Plato noch eine ganz andere Welt war. Das Denken fängt ja schon bei Sokrates an, natürlich.

Und dann kommt die Intelligenz als eine göttliche Person wirklich auf Erden und ist, nachdem Er gestorben und auferstanden ist, in der Erdenaura darin. Also, die göttliche Intelligenz, das göttliche Wort,

lebt seitdem in der irdischen Umgebung und durch die Erdenentwicklung hindurch mit uns mit. Und dann fangen die Menschen an
zu untersuchen, was dieses Denken eigentlich ist.

Wenn man die Apokalypse in diesem Sinn versteht, dann tritt
ein Bild vor Augen, dass dann wie folgt geschildert wird. Ein Buch
ist da, mit sieben Siegeln. Keiner kann die Siegel öffnen, zerbre-
chen, aufbrechen. Und Johannes, der das anschaut, wird tief, tief
betrübt, denn es scheint, dass das Buch, wovon er weiß, dass es das
Allerwichtigste enthält, was es gibt, dass dieses Buch nicht geöffnet
werden kann.

Und ich sah in der rechten dessen, der auf dem Thron saß ein Buch, (fünftes
Kapitel ist das). Innen und auf er Rückseite beschreiben mit sieben Siegeln
versiegelt. Und ich sah einen starken Engel, der verkündete mit lauter Stimme:
Wer ist würdig das Buch zu öffnen und seine Siegel zu lösen? Und niemand
im Himmel und auf Erden und unter der Erde vermochte das Buch zu öffnen,
noch hineinzublicken. Und ich weinte sehr, dass niemand würdig empfunden
das Buch zu öffnen, noch hineinzublicken. Und einer von den Ältesten sagte
zu mir: Weine nicht, überwunden hat der Löwe aus dem Stamm Juda, der
Wurzelspross Davids und er kann das Buch und seine sieben Siegel öffnen.
Und ich sah mitten zwischen dem Thron und den vier Wesen und den Ältesten
ein Lamm stehen, wie geschlachtet, mit sieben Hörnern und sieben Augen,
welche die sieben Geister Gottes bedeuten, die ausgesandt sind auf die ganze
Erde. Und es kam und nahm das Buch aus der rechten dessen, der auf dem
Thon saß. Und als es das Buch genommen hatte, warfen sich die vier Wesen und
die vierundzwanzig Ältesten vor dem Lamm nieder und sie hatten eine Harfe
und goldene Schalen voll Räucherwerk, das die Gebete der Heiligen bedeutet.
Und sie sangen ein neues Lied:

Würdig bist du, das Buch zu nehmen und seine Siegel zu öffnen. Denn du bist
geschlachtet worden und hast durch Gott dein Blut erkauft aus allen Stämmen
und Sprachen und Völkern und Nationen und hast sie für unseren Gott zu
einem Königreich und zu Priestern gemacht und sie werden herrschen auf
Erden.

Und ich schaute auf und ich hörte eine Stimme von vielen Engeln rings um den Thon und um die Wesen und um die Ältesten und ihre Zahl war zehntausendmal zehntausend und tausend mal tausend, die mit lauter Stimme sprachen:

Würdig ist das Lamm das geschlachtet ist zu empfangen die Macht und Reichtum und Weisheit und Stärke und Ehre und Ruhm und Lob. Und jedes Geschöpf, das im Himmel und auf Erden und unter der Erde und auf dem Meer ist und alles, was in ihm lebt, hörte ich sagen:

Dem der auf dem Thon sitzt und dem Lamm gebührt das Lob und die Ehre und der Ruhm und die Macht in alle Ewigkeit. Und die vier Wesen sprachen amen. Und die Ältesten warfen sich nieder und beteten an.

Dann werden die Siegel eins nach dem anderen geöffnet und weil ich mich so oft in die Geschichte des Denkens seit Aristoteles vertieft habe, sehe ich in den verschiedenen Arten der Siegelbedeutung eine Ähnlichkeit mit den verschiedenen Aspekten des Denkens. Und zu gleicher Zeit auch mit der Geschichte nach Christus, das werden wir dann von Rudolf Steiner zu wissen bekommen. Die Siegel stimmen mit der Zeit von den ersten Jahrhunderten nach Christus bis zu den Kreuzzügen (Anfang 1095) überein, dann weiß man, was sich da in dieser Zeit für ein Denken entfaltet hat, dann sieht man die Übereinstimmung.

Ich werde versuchen das dann zu beschreiben. Aber in der Meditation wäre es wunderbar, das Bild aus dem vierten Kapitel in dieses Bild aus dem fünften Kapitel, wo das Lamm erscheint, zu verwandeln. Im vierten Kapitel ist es noch nicht da, es erscheint erst in dem Augenblick, worin Johannes eigentlich verzweifelt, weil keiner da ist, der das Buch öffnen kann. Und dann sagt einer der Ältesten; Du brauchst nicht zu weinen, denn siehe da, der Löwe, der Spross aus dem Stamm von Juda ist da. ER kann das Buch und seine sieben Siegel öffnen.

Und das muss man natürlich tief zu sich sprechen lassen: Dieses Buch kann nur das Lamm öffnen. Dasjenige, was dann folgt, das könnte nicht folgen, wenn nicht das Lamm da wäre.

Kapitel 6:

*Und ich schaute auf, als das Lamm eins von den sieben Siegeln öffnete. Und
ich hörte eins von den vier Wesen mit Donnerstimme sagen: Komm.*
*Und ich schaute auf und siehe da, ein weißes Pferd. Und der darauf saß, hatte
einen Bogen und es wurde ihm einen Kranz gegeben und er zog aus, als Sieger
um zu siegen.*

Es gibt natürlich immer viele Möglichkeiten, ein solches Bild zu
verstehen, aber *das Pferd* ist immer eine *Andeutung* auf die *denkende
Fähigkeit* des Menschen. Und hier erscheint dieses Denken in der
reinsten Form. Ein weißes Pferd und der Denker darauf hatte einen
Bogen und es wurde ihm ein Kranz gegeben und er zog aus als Sieger
um zu siegen.

Das ist das ursprüngliche, dem Menschen gegebene reine Denken,
das dann nachher getrübt wird und mit persönlichen Emotionen usw.
unsauber gemacht wird. Aber ursprünglich hat es diese Gestalt, das
erste Siegel, das natürlich auch wiederum in gewissem Sinn zurückverweist zu der ersten Kulturepoche, Ephesus, zur indischen Kulturepoche, wo der Anfang in einer neuen Entwicklung liegt und das
haben wir hier dann auch wiederum.

Man muss hier Ephesus eigentlich auch wieder vergessen, denn hier
wird es weitergeführt. Man kann, um besser zu verstehen, die Ahnung
von Ephesus wieder aufrufen. Aber hier geht es darum, dass das Pferd,
das Denken, in dieser reinen übersinnlichen Form erscheint. Es wird
dann in den folgenden Siegeln in anderen Formen gezeigt.

Und als es das zweite Siegel öffnete, hörte ich das zweite Wesen sagen: Komm!

*Und ein anderes Pferd kam hervor, ein feuerrotes. Und dem, der darauf
saß, wurde Macht gegeben, den Frieden von der Erde hinweg zu nehmen und
dass sie einander hinschlachten sollten. Und es wurde ihm ein großes Schwert
gegeben.*

Hier kommt eine Beimischung, eine zweite Art des Denkens kommt hervor und das ist das Denken, das kriegerisch ist, das nicht auf Frieden aus ist, sondern, dass Streit sucht. Martiales Denken, könnte man sagen, das den Streit sucht und man könnte sagen, dass es die Diskussionssucht von Menschen ist, die hier hervortritt, man will Streit, man will es mit dem Wort und das Wort kommt wie ein Schwert zum Vorschein, damit wird gestritten und der Frieden verschwindet. Eine Zeit lang ist das auch notwendig. Denn durch diese Diskussion, durch diese Streitgespräche, präpariert man die Wahrheit heraus, denn der Mensch ist natürlich nicht mit einer vollen Wahrheit geboren. Dadurch, dass es viele Menschen mit verschiedenen Einsichten in die Wahrheit gibt, kann man sich vorstellen, dass man ein Schwert braucht, um alles, was überflüssig ist, wegzuhauen und nur das Reine dann übrig zu behalten - und dass man das dann auch miteinander so macht.

Und als es das dritte Siegel öffnete, hörte ich das dritte Wesen sagen: Komm!

Und ich schaute auf und siehe da, ein schwarzes Pferd. Und der darauf saß, hatte eine Wage in seiner Hand. Und ich hörte etwas, wie eine Stimme inmitten der vier Wesen, die sprach: Zwei Pfund Weizen für einen Denar und sechs Pfund Gerste für einen Denar. Und dem Öl und dem Wein füge keinen Schaden zu.

Da kommt dasjenige im Denken zum Vorschein, was letztendlich nach Novalis wieder überwunden werden wird, wenn nicht mehr Zahlen und Figuren Schlüssel aller Kreaturen sein werden. Hier sind sie gerade das wohl und wird das Denken dafür benutzt, um quantitative Wissenschaft zu betreiben und damit einher geht dann natürlich auch das Wägen, Zählen, Messen, Handel treiben, Wirtschaften usw..
Und das Wunderbare finde ich dann in dem letzten Satz: *Und dem Öl und dem Wein füge keinen Schaden zu.* Da bekommt man eine Ahnung, dass es auch noch etwas gibt, was davon unberührt bleibt und das ist dann eigentlich die Religion, das ist ein Gebiet, in dem dieses Rechnen, Messen und Zählen nicht geübt wird. Später müssen die beiden zusammenkommen, Wissenschaft und Religion, und muss

dasjenige, was hier noch getrennt ist, wieder miteinander vermählt werden.

Dann kommen wir zum vierten Siegel und Rudolf Steiner hat das
Öffnen des vierten Siegels mit dem Aufkommen von Mohammed in
Beziehung gebracht. Und es steht geschrieben:

Als es das vierte Siegel öffnete, hörte ich die Stimme des vierten Wesens, das
sagte: Komm! Und ich schaute auf und siehe da, ein fahles Pferd und der, der
darauf saß, dessen Namen ist der Tod und der Herrscher des Totenreichs folgte
ihm nach. Und es wurde ihnen Macht gegeben über den vierten Teil der Erde,
zu töten mit dem Schwert und mit Hunger und mit Pest und durch die wilden
Tiere der Erde.

Teilnehmer: Ist dieser Hinweis von Rudolf Steiner zeitlich zu
verstehen oder inhaltlich?

MM: Beides.

In den Vorträgen für die Priester bringt er das Jahr 666 mit
Mohammed in Verbindung, nicht so sehr mit der Person, aber mit
der Erscheinung. Und an anderen Stellen in seinem Vortragswerk ist
es vielmehr die Akademie von Gondishapur, was natürlich mit demjenigen zusammenhängt, worüber er spricht, und zwar, dass da eine
Schule in Gang gekommen ist. Die Schule in Athen, die Philosophenschule, wurde geschlossen und die Philosophen fanden einen neuen
Ort in Gondishapur. Es war eine Art von Hochkultur des Verstandes.
Und Rudolf Steiner gibt an, dass es da ein Streben gab, das Denken
und die Intelligenz so zu entwickeln, dass sie so werden würde, wie
jetzt unsere Intelligenz ist. Also so, wie sie mit der Bewusstseinsseele
entwickelt wird, das wollte diese Schule schon viel zu früh. Und wenn
das gelungen wäre, dann hätten wir einen an den Leib gebundenen
Verstand, der sich nicht aus dem Leib befreien könnte. Dann wäre eine
Entwicklung des reinen sinnlichkeitsfreien Denkens eine Unmöglich-

keit. Ich finde das am eindrucksvollsten beschrieben in dem Vortrag ‚*Wie finde ich den Christus*‘, der Vortag davor ist ‚*Was tut der Engel in unserem Astralleib*‘, und dann folgt dieser Vortrag ‚*Wie finde ich den Christus*‘. Darin beschreibt Rudolf Steiner, dass durch die Tätigkeit der Schule von Gondishapur, die zwar misslungen ist, aber doch etwas gelungen ist, dass wir mit einer Art von Stachel fester an den Leib gebunden sind, als gut für uns ist, und dass wir dadurch viel mehr Mühe haben uns mit dem Denken aus dem Leib zu befreien. Wenn wir meditieren, kommen fortwährend die leiblichen Gedanken, die gewöhnlichen Assoziationen usw. auf, die uns davon abhalten wollen. Und das muss man eigentlich als eine Nachwirkung von Gondishapur deuten. Rudolf Steiner sagt, man muss sich eigentlich wie am Leib gekreuzigt fühlen und den Auferstandenen immer um Hilfe bitten, damit man aus sich selbst auferstehen kann. Also, wir sind wirklich zu stark mit dem Leib verwachsen und das findet seinen Ursprung in Gondishapur.

Und das ist zur gleichen Zeit auch – und das ist das Bild hier – der Tod des Denkens. Dass das Denken keine Lebendigkeit in sich hat, das hat damit zu tun, dass es nur Spiegelung ist, dass der Leib das Spiegelapparat ist und dass wir es nicht zustande bringen, der Ätherleib als Spiegel zu verwenden. Also wir gehen zu tief, zu weit in den Leib hinein, um das Lebendige gewahr werden zu können. Wenn man den Weg der Spiritualisierung des Denkens beschreitet, einmal angefangen hat und damit immer weiterkommt, dann wird es dadurch erst deutlich, wie tot das Denken ist. Man hat ohne Übung nur den Tod im Bewusstsein, aber nicht so, wie es als wirklicher Tod erlebt werden kann. Natürlich leiden wir daran, dass das Denken tot ist und dass die Sinne auch noch mitwirken daran, dass alles, was wir mit dem Denken tun, abgelähmt wird. Also der ganze Erkenntnisprozess ist abgelähmt und das Denken hat in seinem Inhalt keine Lebendigkeit. Jeder Mensch leidet darunter, denke ich, obwohl er es wahrscheinlich nicht immer bemerkt, wahrscheinlich kommen viele Depressionen daraus hervor, dass man eigentlich weiß, dass der Mensch zu etwas anderem berufen ist, als zu diesem toten Denken. Man sitzt darin, und man kommt nicht raus. Und wenn man sich dessen nicht bewusst werden kann, ja dann bleibt eigentlich nichts anderes, als mit dem Tod mitzugehen, um die Lebendigkeit noch weiter zu verlieren.

JM: Deshalb ist der Codex Justinianus im Jahr 529 damals auch in die Kirche hineingebracht worden, um die Religion auch ganz in Kodex und Dogma zu fassen, so dass man ca auch nicht zu dem Gebiet des reinen Denkens kommen konnte. Das spielt sich in der gleichen Zeit ab, als die Philosophen aus Athen fortgeschickt wurden. Justinianus hat auch die Philosophenschule geschlossen und daher sind die Philosophen nach Gondishapur gezogen. Das hat auch mit bestimmten Absichten zu tun.

Teilnehmerin: Und warum ist es dann nicht gelungen, das Denken ganz an den Leib zu binden?

MM: Ja, weil auch noch viele andere Impulse natürlich immer wirksam sind und ein Bestreben in diesem Sinn glücklicherweise dann auch nicht gelingt.

Teilnehmerin erneut: Und welche Impulse waren das?

MM: Das ist Christus selbst, der natürlich ganz mächtig in der Erdenaura tätig ist.

Teilnehmerin: Gibt es außerhalb dessen, was Steiner über Gondishapur sagt, irgendwo in der äußeren Forschung eine Bestätigung, dass es eine Philosophenschule gab?

MM: Gibt es. Sogar in Wikipedia. Nur die Bedeutung, die gibt Rudolf Steiner, die findet man nicht in diesem Sinn.

Also, das vierte Siegel kann man erleben als Tod des Denkens und danach kommen keine Pferde mehr. Das fünfte Siegel hat natürlich wiederum eine Ähnlichkeit mit der fünften Kulturepoche, also mit der unsrigen. Und wir können, weil wir wissen, dass in der Bewusstseinsseelenzeit die Zeit gegeben ist, dass ein Anfang gemacht wird mit der Spiritualisierung des Denkens, verstehen, dass gerade hier, beim Öffnen des fünften Siegels, ein ganz anderes Bild erscheint, nicht mehr ein Pferd. Denn das Pferd, das muss verwandelt werden. Gerade in unserer Zeit sollte das Denken nicht mehr als Pferd erscheinen, sondern in einer ganz neuen menschlichen, heiligen Gestalt.

Und als es das fünfte Siegel öffnete, sah ich unter dem Altar die Seelen derer, die hingeschlachtet worden waren um des Wortes Gottes willen und um des Zeugnisses Willen, das sie festhielten. Und sie riefen mit lauter Stimme: Wie lange heiliger und wahrhaftiger Herr richtest du nicht und rächst unser Blut nicht an denen, die auf Erden wohnen. Und es wurde jedem von ihnen ein weißes Kleid gegeben und es wurde ihnen gesagt, dass sie sich noch kurz gedulden sollten, bis auch ihre Mitknechte und Brüder, die den Tod finden sollten, gleich wie sie zur himmlischen Vollendung gekommen wären.

Also, die Zeit nach 666 verweist auf unsere Bewusstseinsseelenzeit. Man muss das wirklich meditieren, ganz genau in sich aufnehmen, und auf sich wirken lassen und da wird schon deutlich erlebbar werden, dass hier eine Verwandlung des Denkens vorhergesagt wird, dass das eigentlich in der Zeit nach Mohammed schon auch ein wenig vorgearbeitet worden ist.

Und ich denke dann immer an Scotus Eriugena, der ein platonischer Denker war, der sich ganz auf die Schriften von Dionysios von Areopagita stützt, aber das mit dem Denken tut. Also er hat nicht diese negative Theologie, wo man sich eigentlich von allem Denken, von allem Wissen entfernt, sondern er versucht wirklich mit dem reinen Denken zu verstehen, was der Mensch ist, was die Natur ist, was Gott ist.

Und von ihm kommen dann diese drei erkannten Gebiete der Seele, die ich damals, bei der Beschreibung und dem Konzipieren der Möglichkeit sich zu den Engeln mit Fragen, mit Bitten zu erheben, dankbar angenommen habe. Man findet bei Scotus Eriugena diese drei Glieder der Seele. Wir haben das Glied, das wirklich zu der Natur, zu den Sinnen sich neigt und aus den Sinnen das Wissen von der Natur und von dem Menschen saugt, das ist das dritte Glied. Das allerhöchste

Gebiet der Seele, das weiß eigentlich nichts, das hat kein positives Wissen, nur eines ist da, was die Seele in diesem Glied weiß, und das ist, dass sie weiß, dass es einen Gott und eine Dreieinigkeit gibt, die mit dem gewöhnlichen Wissen unerkennbar ist. Das ist das Wissen des höchsten Gliedes der Seele. Und dazwischen lebt dann das reine Denken, das Denken, das nicht sagt, ich kann nichts wissen, das eigentlich in sich selbst ganz genau weiß, dass es sehr viel wissen kann, auch von nicht sinnlichen Tatsachen, dass aber einerseits zu dem niederen Teil der Seele sich neigt und sich da die Sinneserkenntnisse schöpft und andererseits sich getragen fühlt durch den höheren Teil der Seele, wo das feste Wissen wohnt, dass man aus Gott geboren ist. Und in dieser Mitte lebt dann das göttliche Wort, da lebt der Logos und der kann Natur *und* Geist erkennen.

Das am meisten Physische sind sinnliche Inhalte und von da ab wird es immer spiritueller, bis zuerst die Sinneserkenntnis da ist und dann noch spiritueller, die Erkenntnisse als Kräfte auftreten. Man muss das als eine Art von Leiter erleben, wo die unterste Stufe inhaltlich die Sinneserkenntnis ist, und die oberste Stufe etwas ganz Unerkennbares.

JM: Ich denke jetzt an Meister Eckhart, wie er geschrieben hat, dass man aus den Sinnen nehmen soll, aber nicht von seiner Lust aus, nicht lustvoll Gefallen haben darf, aber die objektiven spirituellen Kräften aus den Sinnen aufzunehmen hat.

MM: Bei einem Menschen wie Scotus Eriugena fühlt man, erlebt man, dass er ein Mensch ist, der schon stark menschlich denken kann, oder darf, daran auch in gewissem Sinn leidet, weil er weiß, mit diesem Denken kann ich mich nicht mehr zu Gott erheben. Aber er weiht dann viel Denkkraft und Fähigkeit dem, dass er versucht die Gebiete der Natur des Menschen und des Göttlichen mit dem Denken zu erreichen. Das wird dann in der Schule von Chartres wiederum in einer anderen Weise gemacht, es ist viel bildreicher. Bei Scotus Eriugena ist es eigentlich gar nicht bildreich, da ist es wirklich Denkinhalt, aber in Chartres wird es reich an Bildern. Und das ist für uns in der Bewusstseinsseelenzeit schon eine Aufgabe, diese Bilder, die

277

von den Lehrern in Chartres gestaltet wurden, die mitzumachen. Da schauen wir ein Bild nach dem andern, und das hört nicht auf, aber wir wollen natürlich einfach *wissen*, wir wollen Bedeutungen haben. Die Lehrer in Chartres tun das so nicht, die haben alles in Bilder gebracht. Und in diesen Bildern muss man das Wissen erleben. Und wenn man wirklich wissen will, dann wird man ein bisschen unsicher.

Man kann auch verstehen, dass es einen Rudolf Steiner geben musste, der solche Inhalte, die in der Schule von Chartres gegeben wurden, dann doch wiederum für das Denken, das wir gewohnt sind, zur Verfügung gestellt hat.

Nun ist die sechste Kulturepoche eine solche, die noch kommen wird. Aber das sechste Siegel müssen wir uns in der kleinen Apokalypse vor den Kreuzzügen (1095) vorstellen. Wenn man das sechste Siegel meditiert und dann Erlebnisse hat, lässt einen dieses, was hier steht, als etwas erkennen, das sich nach dem reinen Denken ereignet. Und das ist, dass eigentlich alles, was noch an die Erde und den Leib bindet, dass das verschwindet.

Und ich sah, als es das sechste Siegel öffnete, da entstand ein großes Erdbeben und die Sonne wurde schwarz, wie ein ehernes Trauergewand. Und der ganze Mond wurde wie Blut und die Sterne des Himmels fielen auf die Erde, wie ein Feigenbaum seine Früchte abwirft, wenn er von einem starken Wind geschüttelt wird. Und der Himmel entschwand wie eine Buchrolle, die sich zusammenrollt. Und alle Berge und Inseln wurden von ihren Stellen gerückt. Und die Könige der Erde und die Würdenträger und die Kriegsobersten und die Reichen und die Mächtigen und alle Sklaven und Freien verbargen sich in die Klüfte und in die Felsen der Berge. Und sie sagten zu den Bergen und den Felsen: Fallet auf uns und verberget uns vor dem Angesicht dessen, der auf dem Thron sitzt und vor dem Zorn des Lammes, denn gekommen ist der große Tag seines Zorns, und wer kann bestehen.

Innerlich stehen wir dann auf der Schwelle zur geistigen Welt und ich muss mich also fragen, ob ich weiter über die Schwelle hinübergehen darf. Da muss ich ertragen, dass wirklich alles, was irdisch da ist und gewesen ist, von mir abfällt. Und wenn man das in einem Bild bringen kann, dann wird es dieses Bild, das Öffnen des sechsten Siegels.

Man erreicht die Stufe der Inspiration und das wird dann geschildert als Übergang zur Intuition. Aber es ist die Inspiration, die herankommt, die Eröffnung des siebenten Siegels.

Und als es das siebente Siegel öffnete, entstand eine Stille im Himmel, etwa eine halbe Stunde lang.

Teilnehmerin: Ist es denn so hier im sechsten Bild, dass wirklich jeder in diese Stufe kommt, denn es sind die Könige, die Reichen, aber auch die Freien und die Sklaven, also das sind eigentlich alle. Erst danach kommt, dass auch eine Gruppe Siegel auf die Stirn bekommt. Aber es scheint so zu sein, dass jeder diese Stufe durchmachen muss.

MM: Ja, es ist natürlich so, dass wir das eine und das andere zusammen haben, wenn wir uns an die große Apokalypse erinnern, dann ist dies der Übergang von dem sechsten Zeitalter zu dem siebenten großen Zeitalter. Das sechste Zeitalter kommt nach dem Krieg von allen gegen alle und das Öffnen der Siegel, das findet in der großen Wirklichkeit statt. Wenn wir das zu unserer Zeit zusammenziehen, dann müssen wir sagen, das ist nicht für alle, das ist die Möglichkeit, die jetzt gegeben ist, dass man diese Apokalypse im Ich lebt und durchlebt und letztendlich wird auch äußerlich schon etwas davon geschehen, aber nicht in solch einer Stärke, wie das geschieht, das ist wirklich erst im sechsten Zeitraum.

So wie ich es jetzt nach vorne ziehe, weil alles sich wieder in Wiederholungen abspielt, ist es dasjenige, was nach der sechsten Kulturepoche verweißt, aber was sich eigentlich abspielt, das sind die Schule von Chartres, die ersten Kreuzzüge. So weit ist es nicht gegangen, also ja, das ist die Schwierigkeit, aber das ist zur gleichen Zeit auch eine gute Übung für das locker werden des Verstandes, dass man es auf verschiedene Arten verstehen kann und dann anders verstehen muss.

Teilnehmer: Wie ist eigentlich in dieser Schrift der Begriff Rache zu verstehen, das ist eigentlich etwas Alttestamentarisches, wo im fünften Siegel und später noch darüber gesprochen wird. Ist es einfach noch dem geschuldet, dass der Johannes da aus diesen Kreisen kam, weil Rache da noch durchaus gebräuchlich war?

MM: Vielleicht müssen wir ein anderes Wort dafür erfinden, sodass es nicht das ist, was es früher bedeutete und dass es wohl so was ist, aber nicht, dass es alttestamentarisch ist.

Teilnehmer: Kann man von Karma sagen, dass es eine Folge davon ist?

MM: Ja, das sagt er eigentlich auch, dass es eine Gesetzmäßigkeit gibt, die unerschütterlich ist und der Christus, der ist, lass mich sagen der Einzige, der darin etwas ändern kann, also der die Möglichkeit hat, dasjenige, was gesetzmäßige Folge ist, doch nicht geschehen zu lassen. Das ist auch unser großer Trost, dass in diesem Sinn die alttestamentarische Rache nicht mehr diese feste Gesetzmäßigkeit hat, weil ER da ist.

JM: Er lässt es auf eine andere Weise erfüllen, das Karma muss erfüllt werden, aber dann auf eine mildere, andere Weise, die dem Gesamtwohl dient.

MM: Und die Meditation ist eigentlich vorerst dazu da, dass wir dazu kommen, diese Inhalte so stark erlebbar zu machen, als ob es Lebensereignisse sind und nicht einfach dargestellte Tatsachen oder Geschichten, aber dass es so stark erlebt wird, dass es Lebensereignisse werden. Das gibt die Meditation. Der Verstand macht alles nüchtern.

Bevor der Eröffnung des siebenten Siegels sagte einer der Ältesten zu Johannes:

Diese, die mit den weißen Kleidern angetan sind, wer sind sie und woher sind sie gekommen? Und ich sagte zu ihm: Mein Herr, du weißt es. Da sagte er zu mir: Das sind die, welche aus der großen Trübsal kommen und ihre Kleider gewaschen und sie weiß gemacht haben im Blut des Lammes. Deshalb sind sie vor dem Thon des Gottes und dienen ihm Tag und Nacht in seinem Tempel und der auf dem Thron sitzt, wird über ihnen Wohnen und sie werden nicht mehr hungern, und sie werden nicht mehr dursten und die Sonne wird sie nicht treffen, noch irgend eine Glut. Denn das Lamm, das mitten vor dem Thron steht, wird sie weiden und sie zu Wasserquellen des Lebens leiten und Gott wird alle Tränen abwischen von ihren Augen.

Dann kommt der Übergang zu den Posaunen. Das ist der Übergang von der Imagination in die Inspiration in der großen Apokalypse, also noch viele, viele Jahrhunderte weg. Hier müssen wir nach Rudolf Steiner den Anfang der Kreuzzüge (1095) suchen. Und er gibt da ein Beispiel von demjenigen, was ich gestern sagte, dass wir mit unserem Urteilsvermögen und unserer Gefühlswelt und moralischen Ideen gar keine Möglichkeit haben die Zeiten, die so weit weg von uns sind, zu verstehen. Denn er sagt da, dass diese Zeit der Kreuzzüge eine Zeit gewesen ist, wo Genies der Frömmigkeit gelebt haben. Menschen, die wirklich tief fromm gewesen sind und trotzdem Kreuzzüge angefangen haben, die Kämpfer geworden sind. Das ist für unsere Auffassung eigentlich unbegreiflich.

Teilnehmerin: Die wollten das Grab befreien, die waren so fromm, dass sie es nicht mehr ausgehalten haben.

Teilnehmer: Aber was ich dann nicht verstehen kann, dass man wirklich Frauen und Kinder umgebracht hat und das Blut strömte durch die Straßen, das war überhaupt nicht nötig.

Teilnehmer: Nicht nur in Jerusalem, auch in Würzburg, sind alle Juden getötet worden.

Teilnehmer erneut: Aber die Eroberung von Jerusalem, das war nicht nötig.

MM: Das sind Begleiterscheinungen, das braucht man nicht als das Wesentliche aufzufassen, obwohl wir natürlich, und das ist es, was ich meine, das können wir überhaupt nicht nachvollziehen, wie man das verstehen soll.

JM: Das sind vielleicht die Kämpfer, die im Heer sind und nicht die Leiter und das geschieht dann, wenn so ein Sieg gelungen ist, dann kommt das los, was vernichtend ist, das hat man immer mit einem Heer. Das unter Kontrolle zu halten, das ist sehr schwierig. Das hat man in Holland, bei der Befreiung von Spanien auch gesehen, wie die Holländer dann auch die Katholiken ermordet haben, als sie eine Stadt erobert hatten, auch Priester und alles ging dann in den Tod hinein, und umgekehrt auch, die Katholiken gegen die Reformierten in Holland.

Teilnehmer erneut: Aber nicht alle waren damit einverstanden?

JM: Nein, natürlich nicht.

Teilnehmer: Es haben ja auch viele an den Kreuzzügen teilgenommen aus materiellen Gründen, diese Entlohnung, oder Belohnung bestand darin, dass die Heerführer die Städte zur Plünderung freigegeben hatten, damit sich auch der kleine Mann materiell bereichern konnte und so gab es dann Horrorszenarien, wie so einen Blutrausch, aber auch die Gier nach dem Geld, statt nach den Schätzen. Das war ja Jahrhunderte so. Es bestand auch das Recht der Plünderung.

MM: Ja, hier ist das Wort von Rudolf Steiner:

Denn sehen sie, vor den Kreuzzügen ist ja eigentlich alle Verbreitung des Christentums im Guten geschehen. Und das, was da durch zahllose Mitglieder des Mönchtums wieder und wieder geschehen ist, auch das im äußeren Sinne Schlimme, ist ja als das Christentum sich verbreitet hat, mehr oder weniger in unmittelbare Anlehnung in den palästinensischen Erzählungen geschehen.

Im Zeitalter der Kreuzzüge sehen wir plötzlich überall Menschen auftreten, die nun auch von Osten nach Westen wandern, entweder solche, die unmittelbar von den Kreuzzügen zurückkommen oder solche, die etwas später kamen, und bei denen deshalb Dinge wurzeln gefasst hatten, die Geheimnisse des Orient waren. Da sind nach Europa eine Fülle von Schriften nach Osten gebracht worden, die dann etwas später zugrunde gegangen sind.

Da sagt er, das kommt, weil man damals nicht so gut auf solche Schriften aufgepasst hat, man hatte da nicht so viel Respekt davor, wie das heute der Fall ist und da gibt er noch einige Beispiele dafür.

Das ist die Zeit der Kreuzzüge, wobei wir nicht so sehr auf die äußeren Ereignisse, die in den Geschichtsbüchern beschrieben werden, hinweisen wollen, als auf das, was im Bewusstsein der Menschen vor sich geht. Es ist die Zeit der Kreuzzüge, das Zeitalter, wo sich die Siegelzeit verwandelt in die Posaunenzeit. Tiefer fühlende Naturen haben die Zeit der Kreuzzüge bis heute immer so gefühlt, dass sie sagten, es ist furchtbar, was da im Zeichen der Posaunenklänge, wenn ich es in übersinnlichem Gesichtspunkt betrachte, in den Menschenseelen vor sich geht. Aber die Menschen auf Erden, die hören nicht auf die Posaunenklänge.

Wir werden dann heute Mittag versuchen noch etwas von diesen Posaunen im Mittelalter und später bis in unsere Zeit hinein zu verstehen und dann übergehen zu den zwei wichtigen apokalyptischen Bildern, das ist das Weib mit der Sonne bekleidet und den Drachen unter ihren Füßen und das ist der starke Engel mit dem Büchlein. Das sind zwei Bilder, die wir wirklich in unserer Zeit erleben können, also sehr aktuell und auch sehr hoffnungsvoll.

Das also für heute Mittag und dann werden wir durch Singen versuchen unser Glauben zu verstärken.

SIEBENTE STUNDE
Kiental, 14.08.2018

Rudolf Steiner gibt in Nürnberg die Posaunenzeit für den siebten Zeitraum, das ist der letzte in der Reihe von Zeiten, die sich im rein Physischen abspielen. Bei dem Übergang zu der folgenden Phase muss man sich dann denken, dass die Erde nicht mehr in einem physischen Zustand bleibt, sondern in einen astralischen Zustand übergeht. Wir leben in der Nachatlantischen Zeit, zuvor gab es Atlantis, davor Lemurien, davor Hyperboräa und noch eher war die Polarzeit. Wie das dann heißen wird nach der Nachatlantischen Zeit, das wird eigentlich nicht gesagt, aber es gibt ja noch eine sechste Zeit und eine siebte Zeit in der ganzen physischen Entwicklung, also im Zentrum der planetarischen Entwicklung. Die Posaunen werden geblasen in der siebten Zeit. Und wenn wir dann bedenken, dass die Nachatlantische Epoche, worin wir jetzt leben, dass dies die fünfte Kulturepoche ist, die 2160 Jahre dauert und dass es also vier vorherige Kulturepochen gegeben hat und dann noch ein Teil der fünften und sechste und siebte Kulturepochen folgen werden, dann wissen wir: Erst dann kommt die Zeit, dass ein Übergang gemacht wird zu der sechsten Zeit. Dieses sechste Zeitalter ist in der großen Apokalypse die Zeit der Eröffnung der Siegel.

Also man muss sich das immer wieder vorhalten, so dass man fühlt, wie lange die Zeiten sind. Aber jetzt halten wir uns an die kleine Apokalypse, die sich auch immer wieder wiederholt und in eine Steigerung kommt und diese kleine Apokalypse, wenn wir der folgen, dann sind wir in dem Blasen der Posaunen darin. Dann war die erste Zeit kurz nach Christus die Zeit der Briefe, dann einige Jahrhunderte bis zum 11. Jahrhundert ungefähr das Öffnen der Siegel und dann fängt die Zeit der Posaunen an. Und das ist die Zeit, worin, ja man könnte sagen die Gefühlsentwicklung vorausgenommen wird. Wenn man es in der spirituellen Entwicklung sieht, so wie es sich innerlich abspielt, dann ist das die Vorbereitung zu der Inspiration. Man könnte auch sagen, es ist die Vorbereitung für das Buddhi.

Zuvor wurde das siebte Siegel geöffnet und eine Stille entstand im Himmel, etwa eine halbe Stunde lang. Und in der apokalyptischen Sprache ist eine halbe Stunde natürlich nicht, so wie wir es auf der Uhr haben, sondern, wenn man weiß, dass ein Tag ein Äon ist, dann ist für unser Erleben eine halbe Stunde natürlich auch eine sehr lange Zeit.

Bei den Posaunen sind es swieder sieben, wir können die sieben Kulturepochen dabei im Hintergrund fühlen, auch die sieben Siegel können wir dabei fühlen. Und da, wo die Wirksamkeit der Posaunen kommt, wird alles irdisch beschrieben. Als erste die Erde, dann das Meer, dann die Flüsse und Wasserquellen und dann der Kosmos.

Wenn die fünfte Posaune kommt, hat man wiederum, so wie das auch bei den Siegeln und Briefen ist, eine Wende. Es fällt ein Stern vom Himmel, und es kommt ein ganz großes Ereignis zustande. Bei der sechsten Posaune ist das auch so.

Bevor die siebente Posaune geblasen wird, gibt es Zwischenbilder. Wir müssen natürlich immer dabei bedenken, dass, was hier geschrieben wird, auch innerliche Bedeutung hat. Obwohl die Geschehnisse ganz äußerlich beschrieben werden, müssen wir uns doch immer bewusst sein, dass es das Schicksal des Ich ist, das hier beschrieben wird und dass es auch eine innerliche Seite hat.

Und ich sah die sieben Engel, die vor Gott stehen und es wurden ihnen sieben Posaunen gegeben. Und ein anderer Engel kam und trat an den Altar und er hatte ein goldenes Rauchfass. Und es wurde ihm viel Räucherwerk gegeben, damit er es zugunsten der Gebete aller Heiligen auf den goldenen Altar legte, der vor dem Thron steht. Und der Rauch des Räucherwerks zugunsten der Gebete der Heiligen stieg auf aus der Hand des Engels vor Gott. Und der Engel nahm das Rauchfass und füllte es aus dem Feuer des Altars und warf es auf die Erde und es entstanden Donnerschläge und Stimmen und Blitze und ein Erdbeben. Da machten sich die sieben Engel, die die sieben Posaunen hatten bereit zu posaunen. Und als der erste posaunte, da entstand Hagel und Feuer mit Blut vermischt und wurde auf die Erde geworfen und der dritte Teil der Erde verbrannte und der dritte Teil der Bäume verbrannte und alles grüne Gras verbrannte.

Und der zweite Engel posaunte. Da wurde etwas wie ein großer, in Feuer bren-
nender Berg ins Meer geworfen und der dritte Teil des Meeres wurde Blut und
der dritte Teil der Geschöpfe im Meer, die Leben hatten starb, und der dritte
Teil der Schiffe ging zugrunde.

Und der dritte der Engel posaunte, da fiel ein großer Stern vom Himmel,
brennend wie eine Fackel und er fiel auf den dritten Teil der Flüsse und auf
die Wasserquellen. Und der Name des Sterns lautet Wermut und der dritte Teil
der Gewässer wurde zum Wermut und viele der Menschen starben von den
Gewässern, weil sie bitter geworden waren.

Vielleicht kennen Sie auch diese Geschichte von Wermut, die sich in
unserer Zeit ereignet hat. Rudolf Steiner sagt, in seiner Zeit lebt man
in der Zeit der sechsten Posaune, also, wenn man es zeitlich sieht,
muss es viel früher gestellt werden. Aber es gibt etwas Merkwürdiges
mit dieser dritten Posaune.

1986 gab es die große Katastrophe in Tschernobyl, wo eigentlich
die ganze Gegend mit Radioaktivität verseucht und ein ganz großes
Gebiet evakuiert wurde. Da gibt es die Geschichte von dem Mann,
der in einer Familie von Priestern geboren wurde, aber in der Zeit
des Kommunismus waren das natürlich keine Priester mehr, er auch
nicht, er war Ingenieur, aber er hat die Kirche von Tschernobyl doch
immer mit Interesse wahrgenommen. Die Kirche wurde als Speicher
für Weizen benutzt und die Christusabbildung war noch teilweise
sichtbar, verblasste immer mehr und das tat ihm sehr weh. Als diese
Katastrophe sich abgespielt hatte, wurde es eine noch viel ödere
Gegend und der Zustand der Kirche wurde eine Ruine, eine verlas-
sene Stätte. Er ist dann nach Kiew gegangen, zur Priestersynode, und
hat gefragt, ob nicht ein Priester dorthin geschickt werden könnte,
um da die Kirche wiederaufzubauen. Aber das wollte natürlich keiner,
es war keiner bereit, in dieser Gegend zu leben. Da sagte er: Gut, dann
werde ich selber Priester werden und werde diese Aufgabe auf mich
nehmen.

Und es gab in Tschernobyl einen Arbeiter, der bei der Katastrophe
von Tschernobyl dabei gewesen war. Der hatte einen Traum. Und in

diesem Traum hatte er eine Vision von Wermut und es wird gesagt, dass auf Ukrainisch, denke ich, wenn man das Wort ‚Wermut‘ in dieser Sprache sucht, dann ist das Wort Tschernobyl. Wenn das so ist, dann ist das so beeindruckend, und man sagt dann unmittelbar: Das ist ein Ereignis, das in die Apokalypse gehört. Der Arbeiter hat dann diese Traumvision gemalt und der angehende Priester ist mit dem Gemälde herumgereist, um überall Geld zu sammeln für das Bauen der Kirche. Es hat dann trotz aller Gefahr sich in Tschernobyl eine Gemeinschaft gebildet. Und in einem Gespräch mit diesem Priester hat er gesagt: Bei uns bekommen die Menschen nicht Krebs, oder was auch immer. Wenn sie ankommen, haben sie viel Angst, aber durch die starke Glaubensgemeinschaft, die wir sind, werden diese Ängste allmählich überwunden und bleiben wir hier gesund – obwohl sie sich im Zentrum der Gegend mit der radioaktiven Wirkung befinden.

Während an anderen Orten die Menschen, die in Tschernobyl gewohnt haben und da viel zu lange geblieben sind – weil die Behörden viel Zeit genommen haben, um die Gegend zu evakuieren, es hat eine Woche gedauert, bevor das endlich zugegeben wurde, dass es da eine Katastrophe gab – sterben an Folgen der Radioaktivität, sterben in Tschernobyl in der Gemeinde keine Menschen. Ja letztendlich sterben sie natürlich auch, aber nicht durch Folgen von Radioaktivität. Aber das Wunderliche ist natürlich doch Wermut, Tschernobyl.

Man erlebt dann doch, es muss der dritte Engel sein, der seine Posaune geblasen hat, der dritte Teil der Gewässer wurde zu Wermut und viele der Menschen starben von den Gewässern, weil sie bitter geworden waren.

Der vierte Engel posaunte, da wurde der dritte Teil der Sonne und der dritte Teil des Mondes und der dritte Teil der Sterne getroffen, damit ihr dritter Teil verfinstern würde und der Tag nicht schiene, seinen dritten Teil und die Nacht dergleichen Weise. Und ich schaute auf und ich hörte einen Adler, der im Zenit flog und mit lauter Stimme sprach: Wehe, wehe, wehe denen, die auf Erden wohnen, wegen der übrigen Stimmen der Posaune der drei Engel, die noch posaunen werden.

288

Die fünfte Posaune wird von Rudolf Steiner in seinen Vorträgen für die Priester beschrieben und das ist ein schwerer Teil in der Anthroposophie, weil da etwas gegeben wurde, womit man eigentlich nur umgehen kann, wenn man die dabei notwendige Möglichkeit hat, auch wirklich zu sehen, mit was man es zu tun hat. Das ist wirklich ein schwieriges Stück. In der Apokalypse steht:

Der fünfte Engel posaunte. Da sah ich einen Stern, der vom Himmel auf die Erde gefallen war und es wird ihm der Schlüssel zum Schlund der Unterwelt gegeben. Und er öffnete den Schlund der Unterwelt und aus dem Schlund stieg Rauch empor, wie Rauch eines großen Ofens und die Sonne und die Luft wurden verfinstert von dem Rauch des Schlundes. Und aus dem Rauch kamen Heuschrecken heraus auf die Erde. Und es wurde ihnen Macht gegeben wie die Skorpione der Erde Macht haben und es wurde ihnen gesagt, wie sie dem Gras der Erde keinen Schaden zufügen sollten, noch irgendetwas grünem, noch irgendeinem Baum, sondern nur den Menschen, die nicht das Siegel Gottes auf der Stirne haben. Und es wurde ihnen gegeben nicht, dass sie sie töteten, sondern, dass ihnen Pein bereitet würde, fünf Monate lang. Und ihre Pein war wie die Pein von einem Skorpion, wenn er einen Menschen sticht. Und in jenen Tagen werden die Menschen den Tod suchen und werden ihn nicht finden und sie werden begehren zu sterben und der Tod flieht von ihnen. Und die Gestalten, die als Heuschrecken erschienen, waren gleich Pferden, die zum Krieg gerüstet sind und auf ihren Köpfen war es wie Kränze gleich Gold und ihre Angesichter waren wie Angesichter von Menschen. Und sie hatten Haare wie Frauenhaare und ihre Zähne, die waren wie die von Löwen und sie hatten Panzer, wie eiserne Panzer und das Getöse ihrer Flügel war wie das Getöse von Wagen mit vielen Pferden, die in den Krieg laufen. Und sie haben Schwänze wie Skorpione und einen Stachel und in ihren Schwänzen liegt ihre Macht ihnen Schaden zuzufügen, fünf Monate lang. Sie haben über sich als König den Engel der Unterwelt, sein Name ist auf Hebräisch Abaddon und auf Griechisch hat der den Namen Apollyon. Das eine Wehe ist vorüber, siehe es kommen noch zwei Wehe nachher.

Für die Priester beschreibt Rudolf Steiner diese Plage von Heuschrecken als eine Plage, die unter der Menschheit auftritt – und man muss sich dann vorstellen, dass hundert, hundertfünfzig Jahre vor der

Zeit Rudolf Steiners, – viele menschenartige Wesenheiten auf Erden geboren werden, die aber kein Ich haben. Und Rudolf Steiner spricht mit den Priestern so, dass er davon ausgeht, dass sie die Möglichkeit haben, dessen gewahr zu werden, wahrzunehmen, ob ein Mensch, der als Mensch erscheint, in einer menschlichen Hülle, ob der einen physischen Leib, Ätherlieb, astralischen Leib und Ich hat, oder ob das Ich fehlt und auch nicht entwickelt werden kann. Er beschreibt das für seine Zeit, als eine Erklärung für die Bevölkerungszuname. Dass es lange nicht alle Menschen sind, die auch ein Ich haben, sondern, dass sich viele Heuschrecken dazwischen befinden, Menschen, die wie Menschen aussehen, aber die kein Ich haben. Und er geht wirklich davon aus, dass der Priester das richtig feststellen kann.

In den anthroposophischen Kreisen lebt man weiter mit diesem Wissen und so ab und zu vernimmt man etwas davon und dann kann man sich wirklich erschrecken. Denn dann zeigt sich - das sind natürlich nicht nur Priester, es sind auch Lehrer und Erzieher, die bei Kindern meinen, schon sehen zu können, dass das so ist, dass das Ich fehlt, obwohl das eine Unmöglichkeit ist, weil man es eigentlich erst ab dem Erwachsensein feststellen kann, denn dann kommt erst das Ich wirklich auf Erden, zuvor ist das noch gar nicht zu unterscheiden. Denn die Wesen ohne Ich, die entwickeln sich so, wie auch die anderen Kinder sich entwickeln und erst, wenn die Ich-Phase eintritt, mit 21 Jahren, vielleicht etwas früher, dann wird ein Unterschied deutlich.

Rudolf Steiner hat natürlich wohl davor gewarnt, dass man solchen Menschen nie sagen darf, dass sie kein Ich haben, denn das würde den Wahnsinn herbeiführen, sondern man muss ihnen gerade viel Liebe entgegenbringen. Aber es ist eine harte Tatsache, dass man es mit etwas zu tun hat, was wohl menschlich aussieht, aber es nicht ist.

In anderen Vorträgen, wo er für andere Zuhörer darüber gesprochen hat, hat er wohl noch bestimmte Hilfsmittel angegeben. Für mich ist es etwas sehr Wichtiges, dass solche Menschen nicht die Möglichkeit haben Sätze auswendig zu lernen, die können wohl ein Wort, aber nicht Zusammenhänge von Worten behalten. Dabei kann man sich etwas vorstellen. Und das ist dann natürlich zur gleichen Zeit auch in gewissem Sinn ein diagnostisches Mittel.

Teilnehmerin: Ich habe das als Erzieherin noch nie erlebt, dass ein Kind keinen Satz auswendig lernen kann.

MM: Das gibt wohl an, wie selten es dann doch ist.

Rudolf Steiner hat dann davor gewarnt, dass es eine Zeit geben wird – das wurde inzwischen Vergangenheit für uns – worin diese Plage sehr stark aufkommen würde und das würde zu gleicher Zeit mit dem Anfang der Erscheinung von Christus in der ätherischen Welt sein. Einer gewissen Zeit hindurch würden dann gewissermaßen Horden von Ichlosen Herden die Erde plagen. Wenn ihr das näher studieren wollt, dann sind die Vorträge für die Priester eine Quelle.

Aber was soeben gesagt wurde, ist doch sehr wichtig: Gehe davon aus, dass es doch selten ist und dass man nicht so überall die Diagnose stellen kann, ah, da geht einer, der hat kein Ich.

Es brauchen nicht Ahrimanische Wesen zu sein, es können auch gute Wesen sein, die sich darin verkörpern, es können auch liebenswürdige Seelen sein, aber es fehlt das Ich und es ist nicht so, dass das Ich schwach ist. Wenn das Ich schwach ist, dann kann es entwickelt werden, aber hier fehlt es. Das finde ich ein schwieriges Kapitel, weil der Mensch nun einmal dazu neigt, Urteile zu fällen womit man wirklich ganz falsch gehen kann und das ist sehr, sehr schlimm, das ist viel schlimmer, als wenn man es übersieht, da hofft man lieber, dass man die Dinge übersieht, als dass man sie falsch konstatiert.

Teilnehmerin: Kannst du sagen, was die Wirkung der Skorpione dann bedeutet, die einen Stachel haben und wie ein Skorpion quält?

MM: Ja, die Ichlosen Menschen bereiten den Menschen, die mit ihnen leben müssen, viele Probleme, sehr viele Sorgen und Probleme, also es ist ein Bild, nicht wirklich ein Skorpion, der aussieht wie ein Skorpion. Das Gift sitzt im Schwanz, und man muss es als Bild auffassen und das bedeutet, dass es sehr, sehr peinigend ist.

Teilnehmer: Aber wie ist es möglich, überhaupt ohne Ich zu sprechen und zu erleben? Überhaupt

MM: Ja, das tut der Astralleib, das Astralische ist sehr weit entwickelt, viel weiter, als das Ich. Also wie ein Kind, ein Jugendlicher in der Pubertät, auch sprechen kann und noch kein Ich hat, so muss man sich das vorstellen.

JM: Rudolf Steiner benennt in den Karmavorträgen manchmal auch große Persönlichkeiten, die ohne Ich waren, die sehr viel geleistet haben, auch viel zerstört haben. Von Napoleon erzählt er das, anfänglich sagt er es nicht, aber später hatte er herausgefunden, dass das Ich in der Vergangenheit und Zukunft nicht zu finden war.

MM: Keine Individualität.

JM: Keine Individualität, die darin war, es war der Geist der Revolution der in ihm gewirkt hat.

Teilnehmer: Aber doch so eine große Aufgabe bekommen.

JM: Aber er sagt auch, es hätte auch ohne ihn gekonnt, es wäre ohne ihn besser gewesen, aber es ist nunmal so gegangen, dass er die Macht ergriffen hat, und die Folgen der Revolution auch beruhigt hat.

Teilnehmer: Und wie ist es dann mit künftigen Inkarnationen?

MM: Die gibt es nicht.

Teilnehmerin: Die haben kein Karma sozusagen?

MM: Nein.

292

Teilnehmer: Aber sie inkarnieren sich wie ein normales Kind.

Teilnehmerin: Dann wird so schon deutlich, dass wir uns weiterentwickeln müssen, um Ichwahrnehmungen zu haben.

MM: Ja.

Noch der sechste Engel und dann machen wir Pause. Der sechste Engel, die sechste Posaune wurde, wie Rudolf Steiner das erklärt, in seiner Zeit geblasen und was dann in der Apokalypse folgt, das ist dann eigentlich unsere Zeit. Und die siebente Posaune, die wird dann auch jetzt und in der nahen Zukunft geblasen werden.

Und der sechste Engel posaunte. Da hörte ich eine Stimme aus den vier Hörnern des goldenen Altars, der vor Gott steht. Die sagte zu dem sechsten Engel, der die Posaune hatte: Binde die vier Engel los, die an den großen Strom Euphrat gebunden sind. Da wurden die vier Engel losgebunden, die sich auf die Stunde und den Tag und den Monat und das Jahr bereit gemacht hatten, um den dritten Teil der Menschen zu töten. Und die Zahl der Kriegsheere zu Pferd war zwanzigtausend Mal zehntausend. Ich hörte ihre Zahl und ich sah in dem Gesicht die Pferde und die, welche darauf saßen so, sie hatten feuerrote und dunkelfarbige und schwefelgelbe Panzer und die Köpfe der Pferde waren wie Köpfe von Löwen und aus ihren Mäulern kam Feuer und Rauch und Schwefel heraus. Durch diese drei Plagen wurde der dritte Teil der Menschen getötet durch das Feuer und den Rauch und den Schwefel, der aus ihren Mäulern herauskam. Die Macht der Pferde liegt in ihrem Maul und ihren Schwänzen. Ihre Schwänze nämlich sind gleich Schlangen und haben Köpfe und mit diesen fügen sie Schaden zu. Und die übrigen Menschen, die durch diese Plagen nicht getötet wurden, taten nicht einmal Buße durch Abwendung von den Werken ihrer Hände, so dass sie die Dämonen und die goldenen, und die silbernen und die ehernen und die steinernen und die hölzernen Götzen nicht mehr angebetet hätten, die weder sehen, noch hören, noch gehen können und taten nicht Buße von ihren Mordtaten, noch von ihren Zaubereien, noch von ihrer Unzucht noch von ihren Diebstählen.

Hier wird, so sagt Rudolf Steiner, viel mehr darauf hingewiesen, dass die Menschen ihr Ich verlieren, also nicht ohne Ich geboren werden, wohl ein Ich haben, aber das verspielen. Und das ist der dritte Teil der Menschen, der getötet wird. Da wird das Ich verspielt.

Es ist natürlich leichter, sich das vorzustellen für die sechste Zeit der Erde, die siebente sogar, kurz bevor die Erde in den astralischen Zustand übergeht. Es ist noch sehr weit weg. Aber wenn wir es für jetzt vorstellen müssen, ja dann ist es natürlich etwas ganz anderes und ist es auch nicht so absolut. So absolut wie es hier geschrieben steht, gehört es in die große Apokalypse, aber im Kleinen können wir das doch auch wiedererkennen. Und wir müssen uns dabei immer bewusst sein, dass es eine innerliche Geschichte ist, eine innerliche Lebensgeschichte des Ich, die natürlich äußerlich Folgen hat.

Nach dem Blasen der fünften Posaune wird gesagt: Die eine Wehe ist vorüber, siehe es kommen noch zwei Wehen nachher. Und wir haben es hier also wirklich mit Geburtswehen zu tun. Und man muss sehen, dass man seinen bürgerlichen Verstand auf null schaltet und in eine imaginative Art zu denken lernt, wo man eigentlich nicht urteilt, sondern mit den Bildern mitgestaltet und dann in dem Mitgestalten die Bedeutung ahnt und dann immer deutlicher und deutlicher weiß, was da eigentlich gesagt wird. Also wir können mit unserem gewöhnlichen Urteilsvermögen da nicht herangehen, das ist auch unerträglich, so muss es nicht gemacht werden, man muss es wirklich als Imaginationen und Inspirationen auffassen. Und die inspirative Seite, die enthüllt sich, wenn man die Bilder mitgestaltet und dann ganz aufmerksam zuhört, was da eigentlich gesagt werden will.

Vor der Schwelle der geistigen Welt muss alles Irdische, alles aus der einen Inkarnation vergessen werden. Und da ist es, als ob eine totale Finsternis eintritt und als ob alles, was Wert für die Person hat, wertlos wird. Das wird hier geschildert, Stufe für Stufe, wie man sich so entwickelt, dass man imstande wird, dass man ohne die Persönlichkeit mitzunehmen das Geistige aufnehmen kann. Und dafür muss viel abfallen. In unserer Zeit noch wenig, aber immer mehr und mehr und in dieser kleinen Apokalypse, die mit dem Bauen eines neuen

Jerusalem ihr Ziel findet, da haben wir es vor allem mit Einweihungs-
prozessen zu tun, die dann äußerlich katastrophal zu sein scheinen.
Das ist schwierig für uns, wir wollen keine Katastrophe, wir wollen
nicht fühlen müssen, dass ohne Wehen eine Geburt unmöglich ist.

ACHTE STUNDE

Kiental, 15.08.2018

Und ich sah einen anderen starken Engel aus dem Nebel herabkommen, angetan mit einer Wolke. Und der Regenbogen auf seinem Haupt und sein Angesicht wie die Sonne und seine Füße wie Feuersäulen. Und er hielt in seiner Hand ein geöffnetes Büchlein und er setzt seinen rechten Fuß auf das Meer, den linken aber auf das Land und rief mit lauter Stimme, wie ein Löwe brüllt. Und als er gerufen hatte, redeten die sieben Donner ihre Worte. Und als die sieben Donner geredet hatten, wollte ich schreiben. Da hörte ich eine Stimme aus dem Himmel sagen, versiegle, was die sieben Donner geredet haben und schreibe es nicht auf. Und der Engel, den ich auf dem Meer und Land stehen sah, erhob seine rechte Hand zum Himmel und schwur bei dem, der in alle Ewigkeit lebt, der den Himmel geschaffen hat und was darin ist und die Erde und was darauf ist und das Meer und was darin ist, es wird keine Zeit mehr sein, sondern in den Tagen der Stimme des siebenten Engels, was er posaunen wird, da ist das Geheimnis Gottes vollendet, wie er seinen Knechten den Propheten verkündet hat. Und die Stimme, die ich aus dem Himmel gehört hatte, redete abermals mit mir und sagte, geh hin, nimm das geöffnete Büchlein in der Hand des Engels, der auf dem Meer und auf dem Land steht. Da ging ich zu dem Engel und sagte zu ihm, er soll mir das Büchlein geben. Er sagte zu mir, nimm und verschlinge es und es wird dir bitter werden im Bauch aber in deinem Mund wird es süß sein, wie Honig. Und ich nahm das Büchlein aus der Hand des Engels und verschlang es und es war in meinem Munde süß wie Honig und als ich es verschlungen hatte, wurde es mir bitter im Bauch Und man sagte zu mir, du sollst weissagen über viele Völker und Nationen und Sprachen und Könige.

Es gibt natürlich auch hier wieder mehrere Bedeutungen, aber was das Allerwichtigste ist, das ist, dass wir hier ein Bild für die Erdenentwicklung mit den Menschen an sich haben. Und dieses Bild macht dann auch den Teil der Reihe der Apokalyptischen Siegel aus, die Rudolf Steiner bei dem Münchner Kongress an den Wänden aufgestellt hat. Hier sieht man in diesen sieben Bildern, dass die Apokalypse zu gleicher Zeit die Einweihung und sogar die Rosenkreuzereinweihung ist. Die Individualität, die die Apokalypse geschrieben hat, ist dieselbe Individualität, die dann auch die sieben Stufen für die Rosenkreuzereinweihung gibt.

Und von diesen sieben Stufen kennen wir als erste Stufe die Stufe des Studiums. Die zweite ist die Stufe der Imagination, die dritte ist das Lesen der okkulten Schrift, die vierte Stufe ist *die Bereitung des Steins der Weisen* und das ist eigentlich das, was wir hier sehen. Es ist auch wirklich das vierte Bild in der Reihe.

Wir sehen hier, wie der Engel mit einem Bein auf dem Meer steht und mit dem anderen Bein auf dem Land. Das rechte Bein, das auf dem Meer steht, ist das Bein der Stärke, das gehört zu der Zeit der Erde, die in der Geheimwissenschaft die Marsperiode genannt wird, da ist eigentlich die wirklich physische Härte noch nicht vollkommen. Das andere Bein steht fest auf der Erde und dieses Bein verweist nach der zweiten Hälfte der irdischen Entwicklung, das ist die Merkurphase. Das rote Bein, das ist das Bein der Stärke, und das blaue, dunkle Bein ist das Bein der Weisheit. Sie werden Jachin und Boaz genannt.

JM: Sonne und Mond.

MM: Ja. Und da hat Rudolf Steiner dann gesagt, wenn man aus den 24 Ältesten die zwei Wesenheiten nimmt, die mit diesem Bein und jenem Bein zusammenhängen, dann ist das Bein der Stärke Elia und das Bein der Weisheit ist Moses. Also der Engel steht mit Hilfe, oder Stütze von diesen beiden großen menschlichen Individualitäten auf Wasser und Erde.

In der wässrigen Phase der irdischen Entwicklung war das Bein noch ganz lebendig. Das Bein ist rot und das deutet schon hin auf das arterielle Blut, die Schlagader, das ist das Blut, das Leben in sich trägt. Man kann auch sagen, der Engel steht mit seinem rechten Bein auf dem Meer und das rechte Bein ist der Baum des Lebens. Das linke Bein, das trägt die Kohlensäure und das ist der Baum des Todes und hat damit die Qualität des Baumes der Erkenntnis.

298

Für die Menschen in unserer Zeit kommt es darauf an – und das ist dann wiederum *die Spiritualisierung des Denkens*, – dass die Stärke, also das Lebendige, dass *diese Stärke die Weisheit durchdringt*, oder hervorbringt, dass also in anderen Worten der Wille mit dem Denken vereinigt wird. Das ist der erste Schritt der Zubereitung des Steines der Weisen, weil da das Leben in den Tod hineingetragen wird und eine Auferstehung vorbereitet wird. Das ist also die vierte Stufe der Rosenkreuzereinweihung. Es ist ein großartiges Bild, denn wenn es so miteinander in Harmonie gebracht wird, dann erscheint diese Wolkengestalt mit der Sonne als Haupt und mit dem Regenbogen darum herum. Man könnte sagen, dass das wiederum eine Vordeutung auf *die Erscheinung von Christus in der Ätherischen Welt* ist, die für uns sichtbar werden wird, wenn die Stärke sich mit der Weisheit verbindet.

Wir haben natürlich in der Bibel in den synoptischen Evangelien, im Johannesevangelium, ein gleichartiges Bild in der Verklärung auf dem Berg Tabor, wo auch Moses und Elias neben Christus da sind und dann diese Verklärung von Christus auftritt. Also man könnte eigentlich sagen, dass das Bild eine andere Form dieses Ereignisses ist. Und das ist wirklich *unsere Zeit*.

Wie ich gestern sagte, hat Rudolf Steiner für die Priester dann noch wiederum etwas anderes über dieses Bild in der Apokalypse gesagt, nämlich, dass die Menschheit über die Schwelle geht und dass es dann drei Menschenarten geben wird, Menschen, die mehr das Denken in sich entwickelt haben, oder wo das Denken mitreißt. Er nennt sie Wolkenmenschen und sagt, das sind vor allem die osteuropäischen Völker. Die Regenbogenmenschen, das sind die Gefühlsmenschen und die findet man in der Mitte und die Feuerfüßigen, wo das Wollen mitreißt, die auf Wasser und Erde stehen, die findet man vor allem im Westen.

Wir brauchen dann denjenigen, der uns das Gleichgewicht kennenlernen lässt. Und dieses Geheimnis, könnte man sagen, steht in einem Büchlein. Und wenn man es liest, dieses Büchlein, dann ist es süß, denn nichts lieber als solche Erkenntnisse möchte man haben, da wird man wirklich tief glücklich davon. Aber dann müssen diese Erkenntnisse sich in moralische Intuitionen verwandeln und muss man dasjenige, was so süß geschmeckt hat, als es noch Erkenntnis war, auf Erden verwirklichen und dann wird es recht bitter, dann stößt man auf alle Schwierigkeiten, die einem apokalyptisch entgegentreten.

Man kann sich vorstellen, dass das Büchlein verschiedene Formen annimmt. Wir sprechen jetzt über unsere Zeit. Ich sage immer wieder, das ist die kleine Apokalypse, die sich in Zyklen wiederholt, aber es gibt auch die Apokalypse, die Rudolf Steiner in Nürnberg besprochen hat, die große Apokalypse. Und dann finden wir dieses Bild am Ende der siebten Zeit der physischen Erdenentwicklung, also es dauert noch sehr, sehr lange. Aber eine Vorahnung, was dann doch ein wirkliches Ereignis ist, das finden wir jetzt schon.

Wenn man das Buch, das Büchlein, die Philosophie der Freiheit, im Schrank findet und man fängt an dieses Büchlein zu lesen, dann schmeckt es süß, wie Honig, aber man weiß zu gleicher Zeit: es kann nicht nur bei schmecken bleiben. Dann muss dasjenige, was als Botschaft gegeben wird, auch *gemacht werden* und dann wird es bitter im Bauch.

Also, vierte Stufe der Rosenkreuzereinweihung, die Zubereitung des Steines der Weisen und diese Zubereitung wird damit schon angefangen, wenn anhand von einem Büchlein, wie die Philosophie der Freiheit, die Stärke mit Weisheit verbunden wird. Dann macht man die ersten Schritte, dass man in sich selbst aus der Kohlensäure wiederum Sauerstoff machen kann.

In den Tod wird das Leben hineingetragen. Und so findet man ein Denken, das zuerst ganz, ganz tot gewesen ist, das dann aber die Keime des Lebens in sich aufnimmt und eine Ahnung davon gibt, dass dasjenige, was man mit dem lebendigen Denken als eine Art von Leib in sich sich gestalten fühlt, dass das etwas mit dem Auferstehungsleib und auch mit dem Neuen Jerusalem zu tun hat. Das sind natürlich Ahnungen, man kann nicht sagen, ich habe das ganz vollkommen zustande gebracht, oder es wurde in mir zustande gebracht. Aber man fühlt in diesem Bild hier diese Vorverkündung für die Auferstehung, die dann auch wirklich physisch sein wird.

Wir können mal versuchen dieses Bild meditativ zu gestalten und wenn möglich, fest zu halten. Dabei ist natürlich dieses Bild eine große Hilfe, aber trotzdem muss man es selbst gestalten. Der starke Engel mit dem Büchlein.

-Es wird meditiert.

Teilnehmerin: Ich habe vielleicht noch eine Frage: Hat Rudolf Steiner nun gesagt, die Wolkenmenschen, das sind die östlichen Denker, und die Regenbogenmenschen, die sind in der Mitte. Und beim ersten Mal, als ich dann das Bild dabei hatte, sah ich, dass dieser Engel die Wolke in der Mitte hat und den Regenbogen oben.

MM: Ja, das ist so, wenn man es räumlich anschaut. Aber er schaute es qualitativ an und sagt dann, die Wolke, das ist Gedankenelement und die verschiedenen Farben des Regenbogens, das ist Gefühlselement. Also da wird es qualitativ angeschaut und nicht so sehr, wo es sich befindet.

Dann schreiten wir weiter zu der nächsten Stufe der Rosenkreuzereinweihung, die steht im Kapitel zwölf in der Offenbarung.

Und ein großes Zeichen erschien im Himmel, ein Weib angetan mit der Sonne und der Mond unter ihren Füßen und auf ihrem Haupt ein Kranz von zwölf Sternen. Und sie war schwanger und schrie in Wehen und Schmerzen der Geburt.

Dann kommt die Auseinandersetzung mit dem Drachen, aber das werden wir dann morgen wieder zurückfinden. Hier geht es um dieses Bild. Der Drache ist hier bereits überwunden, aber versucht doch noch etwas, wenn ich es gut sehe. Aber dieses Weib ist mit der Sonne bekleidet. Und Rudolf Steiner gibt für die Priester eine wunderbare Beschreibung für dieses Bild. Er sagt dann, dass in Folge der Erscheinung von Christus in der Ätherischen Welt, im zwanzigsten Jahrhundert, die Menschen allmählich eine Fähigkeit entwickeln werden, dass sie selbst in ihre eigenen innerlichen Anschauungswelt Bilder bekommen werden von früheren Zuständen der irdischen Entwicklung. Und das Interessante ist, dass er dann sagt, dass diese Bilder in der Wärme aufkommen werden, da, wo diese Wärme mit der Atmung in Berührung kommt. Und dann hört man den innerlich Grundsteinspruch, den mittleren Teil, wo man zwischen Atmung und Blutrhythmus den Geist, die geistige Welt und die Inspiration findet und das ist es, was wir dann zu erwarten haben, dass es eigentlich mehr oder weniger ohne streng meditative Entwicklung, Menschen in der Zukunft geben wird, die als natürliche Gabe, da wo die Wärme des Blutes mit der Atmung in Berührung kommt, Visionen, oder geistige Bilder von früheren Zuständen der Erdenentwicklung bekommen werden.

Er gibt dieses Bild als führendes Bild und dieses Bild verweist zurück nach der atlantischen Zeit, wo es in der Entwicklung so weit gekommen war, dass Christus sich in der Sonne gleichsam zusammenzog, um sich vorzubereiten, allmählich zur Erde hinunter zu steigen. Und in dieser alten Zeit hat man das als ein Schwanger werden der Sonne angeschaut, als ob die Sonne ein Weib wäre und dieses Weib ist schwanger und diese Schwangerschaft, das ist das Werden der Christuswesenheit, die zur Erde will. Diese Bilder tragen wir alle in uns, aber wir überdecken das mit den Sinnen und dem Verstand. Durch die Erscheinung von Christus in der ätherischen Welt werden diese Bilder wieder wachgerufen und wird der Mensch nicht nur dieses Bild schauen, sondern dann auch sehen, wie dieses Bild sich in Isis mit dem Horuskind verwandelt und dann natürlich in Maria mit dem Jesuskind. Das wird dann das führende Bild für die Entwicklung einer reinen Seele, die den Christus in sich konzipiert und wo dann der Christus in diesem reinen Denken wächst. Das wurde von Zeit zu Zeit in verschiedenen Gestalten und Bedeutungen immer wieder von Eingeweihten geschaut.

Ich habe gestern auch schon auf Novalis verwiesen. Es ist so etwas Wunderbares, dass er als evangelisch erzogener Mensch unter der Tatsache gelitten hat, dass es keine Marienverehrung gab. Er macht es dann selbst, eigentlich dadurch, dass er bestimmte Lieder geschrieben hat, die darauf hinweisen, was dieses Bild von Maria, die schwanger ist, oder Maria, die ein Kind auf dem Arm trägt, für eine spirituelle Bedeutung hat. Also das sehen wir dann bei Novalis schon aufkommen.

Rudolf Steiner sagt: Nach der Erscheinung von Christus in der ätherischen Welt wird dieses Bild gleichsam aufgeklärt und immer mehr Menschen werden dieses Bild innerlich schauen und wissen, was es bedeutet und das auch in den vorherigen irdischen Entwicklungszuständen zurück verfolgen können. Also man sieht dann, wie dieses Bild in die atlantische Zeit gehört und wie alles, was später kommt, dahin zurückweist.

JM: In der deutschen Sprache sagt man: Die Sonne und in anderen Sprachen ist die Sonne männlich, le soleil zum Beispiel im Französischen.

MM: Ja, Rudolf Steiner sagt wirklich, dass die Sonne in der atlantischen Zeit eine weibliche Gestalt war und dass sie in sich den Christus immer deutlicher schauen lässt, bis er als Christus letztendlich dann zur Erde hinuntersteigt. Das bedeutet natürlich nicht, dass er vorher nicht da war, aber es ist das Nach-der-Erde gehen, diese Schwangerschaft ist in der Atlantis Tatsache.

Menschenseele, du lebest in dem Herzens-Lungenschlag, da müssen wir diese Bilder suchen.

Also, das sind wirklich die positiven Bilder, die wir in der Apokalypse für unsere Zeit finden. Morgen schlagen wir dann eine andere Seite auf und werden dann sehen, was uns das wieder bringen wird.

NEUNTE STUNDE

Kiental, 15.08.2018

Lasst uns dann heute noch einmal die Meditation vom ersten Tag machen, wir brauchen ein gutes Fundament heute, um all diese bösen Einflüsse gut auffangen zu können. Wir hatten eine Vorstellung gebildet von demjenigen, was geschaut wird, wenn man so weit in der Entwicklung vorgeschritten ist, dass die Seele im Spiegel des Ätherleibes sich selbst anschauen kann. Und dann sieht sie das Bild, das im vierten Kapitel der Offenbarung gegeben wird. Und dieses Bild von den vier Tieren und einem fünften ist dann auch wiederum mehr oder weniger konzentriert als zweites apokalyptisches Siegel auf Anweisung von Rudolf Steiner gemalt worden. Das ist die zweite Stufe der Rosenkreuzereinweihung. Und vorchristlich hatte man dann in der Mitte eine mehr unbestimmte Gestalt geschaut, eine fünfte, inmitten von vier. Nach Christus wird es dann immer mehr möglich, dass man in der Mitte den Menschensohn schaut, so wie er dann im ersten Kapitel der Apokalypse wiedergegeben wird. Also, wir müssen unterscheiden zwischen den Bildern in der Apokalypse und demjenigen, was da Siegel genannt wird und diesen apokalyptischen Siegeln, die natürlich nicht diese Siegel der Apokalypse sind, aber die ein siegelhafter Ausdruck der Rosenkreuzereinweihung sind. Aber diese Rosenkreuzereinweihung läuft mit der Apokalypse wohl zusammen. Also dasjenige, was man in der Rosenkreuzereinweihung an Stufen durchläuft, das ist in der Apokalypse schon beschrieben worden. Es ist dieselbe Individualität, Johannes der Evangelist, Christian Rosenkreuz. Und wir können uns vorstellen, dass, wenn wir diese sieben apokalyptischen Siegel, also nicht die Siegel aus der Apokalypse, aber diese, die wohl apokalyptische Bilder sind, aber nicht diese Siegel, die hier als Siegel beschrieben sind, dass, wenn wir diese meditieren, wir uns dann auch eine imaginative Vorstellung von der Rosenkreuzereinweihung bilden. Und in unserer Zeit geht die Vorstellung immer der Wirklichkeit voran. Wir können uns dadurch für die Wirklichkeit der Einweihung bereit machen, dass wir Vorstellungen davon bilden. Also auch, wenn wir noch nicht diese Einweihung haben, dann können wir uns doch vorstellen, was das ist. Und so ist das mit den esoterischen Stunden aus dem letzten Lebensjahr, Arbeitsjahr, von Rudolf Steiner natürlich auch. Da werden auch Bilder gegeben, die man sich vorstellen kann, und je intensiver und wirklicher man das macht, umso näher rückt man heran an die wirkliche Einweihung.

Also versuchen wir dann jetzt das zweite apokalyptische Siegel, die vier Tiere rund um einen Fünften, der nicht mehr Tier ist und dieser Fünfte wird allmählich deutlich der Menschensohn und dieser Menschensohn wurde ausgedrückt im ersten apokalyptischen Siegel.

In den Vorträgen in Nürnberg hat Rudolf Steiner dann angegeben, dass, wenn man die sieben Leidensstufen im Johannesevangelium meditiert, dass man dann so seine Seele durchchristet, dass mehr oder weniger von selbst diese Gestalt in der Mitte sich zu dem Menschensohn verdeutlicht.

Gut, versuchen wir das nochmal.

-Es wird meditiert.

Dann versuchen wir die Aufmerksamkeit zu der vorstellenden Tätigkeit zu lenken. Der Inhalt wird weniger wichtig, die Tätigkeit wird wichtig.

-Es wird weiter meditiert.

Dann wird auch die Tätigkeit weniger wichtig und wir versuchen nur noch aufmerksam zu sein, auf dasjenige, was da lebt und webt im Bewusstseinsfeld.

-Es wird weiter meditiert.

Dann dürfen wir uns vorstellen, jetzt schaut die Seele sich selbst im Ätherischen.

306

-Es wird weiter meditiert.

Können wir dann dasjenige, was lebt und webt auch noch weniger wichtig sein lassen, dann haben wir nur noch die Seele und vielleicht schaut die Seele sich selbst, ohne Hilfe eines Spiegels.

-Es wird weiter meditiert.

Gut.

Der Übergang von dem Schauen der Seele, von sich selbst, im Spiegel des Ätherischen zu einem Schauen von nur sich selbst, durch sich selbst, das ist die Schwelle zur geistigen Welt. Und da steht also der Hüter und der wirft Prüfungen auf. Also, so wie wir es jetzt vorgestellt haben, ist es ideal, als ob der Hüter nicht da wäre und einfach zur Seite tritt und sagt: Tritt ein. Aber das ist natürlich nicht der Fall. Also wir haben hier eine ideale Vorstellung von der Einweihung, als ob es keine Wiederstände geben würde, aber in Wirklichkeit ist da ein gewaltiges Problem, was da lebt zwischen der Anschauung der Seele im Ätherischen als Spiegel und dem Übergang zu einem Schauen der Seele durch sich selbst.

Teilnehmer: Ich habe eine Frage: Beim Schauen im Ätherischen, ist da die Seele schon leibfrei, ist das schon ganz leibfrei?

MM: Das Schauen muss leibfrei sein, ja, da geht eine intensive Schulung der Konzentration voran.

Also, wir ahmen den Schlafzustand nach und dann, als ob wir uns aus dem Schlaf zurück zum Leib bewegen und dann nicht ganz in die Sinneswachheit schießen würden, was jeden Morgen einfach so von selbst geschieht, ich wache auf und die Sinneswelt ist wieder um mich herum. Das wird aufgehalten und wir sind dann – und das kann sehr kurz sein und dann doch sehr intensiv wirksam – also verzögert beim Aufwachen und stehen eine Weile mit der Seele bewusst vor dem Ätherischen.

Und wenn es dann möglich wird, auch im tiefen Schlaf bewusst zu sein, dann braucht man den Ätherleib nicht mehr als Spiegel, sondern kann man in sich selbst, in der eigenen Seele, wachend sein. Das ist die Einweihung. Und in den esoterischen Stunden ist es dann so, dass bei dieser Stufe der Einweihung, wo der Mensch, oder die strebende Seele, über die Schwelle geht, dass der Hüter dann sagt: Tritt ein, du wirst ein wahrer Mensch werden. Und in den Vorträgen in Nürnberg 1908 sagt Rudolf Steiner, diese Stufe, wenn die Seele reif wird, um sich selbst unter den schauenden Augen zu haben, diese Stufe wird im Okkulten der Menschensohn genannt. Also, wenn man soweit sich entwickelt hat, dann ist die Seele Menschensohn geworden.

Teilnehmerin: Wenn man dann die Seele schauen würde, sieht man dann ein Bild der eigenen Seele oder sieht man dann den Christus, oder verschmilz das dann…

MM: Ja, da ist die Seele nicht mehr nur die persönliche Seele, sondern ist die ganze seelische Welt, durchgeistigt sogar und da tritt die Stufe der Inspiration ein und dann ist man wirklich begreifend in der geistigen Welt darin, nicht nur für sich selbst, nicht nur die eigene Seele begreifend.

Nun waren wir gestern in unsere Zeit hineingekommen, haben den starken Engel mit dem Büchlein geschaut und auch das Weib mit der Sonne bekleidet. Ich habe nicht weitergelesen, als dieses Bild von dem Weib mit der Sonne bekleidet. Aber im folgenden Satz fängt der Kampf an und das ist unser heutiges Thema, das in unserer Zeit ebenso aktuell ist und das wir versuchen wollen mit dem ganzen Herzen aufzunehmen und zu verstehen, in der Hoffnung auch, dass wir uns dadurch in die richtige Weise darauf vorbereiten, dass es in der sechsten Kulturepoche eine Geburt geben wird, nämlich die Vorahnung des Neuen Jerusalem, wo in dieser Epoche alle Menschen Brüder werden, natürlich nicht alle, aber doch alle. Und dafür hatte ich das Lied von Beethoven gewählt, obwohl es auch die Hymne der EU ist. Da kann Schiller nichts dafür und Beethoven auch nicht.

Also ich finde, dass wir imstande sein müssen, so etwas rein zu nehmen, wie es ist, was es wirklich bedeutet. Und ich habe gestern schon etwas davon gehört. Und morgen nach unserem ganzen Inhalt werden wir das dann zu hören bekommen. Denn das ist doch das Großartige, was wir zu erwarten haben, dass die Menschen untereinander eine Brüderlichkeit fühlen und wollen werden. Und das ist die erste Stufe des Bauens des Neuen Jerusalems. Ich hoffe, dass wir das in diesen kommenden zwei Tagen, aufbauen können, aber dem geht ein Kampf voran. Und der ist hart und wird weniger hart, wenn wir verstehen, was da eigentlich geschieht. Und dann muss man seine gewöhnliche Verstandeskategorien und Gemütskategorien – aber das sind dann nicht Kategorien, sondern Gefühlswelten – umwandeln, zu einem Weltenverstand, oder Weltenintelligenz und Weltengefühl, denn sonst kann man es nie verstehen.

Also gehen wir dann jetzt über zu der Beschreibung in der Apokalypse.

Kapitel 12

Gestern hatten wir die Zeilen:

Und ein großes Zeichen erschien im Himmel, ein Weib, angetan mit der Sonne und der Mond unter ihren Füßen und auf ihrem Haupt ein Kranz von zwölf Sternen. Und sie war schwanger und schrie in Wehen und Schmerzen der Geburt. Und es erschien ein anderes Zeichen im Himmel und siehe da, ein feuerroter, großer Drache, der sieben Köpfe und zehn Hörner und auf seinen Köpfen sieben Kronen hatte. Und sein Schwanz zog den dritten Teil der Sterne des Himmels nach sich und er warf sie auf die Erde. Und der Drache stand vor dem Weib, das gebären sollte, um, wenn sie geboren hätte, ihr Kind zu verschlingen. Und sie gebar einen Sohn, einen Knaben, der alle Heiden weiden soll mit eisernem Stabe. Und ihr Kind wurde entrückt zu Gott und zu seinem Thron. Und das Weib floh in die Wüste, wo sie eine Stätte hat, die von Gott bereitet ist, dass man sie dort ernähre zwölfhundertsechzig Tage. Und es entstand Krieg im Himmel, so dass Michael und seine Engel Krieg führten mit dem Drachen und der Drache führte Krieg und seine Engel und sie vermochten nicht stand zu halten. Und eine Stätte für sie war im Himmel nicht mehr zu finden. Und geworfen wurde der große Drachen, die alte Schlange, genannt Teufel und der Satan, der den ganzen Erdkreis verführt. Geworfen wurde er auf die Erde und seine Engel wurden mit ihm geworfen. Und ich hörte eine laute Stimme im Himmel sagen, jetzt ist das Heil und die Kraft und die Herrschaft unserem Gott und die Macht seinem Gesalbten zuteil geworden. Denn hinab geworfen wurde der Ankläger unserer Brüder, der sie vor unserem Gott Tag und Nacht verklagt. Und sie haben ihn überwunden, um des Blutes des Lammes und um des Wortes ihres Zeugnisses Willen und haben ihr Leben nicht liebgehabt, haben es hingegeben bis zum Tode. Darauf frohlocket ihr Himmel und die ihr darin wohnt, wehe der Erde und dem Meer, denn der Teufel ist zu euch hinabgekommen, denn er hat einen großen Zorn, da er weiß, dass er eine kurze Frist hat. Und als der Drache sah, dass er auf die Erde herabgeworfen war, verfolgte er das Weib, das den Knaben geboren hatte. Und dem Weibe wurden die zwei Flügel des großen Adlers gegeben, damit sie in die Wüste flöge an die Stätte, wo sie ernährt wird eine Zeit und Zeiten und eine halbe Zeit, fern vom Angesicht der Schlange. Und die Schlange spieh aus ihrem Maul Wasser nach, wie einen Strom, damit sie von dem Strom fortgerissen würde. Und die Erde half dem Weibe und die Erde tat ihren Mund auf und verschlang den Strom, der der Drache aus seinem Maul ausgespiehen hatte. Und der Drache ergrimmte über das Weib und ging hin, Krieg zu führen mit den Übrigen ihrer Nachkommenschaft, die die Gebote des Gottes befolgen und das Zeugnis von Jesus festhalten.

Da sind wir mitten in diesem Krieg darin. Wir sehen zuerst das Zeichen am Himmel vom Weib mit der Sonne bekleidet und dann ein zweites Zeichen und das ist der feuerrote Drache, der am Himmel steht, aber er bleibt nicht da, denn Michael führt Krieg mit ihm und stößt ihn hinunter zur Erde und dann ist er unter uns. Das ist doch eigentlich auch ein Rätsel, was das noch Gutes bedeuten kann, dass der Drache jetzt wirklich unter uns ist. Und wir können natürlich sagen, dass die ganze abirrende Naturwissenschaft, die abirrende Technik, nicht Technik an sich, nicht die Naturwissenschaft an sich, aber da, wo sie weiter geht, als was es eigentlich braucht, abirrt und man die Wirksamkeit des Drachen unter uns sieht.

Als Rudolf Steiner dem Meister in einem österreichischen Dorf begegnete, da hat der Meister mehr oder weniger den Auftrag gegeben, dass er, Steiner, den Drachen nicht von außerhalb bekämpfen sollte, sondern dass er innerhalb der Haut des Drachens kriechen sollte und dann ihn von innen besiegen sollte. Also nicht eine Esoterik, die in einer religiösen Mystik bleibt, sondern zuerst ein völlig Durchdringen der wissenschaftlichen Denktechnik und dann allmählich mit dieser dann inzwischen spiritualisierten Denktechnik die verschiedenen Gebiete der Naturwissenschaft aufnehmen, durchschauen und in Geisteswissenschaft umformen.

Das schreibt Rudolf Steiner dann über sich selbst in seinem Lebensgang, dass er die naturwissenschaftlichen, die physischen Theorien, zum Beispiel vom Licht aufgenommen hat, und dass gerade dadurch, dass er sich ganz darin vertieft hat, also ganz in den Drachen hinein gegangen ist, dass er dadurch in der Geheimwissenschaft zu Einsichten gekommen ist über Saturn, Sonne, Mond usw., dass in der äußerlichen Naturwissenschaft, diese geisteswissenschaftlichen Gegenbilder zu finden sind. Also das ist der Drache, der unter uns ist.

Rudolf Steiner hat an verschiedenen Stellen über Michael und den Drachen gesprochen, aber am deutlichsten ist es wohl in der Gesamtausgabe 177 mit dem Titel ,Die spirituellen Hintergründe der äußeren Welt‘ und dann im zweiten Teil: ,Der Sturz der Geister der Finsternis‘.

Darin beschreibt er, dass in der Mitte des 19. Jahrhunderts, also nach Goethe, nach dieser wunderbaren Zeit, in der solche großen Geister gelebt und gearbeitet haben wie Goethe und Schiller und Novalis, Fichte, Hegel usw., der Materialismus seinen Höhepunkt gefunden hat, oder seinen Tiefpunkt. Und dass alles, was nachher kommt, eigentlich viel weniger schlimm ist, als was da in der Mitte im 19. Jahrhundert da war. Und dann sagt er, man kann, wenn man äußerlich zuschaut, sagen, es ist noch viel, viel schlimmer geworden. Aber es ist nicht so, die allerschlimmste Zeit ist die Mitte des 19. Jahrhunderts. Es fängt der Kampf von Michael mit den Geistern der Finsternis an und das ist der Kampf von Michael mit dem Drachen. Und der Kampf hat dann bis 1879 gedauert.

Rudolf Steiner sagt:

,Wenn die Geister der Finsternis gesiegt hätten, dann lebten wir heute in eine Welt eines ganz unsagbaren Scharfsinnes, eines Scharfsinnes, der sich auf die verschiedensten Gebiete des menschlichen Lebens erstreckt hätte. Börsenspekulationen und ähnliche Dinge, die manchmal heute recht dumm gemacht werden, würden mit ungeheurem Scharfsinn gemacht werden. Aber auf der anderen Seite würde man in den weitesten Kreisen seinem spirituellen Bedürfnis auf medialem Wege zu befriedigen versuchen. Also materieller Verstand auf der einen Seite, jene auf herabgestimmtem Bewusstsein beruhender Art, sich zur geistigen Welt in ein Verhältnis zu setzen auf der anderen Seite. Das war die Absicht der Geister der Finsternis. Diese Geister der Finsternis wollten vor allen Dingen eines verhindern, was bei ihrem Sturz nach dem Jahre 1879 allmählich eintreten musste, das wirkliche Herabkommen von geistigen Erfahrungen von geistigen Erlebnissen in Menschenseelen hinein.

Solche geistigen Erlebnisse, wie sie verwertet werden von anthroposophisch orientierter Geisteswissenschaft, die wären unmöglich geworden, wenn die Geister der Finsternis ihren Sieg errungen hätten. Dieses Geistesleben und Geistesweben würde oben behalten worden sein, von den Geistern der Finsternis in den geistigen Regionen. Nur durch den Sturz der charakterisierten Geister, ist es gekommen, dass anstelle des bloß kritischen materiellen Verstandes und des medialen Weges die unmittelbare geistige Erfahrung treten könne und immer mehr und mehr treten wird. Nicht um sonst habe ich in den letzten Zeiten hier erwähnt, viel mehr als man denkt, ist die heutige Zeit von spirituellen Einflüssen abhängig. So materialistisch unsere Zeit ist und eigentlich mehr noch sein will, als sie es ist, an viel mehr Stellen als man denkt, offenbaren sich die geistigen Wesen an die Menschen. Wenn auch heute noch oftmals nicht in gutem Sinne, aber geistige Einflüsse sind überall zu spüren und manches, was von Menschen, die heute gegenüber spirituellen Einflüssen ein gewisses Schamgefühl zu haben, sie schämen sich spirituelle Einflüsse anderen gegenüber zu gestehen, manches, was von Menschen gemacht wird, diese oder jene Gründung, sie wird deshalb gemacht, weil dem Menschen im Traum dieses oder jenes erschienen ist, was ein wirklicher spiritueller Einfluss ist.'

Also da wird von Rudolf Steiner erklärt, dass es notwendig war, dass die Geister der Finsternis nicht länger in der geistigen Welt wirken konnten und dass es weniger schlimm ist, wenn sie unter uns sind und hier auf der Erde ihre Wirksamkeit entfalten.

Und dann bespricht er, was sie dann jetzt hier unter uns tun, oder vielmehr, was wir selbst zu tun haben, damit sie machtlos werden.

Die Geister der Finsternis sind unter uns, sie sind da, wir müssen Wache halten, damit wir merken, wo sie uns begegnen, damit wir die Anschauung darüber gewinnen, wo sie vorhanden sind. Denn das Gefährlichste in nächster Zukunft wird sein, sich unbewusst den Einflüssen auszuliefern, die ja doch da sind. Denn ob sie der Mensch kennt, oder nicht kennt, das macht keinen Unterschied, für ihre Realität. Vor allen Dingen aber wird es sich für diese Geister der Finsternis darum handeln, dasjenige, was nun auf der Erde sich verbreitet, in dem in ihrer richtigen Richtung die Geister des Lichtes fortwirken können, das in Verwirrung zu bringen, das in falsche Richtungen zu bringen.'

Es ist für das Verständnis der modernen Zeit sehr wichtig, denn Rudolf Steiner hat hier in diesen Vorträgen deutlich gemacht, dass es früher so war, dass die Menschheit die Angehörigkeit zum Stamm und Familie und Rasse gebraucht hat, um in der richtigen Linie der Menschheitsentwicklung sich fortzuentwickeln. Und das waren die Geister der Finsternis, die wollten eigentlich dafür sorgen, dass die Menschen aus ihrer Nation, ihrem Volk, ihrer Rasse, ihrem Blut auch ausbrechen würden. Und die Geister des Lichtes, die haben dafür gewacht und immer wieder dafür gesorgt, dass die Familienzusammenhänge, die Volkszusammenhänge, stark genug gewesen sind, um die Menschen in der richtigen Menschheitsentwicklung zu halten. Aber das gerade *ändert sich im Michaelzeitalter.* Es tritt eine völlige Umwandlung ein und die Lage wird umgekehrt. Die Geister der Finsternis kehren mit um und haben seitdem das Bestreben, die Menschen in ihrer Familie, in ihrem Blut, in ihrem Volk, in ihrer Nation festzubinden. Die *Geister des Lichtes* haben das Bestreben die Menschen zur *Freiheit* zu bringen, damit sie sie selbst werden können, damit sie die ursprüngliche leibliche Herkunft nur als eine Grundlage haben, worauf sie sich dann weiter entwickelten können.

Also man muss das in unserer Zeit ganz anders auffassen. Rudolf
Steiner sagt hier, dass die Geister der Finsternis versuchen, was die
Geister des Lichtes beabsichtigen, in Verwirrung zu bringen, in falsche
Richtungen zu bringen, das tun sie natürlich fortwährend. Aber das
Schwierige ist, dass in dieser Zeit, worin die Geister der Finsternis
den Sturz erleben, das Ganze sich wandelt und in Verhältnis zu früher
eine umgekehrte Bedeutung bekommt. Wenn man dann sieht, wie es
in der Geschichte zugeht, sieht man, dass diese Geister der Finsternis
nicht richtig erkannt werden und dass auch die Michaelische Geistigkeit eigentlich nicht richtig verstanden wird. Denn diese ist *kosmopo-
litisch* und gar nicht nationalistisch, oder völkisch, oder familiär, oder
was auch immer früher Geltung hatte. Sie ist auch nicht ,*global*'.

Also mit der Zeit, in der Michael der führende Erzengel ist, kommt
ein ganz neuer Zug in die Menschheit hinein und muss die Menschheit erkennen lernen, dass es *die Zeit der Befreiung* ist. Das gehört
natürlich zur Entwicklung der Bewusstseinsseele, dass die Menschheit
sich auf sich selbst stellen und nicht mehr geführt werden will durch
allerlei über ihr stehende Wesenheiten. Und da sieht man, dass, wenn
ein Volk einen Führer anerkennt, das eigentlich etwas ganz Widersin-
niges ist. Das ist gerade das, was nicht geschehen soll. Die Bewusstseinsseele, die müsste sich da gewaltig wehren und sagen: Ich brauche
keinen Führer, denn ich trage den Führer in mir selbst.

Das alles ist im Bereich dieses Sturzes der Geister der Finsternis,
was von Johannes dem Apokalyptiker ziemlich genau vorausgeschaut
wurde. Aber worin wir uns jetzt befinden, ist erst ein kleiner Anfang.
Da verweise ich wieder zu der großen Apokalypse, wo dies erst ganz
am Ende des physischen Formzustandes der Erde stattfindet, auf der
Grenze, wo die Erde in einen astralischen Formzustand übergehen
wird. Also, wir sind jetzt im fünften Zeitalter, es wird noch ein sechstes
und noch ein siebentes Zeitalter folgen, nicht nur eine Kulturepoche,
sondern ein ganzes Zeitalter. Am Ende des siebenten Zeitalters, da
steht dieser Kampf von Michael mit dem Drachen bevor, aber dann
in einer umfassenderen Form, viel größer als das, was wir jetzt erleben.

314

Rudolf Steiner sagt in diesen Vorträgen auch, dieser Kampf Michaels mit dem Drachen, das ist nicht etwas Einmaliges. Das kommt immer wieder zurück. Dann spricht er darüber, dass die Tatsache, dass in dem menschlichen Leib und in der Umgebung sich Mikroorganismen befinden, ein Resultat eines vorherigen Sturzes der Geister der Finsternis ist. Ja, und das muss man dann wohl hinnehmen, aber man kann sich doch wohl auch etwas dabei vorstellen.

JM: Die Bakterien, die Viren?

MM: Ja.

Und wenn man dann hier liest, dass die Börsenspekulationen und ähnliche Dinge recht dumm gemacht werden, ja, dann denkt man natürlich unmittelbar daran, dass es jetzt Techniken gibt, mit denen man weniger dumm spekulieren kann, aber das ist doch noch etwas anderes, als dass man in sich selbst die intelligente Möglichkeit trägt, um solche Dinge intelligent, scharfsinnig zu tun, das ist doch noch etwas anderes. Also das, was wir jetzt veräußerlicht haben, in der ganzen Computertechnik, das müsste man sich vorstellen, dass der Mensch das selbst gehabt hätte, durch den Einfluss der Geister der Finsternis, die es dann unmöglich machen würden, je zu einer wirklichen geistigen Spiritualität zu kommen.

Teilnehmer: Wir hatten doch früher schon mal besprochen, dass im Westen überhaupt Menschen oder Wesen, oder die übermäßige Intelligenz wirksam sind, also jetzt nicht in weiter Masse, aber doch so, dass sie auf das äußere Weltgeschehen einen Einfluss haben. Das müsste man sich so vorstellen, dass das mehr eine allgemeine Fähigkeit geworden wäre.

MM: Ja, das ist in schwacher Form, das steht auch in dieser Vortragseihe, und es gibt noch eine andere Form, in einer schwächeren Form lebt diese intelligente Fähigkeit auch in dem Doppelgänger. Das sind die unterirdischen Kräfte, die mit dem Elektromagnetismus zusammenhängen, die jeder Mensch mitbekommt, wenn er geboren wird und auch wieder loswird, wenn er stirbt. Aber durch das Leben hindurch, hat man einen Einwohner in sich, der fremd ist und der, wenn man sich dem voll hingeben würde, dann würde auch so etwas entstehen von einer unglaublichen Scharfsinnigkeit und einem starken Willen, aber kein Gefühl, überhaupt nichts von menschlicher Empfindung.

Es gibt auch noch die Erzengelentwicklung. Wenn man bedenkt, dass in der Zeit von Alexander dem Großen eine Michaelzeit war, so wie wir diese jetzt auch haben und die übrigen sechs Erzengel, die sind inzwischen die Begleiter der Menschheit gewesen. Und das ist ein Zyklus, der sich immer wiederholt, da könnte man auch die Apokalypse hineindenken, aber das tun wir auch jetzt, mehr oder weniger. Nur bei dieser Anschauung, die wir jetzt durch diese vier Tage hindurch versuchen zu bekommen, da geht es zur Geburt des Neuen Jerusalem in der sechsten Kulturepoche. Und dann sind es mehr als sieben Erzengelzeiten, die passiert sind.

Teilnehmer: …und am Schluss schaut die Seele sich selbst. Was schaut man, wenn die Seele sich selber schaut, ist es das Weib mit der Sonne bekleidet?

MM: Es ist das Bild, das die ganze Tätigkeit wiedergibt. Also das, was du tust, das ist dieses Bild. Und in diesem Sinn ist das ein Zeitbild von jetzt, obwohl es auch nach der Vergangenheit verweist, aber es ist ein Zeitbild von jetzt, weil das eigentlich die Aufgabe jetzt ist, dass wir dem Weib mit der Sonne bekleidet, das schwanger ist, dass wir dem gleichartig werden. Aber was man schaut, wenn die Seele schaut? Das ist etwas viel Weitergehendes, das ist die ganze Anthroposophie.

Apokalypse Kapitel 13:

Und ich trat auf den Sand des Meeres und ich sah aus dem Meer ein Tier her-
aufkommen, das zehn Hörner und sieben Köpfe hatte und auf seinen Hörnern
zehn Kronen und auf seinen Köpfen Gottes lästerliche Namen. Und das Tier,
das ich sah, war ähnlich einem Panter und seine Füße wie die eines Bären und
sein Rachen wie der Rachen eines Löwen. Und der Drache gab ihm seine Kraft
und seinen Thron und große Macht. Und ich sah einen seiner Köpfe wie zum
Tode getroffen und seine Todeswunde wurde geheilt. Und die ganze Erde sah
staunend dem Tier nach und sie beteten den Drachen an, weil er dem Tier die
Macht gegeben hatten und beteten das Tier an und sagten: Wer ist dem Tier
gleich und wer vermag mit ihm Krieg zu führen. Und es wurde ihm ein Maul
gegeben, das große Worte und Lästerungen redete. Und es wurde ihm Macht
gegeben, es 42 Monate zu treiben. Und es tat sein Maul auf zu Lästerun-
gen gegen Gott, zu lästern seinen Namen und sein Zelt, nämlich die, welche
im Himmel ihr Zelt haben. Und es wurde ihm gegeben Krieg zu führen mit
den Heiligen und sie zu besiegen. Und es wurde ihm Macht gegeben über alle
Geschlechter und Völker und Sprachen und Nationen. Und anbeten werden
ihn alle Bewohner der Erde, dessen Name von der Grundlegung der Welt an
nicht geschrieben steht im Lebensbuch des Lammes, das geschlachtet ist. Wenn
jemand ein Ohr hat, so höre er, wenn jemand in Gefangenschaft führt, geht er
selbst in Gefangenschaft. Wenn jemand mit dem Schwert töten wird, muss er
selbst mit dem Schwert getötet werden. Hier sind die Standhaftigkeit und der
Glauben der Heiligen.

Und ich sah ein anderes Tier aus der Erde heraufkommen und es hatte zwei
Hörner, gleich einem Lamm und redete wie ein Drache. Und alle Macht des
ersten Tieres führt es vor seinen Augen aus und bewirkt, dass die Erde und ihre
Bewohner das erste Tier anbeten, dessen Todeswunden geheilt wurde. Und es
tut große Zeichen, so dass es sogar Feuer vom Himmel auf die Erde herabfallen
lässt vor den Menschen. Und es verführt die Bewohner der Erde, aufgrund der

317

Zeichen, die vor die Augen des Tieres zu tun ihm verliehen ist. Und es beredet
die Bewohner der Erde dem Tier ein Bild zu machen, der die Wunde vom
Schwert hat und wieder lebendig geworden ist. Und es wurde ihm gegeben dem
Bild des Tieres Lebensgeist zu verleihen, so dass das Bild des Tieres sogar redete
und bewirkte, dass alle getötet wurden, die das Bild des Tieres nicht anbeteten.
Und es bewirkt, dass alle, die Kleinen und die Großen und die reichen und
die armen und die freien und die Sklaven, dass sie sich ein Malzeichen auf
ihre rechte Hand oder auf ihre Stirne machen und dass niemand kaufen oder
verkaufen kann, als nur der, welcher das Malzeichen hat, den Namen des
Tieres oder die Zahl seines Namens. Hier ist die Weisheit. Wer verstand hat,
berechne die Zahl des Tieres. Sie ist nämlich die Zahl des Menschen und zwar
ist seine Zahl 666.

In den Vorträgen in Nürnberg hat Rudolf Steiner diese Zahl 666 ganz
in einer großen Perspektive erklärt und gesagt, wenn wir versuchen zu
verstehen, wo wir jetzt stehen, dann haben wir drei Lebenszustände vollendet, drei Bewusstseinszustände, drei Lebenszustände, drei
Formzustände und vier Zeitalter und dann noch vier Kulturepochen.
Und er geht dann aus von den Formzuständen und sagt: wir sind also
jetzt in drei, vier, vier. Also, die Zahl wird abgeleitet von den vollendeten Zuständen, vollendeten astralischen Zustand in den Formzuständen, vollendete atlantische Zeit, vollendete griechisch-römische
Kulturepoche.

Wenn also einmal die Zeit so weit sein wird, dass in den Formzuständen das niedere Devachan ganz durchlaufen sein wird und wir
in das höhere Devachan als Zustand hineingelangt sind, wenn dann
darin das siebente Zeitalter angefangen hat und die siebente Kulturepoche, wenn also 666 vollendet ist, dann ist die Zeit da, dass dieses
Tier in seiner allerheftigsten Form erscheinen wird. Und man könnte
natürlich noch höher gehen und da auch in den Lebenszuständen
und in den Bewusstseinszuständen 666 suchen. Das ist, wenn Rudolf
Steiner die große Apokalypse beschreibt, und dann sagt er: jedes Mal,
wenn das sechste vollendet ist und das siebente anfängt, dann kommt
eine gefährliche Zeit. Eine Zeit, worin einerseits eine Vervollkommnung eintritt, aber andererseits eine furchtbare Dekadenz und ein

Verfall von allem, was aufgebaut wurde. Das steht uns in der siebten Kulturepoche auch bevor. Aber dann sind wir erst in 346, das ist noch lange nicht 666.

Aber er hat natürlich noch viele andere Vorträge über 666 gehalten, auch noch in den Vorträgen über esoterische Zusammenhänge in Bezug auf das Karma und auch für die Priester. Das ist der siebente Vortrag, 11. September 1924. Und darin führt er aus, dass in dem Jahr 333 nach Christus die Zeit so weit war, dass das Menschen-Ich auch wirklich zu den Menschen kommen konnte. Also das Ich wird wirklich ein Wesensglied der Menschen. Und er sagt: die griechisch-lateinische Kulturperiode fängt 747 vor Christus an und endet 1413 und die Hälfte ist 333 nach Christus. Das ist also ein sehr wichtiger Punkt in der Menschheitsentwicklung.

Wenn wir dann bedenken, dass es die Wirkung der Geister des Lichtes war, dass der Mensch sich als Glied einer Familie durch physische Vererbung fühlte, dann war das eigentlich vor 333 auch wirklich ganz vollkommen richtig. Aber in dem Augenbleck, dass das Ich ein Wesensglied des Menschen wird, ist es nicht mehr ganz richtig, denn da kommt etwas in den Menschen hinein, was über Volk, Familie und Rasse steht und wo die Selbständigkeit des Menschen veranlagt wird. Und damit verbindet Rudolf Steiner dann die Wirksamkeit von Sorat, dass der eigentlich fortwährend darauf aus ist, dass diese Freiheit durch das Ich im Menschen nicht genutzt werden kann, also dass nur die Vererbungskräfte wirksam sind und geschätzt werden.

Und dann sagt Rudolf Steiner:

,In den Mysterien, welche als die höheren zu bezeichnen sind, fügte man aber nun ein anderes hinzu. In diesen Mysterien sprach man davon, wie der Mensch, indem er in sich trägt die Impulse der Vererbung, und sich mit diesen entwickelt, nun aber während seines physischen Daseins zwischen Geburt und Tod aufnehmen kann einen anderen Impuls, denjenigen Impuls, durch den er sich herausheben, durch den er sich seelisch herausfinden kann aus den Vererbungsverhältnissen und das ist der Sohnesimpuls, der Christusimpuls. Man*

sagte die Impulse der Vererbung liegen im Menschen und bilden eine gradlinige
Evolution zwischen seiner Geburt und seinem Tod. Sie sind vom Vater, vom
Vater, der allem zugrunde liegt'

Das müssen wir zuerst gründlich in uns aufnehmen. Das ist die
Natur, die im Menschen die physische Grundlage gibt, die ganz aus
der Vererbung hervorkommt. Das sind die Impulse des Vaters. Nicht
nur der menschliche Vater, aber Gottvater. Gradlinige Entwicklung ist
das. Da sitzen keine unerwarteten Sprünge, oder so etwas darin, das
ist wirklich ganz, wir würden jetzt sagen, nach der DNA gut geregelt.

,Die Impulse des Sohnes aber gehen nicht ein in die Vererbungskräfte, sie
müssen in die Seele aufgenommen und von der Seele verarbeitet werden. Sie
müssen die Seele so weiten können, dass diese frei wird von Leibeskräften, frei
von Vererbungskräften und die Impulse des Sohnes gehen in die Freiheit des
Menschen ein. So wie man Freiheit in den damaligen Zeiten verstand, so gehen
in die Freiheit der Seele ein, wo diese frei ist von Vererbungskräften. Sie sind es,
welche den Menschen seelisch wieder geboren werden lassen. Sie sind es, welche
den Menschen befähigen sich während seines ihm vom Vater gegebenen Lebens,
selber in die Hand zu nehmen. So sah man in allen diesen alten Mysterien den
Vatermenschen und den Menschen, der der Sohn des Vaters ist, der der Bruder
Christi ist, der sich selber in die Hand nimmt, der dasjenige in sich aufnimmt,
was in gewisser Beziehung frei ist vom Leibe und der ein neues Reich in sich
tragen muss, das nichts weiß von der Natur, das eine andere Ordnung darstellt,
als die Natur und das ist das Reich des Geistes.'

Das ist eigentlich, was wir mit all unserer meditativer Übung und
Selbsterziehung versuchen zu erreichen, diese Ebene, wo nicht nur
die Natur durch Vererbungskräfte wirksam ist, wo der Vater wirkt,
sondern die Ebene zu erreichen, wo der Impuls des Sohnes wirksam
ist, der nicht mit der Natur wirkt, sondern der damit wirkt, dass man
die Seele in die Hand nimmt.

Und wenn man einmal ein Bruder Christi geworden ist, der sich
selber in die Hand genommen hat, dann könnte man wieder vom
Vatergott sprechen und dann würde man überall sprechen können

von Naturwirkungen, die zugleich Geistwirkungen sind. Denn in den Naturwirkungen sind ja überall Geistwirkungen enthalten.

‚Unsere Naturwissenschaft, wie sie vor einiger Zeit entstanden ist, und wie sie heute wirkt, ist ja nur eine einseitige Wissenschaft vom Vater. Dazu kommen muss die Wissenschaft vom Sohn, vom Christus. Die Wissenschaft, die sich darauf bezieht, wie sich der Mensch selbst ergreift, wie der Mensch einen Impuls erhält, den er nur durch die Seele aufnehmen kann und der nicht aus den Vererbungskräften kommt. Dass der Mensch sich da hineinlebt, ist zunächst ohne Gesetzmäßigkeit, ohne Gesetzeskraft und ohne Gesetzeswirksamkeit. Die Wirksamkeit wird ihm hereingebracht durch den Geist, so dass wir im Sinne der alten Mysterien zwei Reiche haben, das Reich der Natur, das Reich des Vaters und das Reich des Geistes. Und der Mensch wird hineingetragen aus dem Reich der Natur in das Reich des Geistes durch den Sohn.‘

Also, wir müssen diese Festigkeit versuchen zu fühlen, die im Reich des Vaters notwendigerweise gesetzmäßig wirksam ist und dann die bewegliche sich selbst ergreifende Wirkung, die wir haben können, wenn wir uns mit dem Sohn verbinden, wo wir zuerst uns ganz befreien aus der Starrheit der väterlichen Gesetzmäßigkeit, aber dann nicht Anarchisten werden, nicht ohne Gesetz leben, sondern unsere Gesetze aus dem Geist voll wach, bewusst, selbstbewusst, selbstwollend empfangen. Und dann kann man auch wiederum Naturwissenschaft betreiben, denn dann wird diese Naturwissenschaft ganz durchsetzt mit Geist, oder dann hat man die Möglichkeit zu sehen, dass die Natur zu gleicher Zeit auch Geist ist.

‚Aber nun fiel der prophetische Blick von Johannes auf jene Lehre, welche im Osten entsteht, rund um 666 und welche zurückgreift in jenes Mysterienwesen, das nichts weiß vom Sohn. Das ist die mohammedanische Lehre. Diese Lehre kennt nicht diese Struktur der Welt, von der ich Ihnen gesprochen habe, sie kennt nicht die zwei Reiche, das Reich des Vaters und das Reich des Geistes, sie kennt nur allein den Vater, sie kennt nur die starre Lehre. Es gibt nur einen Gott Allah und nichts, was neben ihm ist und Mohammed ist sein Prophet. Von diesem Gesichtspunkt aus ist die mohammedanische Lehre die stärkste Polarität zum Christentum, denn sie hat den Willen zum Beseitigen aller Freiheit für

alle Zukunft, sie hat den Willen zum Determinismus, wie es nichts anderes sein kann, wie man die Welt nur im Sinne des Vatergottes vorstellt.

Und der Apokalyptiker empfindet, da kann der Mensch sich nicht selber finden. Da kann der Mensch nicht durchchristet werden, da kann der Mensch nicht sein Menschentum in sich ergreifen, wenn er nun erfasst diese ältere Lehre vom Vater. Und für eine innerlich so starre geschlossene Weltanschauung wird dann die äußere Menschengestalt zum Schein. Denn der Mensch wird erst Mensch dadurch, dass er sich selbst erfasst, indem er den Christus in sich lebendig macht. Dadurch wird er erst Mensch, dass er sich in die von der Natur ganz freien Reiche des Geistes, in die Geistesordnung hineinfügen kann. Er wird nicht Mensch, wenn er zurückfällt in die Anschauung, die nur mit dem Vatergott rechnet. Das aber droht der Menschheit, so sagt im Grunde genommen der Apokalyptiker. Das droht der Menschheit, dass die Menschheit, nachdem sie seit dem Jahr 333 das Ich hereindringt in den Menschen, die Menschheit nun irre gemacht wird an der Durchdringung dieses Ichs mit dem Sohnesgott, mit dem Christus. Da stehet etwas auf, nach einem Zeitraum, der ebenso lange dauert, wie der Zeitraum gedauert hat, seit dem Mysterium von Golgatha, da steht etwas auf, was droht, den Menschen auf der Stufe der Tierheit zu erhalten, 666 ist die Zahl des Tieres.

In dezidierter Weise sah der Apokalyptiker innerlich voraus, was den Menschen drohte. Das Christentum wird nach zwei Richtungen hin in ein Scheinchristentum verfallen - oder besser gesagt, es wird in ein in Nebel gehülltes Christentum hineingeraten; und das, was ihm droht als ein solches Überflutetsein, das wird bezeichnet durch das Jahr 666, das in der geistigen Welt das bedeutsame Jahr war, wo überall eintritt, was im Arabismus, im Mohammedanismus lebt. Er bezeichnet dieses Jahr 666 mit aller Deutlichkeit. Diejenigen, die apokalyptisch lesen können, die verstehen das schon. Der Apokalyptiker sah voraus, wie dasjenige wirken würde, was da hereinbricht, wenn er in dem gewaltigen Worte die Zahl 666 als die Zahl des Tieres bezeichnet'.

In den Karmavorträgen beschreibt Rudolf Steiner dann eine weitere Gestalt von diesem Arabismus, wenn er den Kalif von Bagdad, Harun al-Rashid und seinen Ratgeber, der nicht mit Namen genannt wird, der am Hofe dieses Kalifs lebt, und wo alles, was an Wissenschaft, Kunst, an mohammedanischer Religion auf der Welt besteht, zu finden ist. Es ist die Zeit von Karl dem Großen. Und in den Karmavorträgen wird dann beschrieben, wie diese zwei, nachdem sie in die geistige Welt durch den Tod hineingehen, wie diese mit den entkörperten Seelen von Aristoteles und Alexander zusammenkommen und dann in einem gewissen Gespräch, einem Geistgespräch versucht wird, diese zwei auf andere Wege zu bringen, sie davon zu überzeugen, wie wertvoll und notwendig das Christentum und der Sohnesgott sind. Aber die nehmen das nicht an und gehen verstärkt aus der geistigen Welt hervor, um dem Arabismus zu helfen, sich über ganz Europa zu verbreiten. Und das tritt dann auf. Also das ist später, wir haben zuerst den Anfang von dem Mohammedanismus und dann diesen Hof in Bagdad, wo Harun al-Rashid und sein Ratgeber gewaltige Kulturträger sind, aber in arabischer Art.

‚Und Johannes der Apokalyptiker nimmt im Grunde genommen auf apokalyptische Art alles voraus, was dann folgt: Es folgt das Herüberströmen des Arabismus nach Europa, es folgt das Durchdrungen werden des Christentums von einer Lehre, die nur dazu hat führen können, den Menschen in seiner Menschheit zu verkennen, indem die Vaterlehre dann durch den Materialismus umgesetzt worden ist, der zu der Auffassung der neuesten Zeiten geführt hat, man könne die Evolution des Menschen erklären, wenn man nur die Entwickelung der Tierreihe verfolgt bis hinauf zum Menschen.‘

Das muss man auch versuchen ganz differenziert nachzuvollziehen, dass in der Evolutionstheorie eine gleichartige geradlinige Starrheit liegt, wie auch in der Vererbungslinie. Dass da keine wirklichen Unterschiede zu finden sind in dem Übergang vom Tier zum Menschen, da wird nur äußerlich angeschaut und weiter räsoniert und nicht hingeschaut auf den Impuls des Sohnes.

‚Ist es nicht im Darwinismus noch so gewesen, daß, indem heraufstieg die Zahl des Tieres, 666, der Mensch sich nicht mehr begreifen konnte als Mensch, sondern sich nur begreifen konnte als eine Art höheres Tier? Sehen wir nicht in der Imprägnierung des Christentums mit der materialistischen Form der Vaterlehre ahrimanische Widerstände gegen den Sohnesgott wirken? Wirkt das nicht noch bis in unsere Zeit hinein? Mußte ich doch oftmals sagen: Man nehme aus der neueren theologischen Literatur so etwas wie Harnacks «Wesen

des Christentums»; Sie können in diesem Buch überall, wo der Name Christus
steht, stattdessen den Vaternamen hinsetzen, denn Harnacks «Wesen des Chris-
tentums» ist nur eine Lehre vom Vatergott, nicht eine konkrete Christus-Lehre.
Es ist vielmehr eine Verleugnung der Christus-Lehre, denn es ist an die Stelle
des Christus der allgemeine Vatergott gesetzt, ohne daß auch nur ein Vorstoß
gemacht wurde zu all dem, was Christologie ist'

Und für die Priester macht Rudolf Steiner dann den Vergleich mit
der *Transsubstantiation*, weil man in der Geschichte sieht, dass das
immer weniger verstanden wird. Es entsteht auch ein großer Streit
und viele Diskussionen über die Bedeutung der Transsubstantiation.
Und aus dem Text hier kann man eigentlich herauslesen, dass das
mit den Priestern der Christengemeinschaft damals auch so war, dass
einige wenigstens nicht verstehen konnten, was die Transsubstantiation ist. Und er sagt, ja das kann man in demselben Sinn sehen, wenn
man den Christus nicht versteht, kann man nie die Transsubstantiation verstehen. Man will es dann als eine materielle Verwandlung
verstehen und dann wird es natürlich absurd. Wenn man sich vorstellen soll, dass man statt Brot und Wein wirklich Fleisch und Blut zu
essen bekommt, dann wird es absurd. Aber solche Verwirrungen in
der Auffassung hat es dann doch sehr heftig gegeben. Und das bringt
Rudolf Steiner dann hier für die Priester in Verbindung mit 666, dass
das Geistige in der Substanz, dass das nicht mehr anerkannt wird.
Und dann kann man auch nicht mehr anerkennen, dass *eine Substanz*
innerlich *sich wandeln kann*, während sie äußerlich in der Anschauung
gleichbleibt.

Er gibt dann auch die Übereinstimmung mit dem Karmabegriff, denn
er sagt, wenn man einen Menschen anschaut in seiner Vererbungslinie,
dann sieht man eigentlich nur dasjenige, was aus den Genen kommt,
von der Familie aus. Das ist das Vaterprinzip und man kann dann nie
verstehen, dass da was lebt, was nicht aus den Genen kommt, sondern,
was mit der Individualität, die sich inkarniert zu tun hat und nichts
mit der erblichen Anlag. Und das muss man versuchen begrifflich zu
verstehen und dann kommt man wiederum auf ähnliche Verständnisse,
wie mit der Transsubstantiation.

Teilnehmerin: Was wandelt sich bei der Transsubstantiation?

MM: Die Idee, die lebendige Idee, das was gewöhnlicherweise die Idee von Brot ist, ist Brot. Nun wird das transsubstantiiert und die Idee wird verwandelt und dann ist das Brot Träger geworden von einer anderen Idee. Da muss man auch ein bisschen Gefühl haben für die Erkenntnistheorie, wo Steiner ganz im Anfang seiner Wirksamkeit sagt, *das Erfassen der Idee in der Wirklichkeit* ist die wahre Kommunion. Also, wenn man die geistige Idee verwandelt durch eine kultische Handlung, dann hat man nachher *scheinbar* nur noch Brot, aber das ist es nicht, das ist der Christus selbst, der darin wohnt und den nimmt man auf.

JM: Er hat sich natürlich auch mit dem geistigen Teil der Welt verbunden, er ist in allem, was in der Erde ist und auf der Erde wächst, das ist ja eins. Das geschieht dann auch in dieser Verwandlung.

Teilnehmerin erneut: Verstärkt, personalisiert, dadurch, dass mein Ich innerlich beteiligt ist. Kann das auch individualisiert aufgenommen werden, nicht allgemein.

‚Deshalb darf man sich fragen: Was würde denn geschehen, wenn der Arabismus, die Lehre des Sonnendaemons, vollständig siegen würde? - Dann würde die Menschheit herausgeworfen aus dem Erleben solcher Zustände, wie sie von den Menschen erlebt werden müssen, wenn das Wirken des Karma aus früheren Inkarnationen oder die Transsubstantiation erfaßt werden soll. Letzten Endes war das, was aus dem Arabismus herausfloß, gegen das Verständnis der Transsubstantiation gerichtet.‘

Also Sorat hat die Absicht, das alte Vaterprinzip zwingend lebendig zu halten und die freimachende Wirkung des Christusimpulses mit aller Kraft und Krieg zu wehren.

ELFTE STUNDE

Kiental, 15.08.2018

Noch ein kleines Stück weiter über Sorat, so wie er von Rudolf Steiner in den Vorträgen für die Priester beschrieben wird, ganz am Ende seiner Tätigkeit, September 1924.

Der Apokalyptiker sieht alles dasjenige, was in dieser Art dem Christentum entgegenwirkt - wie der Arabismus - als einen Ausfluß jenes Spirituellen, das repräsentiert wird durch Sorat, den Sonnendämon.

Aber, meine lieben Freunde, die Zahl 666 ist einmal da in jener Zeit, in welcher der Arabismus hineinschießt in das Christentum, um der abendländischen Kultur das Siegel des Materialismus aufzudrücken, sie ist ein zweites Mal da, nachdem wieder 666 Jahre verlaufen sind: 1332, im 14. Jahrhundert. Und da haben wir ein neues Erheben des Tieres aus den Fluten des Weltgeschehens heraus. Es erscheint demjenigen, der so schaut wie der Apokalyptiker, das Weltgeschehen wie ein fortwährendes Fluten einer Epoche von 666. Das Tier erhebt sich, bedrohend das Christentum mit seinem Suchen nach dem wahren Menschentum, geltend machend gegen das Menschentum das Tiertum; es regt sich Sorat. Im 14. Jahrhundert sehen wir wieder sich erheben den Sorat, den Widersacher.

Es ist die Zeit, in welcher aus tiefen Seelenuntergründen heraus, viel mehr als aus dem Orientalismus heraus, der Tempel- Herren-Orden in Europa stiften wollte eine Sonnenansicht des Christentums, eine Ansicht vom Christentum, die wiederum hinaufschaute zu dem Christus als einem Sonnenwesen, als einem kosmischen Wesen, die wiederum etwas wußte von den Geistigkeiten der Planeten und der Sterne, die wußte, wie im Weltengeschehen zusammenwirken die Intelligenzen weit auseinanderliegender Welten, nicht bloß die Wesenheiten eines Planeten, und die auch etwas wußte von den mächtigen Oppositionen, die stattfinden durch solche widerspenstigen Wesenheiten wie den Sonnendämon Sorat, der einer der mächtigsten Dämonen innerhalb unseres Systems ist. Im Grunde ist es Sonnendämonie, welche im Materialismus der Menschen wirkt.

Es ist heute natürlich von einem gewissen Gesichtspunkt aus schwierig, davon zu sprechen, was aus der europäischen Zivilisation geworden wäre, wenn der so mächtige, auch äußerlich mächtige Tempelherren-Orden — man hat ihm seine Schätze ja genommen - seine Absichten hätte ausführen können. Aber in den Herzen und Seelen derjenigen, die nicht früher ruhen konnten, als bis dieser Orden 1312 untergegangen war und Jakob von Molay 1314 den Tod gefunden hatte, in den Herzen derjenigen, die die Widersacher des kosmischen, des in den Kosmos hinausschauenden Christus waren, lebte Sorat wieder auf, und nicht zum geringsten Teil so, daß er sich der damaligen Gesinnung der römischen Kirche bediente, um gerade die Templer zu töten. Damals war ja das Hervortreten dieses Sorat schon anschaulicher, denn es umschwebt ein grandioses Geheimnis den Untergang dieses Tempelherren-Ordens. Wenn man in das hineinschaut, was in diesen Menschen, die dazumal als Templer hingerichtet worden sind, vorging während ihrer Folterungen, dann bekommt man schon eine Vorstellung davon, wie das von Sorat angestiftet war, was in den Visionen der gefolterten Templer lebte, so daß sie sich selbst verleumdeten und man eine billige Anklage gegen sie hatte, die aus ihrem eigenen Munde kam. Das furchtbare Schauspiel stand vor den Menschen, daß diejenigen, die etwas ganz anderes vertraten, während ihrer Folterung nicht davon sprechen konnten, sondern daß die verschiedenen Geister aus den Heerscharen des Sorat aus ihnen sprachen und über den Orden selbst die schändlichsten Dinge aus dessen eigenen Angehörigen sprachen.

Es gibt ein gutes Buch über diese Templerprozesse, geschrieben von der Anthroposophin *Krück von Poturzyn* und das ist nicht ein Roman oder so etwas, das ist wirklich eine historische Beschreibung und sie hat auch die Dokumente verwendet, die sie dafür zur Verfügung hatte. Und da bekommt man schon einen Eindruck von demjenigen, was sich da abgespielt hat und auch, was diese Templer, wovon Rudolf Steiner in anderen Vorträgen sagt, dass einige, oder sogar viele von ihnen die christliche Einweihung empfangen hatten, die also wirklich weit in die wirklich christliche Einweihung entwickelt waren, dass diese Templer Anklagen gegen sich selbst ausgesprochen haben. Das ist unglaublich, das will man gar nicht sagen, das ist zu schlimm, um das mit Worten auszusprechen. Das hilft dann wohl, um die Geschichte zu verstehen, wenn man versteht, dass es nicht diese Templer gewesen sind, die da gesprochen haben, sondern dass es die Dämonen, die zu Sorat gehören, aus diesen Mündern während der Folterung gesprochen haben. Es ist unvorstellbar, was da passiert ist.

Teilnehmerin: Heute gibt es ja die verschiedensten Geschichten über die Templer, das klebt ja immer noch an ihnen.

JM: Der Papst hat die damalige Verurteilung wiederrufen, es ist noch nicht so lange her. Die katholische Kirche hat die Verurteilung zurückgenommen. Es ist Papst Benedictus XVI, der die Templer in 2007 rehabilitiert hat. Der Großmeister Jakob von Molay hat dann nach der Folterung in Gefangenschaft gelebt. Am Ende hat er alles wiederrufen und dann hat man ihn doch noch auf den Scheiterhaufen gesetzt und verbrannt.

Teilnehmer: Wie kann es sein, dass so ein hoch geistiger Orden diesen Sorat-Dämonen erliegt? Was hätte gemacht werden können, das waren ja bewusste Menschen, waren ja hohe Leute, die da den salomonischen Tempel vermessen haben und die für Chartres auch Forschung betrieben haben. Was kann man da lernen, dass man gegen diese Dämonen gewappnet ist in dieser Zeit, was haben die nicht beachtet, damit wir Lehren daraus ziehen, damit wir nicht genauso wieder eingemacht werden.

MM: Es ist jetzt eine andere Zeit. Und von Rudolf Steiner wissen wir auch, dass diese Templer etwas gewollt haben, was auch wiederum nicht zeitgemäß war. Also die waren mit ihrem Streben eigentlich zu früh. Das ist etwas, was in unserer Zeit erst möglich wird. Und dann ist es natürlich so, dass, wenn der Mensch gefoltert wird, seine Beherrschung leicht verloren geht. Im gewöhnlichen Leben, wenn alles ruhig ist, oder sogar wenn Kriegszustände, die schwierig sind, sich ereignen, dann ist es möglich, dass man seine entwickelte Beherrschung behalten kann. Man stellt sich nicht gerne vor, was das ist, wenn man so gefoltert wird. Bei der Vorstellung wird es dann doch schon bald gefühlsmäßig deutlich, dass eine Art von ichloser Zustand entsteht. Wenn das so beabsichtigt war, wird in dieser Leere, in diesen leeren Raum gerade das einziehen, was Sonat beabsichtigt. Das ist natürlich eine Macht, die viel stärker und mächtiger und weiser in negativem Sinn usw. ist, als der Mensch selbst. Also wenn man es nur weit genug treibt, dann hört einfach die Beherrschung auf.

Teilnehmer: Das meinte ich eigentlich nicht. Sondern im Vorfeld, dass die Eingeweihten von diesem Orden, dass die im Vorfeld erkennen mussten oder konnten, dass da eine Strömung auf sie zu kommt, weil es war ja ein mächtiger Orden, die seine Verbreitung hatte, dass da Widerstand dagegen ist, oder wie auch immer, geistig…

JM: Jakob von Molay hat es nicht erkannt. Er war noch in der Notre Dame in Paris in einer Feier mit dem König Philip dem Schönen von Frankreich daneben, die saßen zusammen da, es war eine große Feier, er war Zeuge bei der Heirat der Königstochter. Und am Tag danach sind sie in den Tempel in Paris eingefallen und haben ihn und seine Mittempler festgenommen und abgeführt. Der Papst Clemens V. in Avignon hat sich dagegen nicht wiedersetzt.

MM: Der König hat ihn gelockt.

Teilnehmer: Ja sicher. Das heißt, man hatte nicht die Höhe, um das zu erkennen? Und was wäre die Lehre für die heutige Zeit, wo gerade auch wieder der Arabismus, wenn ich das so auf die verein-fachende Formel bringen darf, wie wir uns verhalten sollen gegen erneuten Ansturm, und auch die humanitären Aspekte, es ist ja gar nicht einfach. Die Humanität auf der anderen Seite und alles andere, was hinein kommt…

MM: Ja ich meine, dass wir uns an den Begriff der Tugend ‚Tap-ferkeit' von Plato wieder erinnern müssen, wie er beschreibt, dass wahre Tapferkeit eigentlich darin besteht, dass man durchschaut, wovor man Angst haben muss, und wovor nicht. Also der Mensch ist nicht tapfer, der etwas unternimmt, was er eigentlich aus Furcht unterlassen sollte. Tapferkeit ist also nicht Übermut. Tapferkeit hängt mit Weisheit zusammen. Und man sollte, wenn man für das Gute leben will, nicht leichtgläubig werden und alles nur gut sehen wollen. Man muss dann auch wirklich wissen, dass man Gefahr läuft. Dieser Orden, der lief schon lange Gefahr. Es ist auch beschrieben worden, dass Jakob von Molay auf Zypern war, da hatte er ein großes Anliegen. Da kam Raimundus Lullus aus Mallorca. Der hat ihn gewarnt, sehr, sehr stark gewarnt vor dieser aufkommenden Feindschaft gegen die Templer. Und er hat nicht zugehört, er hat das nicht angenommen.

JM: Er hat geraten, mit den Hospitalritter zusammen zu gehen, um eine größere Einheit zu haben, das würde besser wirken für den französischen König. Der konnte dann nicht so viel machen. Aber er hat es abgewiesen und hat gesagt: Templer sind Templer und bleiben Templer und gehen nicht mit den Johanniterorden zusammen. Und danach ist es falsch gegangen.

MM: Und so sieht man, dass es wohl Menschen gegeben hat, die diese Gefahr sehr deutlich gesehen haben. Da können wir doch davon lernen, dass man Realitätssinn haben muss und dass eine Entwicklung zum Guten hin nicht bedeutet, dass man in allem das Gute sieht, man muss auch das Böse sehen können und danach seine Handlung gestalten.

Teilnehmerin: Ist es manchmal nicht auch so, dass Eingeweihte wissen, was auf sie zukommt, z.B. wenn man ein Attentat auf sie verüben will und die sich dann nicht wehren dürfen?

MM: Ja ich glaube, das kommt später, ich glaube nicht, dass man das hier in dieser Zeit so sehen muss. Man bekommt natürlich schon bestimmte Erlebnisse, wenn man solche Beschreibungen liest, auch in verschiedener Art, es ist natürlich viel aufbewahrt worden aus dieser Zeit und nicht freigegeben und dann letztendlich doch. Dann kommen allerlei Dinge hervor, die dann deutlich werden. Und wenn man das so aufnimmt, dann bekommt man Erlebnisse dabei und fühlt ein Schicksal, was sich da abspielt, wo es bestimmte Punkte gibt, wo eine Möglichkeit gewesen wäre, um dieser Vernichtung zu entgehen, aber die werden eigentlich systematisch übersehen und nicht erkannt, oder nicht ernst genommen.

Teilnehmerin: Aber angeblich sind nicht alle Templer getötet worden. In Spanien, mir fällt der Ort jetzt nicht ein, am Jakobsweg, da ist eine Templerburg. Und da wird erzählt, dass es da geheime Gänge gibt, wo es Templer gegeben hat, die da noch schnell flüchten konnten.

JM: Der König von Portugal hat sie aufgenommen, aber das war nur ein kleiner Rest, die größte Gruppe lebte in Frankreich.

Teilnehmer: Aber das Wichtige wäre ja, wenn 1998 das dritte Mal 666 ist, was wir lernen können, in den heutigen Zeitverhältnissen. Aber wie sieht es vor diesen gewaltigen geistigen Angriffen aus, wenn wir das in diesem Kreis ansprechen könnten, wie wir uns wappnen könnten, oder wie man da wach sein kann, oder wie man gesellschaftlich wirken kann oder es verschlafen wie damals.

MM: Es ist ja eigentlich schon verschlafen worden und das Übel hat sich schon zugetragen und wirkt weiter, wiederum, und dasjenige, was wir dann jetzt sehen, ist eigentlich wiederum vielmehr Folge, als dass es ursprüngliche Ereignisse sind.

Rudolf Steiner sagt: Im 20. Jahrhundert wird Sorat wiedererscheinen als Sonnendämon, der sich unmittelbar gegen die Erscheinung von Christus in der ätherischen Welt stellen wird. Er wird alles dafür tun, dass die Erscheinung von Christus in der ätherischen Welt nicht wahrgenommen werden kann, dass das nicht gelingt. Die Jahresangaben sind doch ziemlich deutlich, wenn Rudolf Steiner darüber spricht, dass diese Erscheinung von Christus in der ätherischen Welt 1933 anfangen wird, da haben wir natürlich 1933 auch ein Ereignis gehabt, das sehr stark gewirkt und was so viel Unheil aufgerufen hat, dass es eigentlich kaum noch zu erwarten war, dass diese Erscheinung von Christus in der ätherischen Welt wahrgenommen werden konnte. Nur in wirklich katastrophalen Zuständen, wo er als Tröster, oder als Helfer sicher erschienen ist, das geschah natürlich. Aber es ist für mich so - Rudolf Steiner sagt es nicht, aber er sagt es mehr oder weniger doch - dass 1933 das entscheidende Jahr ist und was da in unserer Kultur geschehen ist, dass wiederum hoch entwickelte Menschen in einer Kultur, wo man das höchste erwartet, dass gerade da, genau da der Sorat auftritt und dann wirklich mit lauter Stimme spricht, er schreit sogar. Also, Rudolf Steiner sagt: 666 ist es nicht deutlich, dass es Sorat ist; bei den Templern spricht er schon, da kann man hören, was er zu sagen hat; aber beim dritten Ereignis, da wird es in die Welt geschrien werden, da wird es überdeutlich sein und die Menschen werden es nicht erkennen, nicht alle. Und er nennt auch den Bolschewismus als Strömung, die mit Sorat durchdrungen ist. Also, da wurden die deutsche und die russische Kultur gründlich verdorben.

Und wo wir dann jetzt stehen, kann man eigentlich nur verstehen, wenn man es immer wieder zurückführt zu diesen Ereignissen. Ich habe ein Studium der Arbeit von *Jürgen Habermas* gemacht, ein bekannter Deutscher, ein Gelehrter, der viel Ansehen hat, er war Kommunist, ist nicht Nationalsozialist geworden, er hat sich mit seinen Philosophengenossen zusammen die Frage gestellt, wie ist es möglich, dass das deutsche Volk sich so in die Irre hat führen lassen und was können wir tun, dass das nie wieder geschieht, das war die große Frage nach dem Krieg in der Frankfurter Philosophischen Schule. Und was kommt dann zum Vorschein? Da kommt *eine Theorie des Kommunikativen Handelns* zum Vorschein.[4] Und dann gerät man ziemlich in Verwirrung, denn einerseits, könnte man sagen, scheinen die Motive, die diese Philosophen haben, um ihre Philosophien zu gestalten, richtig zu sein. Aber was sie dann als Lösung finden, das ist *eine Antiphilosophie der Freiheit*, könnte man sagen. Da findet man eine Philosophie, die die individuelle Entschlussfähigkeit und die individuelle Fähigkeit zur Wahrheit und Beurteilung der Schönheit und Beurteilung des Guten absolut nicht anerkennt und dann sagt, dass Prinzip soll herrschen, je mehr Menschen etwas finden, desto sicherer sind wir. Also, der Einzelne hat nicht mehr die Möglichkeit, etwas von Wahrheit zu entdecken, oder von Schönheit zu erleben und das in die Öffentlichkeit zu bringen und moralische Handlungen zu vollbringen und sicher zu wissen, dass das moralisch ist. Das muss alles in der Gruppe gebracht werden und in der Gruppe wird dann festgestellt,

---

[4] Mieke Mosmuller, Ethischer Individualismus versus kommunikatives Handeln. Occident 1998 / 2020

was wahr ist, was schön ist, was gut ist. Habermas nimmt wirklich diese Dreigliederung, nennt es etwas anders, aber es ist wirklich diese Dreigliederung, die darinnen ist. Und es ist sehr interessant, er ist ein Mensch, der unglaublich gut informiert ist und gründlich denkt. Er hat zwar nicht so sehr die Fähigkeit, es einfach zu sagen, es ist eine sehr schwierige Sprache, dadurch auch schwer zugänglich. Aber so ein Buch ist ein Erlebnis. Und ich habe dann versucht, Schritt für Schritt diese Abschnitte zu lesen, von denen ich dachte, da steht, was als Kommunismus und Nationalsozialismus aufgekommen ist, aber dann ein schönes und gutes und wahres Gewand angezogen hat. Und das habe ich nach in Vordergrund gerückt und dann versucht, mit der Philosophie der Freiheit im Gemüt und im Bewusstsein zu zeigen, wo die Punkte sind, wo man es doch eigentlich mit der Fortsetzung von dieser Sorat-Wirksamkeit zu tun hat. Die individuelle Freiheit, mit der der Mensch sich selbst in die Hand nehmen darf, die wird ja eigentlich amtlich verboten, so etwas ist es.

Teilnehmerin: Ich erlebe das bei meinem Sohn, beim Lukas, wie sie in Gruppen alles besprechen, alle Probleme in der Gruppe lösen. Das klingt sehr gut, aber ich habe schon länger den Eindruck, dass das nicht das ist, was es sein sollte, ich kann es noch nicht ganz durchschauen.

Teilnehmer. Wir sind ja an einem historischen Ort. Zwei Minuten von hier entfernt war 1918 Lenin und hat sich mit der zweiten sozialistischen Konferenz getroffen. Im Kiental, im Hotel Bären.

MM: Und dann kommt, das ist wirklich 1998, der Augenblick, wo in den Niederlanden Rudolf Steiner öffentlich angefeindet wird, dass er mehrere rassistische Aussagen gemacht habe. Das wurde von dem Vorstand der Anthroposophischen Gesellschaft in den Niederlanden in der Zeitung abgedruckt, eigentlich in einer Art von Erklärung, oder Bekenntnis, dass es sich bei einer gründlichen Untersuchung der Arbeit von Rudolf Steiner gezeigt hat, dass es so und so viele rassistische Aussagen gibt. Und ja, für mich, für uns, ist das auch ein Sorat-Ereignis. Das ist sehr, sehr wirksam gewesen auch, denn in den

Niederlanden kann man eigentlich kein Anthroposoph mehr sein, kann man gar nicht mehr Anthroposophie sagen und schon gar nicht Rudolf Steiner, dann ist man ganz falsch gefärbt. Und 2008, da hat mich Holger darauf hingewiesen, dass ein Memorandum veröffentlicht war, das fast von dem ganzen Vorstand am Goetheanum unterzeichnet wurde - Prokoffief hat das nicht gemacht. Später haben sie sich zurückgezogen. Und in diesem Memorandum hat es unter der Leitung von Leuten aus Info 3 und wahrscheinlich auch Helmut Zander den Versuch gegeben, eine große Versammlung zu organisieren, damit auch in Deutschland so etwas durchgeführt werden könnte, was in den Niederlanden schon erfolgt war. Diese Versammlung hat dann letztendlich nicht stattgefunden, das ist soweit nicht gekommen, aber die Initiative war da.

Teilnehmerin: Sie haben sich entschuldigt. Was mich erschüttert hat, war, dass die Anthroposophen nicht zu Rudolf Steiner gestanden haben, dass sie sich sogar entschuldigten, man hat den Büchern einen Zettel beigelegt, dass er das nicht so gemeint hätte.

MM: Wenn man die Anthroposophie in der Welt als eine Art von schönem Ornament am Plafond auffasst, dann macht es auch nicht so viel aus, dass etwas, was nicht gerecht ist, gegen Rudolf Steiner eingebracht wird, dann geht es doch weiter und dann sind wir erlöst von diesen unmittelbaren Angriffen von allen Seiten. Dann wird gesagt: Lass' uns das einfach machen, dann haben wir keine Mühe mehr damit, was aber dann auch nicht wahr war. Wenn man das versteht in dem apokalyptischen Sinn, dass die Aufgabe, die der Mensch mit der Anthroposophie in der Menschheitsentwicklung hat, eine wirklich zentrale Bedeutung hat, und dass diese Bedeutung der Anthroposophie unmittelbar mit der Individualität Rudolf Steiner zusammenhängt, dann weiß man, absolut sicher: hier ist der Augenblick, dass kein Rudolf Steiner mehr in der Gesellschaft zu finden ist. Denn die Gesellschaft hat ihn rausgeworfen. Man kann einen Eingeweihten nicht in dieser Weise behandeln. Also für mich ist nicht nur 1933, aber als ein wirklich wichtiger Punkt das Jahr 1998. Und das alles wirkt weiter.

In der öffentlichen Meinung ist eine Auffassung geprägt worden, wodurch wir nur noch allgemein menschlich denken, fühlen und wollen dürfen. Unterschied darf nicht sein und das geht immer weiter, das ist nicht nur mehr Rasse und Volk, nicht diese groben Unterschiede, aber es darf überhaupt allmählich kein Unterschied mehr gemacht werden zwischen Menschen überhaupt und das bedeutet, dass man in den Arabismus hineinkommt. Der einzige Unterschied, der noch da sein darf, ist der Unterschied, der mit der Vererbung zu tun hat, da kann man nicht umhin, aber man hat auch nicht, dass man dem Wert beilegt. Und im Übrigen wird die Individualität, die in der erblichen Anlage lebt, total verkannt. Und da hat dieser Sonnendämon etwas Gewaltiges erreicht, nur können wir in der Apokalypse lesen, dass das nur eine bestimmte Zeit dauern wird. Das ist das Wunderbare von diesem Buch, dass wir etwas in der Hand haben, das wir dann wohl einigermaßen glauben sollten, dass alles wirklich seine Zeit hat. Aber die Zeit wird lange dauern. Wir haben dreimal 666, sechshundertsechsundsechzig, aber das große Soratereignis, das wird erst da sein, wenn der sechste Formzustand durchlebt ist und es ist schon kaum zu fassen, wie weit das weg ist. Und inzwischen werden natürlich immer wieder diese sonnendämonischen Angriffe als Prüfungen in unsere Welt eintreten. Und hoffentlich werden wir allmählich weise davon.

Es geht natürlich darum, dass das Denken so umgestaltet wird, dass es bewusst die Fähigkeit erlangt, die Idee in der Wirklichkeit zu fassen und dann nicht als einen abgelebten, toten Gedankeninhalt, sondern als eine wirkliche lebendige Wesenheit, das ist die Idee. Und ja, das haben wir natürlich hier im Berner Oberland eigentlich jedes Mal versucht zu betonen, dass die Idee, dass das eigentlich das ganze Denken an sich ist und dass man die Idee des Denkens, dass man die anschauen lernen muss und die Idee verstehen lernen muss. Dieses Verständnis, das bedeutet dann, dass man entdeckt, dass man da nichts zu verstehen hat, oder braucht, denn das Verständnis geht der Anschauung voran, oder zugleich mit der Anschauung ist auch der Begriff da, weil man nämlich bei der Beobachtung des Denkens etwas anschaut, dessen Hervorbringer man selbst ist. Man durchschaut die Verhältnisse und Beziehungen. Es gibt nichts in der Welt, wo das der Fall ist, als nur im Denken. Und wenn das Ergreifen der eigenen menschlichen Wesenheit da anfängt, ja, dann hat man wirklich die Anthroposophie und auch die anthroposophische Bewegung.

In dem letzten Vortrag, den Rudolf Steiner für die Priester gehalten hat, den habe ich auch schon oft erwähnt, da spricht er die Priester darauf an, dass es wirklich notwendig ist, dass die Menschen das Denken in die eigene Hand bekommen. Und dafür gibt es nicht mehr so viel Zeit, das ist nicht etwas was noch Zeitalter Zeit hat, das ist *jetzt* an der Zeit. Tun wir das nicht, dann kommen diese *Geister der Finsternis*, über die wir heute Morgen gehört haben und *reißen die Denkfähigkeit an sich* und dann wird es Ahriman sein, der in uns denkt und der kann das viel besser als wir selbst, also das gibt eine große Selbstgefälligkeit, wenn man sich durch Ahriman inspirieren lässt, wenn der Ahriman in uns selbst zu denken anfängt, das ist etwas großartiges. Aber der Mensch hat dann sich selbst weggegeben. Da bleiben noch etwas Gefühl und Wille unter dem Denken übrig, aber dadurch, dass diese Geister das Denken an sich gezogen haben, wird es ihnen nicht allzu schwerfallen, um auch Gefühl und Wille zu ergreifen. Das ist wirklich die Gefahr, in der wir in unserer Zeit darin sind.

Und wenn man das Flüchtlingsproblem anschaut dann ist natürlich für mich immer das erste, was aufkommt: Die europäische Menschheit hätte ein spiritualisiertes Denken haben müssen, denn dann sind sie eigentlich unbesiegbar, unüberwindlich, da kann der Arabismus wohl in Menschenherzen hier hineinwandern, aber es wird nie Fuß fassen können, weil hier dann eine so starke europäische Denkfähigkeit da ist, die durch den Sohnesimpuls in uns dann wirken würde. Dann würde das alles ganz anders gehen. Und man kann sich immer auch noch die Frage stellen, kommen diese Flüchtlinge nicht auch, während sie etwas hier erwarten, was sie dann aber nicht finden, weil es nicht hier ist. Also so, wie Rudolf Steiner ausgesprochen hat, dass die Deutschen ihre Aufgabe vergessen und eigentlich nur mit der Wirtschaft deutsch sein wollen, und nicht mit dem Geist, so kann man jetzt über Europa sagen, dass es eigentlich noch immer ein gleichartiges Problem ist. Und die Kraft, die hier entwickelt werden muss, ja, die muss doch im Menschen selbst entwickelt werden und es kann nicht sein, dass, ich will nicht sagen, ein Führer, aber eine leitende Person kommt, die das übernimmt und sagt, ich löse das für euch. Das geht nicht, so sind wir nicht mehr, wir müssen es selbst machen. Und wenn es genügend Individualitäten gibt, die diesen Schritt in sich selbst zwar so noch nicht gemacht haben, aber einsehen, dass dieser Schritt gemacht werden muss und dafür etwas tun, dass sich etwas ändert, ja, dann brauchen wir keine Sorge zu haben, dass es Flüchtlinge gibt. Denn diejenigen Flüchtlinge, die hier etwas zu tun haben, die werden hier sein und die anderen werden nicht hier sein wollen, die werden das nicht ertragen, wenn es eine Gruppe von Menschen gibt, die Individualität in sich tragen. Wir können dann also unser Mitleid mit den Flüchtlingen ausleben und diese liebevoll aufnehmen.

In Den Haag kam in die Sprechstunde immer ein Makler, es war ein älterer Mann, viel älter, als ich damals war, und der hatte so eine beschauliche Art, eine Art von Weltweisheit und der saß oft kopfschüttelnd da und hat dann manchmal gesagt: Die Welt ist ein großes Kaufhaus, aber ohne Notausgang. Und ja, das führt uns dann zu Babylon und das werden wir dann nach der Pause tun.

ZWÖLFTE STUNDE
Kiental, 15.08.2018

Nun werden die Zornesschalen ausgegossen. Und auch hierüber steht in den Vorträgen für die Priester eine wunderbare Erklärung. Denn wir müssen uns eigentlich vorstellen, dass das wunderbare strahlende Licht, worin wir leben dürfen, dass dieses strahlende Licht die äußerliche Erscheinung der göttlichen Liebe ist. Das gibt eine wunderbare Erfüllung der Sprüche, die wir kennen als: die Weisheit lebt im Licht, die Weisheit erstrahlet im Licht, die Weisheit der Welt erstrahlet im Licht.

Es geht noch weiter, es ist nicht nur die Weisheit, aber das Licht selbst ist die erscheinende göttliche Liebe. Das müssten wir meditieren, damit das mehr als Worte nur allein und vorübergehende Empfindungen wird. Wir leben hier, z.B. in diesem Raum jetzt, in einem wunderbaren Licht und das Licht ist für uns durch Erziehung und Ausbildung, in unserem Verständnis für das Licht, natürlich ganz korrumpiert. Und wir stellen uns dann einmal vor, dass dieses wunderbare strahlende Licht, das von der Sonne zu uns kommt, dass das Wesen in diesem Licht, oder das Wesen des Lichtes, dass das Liebe ist. Und wenn man die Liebe sieht, ist es Licht.

Dann sagt Rudolf Steiner, nehmen Sie einmal ganz reines Wasser, absolut kristallreines Wasser und nehmen Sie einen schmutzigen Schwamm, einen Schwamm, der innerlich Schmutz enthält. Bringen Sie ihn in dieses kristallreine, kristallklare Wasser, tauchen Sie ihn ein, drücken Sie ihn zusammen, lassen Sie das Wasser wieder herausfließen, es ist schmutzig, trübe. Sie haben durch den schmutzigen Schwamm das kristallklare Wasser aufsaugen lassen, haben es ausgepresst und es ist schmutziges Wasser geworden. Was kann das reine kristallklare Wasser dafür, dass es als schmutziges Wasser herausfließt, wenn man den Schwamm auspresst? Was kann die im reinen Lichte quellende göttliche Liebe dafür, dass sie aufgenommen wird vom Zeitalter des Materialismus, wie das klare Wasser von dem mit Unreinlichkeit durchsetzten Schwamm und dadurch in der nächsten Erscheinung etwas anderes wird? So können wir das Bild sehen, kristallklares Wasser, aufgesogen mit einem schmutzigen Schwamm wird trübes, untrinkbares Wasser. Die göttliche, im Lichte erscheinende Liebe, aufgesogen im Zeitalter der Bewusstseinsseelenentwicklung von all den Ingredienzien des Bösen die in der Zeit der Bewusstseinsseelenentwicklung latent, oder offenbar in der Menschheit wüten, was wird das, das wird der göttliche Zorn.

Die göttliche Liebe tritt in der Form des göttlichen Zornes in Erscheinung. Und Gott gibt dies der Erde zurück in den Zeiten, die folgen und das wird dann bis in die Naturerscheinungen sichtbar werden.

So etwas muss meditiert werden, sonst hat man nicht viel davon, sonst findet man es einen wunderbaren Gedanken, aber es ist natürlich ein Prozess und den Prozess kann man durchsehen lernen durchschauen lernen, besser verstehen, was in der Apokalypse eigentlich gesagt werden will, wenn da gesprochen wird vom Ausgießen der Zornesschalen.

Und ich sah ein anderes Zeichen am Himmel, groß und wunderbar: Sieben Engel mit sieben Plagen, den letzten; denn mit ihnen kommt der Zorn Gottes an sein Ende.

Und ich sah etwas wie ein gläsernes Meer, mit Feuer vermischt; und auf dem gläsernen Meer standen, die gesiegt hatten über das Tier und sein Bild und die Zahl seines Namens, mit den Harfen Gottes in der Hand. Und sie singen das Lied des Mose, des Knechtes Gottes, und das Lied des Lammes:

Dann kommt das Lied und dann werden diese sieben Zornschalen ausgegossen und der Apokalyptiker sagt dann im Kapitel 16:

Und ich hörte eine laute Stimme aus dem Tempel den sieben Engeln zurufen: Geht hin und gießt aus die sieben Schalen des Zornes Gottes über die Erde! Und der erste ging und goss seine Schale aus über die Erde, und ein bösartiges und schmerzhaftes Geschwür befiel die Menschen, die das Zeichen des Tieres trugen und ihre Knie beugten vor seinem Bild. Und der zweite goss seine Schale aus über das Meer, und es wurde zu Blut, wie das eines Toten, und alles, was im Meer lebte, starb, jedes lebendige Wesen. Und der dritte goss seine Schale aus über die Flüsse und die Wasserquellen, und alles wurde zu Blut. Und ich hörte den Engel, der über die Wasser gebietet, rufen:

Gerecht bist du, der da ist und der da war, du Heiliger,
denn so hast du das Urteil gesprochen:
Das Blut von Heiligen und von Propheten haben sie vergossen,
und Blut hast du ihnen zu trinken gegeben;
sie haben es verdient.
Und ich hörte den Altar sprechen:
Ja, Herr, Gott, Herrscher über das All,
voller Wahrheit und Gerechtigkeit ist dein Urteil.

Und der vierte goss seine Schale aus über die Sonne, und es wurde ihr Macht gegeben, die Menschen zu peinigen mit ihrer Glut. Und die Menschen wurden mit großer Hitze geschlagen, und sie verfluchten den Namen des Gottes, der Macht über diese Plagen hat; doch sie kehrten nicht um, ihm die Ehre zu geben. Und der fünfte goss seine Schale aus über den Thron des Tieres, und Finsternis legte sich auf sein Reich. Und sie bissen sich vor Schmerz auf die Zunge. Und sie lästerten den Gott des Himmels wegen ihrer Schmerzen und wegen ihrer Geschwüre. Doch sie ließen nicht ab von ihrem Tun. Und der sechste goss seine Schale aus über den großen Fluss Eufrat, und sein Wasser versiegte, so dass der Weg bereitet war für die Könige vom Aufgang der Sonne. Und ich sah aus dem Schlund des Drachen und aus dem Maul des Tieres und aus dem Mund des falschen Propheten drei unreine Geister fahren - wie Frösche. Geister von Dämonen sind es, und sie tun Zeichen und Wunder. Sie gehen aus zu den Königen des ganzen Erdkreises, um sie zu sammeln zum Kampf am großen Tag Gottes, des Herrschers über das All. Siehe, ich komme wie ein Dieb. Selig, wer wach ist und acht gibt auf seine Kleider, dass er nicht nackt daherkommen muss und man seine Blöße sieht. Und der Engel versammelte sie an dem Ort, der auf Hebräisch Harmagedon heißt. Und der siebte goss seine Schale aus über die Luft, und es ertönte aus dem Tempel vom Thron her eine laute Stimme,

die rief: Es ist geschehen! Und es erhob sich ein Getöse, Blitz und Donner, und
die Erde bebte so stark, wie sie noch nie gebebt hatte, seit es Menschen gibt
auf Erden, so gewaltig war dieses Beben. Und die große Stadt zerbarst in drei
Teile, und die Städte der Völker fielen in sich zusammen. Und Babylons der
Goßen gedachte man vor Gott, ihr den Becher mit dem Wein seines grimmigen
Zornes zu geben. Und alle Inseln verschwanden, und die Berge waren nicht
mehr zu finden. Und gewaltiger Hagel, zentnerschwer, fiel vom Himmel auf
die Menschen nieder. Und die Menschen lästerten Gott wegen der Hagelplage,
denn die Plage war schrecklich.

Das Licht ist äußere Erscheinung der göttlichen Liebe und saugt
den Schmutz des Materialismus in sich auf und wird letztendlich als
Zornessaft über die Menschheit ausgegossen.

Wie Rudolf Steiner es beschreibt, so weit ist es in unserer Zeit noch
nicht. Wir müssen uns das in einer späteren Zeit vorstellen. Aber die
Vorzeichen sind natürlich da und so ist es sicher auch mit der Stadt
Babylon. Wenn man in der Bibel dieses Stück über die Stadt Babylon
liest, ja, dann sieht man doch sehr stark auch unsere Zeit, wie die
Menschen jetzt gar nichts anderes mehr haben, als Begierde und
Lust nach Materialität. Natürlich nicht alle, aber in der grossen Welt
scheint es doch so zu sein und ist die Welt wirklich ein Warenhaus
ohne Notausgang geworden.

Und da sitzt eine Buhlerin, eine Hure in Babylon, und man kann
sich vorstellen, dass das ein Prozess ist, der sich auf längere Zeiten
dann wiederum erstrecken wird, bevor die sechste Kulturepoche
anbricht. Aber was wir in den letzten, ja vielleicht Wochen, sehr stark
erleben, das ist, dass es einen Menschen gibt, von dem man sich fragen
kann, ob er wirklich ein Mensch ist, ob es nicht eine Ich-lose Figur
ist. Rudolf Steiner beschreibt, dass diese wunderlichen Wesen oft sehr
hoch die gemeinschaftliche Leiter erklimmen können und auf hohen
Posten sitzen, auch in den Geheimgesellschaften.
Ich werde dann das große Babylon vorlesen, die politischen und
wirtschaftlichen Details kann man dann selbst weiter damit verbinden
oder nicht, ich denke, dass wir daran nicht zu viel Zeit verlieren sollten,

denn wir wollen eigentlich verstehen, wie die kleine Apokalyse als Geburtsprozess in der fünften Nachatlantischen Zeit zu der sechsten führt, wie in der fünften Nachatlantische Zeit, die Bewusstseinsseelenzeit führt zu der sechsten Kulturepoche. Das ist es worin wir uns jetzt versuchen einzufühlen.

Und da wird diese Stadt zuerst beschrieben und auch die große Hure, die da sitzt – und die sieht natürlich nicht wie zum Beispiel ein amerikanischer Präsident aus. Und so sehen diese Details natürlich auch nicht aus, wie die wirtschaftliche Verführung in der Welt und das ist nicht allein in Amerika so, das findet man überall. Aber man muss es als Bild versuchen aufzunehmen und zu verstehen, wie es in dieser Zeit, noch kommen wird. Noch mehr als tausend Jahre haben wir, bevor die sechste Kulturepoche dann wirklich da ist.

Und es kam einer von den sieben Engeln mit den sieben Schalen, und er redete mit mir und sprach: Komm, ich will dir das Gericht über die große Hure zeigen, die an vielen Wassern sitzt.

Mit ihr haben die Könige der Erde Unzucht getrieben, und die Bewohner der Erde sind trunken geworden vom Wein ihrer Unzucht.

Und er führte mich durch den Geist in die Wüste. Und ich sah eine Frau auf einem scharlachroten Tier sitzen, das war rundum bedeckt mit Lästernamen und hatte sieben Köpfe und zehn Hörner. Und die Frau war gekleidet in Purpur und Scharlach und geschmückt mit Gold, Edelsteinen und Perlen, und in der Hand hielt sie einen goldenen Becher - der war voll von Abscheulichkeiten und dem Unrat ihrer Unzucht. Und auf ihre Stirn war ein Name geschrieben, ein Geheimnis: Babylon die Große Mutter der Huren und Greuel der Erde. Und ich sah diese Frau, trunken vom Blut der Heiligen und vom Blut der Zeugen Jesu. Und bei ihrem Anblick geriet ich in großes Staunen. Und der Engel sagte zu mir: Warum staunst du? Ich will dir sagen, was das Geheimnis dieser Frau ist und des Tieres, das sie trägt, das mit den sieben Köpfen und den zehn Hörnern: Das Tier, das du gesehen hast, es war und es ist nicht und es wird aufsteigen aus dem Abgrund und ins Verderben gehen, und staunen werden die Erdenbewohner, deren Namen im Buch des Lebens nicht aufgeschrieben sind vom Anbeginn der Welt, wenn sie das Tier erblicken; denn es war und es ist nicht und es wird da sein. Hier ist Verstand gefordert, der Weisheit hat! Die sieben Köpfe, das sind die sieben Hügel, auf denen die Frau sitzt. Und es sind sieben Könige:

Fünf sind schon gefallen, einer ist da, ein weiterer ist noch nicht gekommen, und wenn er dann kommt, darf er nur kurze Zeit bleiben. Und das Tier, das war und nicht ist, ist selbst der achte; er kommt aus den sieben, und er geht ins Verderben. Und die zehn Hörner, die du gesehen hast, das sind die zehn Könige, die die Herrschaft noch nicht übernommen haben; doch sie werden als Könige die Macht ergreifen für eine einzige Stunde, zusammen mit dem Tier. Diese sind eines Sinnes, und ihre Macht und Gewalt übergeben sie dem Tier. Sie werden Krieg führen gegen das Lamm, doch das Lamm wird sie besiegen, denn es ist der Herr der Herren und der König der Könige, und die mit ihm sind, sind Berufene und Auserwählte und Getreue. Und er sagt zu mir:

Die Wasser, die du gesehen hast, dort wo die Hure sitzt, das sind Völker und Scharen, Nationen und Sprachen. Und die zehn Hörner, die du gesehen hast, und das Tier, sie werden die Hure hassen und sie einsam machen und nackt; sie werden ihr Fleisch fressen und sie im Feuer verbrennen. Denn Gott hat ihnen ins Herz gegeben, eines Sinnes seinen Willen zu tun und ihre Herrschaft dem Tier zu übergeben, bis die Worte Gottes erfüllt sind. Und die Frau, die du gesehen hast, das ist die große Stadt, die über die Könige der Erde regiert.

Dieses Bild, das Bild von Babylon, das wird dann von Rudolf Steiner so gedeutet, dass es eigentlich alles dasjenige ist, was in der Menschenwelt da ist an nicht durch die Spiritualität in der Hand gehaltenen Emotionen. Also, eigentlich wird hier die emotionale Welt beschrieben, die nicht in der Hand ist und es geht nicht darum, dass man sie durch Erziehung oder so etwas ein wenig in der Hand hat, sondern es geht darum, dass die Spiritualität so ist, dass diese die Emotionen in der Hand hält. Nicht unterdrückt, nicht vernichtet, aber verwandelt. Dann ist es nicht mehr Babylon. Aber Babylon, da ist alles dieses, das floriert. Und das führt dazu, dass es auch die Stätte ist der schwarzen Magie, wo nicht durch Läuterung der Emotionen die Spiritualität gefunden wird, sondern, wo durch ein Herabsetzen des Bewusstseins

344

eine mediale Fähigkeit entsteht, wo der Mensch dann als Medium die spirituellen Fakten, Tatsachen weitergibt, ohne eigentlich selbst dabei zu sein. Und das Problem dabei ist, dass dann diese spirituelle Welt unbewusst betreten wird. Und wenn das Medium dann wieder mit dem eigenen Leib sich vereinigt, dann ist sie oder er eigentlich den Weg der Wahrheit losgeworden, weiß nicht mehr wo der ist. Denn es gibt ganz andere Wahrheitswege in der geistigen Welt, aber damit kommt man auf Erden nicht zurecht. Und so entsteht eine tiefe Lügenhaftigkeit und Unwahrhaftigkeit, die dann in dem irdischen Leben Verderben bringen. Das ist Babylon.

Es ist eigentlich eine unechte Ehe mit der geistigen Welt, eine nicht mit dem Bewusstsein ausgeführte Vermählung mit der geistigen Welt, nicht eine himmlische oder mystische Hochzeit, sondern eine mediale Vermählung und da weiß der Mensch dann absolut nicht, wo er sich befindet.

Gut, man könnte natürlich all diese Tableaus, die die Apokalypse uns gibt, zu jeweils einem Seminar machen. Wir haben die Zeit leider nicht, um auch wirklich hinein zu gehen, aber etwas davon entsteht natürlich doch. Das Übrige müssen wir dann, wenn wir wollen, selbst weiter machen.

Morgen werde ich dann, bevor wir besseren Zeiten entgegen gehen, nochmal die drei verschiedenen Arten des Bösen, die in der Apokalypse beschrieben werden, besprechen und dann gehen wir zu der sechsten Kulturepoche hin und werden versuchen einigermaßen zu verstehen, was wir Menschen jetzt in der fünften Epoche schon tun müssen, damit wir das zustande bringen, was dann eigentlich schon in den Briefen gesagt wird über die sechste Kulturepoche. Damit schliesse ich dann:

Sendschreiben an die Gemeinde in Philadelphia, das ist die sechste Kulturepoche:

Und dem Engel der Gemeinde in Philadelphia schreibe: So spricht der Heilige, der Wahrhaftige, der den Schlüssel Davids hat; der öffnet, und niemand wird schließen der schließt, und niemand öffnet: Ich kenne deine Werke. Siehe, ich habe vor dir eine Tür aufgetan, die keiner wieder schließen kann. Du hast zwar nur wenig Kraft, aber du hast mein Wort bewahrt und meinen Namen nicht verleugnet. Siehe, ich will dir einige aus der Synagoge des Satans geben, einige von denen, die sagen, sie seien Juden, und es nicht sind, sondern nur lügen. Siehe, ich werde sie dazu bringen, dass sie kommen und zu deinen Füßen beten, und sie sollen erkennen, dass ich dich geliebt habe. Weil du mein Wort bewahrt hast, das dir die Kraft gibt, auszuharren, werde auch ich dich bewahren in der Stunde der Versuchung, die über den ganzen Erdkreis kommen wird, die Erdenbewohner zu versuchen. Ich komme bald. Halte fest, was du hast, damit niemand dir die Krone wegnimmt. Wer den Sieg erringt, den werde ich zu einer Säule im Tempel meines Gottes machen, und er wird nie mehr hinausgehen müssen. Auf ihn werde ich schreiben den Namen meines Gottes und den Namen der Stadt meines Gottes, des neuen Jerusalem, das vom Himmel von meinem Gott herabkommen wird, und meinen Namen, den neuen. Wer Ohren hat, der höre, was der Geist den Gemeinden sagt

Dafür machen wir uns dann bereit, dass wir uns Vorstellungen bilden können über die sechste Kulturepoche.

Es wird gesungen:

Jesu, meine Freude.

DREIZEHNTE STUNDE

Kiental, 16.08.2018

Dann bilden wir nochmal die Anfangsbilder, so wie wir das auch gestern Morgen gemacht haben, zuerst das zweite apokalyptische Siegel, was übereinstimmt mit dem vierten Kapitel, mit diesem noch undeutlichen Fünften in der Mitte. Der wird dann, wenn wir in der Meditation weiter gehen, im Augenblick, dass wir uns ganz mit der eigenen Seele schauend verbinden können, immer mehr sichtbar. Zuerst stellen wir uns vor, wie die Seele, wenn sie sich genügend entwickelt hat und geübt hat, dann schauend dem Ätherleib gegenübersteht und dann sich selbst im Spiegel des Ätherischen sieht, das ist das zweite apokalyptische Siegel. Viertes Kapitel in der Apokalypse. Also das schauen wir zuerst, die vier Tiere um den Thron Gottes.

-Es wird meditiert.

Versuchen wir das so zu verstärken, dass wir diesem Bild gegenüberstehen, als wäre es eine sichtbare Realität.

-Es wird weiter meditiert.

Dann lenken wir die Aufmerksamkeit von der Realität dieses Bildes ab zu der imaginierenden Tätigkeit, die Tätigkeit die wir selbst entfaltet haben und noch immer entfalten, wenn wir das Bild gestalten.

-Es wird weiter meditiert.

Es könnte sein, dass im Verlauf der Zeit diese eigene persönliche bildschaffende Tätigkeit sich mit der Wirklichkeit, der Wahrheit, die in dem Bild vorgestellt wurde, verbindet und dass unsere eigene Tätigkeit ergriffen wird von dem Bild, wodurch die wahre Imagination dadurch hindurch erscheint. Dann hat man gleichsam seine eigene Tätigkeit als eine malende Hand und die Hand malt dann nicht mehr selbst sondern wird geführt so, dass die Wirklichkeit entsteht. Tätig muss man bleiben.

-Es wird weiter meditiert.

Und dann öffnen wir das seelische Auge nach innen, nicht mehr nach außen. Das bedeutet, dass wir die bildschaffende Tätigkeit jetzt auch mehr oder weniger vergessen und nur noch mit der Seele selbst eins sind, ganz in Ruhe. Und man kann das versuchen zu verstärken mit dem Bild des inneren Auges, nicht ein Auge, das nach außen schaut, sogar nicht zu dem Ätherleib hin, sondern ein Auge, das in der Seele lebt, und sich selbst anschaut.

-Es wird weiter meditiert.

Und wenn wir uns selbst dann uns übersehen können, dann schauen wir nicht die persönliche Seele, sondern die seelische Welt. Und wenn die seelische Welt sich selbst anschaut, dann ist das der Menschensohn.

-Es wird weiter meditiert.

Was wir in einem solchen Zusammensein, wie wir das jetzt haben, tun, ist, dass wir die Offenbarung so intensiv in uns aufnehmen, dass, wenn wir dann in der Nacht schlafen gehen, diese Inhalte, die wir erlebt haben, mit dem Ich und mit dem Astralischen mitgehen und eingeschrieben werden in die Erdenaura. Und das ist, seitdem die Offenbarung von Johannes empfangen wurde durch Jahrhunderte hindurch, durch viele Menschen gemacht worden. Das bedeutet, dass diese Apokalypse in der irdischen Umgebung intensiv lebendig eingeschrieben steht.

Und jedes Mal, wenn der Mensch, nicht nur wir, alle Menschen, wenn wir aufwachen, dann gibt es einen Moment, wo die Seele aus der Erdenaura in das eigene Ätherische und eigene Physische zurückkommt, aber es gibt für alle Menschen einen Augenblick, wo dann

348

unbewusst die Apokalypse geschaut wird, beim Aufwachen. Das wird natürlich gewaltig durch die Sinneseindrücke übertönt, oder durch die gewöhnlichen Träume schon, aber es ist eine Tatsache. Und wenn wir meditativ mit der Apokalypse so umgehen, dass wir uns damit identifizieren, weil wir den Christus suchen, dann wird dieses Aufwachen immer bewusster und bewusster vorgehen, bis der Augenblick kommt, dass es eine bewusste Tatsache, dass wir beim Aufwachen diese Siegel allmählich sehen, aber dann in einer lebendigen Form.

Und das Erste, was wir heute und auch gestern und auch früher schon meditiert haben, das ist diese Anschauung der seelischen Welt in dem Ätherleib, da sehen wir die vier Tiere und dann immer mehr und mehr den Menschensohn in der Mitte. Und es gibt natürlich in der Apokalypse verschiedene Augenblicke, dass der Menschensohn oder dass der Christus selbst erscheint, in triumphierender Gestalt.

Ich erinnere mich, dass ich einen Artikel schreiben durfte für eine Zeitschrift und darin hatte ich über dieses Bild ,Christus Triumphator' geschrieben und der Redakteur wollte das eigentlich nicht haben. Ich weiß nicht, wie wir das damals gelöst haben, ich glaube dass es letztendlich doch darin geblieben ist, denn sonst hätte ich den Artikel zurückgezogen. Aber es existiert eine Art Furcht vor dieser triumphierenden Großartigkeit von Christus, so, wie er zum Beispiel hier am Ende der Apokalypse geschildert wird und wir müssen, wenn wir letztendlich so weit kommen wollen, dass wir sagen können: Nicht ich, sondern Christus in mir, was eigentlich bedeutet, ich habe meine persönliche Biographie im Ich mit der Apokalypse erfüllt, dann brauchen wir viel Mut, diese triumphierende Größe zu ertragen.

Und es gibt dann im neunzehnten Kapitel ein Erscheinen von Christus. Dem voran geht ein Frohlocken im Himmel über den Fall Babylons. Kapitel 19:

Danach hörte ich etwas, das klang wie ein vielstimmiger Chor im Himmel:

Halleluja! Das Heil und die Herrlichkeit und die Macht sind in der Hand unseres Gottes.

Denn voller Wahrheit und Gerechtigkeit ist sein Urteil:

Er hat gerichtet die große Hure,
die die Erde verdarb mit ihrer Unzucht,
und gerächt an ihr das Blut seiner Knechte.
Und ein zweites Mal riefen sie:

Halleluja!

Und ihr Rauch steigt auf in alle Ewigkeit. Und die vierundzwanzig Ältesten und die vier Wesen fielen nieder und beugten ihre Knie vor Gott, der auf dem Thron sitzt, und sprachen:

Amen. Halleluja!

Und eine Stimme kam vom Thron her und sprach:

Lobsingt unserem Gott, ihr alle, die ihr seine Knechte seid, und die ihn fürchten, die Kleinen und die Großen!

Da hörte ich etwas, das klang wie ein vielstimmiger Chor und wie das Rauschen vieler Wasser und wie das Dröhnen eines gewaltigen Donnerschlags:

Halleluja!

König geworden ist der Herr, unser Gott, der Herrscher über das All. Lasst uns fröhlich sein und frohlocken und ihm die Ehre geben! Denn gekommen ist die Hochzeit des Lammes, und seine Braut hat sich schön gemacht. Und sie durfte sich kleiden in leuchtend weißes, reines Leinen - das Leinen, das sind die gerechten Taten der Heiligen. Und er sagt zu mir: Schreib! Selig, die zum Hochzeitsmahl des Lammes geladen sind! Und er sagt zu mir: Diese Worte sind die wahrhaftigen Worte Gottes. Und ich warf mich zu seinen Füßen, ihn anzubeten. Er aber sagt zu mir: Nicht doch! Dein Mitknecht bin ich und der deiner Brüder, die Zeugnis ablegen für Jesus. Vor Gott beuge deine Knie! Denn im Zeugnis für Jesus äußert sich der Geist der Prophetie.

Und ich sah den Himmel offen stehen, und siehe: Ein weißes Pferd, und der auf ihm sitzt, heißt ‹Treu› und ‹Wahrhaftig›, und er richtet und kämpft in Gerechtigkeit. Seine Augen sind wie Feuerflammen, und auf seinem Haupt trägt er viele Diademe; auf ihm steht ein Name geschrieben, den niemand kennt als er allein. Und bekleidet ist er mit einem Mantel, der in Blut getaucht ist, und sein Name lautet ‹Wort Gottes›. Und die himmlischen Heere folgten ihm auf weißen Pferden, in weißes, reines Leinen gehüllt. Und aus seinem Mund kommt ein scharfes Schwert hervor, mit dem er die Völker schlagen soll; und er wird sie weiden mit eisernem Stab. Er selbst tritt die Kelter des Weines des grimmigen Zornes Gottes, des Herrschers über das All, und auf seinem Mantel und seiner Hüfte steht der Name geschrieben: König der Könige und Herr der Herren.

Hier schauen wir den Christus und er trägt eigentlich drei Namen. Er trägt einen Namen, den niemand weiß, als er selbst und da müssen wir wissen, dass wir selbst auch einen solchen Namen tragen, den niemand weiß, als wir selbst und das ist der Name Ich. Der Name Ich wäre eine Meditation wert, nicht nur als Name, aber als etwas, was es eigentlich bedeutet, denn das ist tatsächlich der Name, den jeder Mensch sich selbst gibt. Und qua Klang ist dieser Name also für alle derselbe, aber qua Wesen, was dieser Name wesentlich bedeutet - das weiß ich nur selbst.

Das ist auch die Tragik eigentlich, weil im Menschensein ich selbst ganz genau weiß, wer ich bin. Und man sieht eigentlich bei allen Menschen das lebenslange Streben danach, dass der andere es auch sieht, dass der andere endlich einmal sieht, wer ich nun eigentlich bin. Das tun alle Menschen, das ist in jedem Gespräch, in jeder Begegnung, in jeder Diskussion, Streit, Freude, immer Hauptthema, dass ich meinen Namen nur selbst kenne, aber ich erwarte von dir, von dem Du, dass Du verstehst, wer ich bin.

Und wenn ich nun soweit gekommen bin, dass ich es umdrehen kann, dass ich sagen kann, das ist ein heilloses Verlangen, denn ich kann mich doch nie in die Schuhe der anderen stellen und sie zwingen mich zu erkennen, das geht nicht. Also lass mich es umdrehen und von jetzt an versuchen, zu verstehen, wer du eigentlich bist. Das scheint mir der Anfang der Brüderlichkeit zu sein, dass wir uns untereinander verstehen, denn abwarten, bis du verstehst, wer ich bin, das ist eine Lebenstragik. Aber man braucht natürlich gar nicht zu warten, wenn man selbst die Entscheidung trifft, von jetzt an versuche ich das Du zu verstehen. Das kann man natürlich nicht in jeder Sekunde aufrechterhalten, denn das Leben wirft einen natürlich auch immer wieder um, aber wenn der Impuls einmal da ist, dann fängt doch ein wunderbares Leben an.

In der ärztlichen Praxis habe ich erlebt, wie wunderbar das ist. Da kann man es natürlich sowieso nicht erwarten, dass ein Patient kommt der mich, die Ärztin, versteht, das geht etwas zu weit. Ich glaube, dass die meisten Ärzte das auch wohl verstehen, dass das nicht geht. Aber die tiefe Sehnsucht bleibt natürlich doch. Wenn man bewusst sagen kann, ich werde aktiv darin, ich habe eine Möglichkeit in meinem Beruf, um unzähligen Menschen zu begegnen, dann ist das natürlich etwas wunderbares, dass es das gibt. Und in jeder Begegnung kann ich versuchen, dass ich ganz von mir absehe und vergesse, dass hier auch einer sitzt. Der ist nur tätig, zu verstehen: Was willst du mir eigentlich sagen, was verlangst du von mir? Dann kehrt sich das ganze Lebensverhältnis um. Das ist das Ich, der Name, den keiner kennt, als nur ich selbst.

Wir haben natürlich, das wissen wir von Rudolf Steiner, ein Sinneswerkzeug dafür, einen Sinn, den Ich-Sinn, aber das hat doch noch eine andere Bedeutung, das bedeutet nicht, dass wir den Namen dann kennen, aber dass wir als eine Sinneswahrnehmung haben können, dass wir, dadurch, dass jemand in unserem Blickfeld erscheint, einfach wissen, das ist der! Wir brauchen nicht alle Details abzulaufen und zu sagen, was für eine Nase hat er, was für Arme hat er, wie klingt die Stimme, was für Worte spricht er, wie ist die Sprache. Das geht alles in einem Augenblick und wir wissen, *das ist der*. Also das ist Sinneswahrnehmung. Aber das ist etwas anderes, als wenn wir versuchen den Namen zu hören.

Und in diesem Gebiet liegt die Aufgabe: Nicht ich, sondern Christus in mir.

Man kann natürlich auch nicht erwarten, dass wir einen Menschen in seiner Individualität in verschiedenen Inkarnationen wiedererkennen können, wenn man das heutige Wesen nicht wahrnehmen kann, das geht natürlich nicht. Denn die äußerliche Gestalt, jetzt mit allen seinen Eigenschaften und Eigenartigkeiten, ist meistens gar nicht maßgebend sagt nicht so viel.

Das Haupt von Christus heißt Ich, die Brust heißt Logos, und der Wille heißt *König der Könige und Herr der Herren*.

Teilnehmerin: Das letzte habe ich nicht verstanden?

MM: Der Wille, er trägt am Kleid und zwar an seiner Hüfte, den Namen geschrieben ‚König der Könige und Herr der Herren‘.

Also der Christus trägt drei Namen, das Haupt hat einen Namen, den niemand weiß als er selbst, sein Kleid, das in Blut getaucht war, da heißt er das Wort Gottes und am Kleid, an seiner Hüfte, da heißt er König der Könige und Herr der Herren.

Wenn wir also heute Abend wieder schlafen gehen, können wir nochmal daran denken, dass morgen beim Aufwachen, kurz zuvor, eine vollständige Anschauung der Apokalypse stattfindet. Und das an jedem Morgen. Wir gehen beim Aufwachen zuerst durch den Ätherleib hindurch und schon überdeckt die äußerliche Sonne alles. Also wir brauchen eine Art von vorwache Wachheit, ein Aufwachen, bevor wir aufwachen und das ist eigentlich die Meditation, dass wir lernen, um in dem Zustand, in dem wir träumen, schlafen, wach bleiben zu können. Das geht dann nicht mit dem Verstand, das ist das Problem, sonst würde es vielleicht noch gehen, aber das ist nicht möglich. Aber weil wir den Verstand auf Erden lassen müssen, halten wir es nicht aus, wagen wir es auch nicht. Denn der Verstand ist eine Art von Angstdämpfer, da können wir so schön räsonieren und sagen:

Ah, es ist nicht so schlimm, oder das kann doch nicht sein, das ist Unsinn usw. Den Verstand müssen wir also liegen lassen und den lassen wir auch liegen, denn wir schlafen ein. Aber in der Meditation geht es darum, dass wir einen bewussten Zustand finden, worin der Verstand und auch die Sinne schweigen, und wir trotzdem ganz wach sind, aber dann nicht verstandeswach, sondern traumschlafwach. Und das können wir uns bevor wir schlafen gehen – ja, das vergessen wir natürlich wieder, wir gehen schlafen und dann vergessen wir, – noch mal bedenken: Bevor ich am Morgen aufwache, will ich, ehe ich mich mit der Sinneswirklichkeit verbinde, standhalten. Zuvor kurz inne-halten. Und dann habe ich die ganze Apokalypse in der Anschauung und dann natürlich noch anders als hier.

Rudolf Steiner sagt zu den Priestern; Das ist der Christus selbst, der steht da in seiner vollen Glorie als Apokalypse. Wir verschlafen und ver-träumen seine Gestalt und gehen begierdenhaft, voll Lust in den Leib hinein, um die Äußerlichkeit wieder zu umarmen. Aber das kann man sich abgewöhnen. Man kann dadurch, dass ein Bewusstsein anfängt, dass das so ist, auch allmählich eine Fähigkeit erlangen, um innezu-halten. Man weiß dann natürlich nicht, was man tun soll, braucht das auch nicht zu wissen. Aber dadurch, dass wir es vor dem Schlafengehen immer wieder fragen, bekommt die meditierende Seele die Möglich-keit, um diese Apokalypse immer deutlicher anzuschauen.

Rudolf Steiner hat das von den Priestern der Christengemeinschaft erwartet, darin ist er sehr deutlich. Man ist eigentlich erst Priester, wenn man das so entwickelt. Nicht, dass es voll entwickelt sein muss, aber man muss damit fortwährend aktiv sein. Und weil es so ist, dass wir in die sechste Kulturepoche hinein alle selbst Priester und Könige werden sollen, gilt das auch für uns. Das gilt also nicht nur für kirch-liche Priester, aber das gilt für alle Menschen, die letztendlich Brüder werden wollen.

Teilnehmer: Hat sich das seit dem Kurs für die Priester denn geändert, denn es ist ja offenbar so, dass Steiner vor den Priestern das so gesagt hat?

MM: Ja, es waren doch auch Vorstandsmitglieder dabei. In diesem Abschnitt, wo er über diese Dinge spricht, spricht er es eigentlich so aus, dass der Priester Stellvertreter ist von demjenigen, der sagt: Ich bin König der Könige und Herr der Herren. Aber das gilt sowohl für Menschen, die Priester werden, wie auch für Menschen, die für sich entscheiden, dass sie in der Bewusstseinsseelenzeit nicht mehr einen Priester brauchen, sondern die das selbst in sich erwecken wollen. Das steht eigentlich auch da. Also das ist von Anfang an mit der Christengemeinschaft doch problematisch gewesen, dass diese Christengemeinschaft für Menschen gemeint war, die nicht das Bedürfnis zur Anthroposophie haben, im Sinne von einer eigenen geistigen Entwicklung, so wie wir hier sitzen. Für uns ist der Priester derjenige, den wir in uns selbst wecken wollen. Aber weil es natürlich so erfüllend und so ein Geschenk ist, wenn man zur Weihehandlung geht, kann man sich vorstellen, dass sich viele Anthroposophen sich da so angezogen gefühlt haben, dass sie dahin gegangen sind. Und das hat Schwierigkeiten gegeben. Natürlich ist es für Rudolf Steiner eine Enttäuschung gewesen, denn er stand für die selbständige Ich- Entwicklung in der Anthroposophie und hat daneben, dadurch, dass die Priester gekommen sind und danach gefragt haben, die Bewegung für religiöse Erneuerung initiiert. Es ist eine Enttäuschung gewesen, dass die Menschen, die diese selbständige innerliche Entwicklung bereits gewählt hatten, dass die das dann nicht verstanden hatten und meinten, ich kann das hier eigentlich geschenkt bekommen. Das spielt in dieser Woche vor dem Brand des Goetheanums, da gibt es auch diesen Vortrag von Rudolf Steiner, worin er sich darüber ausspricht, das ist nicht am Abend des Brandes, aber einen Tag davor.

Also wir sind Priester, wenn wir die aktive Bewusstseinsseelentätigkeit suchen und versuchen, uns in der Bewusstseinsseele mit Christus selbständig zu durchdringen. Oder wir wollen es werden, so ist das. Und dann ist man auch mit der Offenbarung immer mehr eins. Ob es nun diese biblische Gestalt der Offenbarung ist, oder die Gesamtausgabe Rudolf Steiners, das ist das Gleiche, das ist natürlich auch eine Offenbarung. Und später, nachdem diese Schwierigkeit ausgesprochen worden war, hat sich das wieder besänftigt. Es gibt dicke Bücher über die Problematik, geschrieben durch die Priester, die später kamen.

Wir brauchen hier keine weiteren Worte darüber, für mich ist es klar, ich suche den Priester selbständig in mir, aber auch den König. Herr der Herren, das bin ich nicht, König der Könige, das bin ich auch nicht, aber ich suche den König und den Herrn, den Priester in mir, damit darüber hinaus der Herr, der König, der Priester empfangen werden kann.

Teilnehmerin: Wie ist es dann mit den Sakramenten, zum Beispiel bei der Taufe, beim Sterben und so weiter, diese Sakramente. Hat die Kirche da doch eine Rolle?

MM: Ja, in Zukunft natürlich auch nicht mehr, weil die Eltern durch den Empfang des Kindes die Taufe haben werden, das ist gleichwertig, das Empfangen des Kindes und die Taufe. Die Taufe ist jetzt noch ein Sakrament, aber wir gehen natürlich einer Zeit entgegen, wo sogar der Laboratoriumtisch zum Altar werden wird. Dann wird auch das Geburtsbett sakramental. Das ist natürlich das, was wir suchen, aber es ist auch deutlich, dass das noch lange nicht so ist.

Teilnehmerin: Am Anfang hast du gesagt: ‚Nicht ich sondern Christus in mir‘. Das hätte mit der Biographie zu tun. Das verstehe ich nicht ganz, kannst du mir nochmal sagen, was das bedeutet?

MM: Ich glaube, am ersten Tag habe ich gesagt: Das Ich ist vorerst im Erleben ein Punkt und hat dann den Inhalt der Biographie. Wenn man das Ich als Wirklichkeit in sich erlebt, hat es keinen Inhalt, auch nicht die Biographie, dann muss man bedenken: Ah ja, das ist der Inhalt. Aber das ist nicht von selbst so, eigentlich ist das Ich ein Punkt. Und so, wie wir bedenken können, dass es die Biographie ist, die der Inhalt ist, so können wir auch lernen vorerst zu bedenken, dass es auch einen geistigen Inhalt des Ich gibt und das ist die Apokalypse. Und die Apokalypse ist als Ganzes Christus selbst. Also dann, wenn ich sage, nicht ich, sondern Christus in mir, sage ich eigentlich auch,

356

ich habe jetzt nicht mehr nur die Biographie als Inhalt für mein Ich, sondern ich habe auch den geistigen Inhalt, nämlich das, was Christus ist und das ist die Apokalypse.

Teilnehmer: Wie ist es mit den vier Tieren, was bedeuten die?

MM: Ja, man muss schauen, dieses Bild anschauen. Wir wissen, das sind die vier menschlichen Gruppen-Iche, Gruppenseelen, wir tragen sie noch in uns als Denken, Fühlen und Wollen und in einer Möglichkeit, diese im Gleichgewicht zu halten, das bleibt noch. Das Ich muss eigentlich so weit entwickelt werden, bis es das Ganze in eine menschliche Form bringen kann. Und inzwischen ist es immer die Welt der Hierarchien, die das für uns tut, was wir selbst noch nicht können. In diesem Sinn fasse ich das dann auf und sage auch, dass der Tierkreis der Ort ist, wo die Cherubim zu Hause sind und da sind diese vier Hauptpunkte darin, die dann ein Kreuz formen. Das sind dann diese vier Tiere, die auch wiederum Tierkreisbilder sind.

Teilnehmer: Kann man sagen, dass was wir gemacht haben mit den Stufen, kommt es überein mit Entwicklungszuständen in den Zeitepochen?

MM: Ja, aber dann zukünftig.

Teilnehmer: Aber wie liegt das?

MM: Wir sind jetzt in der Bewusstseinsseelenzeit, das bedeutet, dass wir die Fähigkeit erlangen, ein Wissen von dem Ich und von der Seele zu haben, dass man sagen kann: Ich bin und ich weiß dass ich Ich bin. Damit geht zusammen, dass dieses Ich auch selbständig die Heimat sucht, es kann die Heimat bei Ahriman finden und kann auch die Heimat bei Christus finden. Das wird eine Art von freier Wahl. Das ist Bewusstseinsseele. Und wenn wir uns dann in die Meditation hineinbegeben, dann entwickeln wir die Bewusstseinsseele dadurch, dass wir Kraft sammeln, wodurch es leichter wird, dieses Ich gewahr zu werden. Aber andererseits geht es noch weiter und versuchen wir das

Manas (Geistselbst) zu entwickeln, das erst für viel spätere Zeiten an der Zeit ist. Aber wir können eine Art von Vorausnahme erhalten und das tun wir, wenn wir die Imagination üben. Wenn wir die bildformende Tätigkeit anschauen, also nicht mehr das Bild, aber die bildschaffende Tätigkeit, dann haben wir eine Art von Zwischenstufe von Buddhi, Inspiration, Lebensgeist. Und wenn wir uns ganz mit der eigenen Seele schauend verhalten können, dann haben wir Buddhi wirklich entwickelt. Und wenn wir die Seele noch ganz vergessen könnten, dann würden wir Atman erreichen, also das haben wir nicht, so weit sind wir jetzt nicht gegangen. Aber das ist die Meditation, sie bildet das nach und da muss man sagen, das sind zukünftige Bewusstseinszustände, nicht einmal Formzustände, aber Bewusstseinszustände. Also die stehen ganz oben, das ist für die Erde noch das Entwickeln des Ich. Und für Jupiter wird es dann Manas, für Venus Buddhi und für Vulkan Atman, also das ist unermesslich. Und jetzt geben wir uns Mühe, davon ein bisschen vor zu schmecken, das fühlt man auch, dass das ganz elementar ist. Letztendlich kommt es natürlich so weit, dass der Hüter der Schwelle sagt, jetzt darfst du eintreten. Also eigentlich gilt da den Spruch von Felix Balde im Mysteriendrama: Erstrebe nichts, nur friedsam ruhig sein. Man kann sich nur bewusstwerden, dass der Verstand störend ist und man kann sich nur bewusstwerden, wenn man schlafen geht, dass am Morgen das Rückkehren in die sinnliche Welt zu schnell geht, aber man kann nichts selbst dazu tun. Das ist auch schön eigentlich, wenn man bedenkt, dass man aus dieser wunderbaren geistige Welt zurück in den auch wunderbaren Ätherleib und vielleicht noch wunderbarerer physischen Leib hineingleitet. Und du würdest so, wie wenn man auf Schlittschuhen so denken würde – ich will nicht, ich muss zuerst anschauen, was im Ätherischen sich bildet – das kann natürlich nicht ohne weiteres gehen.

358

VIERZEHNTE STUNDE

Kiental, 15.08.2018

Philosophie der Freiheit Seite 46. Ich nehme gerne immer wieder denselben Absatz:

Für jeden aber, der die Fähigkeit hat, das Denken zu beobachten und bei gutem Willen hat sie jeder normal organisierte Mensch, ist diese Beobachtung die allerwichtigste, die er machen kann, denn er beobachtet etwas, dessen Hervorbringen er selbst ist. Er sieht sich nicht einem zunächst fremden Gegenstande, sondern seiner eigenen Tätigkeit gegenüber. Er weiß wie das zustande kommt, was er beobachtet, er durchschaut die Verhältnisse und Beziehungen. Es ist ein fester Punkt gewonnen, von dem aus man mit begründeter Hoffnung nach der Erklärung der übrigen Welterscheinungen suchen kann.

Das ist, könnte man sagen, eine Apotheose. Das Ganze wird mit einem gewaltigen Schlussakkord beendet, aber alles was zuvor da war, sitzt darin. Das kann man hier erleben und man hat dann hier auf Seite 46 schon eine Art von ganz konzentrierter Beschreibung von demjenigen, was wir jetzt in der Bewusstseinsseele, wozu wir veranlagt sind, haben. Wer eine Spiritualisierung des Denkens sucht, der müsste eigentlich hier sein Leben finden. Aber man hat natürlich nichts davon, wenn man das nur so liest, man muss das dann auch versuchen zu tun. Denn wenn gesagt wird, diese Beobachtung ist die allerwichtigste, die gemacht werden kann, etwas Wichtigeres gibt es eigentlich nicht im Leben, ja, dann braucht man den Löwen der Begeisterung, um nicht so einfach: Ach ja, zu sagen – und man braucht natürlich auch den Glauben, dass er nicht Unsinn redet. Aber wenn man einmal eingesehen hat erlebt hat, dass es bei Rudolf Steiner nicht der Fall ist, dass er Unsinn redet, dann ist das in unserer Zeit ein Halleluja wert. Denn man kann es selbst bestätigen, dass es richtig ist.

Für jeden aber, der die Fähigkeit hat, das Denken zu beobachten, und

359

bei gutem Willen, hat sie jeder normal organisierte Mensch, ist diese Be-
obachtung die allerwichtigste, die er machen kann.

Es gibt also keine Einschränkung, dass nur ganz begabte spirituell
veranlagte Menschen das können. Nein *bei gutem Willen*, den muss
man wohl haben, *hat sie jeder normal organisierte Mensch.*

Aber dann wird natürlich auch noch gesagt, warum das dann so
wichtig ist: ,Denn er beobachtet etwas, dessen Hervorbringer er
selbst ist.' Das muss man dann doch noch untersuchen. Bringe ich
das Denken selbst hervor? Er spricht also nicht über die gewöhnliche
Gedankenwelt, davon kann ich wirklich nicht sagen, dass ich sie selbst
hervorbringe, er spricht über das Denken, dessen Hervorbringer ich
selbst bin.

Er sieht sich nicht einem zunächst fremden Gegenstande, sondern seiner
eigenen Tätigkeit gegenüber.

Das kann man im Bild erleben, dass ich nicht gegenüber einer Welt
stehe, die ich noch erkennen muss, weil sie fremd ist, sondern dass ich
einer Welt gegenüber stehe, die ich ganz genau kenne, denn ich bringe
sie selbst hervor. Nicht einem zunächst fremden Gegenstand, sondern
meiner eigenen Tätigkeit stehe ich gegenüber.

Und da geht das noch weiter, das steigert sich noch.

Er weiß wie das zustande kommt, was er beobachtet, er durchschaut
die Verhältnisse und Beziehungen. Es ist ein fester Punkt gewonnen, von
dem aus man mit begründeter Hoffnung nach der Erklärung der übrigen
Welterscheinungen suchen kann.

Jeder Mensch hat bei gutem Willen diese Fähigkeit. Es ist die allerwichtigste Beobachtung, die er machen kann, weil er selbst der Hervorbringer ist. Dasjenige, was er anschaut, ist nicht fremd, es ist die
eigene Tätigkeit. Er weiß genau, wie das zustande kommt, weil er es
selbst hervorgebracht hat und er hat es nicht hervorgebracht ohne

zu wissen, was er tut, so wie die Leber seine Prozesse vollführt - das tun wir auch, wenn wir gesund sind, ziemlich vollkommen, aber da wissen wir nicht, was wir tun. Hier bringe ich es hervor, aber ich weiß wie das zustande kommt, weil es Denken ist. Er durchschaut die Verhältnisse und Beziehungen.

Lasst uns das mal innerlich beobachten, schauen, was das eigentlich ist, wenn ich das Denken selbst hervorbringe. Das habe ich in meinem Buch *Suche das Licht...* natürlich dann angeleitet dadurch, dass ich geschrieben habe, lasst uns mal den Begriff des Kreises denken und bewusst werden, dass ich diesen Begriff selbst hervorbringe und dass ich dann auch genau weiß wie ich es mache und was ich tue, dass ich die Verhältnisse und Beziehungen durchschaue. Um dieses Denken geht es, also nicht um die assoziative Gedankenwelt, nicht um die Erinnerungen, aber um das Denken, das wirklich ein Denken ist und das ich bewusst, wissend, durchschauend selbst hervorbringe. Lasst uns in diesem Feld ein bisschen untersuchen. Und dann kommen wir nach einigen Minuten hierhin wieder zurück.

-Es wird meditiert.

Versucht jetzt noch einmal die Aufmerksamkeit auf die Tätigkeit zu lenken.

-Es wird weiter meditiert.

Gut.

Das sind, wie wir wissen, Übungen für die Spiritualisierung des Denkens. Da ist das Denken nicht nur ein gleichgültiges Verstandeselement, sondern es wird begeistert willensdurchdrungen und auch harmonisch. Und wenn der Mensch das oft übt, da kommt irgendwann einmal, wenn das stark genug gemacht wird, der Augenblick, dass es einem gegeben wird, dass der Inhalt sich verwandelt – von selbst eigentlich – in die Tätigkeit. Das können wir in einer Übung versuchen, uns ein bisschen anzugewöhnen, dass man, statt auf den

Inhalt, die Aufmerksamkeit auf die Tätigkeit lenkt. Wenn man das immer wieder übt, und es ist stark genug - die Stärke, der Stier muss ganz stark da sein, der Löwe auch, nicht nur der ruhende Verstand – wenn das stark genug wird, dann kommt irgendwann einmal der Augenblick, dass der Inhalt sich verwandelt in die inhaltsbildende Tätigkeit. Wenn man denkt, bildet man Inhalt. Wir haben unsere Aufmerksamkeit fest auf dem Inhalt liegen. Und durch diese Übung könnte man sich daran gewöhnen, um nicht nur den Inhalt anzuschauen, sondern auch zu versuchen, der eigenen Tätigkeit auf die Spur zu kommen. Das ist alles Vorübung für diesen Augenblick, worin als ein, man könnte sagen Gnadenakt, die Kraft des Geistes dafür sorgt, dass der Inhalt sich mehr oder weniger zurückzieht und die inhaltsbildende Tätigkeit Hauptsache wird. Und das ist Kraft, das ist nicht mehr Schein. Wenn man sich zuerst vertieft in die inhaltsbildende Tätigkeit, dann bleibt diese Tätigkeit Vorstellung, Schein, sie ist nicht wirklich. Man weiß dass man es wirklich tut, aber es wird keine Kraftrealität. Wenn dieser Augenblick eintritt, wo der Inhalt nicht mehr so wichtig ist, sondern die inhaltsbildende Tätigkeit gewahr geworden wird, dann wird sie zur Kraftentfaltung.

Und wenn man es vergleichen will, dann hat es eine Ähnlichkeit damit, wenn man plastiziert und man würde nicht die Aufmerksamkeit auf das Gebilde lenken, nicht auf was man da plastiziert, nicht denkt, da wird etwas Schönes oder nicht Schönes daraus, aber man *tut* auch etwas. Und dieses Tun ist eine zielgerichtete, bildende Kraft, das ist nicht ziellos, denn es wird etwas geformt dadurch. Wenn man eine Kugel plastizieren will, dann hat man in seinen Händen die merkwürdige Möglichkeit, das so zu tun, dass es auch mehr oder weniger eine Kugel wird, es wird nicht ein Würfel oder so etwas. Wenn man ein Würfel haben will, dann macht man etwas anderes und dann wird es ein Würfel. Also irgendwo, irgendwie in unserer Organisation haben wir eine Kraft, die es möglich macht, dass mit den Händen bestimmte Materialien gebildet werden und diese Kraft, die man da entfaltet, könnte man vielleicht leichter wahrnehmen, oder vielleicht auch nicht. Also, nicht das Resultat, aber das Bilden an sich, dass man gewahr wird, wie diese Kräfte wirksam sind, damit genau das plastiziert wird, was ich vorhabe, dass es wird, darauf müsste man achten. Dann hätte man einen äußerlichen Vergleich mit dem Schauen der inneren Tätigkeit.

Eine solche plastizierende Kraft findet man dann als Denkkraft, das ist erlebbar, nicht mehr physisch, man weiß da habe ich Bilde-kraft im Denken finden dürfen, die nicht mehr physisch ist, aber die wohl imstande ist physische Formen und Prozesse zu bilden. Und so kommt dann allmählich die feste Überzeugung, dass man es da zu tun hat, noch nicht mit dem Ätherleib, aber nicht mehr mit dem physischen Leib, sondern mit etwas, was dazwischen wirksam ist, was Form des Denkens ist, aber zu gleicher Zeit auch Form des Leibes, eine nicht materielle Form, Kraft.

Das ist, wenn man das erfährt, eine Sicherheit, dass es das ist, dass man es noch nicht mit den Lebensprozessen zu tun hat, sondern mit etwas, was mit dem Leib einerseits gleich ist und andererseits absolut nicht mehr in der Materialität darin ist. Und so kommt dann allmäh-lich die Sicherheit, dass man einen Denkkraftleib gefunden hat, der zwischen dem Ätherleib und dem physischen Leib ist.

Und wenn man dann die Vorträge von Rudolf Steiner liest, in der Reihe *Von Jesus zu Christus*, dann sagt er es da. Er sagt nicht, das können Sie durch das richtige Studium der Philosophie der Freiheit finden, das sagt er nicht, aber er beschreibt, dass er in früherer Zeit diese Kräfte als ätherisch beschrieben hat. Aber dass er später, in dieser Zeit, in der er dann diese Vorträge hält, gefunden hat, dass es eine Kraftform für den physischen Leib gibt, der zwischen Ätherleib und physischer Leib darin ist und er hat dann geschaut, *dass dies das Phantom ist*, dass das ein, ja er nennt es dann so, er nennt es auch Auferstehungsleib Christi und nennt es Phantom, weil es eine über-sinnliche Formstrukturkraft ist, die aber keine materiellen Elemente mehr in sich trägt.

Also dasjenige, was der Leib ist, ist vollständig, aber nicht mit festen Stoffen ausgefüllt. Und es ist dann natürlich deutlich – aber das sage ich dann doch noch – dass, wenn man diese anfänglichen Erfahrungen macht, die dann doch wirklich die Allerbedeutsamsten sind, die, glaube ich, der Mensch machen kann, wenn man diese Erfahrungen macht, dann ist es natürlich nicht so, dass der physische Leib in seiner ganzen Gestalt, mit seiner Fülle von Prozessen, in Kraftform auf einmal sichtbar ist. Man hat dann nur eine erste Ahnung, aber eine Wirklichkeitsahnung davon, dass man ein Feld betreten hat, das mit der Auferstehung von Christus zu tun hat. Da steht also das Denken wirklich auf. Und dieses Denken, das dann aufersteht, das ist nicht etwas Gestaltloses, das ist die Gestaltung an sich, könnte man sagen, die allerhöchste Fähigkeit in der Natur, die das Physische, Mineralische gestalten kann, aber es selbst nicht ist.

Und solche Ahnungen kann man auch bekommen durch das Studium und die Meditation von diesem Buch, das wir hier am ersten Tag auf den Stuhl gelegt haben, das ist an einem anderen Weg entlang auch ein Zugang zu diesen Bildekräften, die aber nicht ätherisch sind, die auch nicht unterphysisch sind - die gibt es auch, damit habe ich mich in diesem Buch auch auseinandergesetzt. Es gibt auch elektromagnetische Bildekräfte, die sind es nicht, es sind auch nicht die ätherischen Bildekräfte unmittelbar, aber es ist etwas, was dazwischen formkräftig dem Physischen seine Form geben kann.

Teilnehmer: Ist denn dieses Phantom nur insofern da, als wir es hervorbringen, oder ist es sonst auch da?

MM: Wir haben einen Keim in uns und dessen sind wir uns nicht bewusst. Was ich jetzt beschreibe, ist eine Bewusstwerdung dieses Keimes, und ein vorsichtiges, erstes Wachstum davon.

Teilnehmer erneut: Also je intensiver und öfter wir das machen, je mehr nähern wir uns dem, bauen wir ihn auf?

MM: Ja.

Teilnehmerin: Und heißt das *Auferstehungsleib Christi?* Weil ohne den diese Kraft gar nicht möglich wäre? Das heißt das was da entsteht ist schon bei uns möglich?

MM: Ja, und erst seitdem, seit der Auferstehung.

JM: Dieser Phantomkeim war eigentlich am Absterben. Und dadurch, dass Er gekommen ist und auferstanden ist, ist dieser Keim aufs Neue zum Wachstum fähig, sonst wäre dieser immer geringer geworden.

Teilnehmerin: Was die Jünger gesehen haben in der Zeit zwischen der Kreuzigung und der Himmelfahrt und Pfingsten, das ist der Phantomleib Christi gewesen, dass er sogar berührt werden konnte?

Teilnehmerin: Was ist der Zusammenhang mit der Akashachronik?

MM: Ja, das haben wir Dank dem Grafen von St. Germain, durch das Seminar in Ansbach, ins Bewusstsein bekommen. Die Johannesindividualität hat als Christian Rosenkreutz und St. Germain gezeigt, dass er mit dem Geheimnis der Stofflichkeit bekannt ist und dass er also weiß, wie man die allgemeine geistige Stofflichkeit mit der Idee befruchten kann, wodurch der Stoff entsteht, den man haben will. Natürlich gelingt das nicht bis in alle einzelnen Möglichkeiten ausgestaltet, aber im Prinzip ist mir deutlich geworden, dass das eigentlich die Alchemie ist und dass der Graf von St. Germain diese weitgehend schon innerhalb seiner Möglichkeiten hatte. Das muss man in demselben Gebiet, in dem Phantomgebiet, erleben. Aber das ist zu gleicher Zeit der Akashastoff, der der noch ungeformter Former ist. Also in der Akasha wird dasjenige, was noch keine Form hat, geformt und dem wird dann von da aus bis in die materielle Welt die Form gegeben. Das hängt natürlich nicht nur mit der Materie des physischen Leibes, oder der physischen Erde zusammen, sondern auch mit demjenigen, was man dann eine Chronik nennt, ein Buch, das versiegelt ist und das von außen und von innen beschrieben ist. Darin stehen auch alle Taten und Gedanken und Gefühle von demjenigen, was Menschen auf Erden haben, eingeschrieben.

Das ist die Gedankenseite der Akashachronik. Wenn man mit der Philosophie der Freiheit in das Gebiet hineinkommt, wo das Denken Formkraft ist, der Architekt der physischen Welt, dann hat man auf der anderen Seite, wenn man das erhöhen kann, auch Zugang zu der Akashachronik. Aber man fühlt, wenn man da hineinkommt, das was ich jetzt erlebe, das umfasst eigentlich alles, aber ich habe trotzdem nichts. Man weiß dies ist alles, wirklich absolut alles. Aber ich muss noch die Gnade bekommen, dass das Alles sich differenziert.

Teilnehmer: Prima Materia auch, oder?

MM: Ja, dann kommen wir wieder beim vierten Siegel der Apokalypse, zu dem starken Engel mit dem Büchlein. Und hier hat es wirklich auch zu tun mit der Bildung des Steins der Weisen. Also es dehnt sich gewaltig aus, aber es fängt als ein ganz Kleines an und man erkennt es dann auch wieder in der Literatur. Agrippa von Nettesheim beschreibt ein ganz kleines Knöchlein, das jeder Mensch haben soll. Er sagt, dass es das ist, woraus eine ganz neue, heilige, physische Gestalt hervorgehen kann. Er schildert das ganz physisch, als ob man ein kleines Knöchlein in sich trägt, was diese Potenz, zu einer Erneuerung des physischen Leibes hat. Aber es ist natürlich bildlich gemeint.

Teilnehmer: Muss man sich die Anwesenheit dieser Formen auch bei den Kräften der übrigen Natur denken, weil in der Natur ja auch nichts ungeformt ist?

MM: Ja, danke, ich hatte aufgeschrieben, dass ich das noch hinzufügen wollte, aber ich habe es vergessen. Da kommen wir wieder zu diesen Vorträgen, die Rudolf Steiner vor dem Brand des Goetheanums gehalten hat und das ist dann wirklich der Vortrag am Abend des Brandes. Da spricht er über einen Kultus, der nicht in der Kirche gehalten wird, sondern der ein kosmischer ist und woran der Anthroposoph sich beteiligen kann, dadurch, dass er mit diesem Keim des Auferstehungsdenkens die übrige Natur denken lernt. Also diese Auferstehungspotenz, die in diesem Denkkeim liegt, die kann man als Denker mitnehmen, wenn man in die Natur hinausgeht. Und wenn man dann die Natur mitdenkt mit diesem Formkraftdenken, dann kommen diese Auferstehungskräfte auch in die Natur. Und das ist eigentlich das, was Rudolf Steiner dann für die Priester beschreibt als den Übergang von dem irdischen Aufbau der Erde und des Leibes, der bis Golgatha ungefähr schon zurückging, aber doch noch da war und heute ganz in den Abbau hineingekommen ist. Es muss eine andere aufbauende Kraft dafür an die Stelle treten. Und das ist diese Kraft, die auch mit den Sinnen zusammenhängt, aber vor allem mit dem Denken, dass man diese Auferstehungskräfte, die in dem Denken da sind, der Natur hinzufügt und dann eine allmähliche völlige Umgestaltung der Natur bekommt, die dann letztendlich in ein Herabkommen des Neuen Jerusalems mündet. Das ist ein Bild, in dem man schaut, dass alles, was in Zukunft die Natur noch aufbauen kann, nicht mehr von unten kommen kann, sondern von oben kommen muss. Das wird in diesem Bild geschildert.

Teilnehmer: Aber bis dahin, also ich meine, bevor in der heutigen Zeit diese Kräfte sozusagen kein Leben mehr haben, immer weniger, wie muss man sich das jetzt denken? In der Natur wirkt ja dieselbe Geisteskraft, die wir im Denken erfahren können, also wie muss man sich das denken?

MM: Die Natur geht wirklich zugrunde, wenn nicht der Mensch durch sein lebendiges Denken das Leben in die Natur zurückführt.

JM: Ich denke an Tschernobyl, da ist durch einen orthodoxen Priester etwas Ähnliches geschehen, dass er diese Auferstehungskräfte Christi aufgerufen hat, um es möglich zu machen, um diese Gegend wieder lebbar zu machen. Wohl nicht über das reine Denken, aber doch mit dem Kultus, ich denke doch, dass er mit diesen Menschen die Glaubenskraft zustande gebracht hat.

MM: Es geht doch über das Denken, weil die Menschen einen so starken Glauben haben müssen in dieser Gegend, dass sie sonst natürlich zugrunde gehen, wenn sie diese feste Glaubenskraft nicht haben. Das sind Denkkräfte.

Teilnehmer: Wie ist es mit der Intuition in diesem Zusammenhang? Wenn wir zum Beispiel den Begriff des Kreises denken, dann kennen wir den Begriff, die Intuitionen können wir bekommen, weil wir den Begriff kennen. Aber wie geht es denn weiter, die Intuition zu bekommen für Begriffe, die ich noch nicht kenne, durch die kommen neue Sachen heran. Wie ist das in Verbindung mit den Bildekräften?

MM: Die Intuition ist eigentlich ein geistiges Auge, das ist auch wiederum eine Tätigkeit und in deinem Leben hast du einmal zum ersten Mal den Begriff des Kreises verstanden. Das war die Intuition, da hattest du den Begriff noch nicht, plötzlich versteht man, ach ja, das ist der Begriff. Zuvor hatte ich den Begriff zwar auch, aber nicht bewusst, denn sonst würde ich nicht wissen, dass es ein Kreis ist, aber ab diesem Moment ist es bewusst. Und so ist das Lernen.

Und wir haben die Überzeugung, dass wir das Lernen nur können, wenn ein Lehrer da ist, oder ein Vater, oder eine Mutter, die sagen, so ist es, schau mal. Aber du weißt natürlich auch, dass viel auch innerlich eingesehen wird und das Einsehen, das ist die Intuition.

Teilnehmer: Ich denke, wenn ich plastiziere, kann ich eine Kugel plastizieren, als einen Begriff, den ich kenne. Aber kann ich auch neue Formen finden. Aber es ist die Frage, wie kommt die Intuition dann? Einfach weil man sich vorbereitet hat?

MM: Ja, es ist natürlich eine fragende Haltung. In den Leitsätzen gibt Rudolf Steiner für Imagination, Inspiration und Intuition das Beispiel. Für die Imagination muss man sich vorstellen, dass man vor einem schon gemalten Gemälde steht, und das Bild anschaut, das schon fertig ist. Für die Inspiration sieht man den Künstler, der malt und man sieht es nur halb und in Bewegung, es wird fertig, immer fertiger. Und für die Intuition muss man sich vorstellen, dass die Leinwand noch ganz leer ist, aber der Künstler steht schon mit dem Wissen da, was er machen will. Also, wenn du das mit dem Plastizieren in Übereinstimmung bringst, dann ist der Künstler, der noch nicht angefangen hat, aber wohl schon weiß was er machen will, in der Intuitionslage. Hat er einmal angefangen und ist er tätig, dann ist das die Inspiration. Und ist es einmal fertig, dann ist es ein imaginatives Gebilde.

Teilnehmer: Habe ich das beim letzten Kurs im Graubünden richtig verstanden, weil wir jetzt gerade über Intuition reden, dass das Ausgießen der Zornesschalen auch mit der Intuition zusammenhängt, wie eben die Siegel und die Posaunen mit Inspiration und Imagination?

MM: Ja.

Gut, dann singen wir das Glaubensbekenntnis:

Der Glaube lebt;
die Taube schwebt,
des Heilands holder Bote.
Der für euch fliesst,
des Weines geniesst
und nehmt vom Lebensbrote!

FÜNFZEHNTE STUNDE

Kiental, 16.08.2018

Wir leben jetzt in der fünften Kulturepoche, in der Nachatlantischen Zeit. Und in gewissem Sinn wurde uns der Brief geschrieben, die an der Gemeinde in Sardes gerichtet wurde. Den werde ich vorlesen und da müssten wir uns also gut merken, dass *wir* das sind, jetzt, dass wir das sind, worüber das gesagt wird.

Und dem Engel der Gemeinde in Sardes schreibe: So spricht, der die sieben Geistwesen Gottes und die sieben Sterne hat:

Ich kenne deine Werke und weiß dass es von dir heißt du lebst, und bist doch tot. Sei wachen Sinnes, und stärke den Rest, der schon im Sterben lag; denn deine Werke, die ich vorfand, waren nicht vollkommen vor meinem Gott. Denk daran, wie du die Botschaft empfangen und gehört hast, bewahre sie und kehre um! Wenn du nicht wachsam bist, werde ich kommen wie ein Dieb, und du wirst nicht wissen, zu welcher Stunde ich über dich komme. Du hast aber einige wenige in Sardes, die ihre Kleider nicht befleckt haben; sie werden mit mir einhergehen in weißen Gewändern, denn sie sind es wert. So wird, wer den Sieg erringt, in weiße Gewänder gehüllt, und nie werde ich seinen Namen tilgen aus dem Buch des Lebens; ich werde mich zu seinem Namen bekennen vor meinem Vater und vor seinen Engeln. Wer Ohren hat, der höre, was der Geist den Gemeinden sagt.

Diese fünfte Kulturepoche wird dann ungefähr bis an das Jahr 3500 dauern und dann tritt die sechste Kulturepoche ein – man muss diese sechs nicht als zu dem Bösen gehörend begreifen, weil erst in der siebenten Kulturepoche die sechs ganz vollendet ist. Da liegt die Schwierigkeit, ich habe das auch aufgeschrieben gesehen, dass man da sagt 666 oder Sorat in der sechsten Kulturepoche, aber das stimmt wirklich nicht. Also 6 heißt es erst, wenn sechs vollendet ist, so wie wir auch nicht sagen, dass wir 50 sind, wenn wir noch 49 sind, dann sind wir in dem 50. Lebensjahr, aber noch nicht 50.

371

Und wenn wir dann diese Apokalypse auf unsere Zeit beziehen wollen – das haben wir gemacht in diesen Tagen – wir haben heute Morgen das neunzehnte Kapitel gehört, dann kommt der Krieg, den derjenige führt auf dem weißen Pferd, der auf seinem Haupte einen Namen trägt, der niemand weiß als er selbst, auf seinem im Blut getauchten Kleidern den Namen des Wortes Gottes und auf dem Kleid auf seiner Hüfte, da steht auch noch ein Namen und das ist König der Könige und Herr der Herren. Der führt Krieg und überwindet und dann kommt eine Zeit, in der lange Zeit Frieden auf Erden sein wird, es kommt das tausendjährige Friedenreich auf Erden. Das müssen wir weit weg sehen, aber jetzt ist es in gewissem Sinn auch so. Und das ist interessant, wie Rudolf Steiner das schreibt, da wird Satan gebunden. Und das Tier und der falsche Prophet, die haben auch keine Möglichkeit mehr, Böses zu tun.

Man würde sagen: Wieso, so etwas gibt es jetzt doch nicht, dass dieses Böse keine Macht hat. Aber dann beschreibt Rudolf Steiner, dass in gewissem Sinn dieses Böse eine Zeit lang in unserer Zeit auch gebunden ist. Und man muss das natürlich nicht, das habe ich schon früher gesagt, nicht ganz hintereinander stellen, die Dinge treten auch gleichzeitig auf, aber solange, dass es möglich ist, dass es Geisteswissenschaft auf Erden gibt, solange es noch die Möglichkeit gibt, dass das Denken spiritualisiert wird, solange es noch, auch wenn es die kleinste Spiritualität ist, wenn die noch auf Erden möglich ist, dann hat eigentlich das Böse nicht die Macht. Also die Macht hat das Böse erst, wenn das nicht mehr möglich ist, wenn es Zeiten auf Erden gibt, wo es nicht mehr möglich ist, dass die Spiritualität Feuer fängt. Und in diesem Sinn, könnte man sagen, haben wir es doch mit einer ruhigen Zeit zu tun.

Es ist aber von Rudolf Steiner auch vorherverkündet worden, dass in dem dritten Jahrtausend, also noch vor der sechsten Kulturepoche, Ahriman selbst sich inkarnieren wird, so wie Luzifer sich ungefähr 3000 Jahre vor Christus als Mensch gezeigt hat, Christus selbst im Anfang unserer Zeitrechnung und dann 3000 Jahre später ungefähr wird Ahriman selbst erscheinen. Und Rudolf Steiner gibt an, dass zwischen der Inkarnation Luzifers und Ahrimans 5000 oder 6000 Jahre sein werden. In zwei Vorträgen gibt er zwei verschiedene Zahlen. In einem französichen Artikel[5] wurde aber gezeigt, dass die Zahl 5000 möglicherweise ein Schreibfehler sei, und hätte auch dort 6000 sein müssen, also wäre die Inkarnation Ahrimans doch erst viel später im dritten Millennium zu erwarten. Aber Rudolf Steiner sagt, Ahriman hat das Bestreben diesen Zeitpunkt nach vorne zu schieben, dass die Menschen am wenigsten darauf vorbereitet sind. Und wir leben sowieso in einer Zeit, wo wir sagen können: Seine Inkarnation wird gut vorbereitet. Wir werden gut eingeschult, damit wir, wenn er kommt, ihn nicht wiedererkennen, nicht wissen, dass er das ist, vielleicht denken, dass er ein großer Retter der Erde ist.

Und es gibt verschiedene Symptome dafür und das *erste Symptom*, das ist, dass das Bestreben da ist, dass die Menschen auf Erden nicht mehr wissen, und auch nicht mehr wissen wollen, dass der Kosmos durchgeistigt ist. Also die spirituelle Astronomie wäre ein gutes Heilmittel gegen diese Vorbereitung, die da ist für die Inkarnation von Ahriman. Wenn wir versuchen uns vorzustellen, wie es Hierarchien gibt, Engelhierarchien, die Planetenintelligenzen sind, dass der Geist der Hierarchien nicht etwas ist, was total undifferenziert ist, sondern, dass diese Geister, diese geistigen Chöre, dass man die im Kosmos auch lokalisiert wiederfinden kann, so wie wir heute Morgen gesehen haben, dass die Cherubine im Bereich des Tierkreises zu finden sind. Dann sind das Erkenntnisse, die Ahriman nicht haben will. Er will das wegschaffen. Und das gelingt in gewissem Sinn auch, aber nicht ganz, das ist deutlich. Im großen Ganzen glaubt die Menschheit nicht, dass der Kosmos beseelt und durchgeistigt ist, aber es gibt Menschen, die das wohl wissen und das ist für Ahriman außerordentlich unangenehm, es muss eigentlich weggeschafft werden.

Dann gibt es ein *zweites Symptom* und das ist, dass man sich im irdischen Leben so wohl wie möglich fühlt, dass für alle die Bedürfnisse erfüllt werden und dass keiner darauf kommen kann, auf eine

5 https://www.soi-esprit.info/images/lazarides-incarnation-ahr/Une_contradiction_qui_passe_inapercue.pdf

Sehnsucht, dass es vielleicht noch etwas anderes gibt als irdische Bedürfnisse. Das ist das Bestreben Ahrimans, dass er das Leben auf Erden so wohltätig machen will, dass man den Himmel ganz vergisst.

Das *dritte Symptom* ist der Nationalismus. Dass jede Nation sich in sich selbst stärkt und daran Glück erlebt, dass man gerade dieser Nation angehört. Man fühlt, wenn man das so durchlebt, diese Symptome, dass alle drei darauf hingehen, dass man das Geistige in der Welt vollständig leugnet, dass nur noch die irdischen Kräfte zählen.

So ist es auch mit Parteimeinungen. Ahriman möchte gerne, dass heftige Parteiformung auftritt und dass Menschen, die Parteien angehören meinen, dass ihre Meinungen die einzig richtigen sind. Und dass die Menschen vergessen, dass man, wenn man besser zuschaut, all diese Meinungen sowohl unterschreiben kann wie auch auflösen könnte. Also, mit dem Denken, und mit dem gewöhnlichen Fühlen, kann man eigentlich jeder Partei zustimmen und sie ablehnen. Das wäre gesund, wenn man das einsehen würde, aber im Gegenteil versucht Ahriman, die Parteimeinungen anzustecken, dass sie lodernde Feuer werden.

Dann braucht Ahriman, dass die Menschen nicht in die Tiefe der Evangelien gehen. All unsere modernen Übersetzungen, die es gibt, die immer einfacher und einfacher werden, ist Werk von Ahriman. Alles, was feine Bedeutungen sind, muss raus und nur die groben mehr geschichtsartigen Tatsachen, die dürfen bleiben, das ist harmlos für Ahriman. Gerade dasjenige, was in der Seele wirksam werden kann, muss weg. Und darüber wird natürlich dann argumentiert und gesagt, ja, dann verstehen die Menschen wenigstens, was die Bibel zu sagen hat, denn sonst verstehen sie es nicht, es stehen solche merkwürdigen Dinge drin, die müssen wir erklärbar erzählen, und nicht so, dass keiner es versteht. Aber damit geht die Geistigkeit der Evangelien verloren.

Wir sehen das jetzt auch mit dem Vaterunser, dass in der Katholischen Kirche plötzlich alles anders gesagt werden muss, weil es sonst nicht verständlich ist. Und damit geht natürlich die mantrische Wirkung, der mantrische Charakter verloren und wird es einfach ein Stückchen Text, das eine Bedeutung hat, und sonst nichts.

Und dann gibt es die Anhäufung, Ansammlung von toten Erkenntnissen. In der Zeit von Rudolf Steiner noch in der Bibliothek, jetzt im Internet, seltsam viel. Es ist bequem, man kann das ganz gut verwenden, hat natürlich viel Nutzen davon, aber zu gleicher Zeit sind das Ahrimanische Tempel, könnte man sagen. Die Bibliothek war noch da, man konnte noch hineingehen. Es war noch möglich, dass man sich vorstellen konnte, dass es doch auch lebendige Menschen sind die all diese Buchstaben aufs Papier gebracht haben. Das kann man hier im Internet natürlich auch wohl, aber das ist eine unglaubliche Ansammlung von totem Wissen und diese riesengroße Ansammlung macht die Inhalte tot.

Das sind die verschiedenen Symptome, die Rudolf Steiner gibt, woran wir sehen können, dass Ahriman tätig ist, seine irdische Inkarnation vorzubereiten. Und er möchte uns gerne in einem Moment angreifen – so wie Christus das sagt zu den Menschen in der fünften Kulturepoche – wie ein Dieb, das möchte er gerne, dass er unerwartet und unerkannt auf Erden herumgeht, seine Sachen machen kann, ohne dass die Menschen auch nur eine Ahnung haben, dass er es ist und sogar, dass sie das wunderbar finden, dass das alles durch ihn gemacht wird. Also hier haben wir dann verschiedene Warnungen, dies alles steht bevor.

Es gibt in der anthroposophischen Literatur verschiedene Berichte, dass er schon da sei, oder bald kommen wird. Für mich ist es eigentlich eine Sicherheit, dass dies noch nicht der Fall ist, es gibt noch viel zu viel Möglichkeiten für solche Tätigkeit, die wir hier ausüben. Natürlich sieht man diese Symptome wohl auftreten und stärker werden. Aber ich glaube wohl, dass man nicht richtig einschätzt, wie weit das noch gehen kann und gehen wird, bevor die Zeit dann wirklich reif ist, dass er dann hier ankommt.

Er kommt dann also noch einmal zurück in der Apokalypse. In unserer Zeit kommt er einmal in einer wirklichen Inkarnation auf Erden. Das ist eigentlich auch was Wunderbares, obwohl man es natürlich abscheulich empfinden muss, ist es doch auch etwas, wovon man denkt: Das möchte ich miterleben, wie das sein wird.

Teilnehmerin: Wer war Luzifer, 3000 Jahre bevor Christus?

JM: In den Mysterien war er ein großer Mysterienleiter. Er leitete die Mysterien im Osten. Er hat da sehr viel an Mysterienweisheit, Kunst, Religion gebracht und war sehr positiv in diesem Sinn, in der damaligen Zeit, das stimmte dann auch in dieser Zeit, was er gebracht hat, um die Mysterien zu vertiefen, zu leiten. Das war weit vor der griechischen Zeit, er hat als Führer die Mysterien angeleitet.

Teilnehmerin: Ich habe noch eine Frage, für mich ist es so tragisch, dass man banal ausgedrückt den Teufel vergisst, dass man nicht mehr weiß dass es einen Teufel gibt. Die Leute begründen alles mit Psychologie und vom Teufel, das darf man schon gar nicht mehr sagen, dass es das Böse gibt, personifiziert. Und es gibt eine Stelle von Steiner, wo er sagt, ehe der kleinste Teil von diesem Jahrtausend vorbei ist, wird er kommen, der Ahriman.

MM: Er *könnte* am Anfang des dritten Jahrtausends kommen, nicht wird, aber könnte. Rudolf Steiner hat in Zürich auf einen Zeitpunkt gewiesen, 6000 Jahre zwischen der Inkarnation von Luzifer und von Ahriman.

JM: Aber es könnte auch am Anfang des dritten Jahrtausends sein, als Möglichkeit.

Teilnehmer. Diese ganze Verdrahtung und Überwachung, die elektromagnetische, praktisch wie eine zweite Welt, die sich über die analoge Welt schiebt, was bejubelt wird, als digitaler Triumph usw., das ist für mich auch so was.

Teilnehmer erneut: Das Typische ist, dass die Artikel, die darüber geschrieben worden sind, da steht das nie.[6]

Teilnehmer erneut: Eine zweite Frage, wie ist das Verhältnis, was du gesagt hast über die Spiritualisierung, die sollte nun geschehen, wie lang ist das nun, bis 2600?

MM: Das ist Aufgabe für die fünfte Kulturepoche, Bewusstseinsseelenzeit ist das. Ahriman *wird* sich inkarnieren, aber es liegt an den Menschen, ob es zum Guten oder zum Bösen wirken wird. Es muss nicht zum Bösen wirken, wenn wir ihn durchschauen. Dafür aber müssen wir unser Denken durchschauen und in die Hand nehmen.

Und was wir heute Morgen geübt haben, als eine Probe, das ist dann eine Probe der meditativen Tätigkeit, die in unsere Zeit passt. Es steht auch geschrieben: Jeder Mensch hat, wenn er den guten Willen hat, die Fähigkeit dazu, es ist nicht etwas, was nur für Eingeweihte da ist, es ist etwas, was im Bereich aller Menschen liegt, weil es jetzt an der Zeit ist. Also, das müssten wir alle können.

Das zweite ist dann, dass auch diese Tätigkeit von einer Kraft ergriffen wird, derer man sich dann bewusst wird und die ich heute Morgen Formkraft genannt habe. Da kommen wir wirklich in die Zeit der sechsten Kulturepoche hinein. Denn das ist Baukraft des Neuen Jerusalem, diese Baukraft verwendet nicht mehr die sinnlich-materiellen Bausteine, sondern baut wirklich mit dem Geist. Und das ist etwas, was dann vielleicht nicht für alle Menschen erreichbar ist, aber was für viele doch erreichbar sein *wird*. Und das ist Vorbereitung für die sechste Kulturepoche. Und wenn man es viel größer sehen will, ja dann müssen wir uns dieses Bild, das ich auch heute Morgen vorgelesen habe, von demjenigen, der auf einem weißen Pferd als Glaube und Erkenntnis mit Gerechtigkeit richtet und Krieg führt, der auf seinem Haupt den Namen geschrieben hat, den niemand kennt, als nur er selbst, der auf seinem Kleid, das in Blut getaucht war, einen

---

6 Gesamtausgabe, Vortrag in Zürich vom 27.10.1919 und in Dornach vom 1.11.1919.

zweiten Namen hat, Logos, das Wort Gottes und auf seinem Kleid bei der Hüfte einen dritten Namen und das ist König der Könige und Herr der Herren. Wenn wir das ganz groß auffassen, als Ankunft desjenigen, der das Böse endgültig besiegt, dann haben wir darin ein Bild dafür, dass das Ich als eine Art von Schale erhalten bleibt, aber der Inhalt des Ich wird dann apokalyptisch, das wird Christus selbst, der dann durch den Menschen, oder in dem Menschen, mit dem Menschen denkt, fühlt und will, handelt. Und das ist die große Vorschau von dem Neuen Jerusalem, das hinunterkommt.

Rudolf Steiner hat das dann so erklärt, dass in der hebräischen Weisheit gewusst wurde, dass der Mensch für seinen Leib die irdischen Stoffe braucht. Für seinen materiellen Leib muss er irdische Stoffe verwenden. Und er geht noch weiter, er baut sich auch noch ein Haus. Und für das Bauen dieses Hauses braucht er auch die irdischen Stoffe. Und wenn viele Menschen versammelt sind, dann gibt es viele Leiber, dann gibt es viele Häuser, dann formen die Häuser eine Stadt. Und die Stadt, die nannte diese hebräische Weisheit selbstverständlich Jerusalem, das war das alte Jerusalem. Das kann man sich so dann auch esoterisch vorstellen. Es geht tiefer als ein gewöhnlicher Stadtbau. Da ist der Leib, der aus irdischen Stoffen aufgebaut ist und der lebendige Mensch baut sich um sich herum, mit Stoffen aus der irdischen Natur genommen, sein Haus und das wird eine Stadt. Und diese aus irdischen Stoffen gebaute Stadt, das ist Jerusalem.

Aber im menschlichen Leib, der durch irdische Stoffe ernährt wird, ist das doch vielweniger irdisch, als man in der gewöhnlichen Wissenschaft meint, dass es ist. Denn dasjenige, was gegessen wird, das ist eigentlich für die Energie da, aber nicht für den Aufbau der Organe und die Substanz des Leibes. Dasjenige, was gegessen wird, das filtriert sich und das allerreinste aus der Ernährung geht zum Gehirn. Und das Gehirn wird wirklich durch dasjenige ernährt, was man isst.

Der übrige Teil des Körpers wird dadurch nicht ernährt. Man kann nur aktiv sein dadurch, aber der Leib baut sich nicht dadurch auf. Der Leib bekommt seinen Aufbau durch die Sinne. Dasjenige, was

Sinneswahrnehmung ist, das baut den Leib auf. Und dann geht es darum, dass es das allerreinste aus der Sinneswahrnehmung ist, was Baustoff für den Leib ist. Und daran müssen wir als Menschen langsam anschliessen lernen, dass wir durch eine geistige Entwicklung die Fähigkeit erlangen, um immer weniger mit der Erde, aus der Erde die Stoffe zu nehmen und immer mehr aus dem Himmel die Stoffe zu nehmen. Da sind es nicht die materiellen Stoffe, aber da sind es diese wirksamen Formkräfte, die da aufgenommen werden.

Und das ist, was heute Morgen dann kurz besprochen wurde, dass, wenn eine Spiritualisierung der Erkenntniskräfte beim Menschen auftritt, und mit dieser spiritualisierten Wahrnehmung und dem spiritualisierten Denken die Natur erkannt wird, dann wird diese Natur dadurch verlebendigt. Und das ist das Prinzip des Neuen Jerusalem. Das fängt schon an, das ist nicht etwas, was in Zukunft erst wichtig ist. Das hat jetzt bereits angefangen. Und wir sollen also Miterbauer werden an dem Neuen Jerusalem dadurch, dass wir unsere Erkenntnisart verwandeln, so, dass sie eine geistige Kraft-Wirkung bekommt, wodurch diese geistige Kraftwirkung in dem Moment, dass wir die Natur erkennen – und das braucht nicht Naturwissenschaft sein, das kann auch auf einer Bergwanderung nach oben der Fall sein, oder in der Straße wo auch immer sich verlebendigt. *Siehe, ich mache alles neu*, sagt der Christus, das tut er, aber wir müssen ihn in uns denken, fühlen und handeln lassen. Und wenn das von uns verstanden wird und natürlich auch gemacht wird – denn, wenn man es einmal verstanden hat, dann will man in seinem Leben natürlich nichts anders mehr - dann ist der eine Mensch eine Schale für Christus und der andere Mensch ist auch eine Schale für Christus. Die Schale ist das eigene Ich und dasjenige, was an Speise in dieser Schale lebt, das ist der Christus selbst.

Und wenn diese Menschen dann mit einander zusammen sind, dann fühlen sie sich nicht nur als Freunde, aber dann fühlen sie sich wie geistige Brüder und Schwester. Es wird in der sechsten Kulturepoche in der Menschheit eine Anzahl von Menschen geben, die soweit in der Entwicklung fortgeschritten sind, dass sie so im Leben stehen können.

Das ist dann die Verwirklichung der sechsten Kulturepoche. Für diese Menschen wird dasjenige, was auf Erden an Krieg und Übel walten wird, nur mitleiderregend sein, aber sie werden selbst nicht Opfer sein.

Rudolf Steiner beschreibt auch in dieser Zeit, wo er über die Inkarnation von Ahriman spricht, dass es so sein wird, dass gegen das sechste Jahrtausend, und er nennt dann das Jahr 5800, also ungefähr am Ende der sechsten Kulturepoche, die physische Fortpflanzungsmöglichkeiten aufhören. Das ist eine Spiegelung von dem Anfang der Inkarnationen in der lemurischen Zeit.

Also dasjenige, was wir aus der Bibel als Erbsünde kennen, was wir in der lemurischen Zeit uns denken müssen, das findet seine Erlösung, könnte man sagen, so ungefähr 6000 Jahre nach Christus und dann hört für eine Anzahl von Menschen die Notwendigkeit auf, sich zu inkarnieren.[7] Aber diese Menschen, wie soll ich es sagen, kommen dann doch auf die Erde, aber die kommen in der Auferstehungsleiblichkeit auf Erden. Die haben einen physischen Leib, der nicht mehr materiell ist. Wir haben im Seminar in Ansbach so ein wenig geahnt, dass das bei dem Grafen von St. Germain schon möglich war, dass er diese Auferstehungsleiblichkeit schon hatte.

Aber das ist dann natürlich noch nicht dasjenige, was in der großen Apokalypse zu erwarten ist, wo am Ende des siebenten Zeitalters die Erde als ganze Erde in eine astralische Form übergehen wird. Das ist, was hier geschrieben steht, die Geburt der astralischen Erde und alles Physische wird abgestoßen. Und insoweit der Mensch da mitgehen kann, geht er mit in das Neue Jerusalem, insoweit er das nicht kann, sich nicht vorbereitet hat und sogar sich bewusst dagegen gewendet hat, fällt er mit ab. Das ist das letzte Urteil, was dann hier beschrieben steht.

Die Auserwählten gehen dann mit in das Neue Jerusalem, das ist in der Zeit viel weiter weg. Aber etwas, was Vortatsache ist, haben wir am Ende der sechsten Kulturepoche zu erwarten und man kann

---

7 Siehe: Mieke Mosmuller, Posthumanismus, Occident 2020.

sich vorstellen, dass wenn dann die siebente Kulturepoche kommt, dass die einerseits zu einer gewissen Nachatlantischen Vollkommenheit führen wird und andererseits die wildesten Kriege sich zwischen den Menschen, die nicht den Egoismus überwinden wollen, abspielen werden und dann wird der Egoismus so heftig, stark wirksam geworden sein – was wir uns jetzt noch gar nicht vorstellen können – dass jeder Mensch Feind ist von allen anderen Menschen. Das wird genannt: Krieg aller gegen alle. Das sind keine Heere die gegeneinander zum Krieg ausrücken, aber das sind Individuen, die alle für sich finden, dass sie der Herrscher sind. Und dann kann man nicht sagen alle Menschen werden Brüder, sondern dann sind allen Menschen Feinde. Das ist das Gegenbild. Aber das wird dann für die Menschen, die sich über die Materialität und die Egoität erhoben haben, mitleiderregend sein, aber sie werden nicht leiblich darin beteiligt sein. Also sie werden wohl noch auf die Erde kommen, aber nicht teilhaben in diesem Krieg aller gegen alle.

Und man kann sich dann auch vorstellen, dass jetzt schon etwas gemacht werden muss, dass damit begonnen wird. Denn es wird natürlich wohl gewusst, dass die Fruchtbarkeit der Frauen ein Ende hat, so wie das in einem Menschenleben auch der Fall ist, das geht bis zu einem gewissen Alter und dann hört es auf. Das ist in der Menschheit auch so. Also es kommt eine Zeit heran, wo die Frauen nicht mehr fruchtbar sein werden und eine ahrimanisch denkende Gruppe von Wissenschaftler will dem zuvorkommen, sodass man mechanische, technische Mittel haben wird, um dann doch noch physische Leiber zu schaffen. Von selbst geht es dann nicht mehr, dann muss das in der Retorte geschehen.

So haben wir ein Bild für unsere Zeit und für die nächstfolgende Kulturepoche. Wir können eine kleine Pause machen und dann werde ich noch das letzte Kapitel aus der Apokalypse vorlesen, wo das Neue Jerusalem detailliert beschrieben wird, was man natürlich vergeistigt auffassen muss. Und wir können das für unsere Zeit wirklich so sehen, dass es am Ende der sechsten Kulturepoche eine erste Phase des Neuen Jerusalems geben wird, dass da eine Art von Seligkeit eintreten wird, dass die Menschen wissen werden, was es eigentlich ist, Mensch zu sein und Teil haben zu dürfen an dem Bau, ja ich kann nicht nur sagen an dem Bau des menschlichen physischen Leibes, aber teil zu haben an dem Bau des Neuen Jerusalem.

Und in dem Brief an Philadelphia wird wohl auch deutlich, dass diese Seligkeit für die Menschheit eine Möglichkeit wird. Denn da wird gesagt:

Und dem Engel der Gemeinde in Philadelphia schreibe: So spricht der Heilige, der Wahrhaftige, der den Schlüssel Davids hat; der öffnet, und niemand wird schließen; der schließt, und niemand öffnet: Ich kenne deine Werke. Siehe, ich habe vor dir eine Tür aufgetan, die keiner wieder schließen kann. Du hast zwar nur wenig Kraft, aber du hast mein Wort bewahrt und meinen Namen nicht verleugnet. Siehe, ich will dir einige aus der Synagoge des Satans geben, einige von denen, die sagen, sie seien Juden, und es nicht sind, sondern nur lügen. Siehe, ich werde sie dazu bringen, dass sie kommen und zu deinen Füßen beten, und sie sollen erkennen, dass ich dich geliebt habe. Weil du mein Wort bewahrt hast, das dir die Kraft gibt, auszuharren, werde auch ich dich bewahren in der Stunde der Versuchung, die über den ganzen Erdkreis kommen wird, die Erdenbewohner zu versuchen. Ich komme bald. Halte fest, was du hast, damit niemand dir die Krone wegnimmt. Wer den Sieg erringt, den werde ich zu einer Säule im Tempel meines Gottes machen, und er wird nie mehr hinausgehen müssen. Auf ihn werde ich schreiben den Namen meines Gottes und den Namen der Stadt meines Gottes, des neuen Jerusalem, das vom Himmel von meinem Gott herabkommen wird, und meinen Namen, den neuen. Wer Ohren hat, der höre, was der Geist den Gemeinden sagt.

Nach der Pause folgt noch die Lesung vom Neuen Jerusalem und dann hören wir ein Lied, dass darüber frohlocket, dass alle Menschen Brüder werden. Und da gibt es natürlich noch einige andere Sachen, aber zuerst brauchen wir ein bisschen Ruhe.

SECHZEHNTE STUNDE

Kiental, 16.08.2018

Kapitel 21:

Und ich sah einen neuen Himmel und eine neue Erde. Denn der erste Himmel und die erste Erde sind vergangen, und das Meer ist nicht mehr.

Und die Heilige Stadt, ein neues Jerusalem, sah ich vom Himmel herabkommen von Gott her, bereit wie eine Braut, die sich für ihren Mann geschmückt hat.

Und ich hörte eine laute Stimme vom Thron herrufen:

Siehe, die Wohnung Gottes bei den Menschen! Er wird bei ihnen wohnen, und sie werden seine Völker sein, und Gott selbst wird mit ihnen sein, ihr Gott.

Und abwischen wird er jede Träne von ihren Augen, und der Tod wird nicht mehr sein, und kein Leid, kein Geschrei und keine Mühsal wird mehr sein; denn was zuerst war, ist vergangen.

Und der auf dem Thron saß, sprach: Siehe, ich mache alles neu! Und er sagt: Schreib, denn diese Worte sind zuverlässig und wahr.

Und er sagte zu mir: Es ist geschehen. Ich bin das A und das O, der Anfang und das Ende. Ich werde dem Dürstenden von der Quelle des Lebenswassers zu trinken geben, umsonst.

Wer den Sieg erringt, wird dies alles erben, und ich werde ihm Gott sein, und er wird mir Sohn sein.

Den Feigen und Ungläubigen, den mit Greueltaten Befleckten und Mördern, den Unzüchtigen, Zauberern und Götzendienern und allen, die der Lüge dienen, wird ihr Teil beschieden sein im brennenden Feuer- und Schwefelsee; das ist der zweite Tod.

Das neue Jerusalem

Und es kam einer von den sieben Engeln, die die sieben Schalen mit den sieben letzten Plagen hatten, und er redete mit mir und sprach: Komm, ich werde dir die Braut zeigen, die Frau des Lammes!

Und er führte mich durch den Geist auf einen großen, hohen Berg und zeigte mir die Heilige Stadt Jerusalem, wie sie vom Himmel herabkam, von Gott her, angetan mit der Herrlichkeit Gottes. Ihr Lichtglanz war wie kostbarster Edelstein, wie kristallklarer Jaspis.

Sie hat eine große, hohe Mauer mit zwölf Toren, und auf den Toren zwölf Engel; darauf sind Namen geschrieben, die Namen der zwölf Stämme der Söhne Israels: drei Tore nach Osten, drei Tore nach Norden, drei Tore nach Süden, drei Tore nach Westen. Und die Mauer der Stadt hat zwölf Grundsteine, und darauf stehen die zwölf Namen der zwölf Apostel des Lammes.
Und der mit mir redete, hatte als Messstab ein goldenes Rohr, um die Stadt und ihre Tore und ihre Mauer zu vermessen.

Die Stadt ist angelegt als Viereck von gleicher Länge und Breite. Und er vermass die Stadt mit dem Rohr und kam auf zwölftausend Stadien; ihre Länge und Breite und Höhe sind gleich.
Und er mass ihre Mauer: Hundertvierundvierzig Ellen waren es nach Menschenmaß, das auch das Engelsmaß ist.

Und ihr Mauerwerk war aus Jaspis, und die Stadt war aus reinem Gold, das war wie reines Glas. Die Grundsteine der Stadtmauer waren aus je einem Edelstein kunstvoll gefertigt: Der erste Grundstein war ein Jaspis, der zweite ein Saphir, der dritte ein Chalzedon, der vierte ein Smaragd, der fünfte ein Sardonyx, der sechste ein Karneol, der siebte ein Chrysolith, der achte ein Beryll, der neunte ein Topas, der zehnte ein Chrysopras, der elfte ein Hyazinth, der zwölfte ein Amethyst. Und die zwölf Tore waren zwölf Perlen; jedes der Tore bestand aus einer einzigen Perle. Und die Straße der Stadt war reines Gold, wie durchsichtiges Glas.

Einen Tempel aber sah ich dort nicht, denn Gott, der Herr, der Herrscher über

384

das All, ist ihr Tempel, er und das Lamm. Und die Stadt bedarf nicht der Sonne noch des Mondes, dass sie ihr scheinen, denn die Herrlichkeit Gottes erleuchtete sie, und ihre Leuchte ist das Lamm.

Und die Völker werden ihren Weg gehen in ihrem Licht, und die Könige der Erde tragen ihre Pracht zu ihr hin.
Und ihre Tore werden niemals geschlossen, nicht bei Tag und - Nacht wird es dort keine mehr geben.
Und sie werden in sie hineintragen die Pracht und die Schätze der Völker.
Und nichts Gemeines wird in sie hineinkommen, keiner, der tut, was abscheulich ist, oder der Lüge dient, allein die eingetragen sind im Buch des Lebens, dem Buch des Lammes.

Und er zeigte mir den Fluss mit dem Lebenswasser, der klar ist wie Kristall, und er entspringt dem Thron Gottes und des Lammes.
In der Mitte zwischen der Straße und dem Fluss, nach beiden Seiten hin, sind Bäume des Lebens, die zwölfmal Frucht tragen. Jeden Monat spenden sie ihre Früchte, und die Blätter der Bäume dienen zur Heilung der Völker.

Und nichts Verfluchtes wird mehr sein. Und der Thron Gottes und des Lammes wird dort sein, und seine Knechte werden ihm dienen. Sie werden sein Angesicht schauen, und auf ihrer Stirn wird sein Name stehen. Keine Nacht wird mehr sein, und sie brauchen weder das Licht einer Lampe noch das Licht der Sonne. Denn Gott, der Herr, wird über ihnen leuchten, und sie werden herrschen, von Ewigkeit zu Ewigkeit.

Es wurde gesungen:

Freude, schöne Götterfunke, Text: Friedrich Schiller, Musik: Ludwig von Beethoven.

BAARLE NASSAU ADVENT 2018
INNERE APOKALYPSE

ERSTE STUNDE

Baarle-Nassau, 8.12.2018

Im Frühling haben wir uns in Parpan mit der Apokalypse befasst, der so genannten Großen Apokalypse, sie muss als eine Prophezeiung der Zukunft angesehen werden. So wurde die Apokalypse immer als Offenbarung aufgefasst, als eine Prophezeiung der Entwicklung der Menschheit, in der es ganz klar darum geht, das Gute zu retten, und eine Bekämpfung und schließlich einen Sieg über das Böse zu gewinnen. Und in dieser großen Apokalypse wird die Entwicklung so gesehen, als käme sie aus der fernen Vergangenheit, wirklich aus der Entwicklung von Saturn, alter Sonne, altem Mond, Erde, und dann muss man sich vorstellen, dass die Apokalypse die Prophezeiung für die Zukunft gibt, wo man sich in die Zeit stellen muss. Dann stellt man sich also in die Nachatlantische Zeit, die aus sieben Kulturepochen besteht, und wir leben derzeit in der fünften. Jede Kulturepoche dauert also 2160 Jahre, das kann man mit sieben multiplizieren und so ausrechnen, wie lange die ganze Phase dauert. Diese Zeit ist enorm, man hat mit der Nachatlantischen Epoche einen sehr kleinen Teil dessen, was eigentlich die ganze Entwicklung ist, und die Apokalypse wird dann für die Zeit beschrieben, die nach der Nachatlantischen Epoche kommt, also noch einmal siebenmal 2160 Jahre, da muss man die Öffnung der Briefe setzen, und dann kommt noch eine siebentes Zeitalter, und das hat wieder siebenmal 2160 Jahre, und das ist die Zeit der Posaunen. Und dann, am Ende dessen, ist die Entwicklung der Erde so weit fortgeschritten, dass, was jetzt eine physische Form des Erlebens ist, sich dann in einer astralen Form verdünnt oder vergeistigt.

Man muss also sehen, dass das Ganze noch die Entwicklung der Erde ist, sie ist noch weit vom zukünftigen Planeten Jupiter entfernt, aber sie ist vierzehn plus zweieinhalb, also etwa sechzehneinhalb mal 2160 Jahre von jetzt entfernt. Dort, in der Jupiterphase der Apokalypse, muss man sich also vorstellen, dass da das sehr große Ereignis des

Herabkommens des Neuen Jerusalem stattfinden wird, noch so weit weg in der Zeit.

Rudolf Steiner gibt dann 1924 eine kleine Apokalypse für die Priester, aber nicht klein im Sinne von weniger wichtig, oder weniger groß, sondern kürzer, in einem viel kürzeren Zeitrahmen. Man muss sich vorstellen, dass das ganze Drama mit dem Kommen Christi beginnt, mit der Öffnung der Siegel, dem Blasen der Posaunen, dem Anzünden des Feuers vom Himmel, den Zornesschalen, dem Ausgießen der Zornesschalen, dass all dies bis zur sechsten Kulturepoche geschieht. Wenn wir also zu singen anfangen, dass alle Menschen Brüder werden, aber auf ganz andere Weise, dann singen wir zu jener sechsten Kulturepoche hin, die natürlich gar nicht so weit weg ist, da findet am Ende das erste Heruntersteigen des Neuen Jerusalem statt.
Rudolf Steiner beschreibt für das Jahr 5800 ungefähr, dass sich der Mensch nicht mehr in einem physischen Körper zu inkarnieren braucht. Das ist also ziemlich bald.

Es gibt also eine erste Periode, in der das Neue Jerusalem schon kommen wird, aber man muss sich das in Phasen, in Graden vorstellen, und so finden wir diese beiden großen Perioden der Apokalypse im Leben Rudolf Steiners, um die Zeit in München mit diesen apokalyptischen Siegeln, die hier jetzt auch um uns herum stehen und wir haben die Vorträge in Nürnberg, über die große Apokalypse - und dann am Ende seines Lebens 1924 wirklich ganz am Ende seiner Tätigkeit, September 1924, die Vorträge für die Priester über die Apokalypse, worin dann die kleine ‚Apokalypse‘ beschrieben wird.

Nun, wir haben versucht, die große und die kleine Apokalypse in zwei mal vier Tagen zu erleben, das geht nur teilweise, man hat immer das Gefühl von Unvollständigkeit, Unvollkommenheit, es ist nicht fertig und so weiter, aber das wird immer so bleiben, wie viele Tage man auch damit verbringt. Und was mich betrifft, war das Thema damit abgeschlossen. Aber dann kam die Frage aus Nürnberg, an diesem Wochenende die innere Apokalypse zu machen, und das ist das, was Rudolf Steiner von den Priestern fordert, aber er kommt nicht wirklich dazu, es zu beschreiben, seine Arbeit ist abgebrochen. Wenn er weiter hätte arbeiten können, hätte er bestimmt mehr Anregungen gegeben. Nun aber mussten die Priester sich das mehr oder weniger selbständig ausdenken.

Und dann taucht ein ganz anderer Aspekt auf. Natürlich sind die kleine und die große Apokalypse auch innerlich so, dass alles, was in Bildern ans Licht gebracht wird, selbstverständlich mit der inneren Entwicklung des Menschen zu tun hat, man kann sich natürlich noch mehr beschäftigen mit dem Menschen als Individuum, der seine eigene Apokalypse hat. Und das ist das, was Rudolf Steiner den Priestern empfiehlt, sich so in das Selbst, in die eigene Individualität, in die ,eigene' Apokalypse einzufühlen, dass so viele Apokalypsen entstehen, wie es Menschen gibt. Also, das heißt, hier geht es um die Apokalypse des Johannes, und in diesem Sinne kann man verstehen, dass sie neben einer Prophezeiung auch eine Beschreibung der Einweihung des Johannes selbst ist.

Und wenn man es so betrachtet, muss man auf gnostische Literatur zurückgreifen, ich soll dazu etwas sagen. Die Gnosis war eine frühchristliche Bewegung, in der der wissende Aspekt, das tief in das Christentum eindringende Wissen, im Vordergrund stand, sie wurde durch das aufkommende kirchliche Christentum bekämpft und schließlich besiegt, und die meisten Schriften verschwanden, tauchten dann aber im letzten Jahrhundert durch archäologische Ausgrabungen wieder auf, weshalb heute viel mehr über die gnostische Lehre bekannt ist.

Aber was ein sehr wichtiges Merkmal der Gnosis ist, ist, dass alles als Allegorie, als Symbolik aufgefasst wird. Die Apokalypse des Johannes ist also ein symbolisches Bild seines Initiationsweges und die darin erscheinenden Geschöpfe sind wirkliche Wesen, aber sie kommen nicht zur Existenz auf der Erde. So wird auch der Menschensohn, Christus selbst, als ein Symbol für die innere Weihe gesehen, und die Inkarnation Christi, die nicht für physisch real gehalten wird, wird als Symbol für das gesehen, was jeder Mensch, der die Einweihung sucht, durchläuft. Das ist natürlich auch wirklich so, dass das gesamte

Christusereignis als Beispiel für jeden Menschen gesehen werden kann, dem er folgen soll. In diesem Sinne kann man natürlich voll und ganz mitmachen, aber dass es *nur* ein Symbol ist, das ist etwas anderes. In der Gnosis also muss man davon ausgehen, dass es einen Jesus gab, der durch seine Initiation das christliche Bewusstsein empfangen hat, aber dass es nicht die Inkarnation des Gottessohnes selbst ist und dass dies bei jedem Menschen, der die Initiation sucht und empfängt, der Fall ist. Daran müssen wir gut festhalten.

Wenn Sie sich also dafür interessieren, die Gnosis zu studieren, dann müssen Sie sich das merken und es wird immer wieder zur Besprechung kommen.

Etwas anderes ist es, dass in der heutigen Zeit der Geist als rein geistiges Prinzip mehr oder weniger zur elektromagnetischen Kraft verfallen ist. Nicht wirklich natürlich, aber in der Literatur. In der Literatur gibt es also viele spirituelle Schriften, wo so interpretiert wird, dass das, was als Kräfte und Ströme beschrieben wird, was geistig ist, als Ströme im elektromagnetischen Geschehen des Kosmos interpretiert wird. Das kann auch noch ein wenig verteidigt werden, wenn man weiß, dass der Elektromagnetismus ein Phänomen von Zerfall viel höherer Ätherkräfte ist, nämlich des Licht-Äthers, das wird zu Elektrizität und des chemischen Äthers, der wird zu Magnetismus. Wenn man das erkennt, dann kann man mit all diesen Schriften doch etwas anfangen. Der Geist wird aber tatsächlich materialisiert. Das Leben im rein Geistigen, in dem von den greifbaren Kräften, den sichtbaren Dingen, nichts mehr vorhanden ist, das ist in unserer Zeit etwas sehr Schwieriges.

In dieser gnostischen Literatur finden wir die innere Apokalypse beschrieben. Und dann muss man ein Unterscheidungsvermögen haben, um in der Lage zu sein, diese so zu lesen und aufzunehmen, dass man die richtigen Details aufnimmt und fallen lässt, was nicht stimmt. Das ist schon eine Apokalypse. Aber das an sich ist schon eine unglaubliche Bereicherung für die Bedeutung der Apokalypse, und man sieht dann, dass das, was dort entsteht, von Rudolf Steiner in seinem Buch

‚Wie erlang man Erkenntnisse der höheren Welten' und auch später bei der Weihnachtstagung in den Klassenstunden in der Hochschule, den esoterischen Stunden, die wir jetzt auch als Mysterium Magnum kennen, veröffentlicht worden ist.

Die Apokalypse erscheint für uns dann als menschliches Wesen, das sowohl geistig als auch materiell ist und die Apokalypse selbst ist wie eine wahre Enthüllung des Geistigen, bei der das Materielle mit all den damit verbundenen Emotionen, und auch Gedanken, allmählich verworfen wird. Das sind die heftigen Bilder der Apokalypse, in denen man auf alles Mögliche stößt, was auch immer vom Untergang bedroht ist, und deshalb muss man sie so begreifen, dass man sie als das wahre Selbst auffasst, das die Initiation sucht. So dass man, indem man die Initiation sucht, tatsächlich darum bittet, dass sein spirituelles höheres Selbst sich von den unteren Schalen befreien kann. Und dann, wenn man das mit Anthroposophie verbindet, steht man vor dem großen Hüter an der Schwelle, der einen dann zur Erde ruft, sich weiter aus Freiheit zu inkarnieren, denn man braucht das dann nicht mehr aus Notwendigkeit zu tun.

Wenn man also in seiner Entwicklung so weit gekommen ist, dass das geistige höhere Selbst sich vom Materiellen, mit allem, was dazu gehört, befreit hat, dann hat man das Ziel der Inkarnationen tatsächlich erreicht, und man könnte die Arbeit unter den Engeln, Erzengeln und höheren Wesen fortsetzen. Aber der christliche Mensch will das nicht und will zur Erde zurückkehren, um dort alles zu tun, Solange nur eine Seele noch in der physischen Existenz gefangen ist, hat man im Himmel keine Ruhe. Das ist das christliche Prinzip, und das ist der große Unterschied zu vielen anderen spirituellen Richtungen, worin man sich selbst von den Fesseln der materiellen Existenz befreit, was bedeutet, dass man sich nicht mehr inkarnieren muss. Aber jetzt gibt es die Freiheit, das trotzdem zu tun, und das trotzdem zu tun bedeutet, dass man immer wieder die Füße verunreinigen muss, dass man immer wieder mit der sündigen Erde und der gefährlichen Erde in Berührung kommen muss, wo diese Kräfte einen nicht nur bedrohen, sondern in gewisser Weise auch wieder erdenschwer machen, und so ist jedes Leben aufs Neue immer wieder ein neuer Prozess der Apokalypse, aber natürlich klein, viel weniger kompliziert, in soweit als man selbst noch nicht gereinigt ist.

Weil die Veranstaltung in Nürnberg nicht stattfinden konnte, haben wir uns entschieden, sie hier zu organisieren.

Zu Beginn der Apokalypse des Johannes erscheint der Menschensohn. Wie schon gesagt, ließ Rudolf Steiner für den theosophischen Kongress in München sieben apokalyptische Siegel entwerfen, die also im Raum gezeigt wurden, und dieses erste Siegel ist das Bild des Menschensohnes, wie es in der Apokalypse gemalt ist. (siehe das Bild, im ersten Teil dieses Buches).

‚Und ich wandte mich um, die Stimme zu sehen, die zu mir sprach. Und als ich mich umwandte, sah ich sieben goldene Leuchter, und inmitten der Leuchter eine Gestalt, einem Menschensohn gleich, gekleidet in ein Gewand, das bis zu den Füßen reichte, und um die Brust gegürtet mit einem goldenen Gürtel. Sein Haupt aber und sein Haar waren weiß wie weiße Wolle, wie Schnee, und seine Augen wie Feuerflammen, seine Füße gleich Golderz, wie im Ofen geglüht, und seine Stimme wie das Rauschen vieler Wasser. Und in seiner Rechten hielt er sieben Sterne, und aus seinem Mund kam ein scharfes, zweischneidiges Schwert, und sein Antlitz leuchtete, wie die Sonne strahlt in ihrer Kraft.‘ (Offenbarung, 1)

Wenn wir diese Figuren, wie man sagen könnte, als Vorbilder des bereits existierenden gereinigten Seelenwesens der eigenen Individualität sehen, dann ist es so, dass das Bild der eigenen Seele mit dem Bild des Menschensohnes übereinstimmt, wie man bei Rudolf Steiner in den Vorträgen über die Apokalypse nachlesen kann. Der Menschensohn ist der Astralleib, der sich in sich selbst schaut. Wenn die Seele so weit in der Entwicklung ist, dass sie sich selbst schauen kann, dann sieht sie den Menschensohn, der die Zukunft ist. Und wir müssen dies so auffassen, dass wir im Menschensohn den Astralkosmos abgebildet sehen, im weißen Haar Saturn, im feurigen Schein der Augen Jupiter, das zweischneidige Schwert aus dem Mund ist Mars, im strahlenden Glanz sehen wir die Sonne, der goldene Gürtel um die Brust ist Venus. Die Füße, die hier aus Golderz geschmiedet beschrieben werden, die aber im Griechischen ein Wort haben, nämlich Queck-silber, aber es ist ein unbekanntes Metall, wird mit Golderz übersetzt. Aber hier müssen wir uns Merkur zu unseren Füßen vorstellen. Die Stimme als rauschendes Wasser ist der Mond. Dann sehen wir also den ganzen astralen Kosmos, die Welt der sich bewegenden Planeten, die sich hier in den Formen des Menschensohnes unterscheiden, der also eine Prophezeiung dessen ist, was der Mensch am Ende werden kann.

Dieses Bild, das schläft, gleichsam und ruht im tiefsten Teil des menschlichen Organismus, nämlich in der Lotusblüte, im Chakra, das ganz unten liegt, und mit der vierblättrigen Lotusblume überein-kommt. Der Menschensohn ruht also im vierblättrigen Chakra.

Dann beginnt die Offenbarung im Sinne der sieben Briefe an die sieben Gemeinden. Jedes Mal, wenn es sieben sind, sind es sieben Schritte. Diese liegen vor der Schwelle zur geistigen Welt, man könnte sagen, entsprechen den ersten sechs Stunden, Klassenstunden, esoteri-schen Stunden. Sie haben nicht diesen zutiefst esoterischen Charakter, was danach kommt, wenn das Lamm erschienen ist, dass dann die Siegel öffnen kann. Es gibt einen Unterschied, dies sind Briefe, die noch geöffnet werden können. Aber die Siegel, die kann man nicht öffnen. Die Briefe befinden sich also immer noch in dem Bereich, zu dem jede Person einen Zugang finden kann. Und man könnte sagen, es ist ein Erwachen des Bewusstseins für diese sieben Chakren.

Es sind sieben Gemeinden in Kleinasien (in der heutigen Türkei), ich habe die geographische Karte auf den Tisch gelegt, man kann dort sehen, wo sie zu finden waren, sie liegen dicht beieinander. Man kann sie aber auch als Bilder verstehen, als Beschreibungen der sieben Chakren des Menschen. Und am Ende sieht man, dass man zu einer Besinnung aufgefordert wird, was der Mensch wirklich ist, welche positiven Eigenschaften in jedem Chakra verborgen liegen und welche negativen Eigenschaften überwunden werden müssen.

Es ist eher ein Bewusstwerden, als dass es wirklich um die faktische Trennung zwischen dem Positiven und dem Negativen geht.

Denn die Apokalypse bewirkt, dass das Positive aus dem Negativen erwächst.

Der erste Brief richtet sich an Ephesus. Der wichtigste Punkt in diesem Brief ist der Kontrast zwischen wahrer Liebe und körperlicher Liebe. Wir müssen uns also vorstellen, dass wir uns hier bewusst werden, dass es im Menschen ein Chakra gibt, das geistig tief im Körper, am Steißbein, verborgen liegt, und dass dort die Kräfte der Sexualität und das ganze damit verbundene Leben der Lust das Negative ist, während Vervollkommnung die Überwindung davon ist, die ebenso in diesem Chakra liegt. Da haben wir es also mit dem größten Widerspruch von allen zu tun, das ist Ephesus.

Und wir werden an einen Zustand vor der ersten Inkarnation erinnert, und das war die erste Liebe, da war die Liebe noch nicht geschlechtlich, aber bei der ersten Inkarnation wird die Liebe sexuell, und dann muss dieses Chakra mit einer totalen Finsternis fertig werden, allmählich, weil die beiden absolut nicht zusammengehen. Es ist also etwas, das sehr schwierig ist, es ist eben eines der wichtigsten Elemente im irdischen Dasein, Fortpflanzung und Sexualität. Und man sollte sich gar nicht unmittelbar vorstellen, in das Zölibat zu gehen, aber es geht mehr darum, dass die Sexualität bleibt, was sie ist. Sexualität ist Fortpflanzung, Liebe muss nicht immer Fortpflanzung bewirken, das ist auch möglich, aber wir alle wissen natürlich, dass sie an sich als eine Erfahrung der Lust kultiviert wird, und wir wissen auch, dass die schlimmsten Verbrechen damit zusammenhängen können. Es geht also um diesen Bereich, über den wir sprechen. Das ist schon etwas, das ist die vierblättrige Lotusblume, und das Symbol dafür ist die Swastika.

Das Spannungsfeld, das im letzten Chakra aufleuchtet, ist so stark, dass die Reise, die in der Öffnung der Siegel, der Posaunen und so weiter gemacht wird, jedes Mal entlang der Chakren nach oben bis zum Allerhöchsten, nicht ganz unten begonnen wird, das bleibt bei allen vier Erkenntnisschritten so. Es wird also nicht am Heiligenbein begonnen, sondern am nächsten Chakra (Blase/Prostata), von da ab wird bis zur zweiblättrigen Lotusblume aufgestiegen (Stirn), und dann kann man mit der Kraft der zweiblättrigen Lotusblume in diesen untersten Bereich (Chakra) eindringen, dann kann man diese Trennung zwischen höherer und niederer Liebe in einer sicheren Weise machen. In dieser einleitenden Beschreibung der Apokalypse ist sehr viel enthalten an organisierender Kraft.

Das Unterscheidungsvermögen befindet sich in der zweiblättrigen Lotusblume. Wenn man auch in der Literatur das richtige Urteilsvermögen haben will, dann muss man sich so entwickeln, dass man sich mit der zweiblättrigen Lotusblumenkraft mit der vierblättrigen Lotusblumenkraft verbinden kann, und dann hat man die Fähigkeit, das Urteilsvermögen in allem zu haben, da täuscht man sich nicht mehr. Außerdem ist die vierblättrige Lotusblume das kosmische Gedächtnis, und in diesem Sinne ist es der Saturn-Punkt der Chakren.

Das nächste Chakra ist das Chakra, das etwas höher liegt, man könnte sagen, bei dem Mann in der Nähe der Prostata, bei der Frau in der Nähe der Gebärmutter, zwischen Nabel und Steißbein. Das ist der Brief, der an die Kirche in Smyrna geschrieben wurde. Und das Merkmal dieses Chakras, das ein Sechseck ist, ist das der höheren Vernunft, also das, was vom Gehirn im Erkenntnisprozess verfinstert wird. Weil wir die Gedanken mit unserem Gehirn spiegeln, spiegeln wir nur die Gedanken und nicht die Realität. Die Realität befindet sich im Leib, ich will damit sagen, dass sie nicht physisch, sondern spirituell ist, aber sie hat einen Platz in der Körperlichkeit, sie ist tief verborgen. Es ist das Zeichen des Jupiters. Die höhere Vernunft besteht darin, dass sie in der Lage ist, zwischen wirklicher Wahrheit und Dogmen zu unterscheiden. Das kann der Verstand nicht, der verliert sich in den Dogmen. Aber wenn man diesen Gehirnhut gefahrlos absetzen könnte, könnte die höhere Vernunft sprechen, und dann wäre man in der Lage, genau zwischen Wahrheit und Dogma zu unterscheiden. Aber hier in diesem Bereich gibt es die Verdunkelung durch den Intellekt, so dass man so weit nicht reichen kann. Man kann diesen Bereich nicht mit dem Intellekt erreichen, also muss man zuerst den Intellekt überwinden, um an den Punkt zu kommen, an dem man dies tun kann. In diesen niederen Bereichen befinden wir uns also immer in den höchsten menschlichen Möglichkeiten, die das Göttliche berühren, aber man darf nicht ohne weiteres hingehen, weil man nicht rein genug ist.

Dann kommt der sehr wichtige Punkt des Begehrens, der Lust, wir finden da alles, was Leidenschaft ist, eigentlich ist darin schon etwas mehr Bewusstsein enthalten. Also diese beiden unteren Chakren haben wir gar nicht im Bewusstsein. Aber Begierde, Leidenschaft und Lust, die haben wir schon im Bewusstseinsbereich. Der Ort, wo dieses Chakra vorgestellt werden muss, ist oberhalb des Nabels, bei dem Plexus solaris, könnte man auch sagen. Es ist das Zeichen des Mars, es ist der Brief an Pergamon. Es ist das große Zentrum der Sympathie und Antipathie.

Und es gibt ein wunderschönes Stück im Timaeus von Platon, in dem er die Erschaffung des Universums beschreibt. Es wird da auch das Entstehen des menschlichen Körpers beschrieben und dann auch dieser Punkt mit der enormen Kraft des Begehrens und der Lust. Es wird dann gesagt: Gott habe die Leber als eine Instanz in den Körper gelegt, um Sympathie und Antipathie zu besänftigen. Die Leber ist also nach Platons Erkenntnis ein beruhigendes Organ. Hier, beim Nabel sitzt der riesige Knoten der Sympathie und Antipathie, aber darüber gleichsam eine Kapuze, die Leber, und das wirkt beruhigend, als wäre es ein Spiegel.

JM: Ich muss an Goethe denken, der einen jupiterhaften Einfluss in sich hatte, er war ein jupiterhafter Mensch, von seiner Poesie her sehr sanft, besänftigend all die Wünsche, die im Menschen aufsteigen können ... Wenn man Goethe liest, macht man die Erfahrung, dass das, was im Menschen als Begehren wirkt, sich wie in höhere Gefühle verwandelt. Das ist ja auch die Aufgabe des Künstlers, diese Gefühle zu veredeln.

MM: Man muss die Galle schon als einen kriegerischen Punkt anschauen, wo die Wünsche und die Sympathie und die Antipathie und die Wut und so weiter, die heftigen Emotionen leben, und dann wird die Leber, die ein jupiterhaftes Organ ist, aber dann in diesem Bereich aktiv, von Gott als beruhigenden Spiegel hingestellt, das ist ein Bild, das Platon dann gibt.

Und während in dem Brief an Smyrna die höhere Qualität, die jupiterhafte Qualität ist, könnte man sagen, dass das Denken im Willen ist, dass man so die Fähigkeit hat, alles zu tun, was mit Weisheit getan wird, das ist die höhere Ratio, die Vernunft; ist es in Pergamon so, dass dort der Wille ins Denken kommen muss. Dann wird die enorme Willensentwicklung auf dem Mars zu einer treibenden Kraft. Dann bekommt man also die Sympathie und die Antipathie als treibende Kräfte in die Hand. Das ist die Aufgabe von Pergamon.

Dann steigen wir nach Thyatira auf, zum Herzzentrum, dem Herz-Chakra. Wir kennen das aus ‚Wie erlangt man‘ von Steiner, denn für die Reinigung wurde der sechsgliedrige Pfad gegeben, für die zwölfblättrige Lotusblume. Er gibt auch eine Aufgabe für die zehnblättrige, die wir gerade hatten, d.h. die vollständige Kontrolle der Begierde, der Sinneseindrücke, also Pergamon. Und Smyrna ist die vollständige Kontrolle über die Kräfte des Denkens, Fühlens und Wollens, die volkommene Kontrolle über sie.

Die zwölfblättrige Lotusblume ist das Sonnen-Chakra. Wenn man die sieben Stimmungen kennt, wie Rudolf Steiner sie für den Erkenntnisprozess gegeben hat, dann weiß man, dass es für den Bereich der Sonne ein alltägliches Denken, aber auch ein empirisches Denken gibt.

Und tatsächlich ist das Herz der Spiegel für den Nous. Nous ist die Kraft, die in der zweiblättrigen Lotusblume erwacht, aber wenn man sich nicht entwickelt, kann man sie nicht in ihrer vollen Pracht haben. Dann hat man immer einen Spiegel davon. Und das heißt, man hat ein intellektuelles Denken, das immer noch sehr stark von dem zugrundeliegenden Begierdenleben, der Sympathie und der Antipathie geleitet wird. Das Wissen, über das wir verfügen, wird also sehr stark von dem, was uns gefällt und was uns nicht gefällt bestimmt. Also, das ist natürlich noch kein objektives Geschehen, aber es ist eine Art Lernschule, um schließlich diesen Nous zu erreichen, man muss da hindurch. Aber wenn der Nous erlischt, dann verfällt die Intellektualität in Wissen, getrieben von den Interessen der Persönlichkeit. Und dann hat man es mit einer sehr starken Gegenkraft zu tun, der wir bald begegnen werden.

Aber im Prinzip gibt es hier die Möglichkeit für das höhere psychische Bewusstsein. Wenn das zu einer reinen Spiegelfunktion wird, dann wird es zum Intellekt. Und so liegt die Ausbildung dieses Chakra in sechs Übungen, die man tun kann, um seine Seele so zu formen, dass das Chakra aus allen Wolken strahlen kann, und die Sonne wirklich hell scheinen kann und dann der Intellekt die Übereinstimmung mit dem Nous bekommt.

Man könnte also sagen, hier liegt auch die Aufgabe, das gewöhnliche intellektuelle Denken in ein reines Wahrheitsdenken umzuwandeln, das dann noch nicht spiritualisiert zu sein braucht, sondern das sich in der Wahrheit übt, und zwar mit Hilfe der Außenwelt. Reines Denken ist hier also noch nicht sinnlichkeitsfrei, sondern wird mit Hilfe der Außenwelt immer wieder korrigiert.

Dann gehen wir zum Kehlkopf-Chakra, der sechszehnblättrigen Lotusblume, dem Brief an Sardes. Natürlich hat dieses Zentrum sehr viel mit dem Wort, mit der Sprache zu tun. Rudolf Steiner gibt für die Ausbildung dieses Chakras den achtgliedrigen Pfad Buddhas, ausgehend von der richtigen Meinung, dem richtigen Urteil, dem richtigen Wort, der richtigen Tat, des richtigen Standpunktes, acht mal eine Richtigkeit, so dass das Unrichtige, Ungleichgewichtige in diesem Bereich sich in Richtigkeit verwandelt und man so in jedem Wort, das man spricht, nicht nur die Wahrheit sagt, sondern auch im Sprechen selbst eine gewisse Qualität in einen eindringt, die direkt aus dem Nous kommt. Wo also das höhere Geistige eindringen kann. Natürlich ist das bei der gewöhnlichen Rede nicht der Fall, das gewöhnliche Wort, das, was wir sprechen, ist tot. Es kann zwar eine Menge Elend oder Glück bringen, und in diesem Sinne hat es etwas Lebendiges, würde man sagen, weil es aktiv ist, aber an sich wird das gewöhnliche Wort nicht lebendig. Diese Aufgaben finden wir im Bereich des Kehlkopf-Chakras.

Ich möchte noch auf die Siegel aufmerksam machen. Wir sind jetzt beim fünften Siegel, dem Weib mit der Sonne bekleidet, das ist das Venus-Chakra, das Kehlkopf-Chakra. Das Herz- Chakra ist der Engel mit dem Büchlein. Das Nabel-Chakra das Bild der Siegel und Trompeten. Das Prostata-Chakra der Thron Gottes mit den vier Tieren und den Menschensohn hatten wir schon im Heiligenbein-Chakra.

Das lebendige Wort haben wir nicht direkt, und manchmal doch auch schon. Wenn es künstlerisch, natürlich und spirituell verwendet wird, zum Beispiel in Vorträgen von Rudolf Steiner, kann man es haben. An sich, wenn man beginnt das Wort zu schreiben, und wenn man beginnt, noch schlimmer, es zu tippen, dann bleibt von dem ursprünglichen lebendigen Wort nur eine tote und leere Hülle übrig. Das Problem, das hier in dieser Region der Venus aufleuchtet, wird in dem Brief an Sardes beschrieben.

Wir haben es hier mit der Opposition von Luzifer und dem Heiligen Geist zu tun.
Venus ist im gewöhnlichen Sinne Luzifer, aber in dem Moment, als Venus unbefleckt empfangen würde, würde sie durch eine Empfängnis mit dem Heiligen Geist erhöht.

Dies ist ein eher räumliches Bild, was wir hier vom Menschen bekommen. Wir haben es wirklich mit den Planeten zu tun, wie sie sich im gegenwärtigen Kosmos bewegen, und mit der Besonderheit, der höheren Bedeutung und auch der niedrigen Bedeutung, die sie haben.

Dann steigen wir zum Brief an Philadelphia auf. Das ist das Chakra in der Stirn, das dritte Auge, die zweiblättrige Lotusblüte und das ist tatsächlich eine Befreiung. Wenn man also den Bereich sucht, in dem man die Philosophie der Freiheit findet, dann liegt er hier, im dritten Auge. Den Menschen von ‚Wie erlangt man…' finden wir im Bereich des Herzens, des Kehlkopfes und des Plexus solaris. Das ist wirklich anders. Aber mit beiden Wegen gelangt man letztendlich doch hierher, zu der zweiblättrigen Lotusblume.

Das ist der Punkt der Befreiung, dort ist das Denken rein, aber auch nicht mehr sinnlich. In der Gnosis nennen die Menschen dies Jesus, nicht Christus, sondern Jesus. Wenn sich dies entwickelt, entsteht ein göttliches Denken mit einer goldenen Ausstrahlung. Und es bewegt sich im Heiligen und Wahren. Rudolf Steiner beschreibt es so, dass dort die entwickelte Individualität Berührung mit dem höheren Selbst bekommt und das höhere Selbst mit den höheren Hierarchien in Verbindung steht. So findet durch die Entwicklung der zweiblättrigen Lotusblume eine bewusste Bekanntschaft mit den Engeln, Erzengeln und höher, statt.

Von unten steigt die Schlange auf, aus dem untersten Chakra, die Kundalini, und spaltet sich dann in drei, eine gerade Linie mit zwei Schlangen darum herum, die dann beim Kehlkopf-Chakra aus einander gehen, der Stab geht dann zur Stirn, und dann zum höchsten Chakra, zur Krone - und dann nach außen. Es ist der Merkurstab.

Das ist es, was hier so unbeschreiblich und bewegend ist, dass man anfangen kann zu erfahren, dass die reine Form des Denkens, die nicht mehr sinnlich ist und die in diesen Formen vorgestellt wurde, dass gleichzeitig dieser Gedanke durch die Kraft der Meditation und der Praxis langsam zum *Sein* wird. Der Gedanke wird nicht materiell, sondern substantiell. So kennen wir das Denken natürlich nur als Spiegelung, aber durch die Übung wird es allmählich rein, aber auch immer substanzieller. Und es ist die Imagination, die Darstellung der Ursubstanz, der Ursubstanz, in der sich alles ausdrücken kann, die aber in sich selbst ohne Form ist. Man könnte sagen, dass dies die Akashasubstanz ist. Wenn man zur zweiblättrigen Lotusblüte aufsteigt und sie zu wirken beginnt, dann wird reines, sinnliches Denken substanziell, das heißt es bekommt ein Sein, zuvor war es nur Schein. Und diese Substanz, die von den Höhen herabsteigt, die als Substanz für den Auferstehungsleib verwendet wird, die ist ja das Neue Jerusalem.

Man kann sich vorstellen, dass die Substanz, die organisiert und differenziert zu einem Körper und einer Stadt wird, in der man leben kann, dass dies die weibliche Gestalt ist, die Braut, und dass das Bewusstsein, das dann entsteht - das entstehen kann, weil das Denken substanziell geworden ist und es dadurch möglich wird, dass es gesehen werden kann, während es sich selbst produziert - ein neues Bewusstsein ist. Und dieses neue Bewusstsein, das wir im Kleinen die Anschauung des Denkens nennen, ist wirklich durch den Übergang von Jesus zu Christus entstanden.

Was im Stirn-Chakra noch ein Jesus-Chakra ist, wird im höheren Chakra, dem nächsten Chakra ein Christus-Bewusstsein.

Dann haben wir die Substanz eines reinen spiritualisierten Denkens, mit einem spirituellen Bewusstsein. Und das ist die Hochzeit des Lammes mit seiner Braut, die ganz am Ende der Apokalypse beschrieben wird. Und es besteht eine sehr große Ähnlichkeit mit der Chymischen Hochzeit von Christian Rosenkreuz. Aber auch dies ist unglaublich weitreichend und imaginativ.

Das nächste Chakra heißt also die Krone, aber eigentlich leuchtet es tief im Schädel, wo die Zirbeldrüse leuchtet, ein geheimnisvolles Organ, das auch in der Medizin ja noch erforscht werden muss, wovon man nicht genau weiß, was es tut, aber es tut viel. Aber es ist das höchste Chakra und ist das Chakra des Heiligen Grals. Und dort können wir die ganze Entwicklung in einem Bild sehen.

Im Brief an Laodicea, das ist der siebente Brief, kann man lesen, dass diese Epoche sehr problematisch ist, während die sechste Epoche die Epoche der Brüderlichkeit ist. Das hat damit zu tun, dass die Kräfte, die benötigt werden, um die Brüderlichkeit weiter zu entfalten, unzureichend sind. Dasjenige, was hochgestiegen ist, bricht wieder zusammen. Aber in der menschlichen Entwicklung ist es so, dass die Bewusstwerdung, dass das Chakra in den Tiefen des Kopfes existiert, tatsächlich das Höchste, was man findet. Es hat seine Resonanz in der Tiefe, im tiefsten Chakra. Das Erreichen des höchsten Chakras bedeutet zugleich das Erreichen des Liebe-Chakras in der tiefsten Tiefe. Dann sind wir wieder beim Menschensohn.

Was in diesen höchsten Phasen des Wissens erreicht wird, ist die absolute Gewissheit des Wissens, die Überwindung jedes Zweifels, nicht eines Punktes des Zweifels, sondern die Überwindung des Prinzips des Zweifels, durch die man in diesen Dingen, die man gesehen hat, die man kennengelernt hat, worin man alle Schritte, die man gemacht hat, die wahr sind, kennt, mit voller Überzeugung standhaft bleiben kann. In diesem Sinne ist man in gewissem Sinne ein Sieger. Dieses höchste Chakra ist also das Chakra des Sieges. Aber in dieser Phase der Apokalypse ist all das nur Bewusstsein, ist Mitteilung. Es sind Briefe, und in diesen Briefen steht geschrieben, was dies alles ist, aber es geschieht noch nicht, es sollte nicht geschehen, es sollte nicht in Bewegung gesetzt werden. Und so kommt die Initiation in das Bewusstsein, dass man weiß, worum es geht. Wir müssen wissen, worum es geht, und dann kann man irgendwann einmal auch sagen, ich will das machen, ich will es tun!

So haben wir einen Vorausblick auf das, was kommen wird, das ist das erste Apokalyptische Siegel, es ist der Menschensohn.

ZWEITE STUNDE

Baarle-Nassau, 08.02.2018

Viertes Kapitel:

Danach schaute ich: Und siehe, eine Tür im Himmel stand offen, und die Stimme, die ich am Anfang gehört hatte - eine Stimme wie von einer Posaune, die mit mir sprach -, sie sagte: Komm hier herauf, und ich werde dir zeigen, was dann geschehen soll.

Sogleich wurde ich vom Geist ergriffen, und siehe, ein Thron stand im Himmel, und auf dem Thron saß einer, und der da saß, hatte ein Gesicht, das war wie Jaspis und Karneol, und den Thron umgab ein Regenbogen, der sah aus wie ein Smaragd.

Und rings um den Thron sah ich vierundzwanzig andere Throne, und auf den Thronen saßen vierundzwanzig Älteste, in weiße Gewänder gehüllt und mit goldenen Kronen auf dem Haupt.

Von dem Thron aber gehen Blitze aus, Stimmen und Donner, und sieben Fackeln brennen vor dem Thron, das sind die sieben Geistwesen Gottes.
Und vor dem Thron ist etwas wie ein gläsernes Meer gleich einem Kristall.
Und mitten auf dem Thron und rings um den Thron herum sind vier Wesen, die mit Augen übersät sind, vorne und hinten.

Das erste Wesen gleicht einem Löwen, das zweite gleicht einem Stier, das dritte hat das Gesicht eines Menschen, das vierte gleicht einem Adler im Flug.
Und die vier Wesen haben, jedes einzelne, sechs Flügel, und außen herum und innen sind sie mit Augen übersät, und sie rufen ohne Unterlass Tag und Nacht:

Heilig, heilig, heilig ist der Herr, Gott, der Herrscher über das All, der war und der ist und der kommt.

Und wenn die Wesen Lobpreis, Ehre und Danksagung darbringen dem, der

405

auf dem Thron sitzt und in alle Ewigkeit lebt, werden die vierundzwanzig Ältesten niederfallen vor ihm, der auf dem Thron sitzt, und sie werden zu ihm beten, zu ihm, der in alle Ewigkeit lebt, und ihre Kronen werden sie niederlegen vor dem Thron und sagen:

Würdig bist du, Herr, unser Gott, zu empfangen den Lobpreis, die Ehre und die Macht, denn du hast alles erschaffen, durch deinen Willen war es und ist es erschaffen worden.

Das zweite apokalyptische Siegel, was wir hier mitgenommen haben, bezieht sich auf dieses vierte Kapitel, aber gleichzeitig ist es das Bild für das sechsblättrige Chakra, das sich im Unterbauch befindet, das zweite von unten, könnte man sagen. Und wenn wir versuchen zu verstehen, was hier tatsächlich vor sich geht, könnten wir sagen: Wenn man sich des Zustands seiner selbst als Mensch mit den sieben spirituellen Zentren in sich, diesen sieben Organen, bewusst geworden ist und wenn man den Willen zur Entwicklung fühlt, dann fängt man mit der Meditation an. Und wenn man meditiert, konzentriert man die Seele so, dass sie nicht nur im Ätherleib und im physischen Körper bewusst ist, aber dass sie auch außerhalb davon bewusst existieren kann.

Das ist es also, was wir versuchen sollten, sich im gewöhnlichen Bewusstsein der Seele, die wir sind, vorzustellen. Wenn wir wach sind, sind wir im Ätherleib und im physischen Leib. Und dasjenige, worin man darinnen ist, kann man nicht anschauen. Man kann es erst anschauen, wenn man außerhalb ist. Man kann es nicht sehen, bis man sich gegenüberstellen kann. Das tut man durch Meditation. Durch Meditation zieht man die Seelenkraft so zusammen, dass man mit der Seele außerhalb steht, und man könnte sagen, dass sie leibfrei ist und dann vor dem Ätherleib stehen kann, anstatt darin zu ertrinken, was der gewöhnliche Zustand ist. Man sieht sich dann also im Spiegel des Ätherischen. Und was man dann sieht, das ist das, was ich gerade vorgelesen habe.

Lesen Sie zum Beispiel die Vorträge von Rudolf Steiner ‚Der Mensch am Lichte von Okkultismus, Theosophie und Philosophie‘, in denen er eine Meditation beschreibt, in der man die menschliche Gestalt als Meditationsinhalt nimmt. Und wenn man dies sehr intensiv tut und dann auf die Nachwirkungen dessen eingeht, was man als Gestalt meditiert hat, dann erscheint in einem bestimmten Moment seine wahre Natur. Das ist des Menschen wahre Natur, dass sie aus etwas Menschenähnlichem besteht, das aber noch nicht echt Mensch geworden ist, und tatsächlich bekommt man Furcht, dass man wenig Menschliches hat, dass man in Wirklichkeit ein Tier ist, dessen Kopf einem Adler, dessen Brust einem Löwen oder einem Stier ähnelt. Und das Menschliche ist noch ganz wenig. Und das ist eigentlich das Bild, das Sie hier gemalt sehen, die Anschauung von vier Tieren um einen Thron herum.

Rudolf Steiner beschreibt dann, dass, was zunächst mehr oder weniger schwierig zu deuten ist, obwohl es sicher ist, dass es ein sehr hohes Wesen ist, in der Anschauung immer deutlicher, dass das, was man zuerst gesehen hat, nämlich den Menschensohn, dass er dort und in diesem Siegel erscheint, dass er auch das Lamm ist. Sie werden also sehen können, wie das in diesem Siegel des Lammes dargestellt ist.
Wenn man sich die Apokalypse in der Zeit ansieht, kann man sagen, dass die vierundzwanzig Ältesten die Äonen sind, die bereits vergangen sind, die langen Zeiten, das kann man genau berechnen, und dann gibt es vierundzwanzig von ihnen bis jetzt.

Wenn man es mehr im Raum betrachtet, wie wir es jetzt tun, dann kann man sagen, es sind die positiven und negativen Aspekte des Tierkreises. Sie sind auch die Lehrer der Menschheit. Sie sind Wesen, die um den Thron herumstehen und als Lehrer die Entwicklung, wie sie für den Menschen ist, lenken. Man könnte auch sagen, dass es sich um eine Darstellung der verdoppelten zwölf Hirnnerven handelt. Es ist also ein mehrfaches Etwas, was Sie dort sehen. Aber ich selbst verstehe sehr stark die, sagen wir, die Bedeutung der vierundzwanzig Ältesten im Sinne des Verständnisses der Kategorien des Aristoteles: das Wesen, die Substanz der Ältesten, ist, dass sie die Lehrer der Menschheit sind. Aber im menschlichen Körper findet man sie in der Kategorie der Qualität wieder, als Qualität im Sinne des Tierkreises und der Hirnnerven, und bezüglich der Zeit findet man sie wieder als die vierundzwanzig Stunden, die wir im Tag-Nacht-Rhythmus haben. Darüber muss man nachdenken. Wenn man es nur sagt, bringt es gar nichts. Aber wir haben nur einen Tag, und ich kann nur darstellen, was jeder dann selbst weiter ausarbeiten sollte.

Und dann hat man es hier mit dem Chakra zu tun, von dem wir sagten, das ist die Anschauung der Seele, wie sie sich im Spiegel des Ätherleibes sieht. Gleichzeitig ist es aber auch die Figur des zweiten tiefen Chakras, wovon Rudolf Steiner sagt, dass es darauf ankommt, dass man die vollständige Kontrolle zwischen dem Denken, Fühlen und Wollen findet. Das bedeutet, dass man als Mensch die volle Kontrolle über den Adler, den Löwen und den Stier erhält. Das ist also die Aufgabe, die darin liegt, dass man nicht nur sieht und sagt, ach so ist das, sondern dass man die Aufgaben begreift und dass in eine Harmonie bringen muss, die nicht natürlich gegeben ist, sondern die wirklich von Sekunde zu Sekunde vom Menschen lebhaft kontrolliert werden kann. Das ist die Beherrschung dieses Chakras.

Man sieht hier sehr schön die Gestalten des Hüters der Schwelle, man sieht die eigene Tiernatur und auch, wie in den alten Zeiten die Menschheit noch in Gruppenseelen aufgeteilt war, nämlich in vier Arten: mehr adlerähnliche Menschen, mehr stierähnliche Menschen, mehr löwenartige Menschen und mehr menschenähnliche Menschen. Und das ist etwas, was durch das Kommen Christi überwunden wurde und sich in einen Einschlag des Ich in der Seele verwandelt hat. Das Ich soll allmählich die volle Herrschaft erlangen. Das heißt, wenn man die Gruppenseele überwindet, dann überwindet man auch die Kräfte, die im Blut sind, die zum Beispiel in der Familie und in der Rasse, in der Nation, im Volk, in allen Erscheinungen sind, von denen man sagt, man sehe sie als Nebenerscheinungen in der Natur immer wieder aufkommen, jedes Mal, wenn diese Kräfte kultiviert werden, Blutkräfte, Kräfte der Nation, Volkskräfte, Familienkräfte, Blut- und Bodenkräfte. Diese sind nicht, was in der Entwicklung liegt, darin liegt eine vollständige Befreiung davon und dann nicht durch die Hand eines übersinnlichen Wesens, sondern durch die eigene Hand, die sich ergreift. Es ist die völlige Freiheit, die dort gefunden werden muss und das liegt auch in diesem Bild.

Gefragt wurde nach den Evangelisten in diesem Sinn.

MM: Die vier Evangelisten haben den Gesamtblick auf dieses Ereignis geschildert, und Lukas tut dies mehr als Stier, Matthäus mehr als Mensch, Markus als Löwe und Johannes als Adler.

JM: Und das bringt zusammen ein Gleichgewicht, diese vier Evangelien, durch diese vier Aspekte. Rudolf Steiner sagt auch, wenn man die vier Evangelien immer wieder abwechselnd liest, also nicht eines, sondern alle vier, und dann regelmäßig, sie immer wiederholt, dass sich in einem dann selbst ein seelisches Gleichgewicht einstellt.

Dann kommt ein sehr bewegendes Stück, Kapitel 5:

Und ich sah in der Rechten dessen, der auf dem Thron saß, eine Buchrolle, inwendig und auf der Rückseite beschrieben, versiegelt mit sieben Siegeln. Und ich sah einen starken Engel, der mit lauter Stimme rief: Wer ist würdig, das Buch zu öffnen und seine Siegel zu lösen? Und niemand im Himmel oder auf der Erde oder unter der Erde vermochte das Buch zu öffnen und hineinzuschauen. Und ich weinte sehr, weil niemand zu finden war, der würdig gewesen wäre, das Buch zu öffnen und hineinzuschauen. Und einer von den Ältesten sagt zu mir: Weine nicht! Siehe, den Sieg errungen hat der Löwe aus dem Stamm Juda, der Spross Davids; er kann das Buch und seine sieben Siegel öffnen. Und ich sah zwischen dem Thron und den vier Wesen, in der Mitte der Ältesten, ein Lamm stehen, das geschlachtet zu sein schien; es hatte sieben Hörner und sieben Augen - das sind die sieben Geistwesen Gottes, die in die ganze Welt hinausgesandt sind. Und es kam und empfing das Buch aus der Rechten dessen, der auf dem Thron saß. Und als es das Buch empfangen hatte, fielen die vier Wesen und die vierundzwanzig Ältesten vor dem Lamm nieder. Und jeder von ihnen hatte eine Harfe und goldene Schalen, voll Räucherwerk - das sind die Gebete der Heiligen. Und sie singen ein neues Lied: Würdig bist du, das Buch zu empfangen und seine Siegel zu öffnen, denn du bist geschlachtet worden und hast erkauft mit deinem Blut für Gott Menschen aus jedem Stamm und jeder Sprache, aus jedem Volk und jeder Nation. Und du hast sie für unseren Gott zu einem Königreich und zu einer Priesterschaft gemacht, und sie werden herrschen auf Erden. Und ich schaute und vernahm die Stimme vieler Engel rings um den Thron, die Wesen und die Ältesten, und ihre Zahl war Myriaden über Myriaden und tausend und abertausend, und sie verkündeten mit lauter Stimme: Würdig ist das Lamm, das geschlachtet ist, zu empfangen Macht und Reichtum und Weisheit und Kraft und Ehre und Preis und Lob. Und jedes Geschöpf im Himmel und auf der Erde und unter der Erde und auf dem Meer, und alles, was darin ist, hörte ich rufen:

Ihm, der auf dem Thron sitzt, und dem Lamm seien Lob, Ehre und Preis und die Herrschaft, von Ewigkeit zu Ewigkeit. Und die vier Wesen sprachen: Amen. Und die Ältesten fielen nieder und beteten.

Wenn wir uns bewusst sind, dass hier vom Lamm gesprochen wird, dem Einzigen, der die sieben Siegel öffnen kann, und wir dies auf den Menschen selbst beziehen, nicht auf die Zeit, nicht auf den Lauf der Zeit, sondern auf den Menschen selbst in seiner Einweihungsentwicklung, dann wissen wir, dass es das Lamm ist, das oberhalb der Nasenwurzel steht. Da ist das Lamm. Das ist die zweiblättrige Lotusblume, das ist die Entwicklung des reinen, sinnlichkeitsfreien Denkens, das durch Konzentration zur Substanz wird, durch die sich das Ich in ein höheres und ein niederes Selbst unterscheiden kann. Das ist es, was dort erreicht werden kann. Und diese Macht allein ist in der Lage, den Weg zu gehen, der hier beschrieben wird, nämlich die Öffnung der sieben Siegel des Buches.

Wir wissen aus dem esoterischen Wissen des Menschen, dass im tiefsten Chakra, tief im menschlichen Organismus, eine spirituelle Kraft verborgen ist, die für das Gute und für das Böse wirken kann. Sie darf nur befreit werden, wenn das Lamm diese Kraft holt. Auf eine andere Art und Weise wird die Macht nicht erreicht oder sollte nicht erreicht werden. In der esoterischen Literatur nennt man diese Macht das Kundalini-Feuer, auch die zusammengerollte Schlange, die dort in der Tiefe bleiben muss, dort wacht der Hüter an der Schwelle darüber, dass sie nicht hochkommt, denn wenn sie hochkommt, dann werden

Kräfte freigesetzt, die an den verschiedenen Chakren arbeiten, dann werden Siegel geöffnet, für die man nicht reif ist. Wenn sie von sich aus geöffnet würden, so würde eine Zerstörung des unvollkommenen Menschen stattfinden. Es ist eine Sicherung in der Einweihung, dass man keinen falschen Ratschlägen folgt, dass man weiß, was man tut, wenn man mit einem Einweihungsweg beginnt, dass man weiß, dass nur das Lamm die sieben Siegel öffnen kann. Und das Lamm ist hier oben, an der Stirn. Dies ist also die erste Sache, die entwickelt werden muss, und nicht etwas anderes. Und was ist es? Die Spiritualisierung des Denkens.

JM: Das finden wir auch bei der germanisch-keltischen Initiation, dass die große Weltschlange, dass sie verborgen bleiben muss. Odin, Wodan weiß die Weltenschlange stumm zu machen. Wenn sie freigesetzt wird, wird die Zerstörung stattfinden – was dann auch geschehen ist. Dann kam die Götterdämmerung.

MM: Ja, das ist es.

Wir können also wirklich schlussfolgern, dass im zwanzigsten Jahrhundert aus diesem vierblättrigen Chakra jene Weltenschlange befreit wurde, und dass dies einen Weltkrieg herbeigeführt hat, weil in einer sehr großen Gruppe von Menschen, die das wollten oder zugelassen haben, diese Kräfte befreit wurden, ohne das Lamm. Es kann nur das Lamm es richtig und sicher tun. Und das bedeutet: hier ist die erste Kraft, nirgendwo sonst, nicht dort, nicht hier, nicht dort, nicht dort, nicht dort, sondern hier. Das ist also etwas, was man sehr groß in sich einschreiben muss, man muss darüber meditieren. Und langsam spürt man, dass das Lamm zu einem kommt und dann kann einem geholfen werden, die Öffnung der Siegel zu ertragen, denn das ist etwas Großartiges, was dann passiert, das liest man in der Apokalypse, das sind enorm beeindruckende Vorgänge, die dort ablaufen und man braucht einen Beschützer, der auch weiß, wo es hingehen kann und wann man wieder eine Ruhepause braucht.

Und dann, wie ich schon sagte, fängt das Öffnen der Siegel an, nicht

411

in diesem untersten Chakra, also die Schlange bleibt liegen. Das erste Siegel, das geöffnet wird, ist das zweite, und so geht es weiter hoch, bis das Lamm erreicht ist, und dann geht man *mit dem Lamm* zum untersten Chakra, und von dort aus kann man zum Sieg und zur Vollkommenheit in dieser ersten Phase der Einweihung kommen, die man die Erleuchtung oder die Imagination nennen kann. Die Schwelle zur geistigen Welt überschreitet man noch nicht. Aber man hat den ersten Einblick in den seelischen Teil der geistigen Welt.

Es ist ein sehr schönes Bild, dass der geistige Körper eine siebensaitige Leier ist, die von Apollo bespielt wird, wobei Apollo der Vertreter des Logos ist und der Mensch dies allmählich selbst lernen muss. Er muss sich also so weit entwickeln, dass er sich selbst als siebensaitige Leier bespielen kann.

Dazu müssen vier Siege errungen werden. Der erste Sieg ist die Öffnung von sieben Siegeln, dann das Blasen von sieben Posaunen, dann das Entfachen von sieben Feuern, dann das Werfen von sieben Zornesschalen. Und so beginnen wir nun mit dem Lamm, das fähig ist, die Siegel zu öffnen.

Und ich schaute: Als das Lamm das erste der sieben Siegel öffnete, da hörte ich das erste der vier Wesen wie eine Donnerstimme sagen: Komm!

Und ich schaute: Und siehe, ein weißes Pferd, und der auf ihm saß, hielt einen Bogen, es wurde ihm eine Krone gegeben, und er zog als Sieger aus, um zu siegen.

Wir haben es hier mit der Öffnung des zweiten Chakras zu tun. Dort, wo Denken, Fühlen und Wollen in voller selbstbewusster Harmonie gehalten werden, mit der Kraft des dritten Auges, wodurch es möglich wird, die Kräfte der Erotik zu kontrollieren. Die Kräfte der Sexualität liegen im untersten Chakra. Später stellt sich heraus, dass es noch sehr lange dauern wird, bis es so weit ist, dass ein vollständiger Einblick in die Qualität der Gedanken, die durch Begierden erzeugt werden, entsteht. Erotische Fantasien zu haben, ist etwas, das immer wieder aufkommt und erst ganz zum Schluss, beim Fall von Babylon, endgültig abgelegt wird. Aber hier wird ein erster Schritt getan. Es entsteht ein imaginativer Einblick, wie man als Mensch steht, wie es einem geht. Aber in diesem sechsblättrigen Chakra ist in sich selbst die Kraft der höheren Vernunft am Werk, die schließlich zusammen mit dem Lamm den Sieg bringt.

Dann kommt das zweite Siegel, und das ist das Chakra, das mit den Begierden im Bereich des Plexus Solaris, dem Mars, zu tun hat.

Und als es das zweite Siegel öffnete, hörte ich das zweite Wesen sagen: Komm!

Und ein anderes Pferd kam hervor, ein feuerrotes; und dem, der auf ihm saß, wurde die Macht verliehen, den Frieden von der Erde zu nehmen, dass sie einander niedermetzelten. Und ein großes Schwert wurde ihm gegeben.

Hier sehen Sie also das imaginative Bild des dritten Chakras, das im Siegel als ein Buch mit Siegeln und Posaunen dargestellt ist und Quelle von Emotionen und Gefühlen ist, die eigentlich die gesamte spirituelle Entwicklung stören, weil sie aus einem natürlichen Drang, der auch aus früheren Inkarnationen stammt, kommen und den Willen geben, das zu tun und zu denken und zu fühlen, was man selbst will, und nicht das, was gut ist. Es ist die innerliche Disposition, auf dem Pferd vorwärts zu galoppieren, ganz in Rot, ohne jegliches Gefühl für die Umwelt, nur für sich selbst. Das ist dieser Punkt, und das muss man anschauen wollen. Das ist die imaginative Anschauung des Weges zum Sieg, den man vor sich sieht und wovon man zu spüren beginnt, dass es nur eine Heilung gibt, und das ist letztlich der Weg, der mit dem Lamm beginnt und schließlich zu Christus führt, der den heiligen Gral gibt.

Und als es das dritte Siegel öffnete, hörte ich das dritte Wesen sagen: Komm! Und ich schaute: Und siehe, ein schwarzes Pferd, und der auf ihm saß, hielt eine Waage in seiner Hand. Und ich hörte eine Stimme inmitten der vier Wesen sagen: Ein Maß Weizen für einen Denar! Und drei Maß Gerste für einen Denar! Doch dem Öl und dem Wein füge keinen Schaden zu!

Hier kommt die Imagination im Herz Chakra, wo der gewöhnliche Verstand, die gewöhnliche intellektuelle Aktivität gesehen werden muss. Und das ist das Messen und das Wägen, das ist das, was der Verstand ständig tut, ein Maß so viel für so viel, und ein Maß so viel für so viel. Aber es wird auch noch auf das Öl und den Wein hingewiesen, die nicht beschädigt werden dürfen, und das ist eine Verweisung zu etwas Höherem als dem messenden und wägenden Verstand. Es ist eine imaginative Sicht auf das Herz Chakra.

Und als es das vierte Siegel öffnete, hörte ich die Stimme des vierten Wesens, das sprach: Komm!

Und ich schaute: Und siehe, ein fahles Pferd, und der Name dessen, der auf ihm saß, war ‹Tod›, und die Unterwelt zog mit ihm einher, und es wurde ihnen die Macht gegeben über den vierten Teil der Erde, zu töten mit Schwert, Hunger und Pest und durch die wilden Tiere der Erde.

Hier haben wir die Anschauung des Kehlkopf-Chakras, wo schließlich das lebendige schöpferische Wort gesprochen werden könnte. Aber jetzt gibt es dort noch den Tod. Wie also das Herz-Chakra die Anschauung des intellektuellen Denkens ermöglicht, so sieht man hier, dass das Denken und Sprechen tot sind. Dies ist der Punkt, an dem Denken oder Wissen zwischen geistigem und intellektuellem Denken steht. Über ihm ist das Lamm und unter ihm der Intellekt.

Dann kommen wir zum Stirn-Chakra, der zweiblättrigen Lotusblume.

Und als es das fünfte Siegel öffnete, sah ich am Fuß des Altars die Seelen derer, die hingeschlachtet worden waren um des Wortes Gottes und um des Zeugnisses willen, das sie abgelegt hatten. Und sie schrien mit lauter Stimme:

Wie lange noch, Herrscher, Heiliger und Wahrhaftiger, zögerst du, zu richten und unser Blut zu rächen an denen, die auf der Erde wohnen?

Und einem jeden von ihnen wurde ein weißes Gewand gegeben, und es wurde ihnen geboten, sich noch eine kurze Zeit zu gedulden, bis auch ihre Mitknechte

und ihre Brüder, die wie sie getötet werden sollten, in die Vollendung aufge-
nommen würden.

Die Anschauung nimmt hier also einen ganz anderen Charakter an.
Zuerst hatten wir vier Pferde mit Reitern, jetzt sehen wir die Heiligen
in den weißen Gewändern unter dem Altar, die darauf warten, bis
endlich ihr Los gerächt wird - bis die Gerechtigkeit kommt. Und es
wird ihnen gesagt: Habt Geduld, erst müssen die anderen zu euch
kommen, und dann wird Gerechtigkeit herrschen. Wir schauen hier
also die zweiblättrige Lotusblume an, und sehen bereits einen Hauch
von Erlösung und Heiligkeit.

Und ich schaute: Als es das sechste Siegel öffnete, da gab es ein starkes Erdbeben,
und die Sonne wurde schwarz wie ein Trauergewand, und der ganze Mond
wurde wie Blut, und die Sterne des Himmels fielen auf die Erde wie die Win-
terfrüchte vom Feigenbaum, wenn er vom Sturmwind geschüttelt wird. Und der
Himmel verschwand wie eine Buchrolle, die man zusammenrollt, und jeder Berg
und jede Insel wurde von ihrem Platz gerückt. Und die Könige der Erde, ihre
Großen und ihre Befehlshaber, die Reichen und die Mächtigen und jeder, Sklave
wie Freier, verbargen sich in den Höhlen und in den Felsen der Berge, und sie
sagen zu den Bergen und zu den Felsen: Fallt auf uns und deckt uns zu vor dem
Angesicht dessen, der auf dem Thron sitzt, und vor dem Zorn des Lammes!

Denn gekommen ist der große Tag ihres Zorns. Wer kann da bestehen?

Dies ist der Punkt in der meditativen Entwicklung, an dem die
Imagination allmählich zur Inspiration wird. An dem Punkt, an dem
man eine meditative Übung gemacht hat, die lange Zeit, meist Jahre
dauert, an dem man zur Betrachtung der Chakren gekommen ist, an
dem man die imaginative Betrachtung des Hüters an der Schwelle hat,
denn das ist es, was beschrieben wurde, dann wird es möglich, mit der
Kraft des Lammes vom zweiblättrigen Chakra in das unterste Chakra
hinabzusteigen, aber dann sind alle Denkinhalte verloren. Da kann
kein Denkinhalt mehr bestehen, und dann fällt tatsächlich alles vom
Himmel, der Mond, die Sterne und die Sonne, alles fällt hinunter,
fällt weg, alles wird finster, es gibt kein Tagesbewusstsein mehr, und

man steigt mit der Kraft des Lammes in das untere Chakra hinab, wo die Schlange eingerollt liegt. Und diese Macht steigt dann auf, nicht endgültig, sondern als Erstaufstieg.

Natürlich muss man selbst ein wenig fähig sein, sich in diese Imaginationen hineinzufühlen, um aushalten zu können, dass man dies weiterhin als eine innere Apokalypse betrachtet, die sich also nicht wieder veräußerlicht, das tut es natürlich wohl, aber wir betrachten die Apokalypse als Initiationsliteratur, so wie wir sie jetzt verstehen. Wir müssen also unsere Vorstellungskraft nutzen, man muss mitmachen mit dem, was dort passiert, man hat die Reise entlang der verschiedenen Chakren imaginativ gemacht und ist zum zweiblättrigen Chakra gekommen, dann kommt dieser totale Untergang der Erde. Also das Verschwinden des Tagesbewusstseins für ein Viertel. Also nicht ganz. Und dann kommt der nächste Teil:

> *Danach sah ich vier Engel an den vier Ecken der Erde stehen, die hielten die vier Winde der Erde fest, damit kein Sturm über das Land hinwegfege noch über das Meer noch über irgendeinen Baum.*

> *Und ich sah einen anderen Engel vom Aufgang der Sonne her emporsteigen, der hatte das Siegel des lebendigen Gottes. Und er rief mit lauter Stimme den vier Engeln zu, denen aufgetragen war, Land und Meer zu zerstören, und sprach: Fügt Land und Meer und Bäumen keinen Schaden zu, bis wir die Knechte unseres Gottes mit einem Siegel auf der Stirn bezeichnet haben.*

> *Und ich vernahm die Zahl derer, die ein Siegel empfangen hatten, hundertvierundvierzigtausend waren es, die ein Siegel empfangen hatten, aus jedem Stamm der Söhne Israels.*

Und dann kommt die Offenbarung, welche Stämme es waren.

Es ist also eine Bedrohung da, man sollte nicht wagen den Weg zu gehen, wenn man nicht so weit gereinigt ist, dass man zu der Zahl derer gehört, die versiegelt werden. Sie sind die Diener Gottes. Und wenn man das nicht ist, dann sollte man das nicht wollen. Dann muss man zuerst dafür sorgen, dass man einer von ihnen wird. Dann geht man einfach wieder ins Leben zurück, ergreift andere Maßnahmen, damit man diesen Punkt gefahrlos erreichen kann.

Danach schaute ich: Und siehe, eine große Schar, die niemand zählen konnte, aus jedem Volk, aus allen Stämmen, allen Nationen und Sprachen. Die standen vor dem Thron und vor dem Lamm, bekleidet mit weißen Gewändern und mit Palmzweigen in den Händen.

Und sie rufen mit lauter Stimme:

Die Rettung steht bei unserem Gott, der auf dem Thron sitzt, und bei dem Lamm!

Und alle Engel standen im Kreis um den Thron und um die Ältesten und die vier Wesen, und sie fielen vor dem Thron auf ihr Angesicht, beteten zu Gott und sprachen:

Amen: Lob, Preis und Weisheit, Dank und Ehre, Macht und Kraft unserem Gott in Ewigkeit, Amen.

Und einer der Ältesten ergriff das Wort und sagte zu mir: Die mit den weißen Gewändern da, wer sind sie, und woher sind sie gekommen? Und ich habe zu ihm gesagt: Mein Herr, du weißt es. Und er sagte zu mir:

Das sind die, die aus der großen Bedrängnis kommen; sie haben ihre Gewänder gewaschen und sie weiß gemacht im Blut des Lammes. Darum sind sie vor dem Thron Gottes und dienen ihm Tag und Nacht in seinem Tempel, und der auf dem Thron sitzt, wird über ihnen ein Zelt aufschlagen. Sie werden nicht mehr hungern und nicht mehr dürsten, und weder die Sonne noch irgendeine Hitze wird auf ihnen lasten. Denn das Lamm in der Mitte des Thrones wird sie weiden und wird sie führen zu Quellen lebendigen Wassers, und Gott wird abwischen jede Träne von ihren Augen.

Wir waren bei den weißen Gewändern angekommen, das war der Anblick des zweiblättrigen Chakras, und mit ihm sind wir zum unteren Chakra hinabgestiegen, wo die Schlange liegt, und sie darf zum ersten

Mal aufsteigen. Aber wehe denen, die nicht Diener Gottes sind. Das wird dazwischen gesagt, bevor schließlich das siebente Siegel geöffnet wird, was dann ein vorläufiger Sieg ist. Dann entsteht also diese ganze imaginative Erleuchtung und macht den Übergang zur Inspiration. Der Übergang von der Imagination zur Inspiration ist der Übergang über die Schwelle. Da kommt man erst in die eigentliche Einweihung hinein, davor liegt die Betrachtung des eigenen Seins als Hüter an der Schwelle, das sind die Siegel, die geöffnet werden, danach entsteht eine erste unmittelbare Erkenntnis des Göttlichen und hier finden wir den Übergang.

Bei der Öffnung des siebenten Siegels wird es also möglich, diesen Übergang zur Inspiration zu vollziehen, man muss sich vorstellen, man ist bis hier, bis zu dem Lamm aufgestiegen, man steigt ab, die Sterne fallen vom Himmel, man bekommt die Warnung, dass es keine Drohung geben wird, wenn man ein Diener Gottes ist, man steigt zum höchsten Chakra auf. Und dort finden wir den Sieg dieser Stufe der Initiation.

Also nimmt die Kraft der zweiblättrigen Lotusblume die Kraft der Vollkommenheit an, die die Schlange in dreifacher Strömung ist, also einen Hauptstrom und sozusagen zwei Zeugen, die um sie herum aufsteigen, die werden geholt mit der Kraft des Lammes und können sich dann in dreifacher Strömung entfalten. Und dann erhält man im obersten Chakra einen Sieg dieser ersten Stufe der Initiation.

Und als es das siebente Siegel öffnete, trat im Himmel eine große Stille ein, etwa eine halbe Stunde lang.

Und ich sah die sieben Engel, die vor Gott standen, und es wurden ihnen sieben Posaunen gegeben.

Und ein anderer Engel kam und trat an den Altar. Der hatte eine goldene Räucherpfanne, und es wurde ihm viel Räucherwerk gegeben, dass er es mit den Gebeten aller Heiligen hinlege auf den goldenen Altar, der vor dem Thron stand.

418

Und der Rauch des Räucherwerks stieg mit den Gebeten der Heiligen aus der Hand des Engels empor vor Gottes Angesicht. Und der Engel nahm die Räucherpfanne und füllte sie mit dem Feuer vom Altar und warf es auf die Erde. Da erhob sich ein Getöse, Blitz und Donner, und die Erde bebte.

Das ist das Gleiche wie in den esoterischen Stunden, wo man eine Spaltung von Denken, Fühlen und Wollen bei dem Schwellenübertritt zu erwarten hat.

Der Weg wird viermal gegangen. Zuerst in der Spiritualisierung des Denkens (die Briefe), dann in der Imagination (die Siegel), dann die Inspiration (die Posaunen) und dann die Zornesschalen in der Intuition.

Aber jetzt haben wir den zweiten Weg vollendet. Wenn das siebente Siegel geöffnet wird, dann wird die höchste Lotusblume in die Aktivität gebracht und das ist ein erster Anfang des Schrittes von Jesus zu Christus. Das zweiblättrige Zentrum ist also Jesus, dieses unzählige blättrige Zentrum, das das Höchste ist, ist das Christus-Bewusstsein, in dem nicht nur der Gedanke vergeistigt und ihm Substanz verliehen wird, sondern er auch angeschaut wird. Das ist also die Erhebung, die nach dieser ganzen Reihe durch die Chakren bis hinauf zu der zweiblättrigen Lotusblume ganz nach unten und wieder zurück in die Höhe kommt, die in den Bereich des Sieges kommt, und es herrscht eine halbe Stunde der Stille. Und eine halbe Stunde ist im himmlischen Sinne sehr lang.

Es ist eine Phase in der Entwicklung, die nicht mit der Apokalypse endet. Dies wird von Rudolf Steiner auch sehr klar gesagt. Wenn diese Zeit erreicht ist, dann sind wir, auch wenn es sich um die große Apokalypse handelt, noch immer nicht in einer nächsten planetarischen Phase, sondern in einer folgenden Phase der irdischen Entwicklung. Aber es ist das Höchste, was tatsächlich auf Erden erreicht werden kann, und danach ist alles Wiederholung und auch Verfall, um letztendlich in einer nächsten Verkörperung der Erde in eine neue Entwicklung zu gelangen.

Man könnte sagen, dasjenige, was als Vollkommenheit in diesem ersten Stadium der Einweihung erreicht wird, ist, dass der Hellseher die Vollkommenheit in der Imagination erlangt. Das Zusammenwirken von dem dritten Auge und dem höchsten Chakra, wodurch das substantiell gewordene Denken angeschaut werden kann, wird imaginativ in der Lotusblume mit den unzähligen Blättern als die erste Stufe des Neuen Jerusalem anschaulich, die Auferstehungsleiblichkeit. Sie erscheint in der Vollkommenheit der Imagination zunächst als ein Diamant mit vielen Facetten, der nicht starr ist, sondern als flüssiger Diamant erscheint, der mit unendlich vielen Facetten glänzt. So wird das, was ein einförmiges Licht ist, in diesem Chakra zu einer unendlich gefärbten geistigen Welt, die man anschauen kann.

Und dann geht es über zum Hören, dann kommen die Posaunen, und das ist etwas, was in der Luft geschieht, nicht im Licht.

Nun fangen die Engel an, die sieben Posaunen zu blasen. Und dann müssen wir an die Inspiration denken. In der Inspiration wird ein sehr großer Teil unserer eigenen Inhalte zum Schweigen gebracht. Wir sind also viel weiter geläutert, als wir es zu Beginn der Imagination waren. Da gab es noch eine Menge Eigenheiten, die da hindurch kamen. Aber jetzt, da große Stille geherrscht hat, sind wir viel fähiger geworden sind, uns selbst zum Schweigen zu bringen und nur noch auf das zu hören, was das Göttliche uns zu sagen hat.

Und dann kommt natürlich ein großes Drama, das nicht ohne Kampf verläuft, in Gange. Und das ist der Charakter der Apokalypse, die Enthüllung, dass jeder Schritt, den man auf dem Weg zur Initiation unternimmt, von einem Prozess der Absonderung begleitet wird, in dem alles, was man nicht ins Geistige mitnehmen kann, zerstört werden muss. Und dieser Prozess der Zerstörung wird auf außerordentlich plastische Weise beschrieben. Er wird vollständig in physischen Bildern beschrieben, aber man muss in dieser Hinsicht sehen, so wie wir jetzt arbeiten, dass jedes Mal, wenn man die Chakras durchläuft, abgelegt werden muss, was noch als Rest der Eigenheit die störend eingreift, da ist.

420

Und der Erste blies die Posaune: Da gab es Hagel und Feuer, mit Blut vermischt, und es fiel auf die Erde nieder. Und der dritte Teil der Erde verbrannte, und ein Drittel der Bäume verbrannte, und alles grüne Gras verbrannte.

Wir befinden uns im Chakra, wo Denken, Fühlen und Wollen in Einklang gebracht werden müssen, und wir können den Hagel als das Ätherische, das Feuer als die Sonnenkräfte und das Blut als das Ich sehen. Ätherisch, astral und Ich.

Und man muss alles, ganz intensiv, zum Bild machen. Wenn man dann dieses Wissen, von dem hat, was das eigentlich ausdrücken will, dann wird das wirklich sehr stark und ergreifend, denn dann beginnt man zu begreifen, wie sehr der Mensch ein dreiteiliges Wesen ist, mit einer Mitte, die diese beiden Extreme überwinden will, die dort ständig die Macht ergreifen wollen und dass in all diesen Bereichen des Physischen, des Ätherischen, des Seelenlebens und des Selbst ihre Stimme und ihr Wirken gehört werden. Der Prozess: ist ständig anschauen und überwinden. Und das in verschiedenen Stadien und in diesen verschiedenen Stadien wird dasjenige, was frei wird immer reiner und wird das, was abfällt, immer intensiver und heftiger.

Die ganze Menschheit wird schließlich diese Apokalypse durchmachen, wenn man also jetzt damit beginnt, nach einer Initiation zu suchen, nimmt man das voraus, aber die ganze Menschheit macht das tatsächlich durch. Auch das muss man zu einem großen Teil vergeistigt sehen. Es hat natürlich auch seine irdischen Auswirkungen, dass Hagel und Blut und Feuer und so weiter wirklich auf die Erde geworfen werden und das Drittel der Bäume verbrannt wird. Aber dann, wenn man das alles innerlich erlebt hat, dann wird man das äußerlich nicht zu erleben haben. Nur, wenn es genügend Menschen gäbe, die bereit wären, all dies mit freiem Willen durchzuhalten, dann bräuchte das Äußere natürlich nicht mehr so heftig zu sein.

In der gnostischen Erklärung wird es als etwas sehr Schwarz-Weißes hingestellt, es ist das Gute, das herauskommt, und das Böse fällt ab und zerfällt und verschwindet tatsächlich. Während es im manichäischen und anthroposophischen Bild etwas ist, das der Mensch nicht will, das die anderen Menschen leiden, sondern er will selber jedes Mal wieder in dieses Elend zurückkommen, um so viele andere Menschen wie möglich mitzunehmen. Das ist also ein sehr großer Unterschied, ob man es tatsächlich als einen Prozess ansieht, den jeder Mensch durchlaufen muss, und wo es nun einmal leider Abfall gibt, oder ob man das, was abfällt, auch als einen wertvollen Teil der Menschheit sieht, wo man in sich den Willen verspürt, zurückzugehen und zu helfen, es in die andere Richtung zu bringen. Wie wir in Rudolf Steiners Mysteriendramen sehen können, wo sehr deutlich dargestellt wird, dass das, was man ablegt, dass man das tatsächlich transformieren muss, und dass man das nicht als ein Überbleibsel ansehen darf, mit dem der andere fertig werden muss, oder dass man es als ein Überbleibsel hinterlässt, das schließlich untergehen muss, sondern dass man mit ihm verbunden bleibt und dass man es umwandelt, dass man alles, was man je getan hat, umwandelt, dass man sich nicht einfach davon befreit, sondern dass man es umformt.

Man muss nicht nur sehen, was man an Potenzial hat, was möglich ist, sondern man muss auch sehen, was abgeworfen wird. Davon will man die Menschheit befreien.

JM: Es gibt eine Sage über Parzival.

Jeder Schüler des Titurel kann den Namen Parzival tragen, denn er ist ein Gesamtname. Es soll die Geschichte von einem solchen Parzival erzählt werden.

Ein Parzival hatte durch lange Meditationen und Konzentrationen seine Seele von allen irdischen Wünschen und Selbstsüchten gereinigt.

Er war ein Katharer und stand fromm und rein vor seinem Meister Titurel. Dieser sagte ihm, dass alle die Kräfte, die Parzival sich durch seine langjährige Meditation und Konzentration erworben hatte, jetzt dazu verwendet werden sollten, sich selbst zu erfühlen.

Er musste zunächst das Opfer des Intellekts vollbringen.

Indem Parzival sich dazu anschickte und alle Kräfte, die er durch die langen Übungen erworben hatte, anstrengte, gelang es ihm, sein höheres Ich herauszuheben.

Er stand sich selbst gegenüber. Dann erlebte er, was in folgender okkulter Schrift niedergelegt ist: Parzival sah sein Wesen wie in einem Symbolum.

Vor seinen Augen verschwand die physische Umgebung und verwandelte sich in das Bild eines Pflanzenbaumes, so groß wie die Erde. Er war voll aufsteigender Säfte, und oben spross, als Blüte, eine wundervolle Lilie hervor. Während nun Parzival im Anschauen derselben versunken war, hörte er hinter sich eine Stimme, welche die Stimme von Blanchefleur war, die sich in der Lilie symbolisierte, die sprach: «Das bist du».

Die Lilie war zwar herrlich und rein geformt, aber sie strömte einen starken Duft aus, der auf Parzival abstoßend wirkte.

Und es war ihm klar, dass dieser Duft alles das symbolisierte, was er durch die Katharsis aus sich herausgesetzt hatte, und dass dieser ihn nun wie eine Atmosphäre umgab. Er verstand daraus, dass das Niedere, das er abgelegt hatte, nicht vernichtet war, sondern in der Umgebung der Lilie war.
Er lernte, dass er das alles wieder in sich hineinnehmen muss, um umzuwandeln diesen Geruch der Lilie. - In dieser Erkenntnis sah er den Baum welken, das Symbolum verschwand, und es wurde finster.
Nach einiger Zeit erstand dem Parzival aus der Finsternis ein zweites Symbolum: ein schwarzes Kreuz mit roten Rosen umrankt.
Der Baum, umgewandelt in das schwarze Holz des Kreuzes, und die duftenden Rosen, erstanden durch die Hingabe des Lebens der weißen Lilie. Und hinter Parzival sprach die Stimme von Flore, deren Symbol die roten, in sich gekräftigten Rosen waren: «Das werde du.» Der Geruch war verschwunden, die Rosen hatten ihn aufgesogen. Parzival sah, dass die Reinigung nicht genügte. Er sah, dass er sein niederes Ich an das schwarze Kreuz schlagen müsse, damit die Rosen erblühen.[8]

---

[8] Rudolf Steiner, GA 266a, S.513 f.

Etwas dergleichen ist die Gemeinschaft der Essener. In der Zeit, als Jesus, also bevor er Christus wurde, auf der Erde war, wollte er auch an der Gemeinschaft der Essener teilnehmen. Es war eine hoch entwickelte geistige Gesellschaft, aber dort erlebte er, dass jene Menschen innerhalb der Mauern der Gebäude, die sie hatten, wo sie wie Brüder zusammenlebten, sich von den Menschen um sie herum, dem jüdischen Volk, trennten, eine Ausnahmestellung hatten, also eigentlich nicht mehr an den Bedürfnissen der Menschen teilnahmen. Er ging dort hinein, lebte dort eine Zeit lang und sagte, dass das doch falsch sei. Aufgrund bestimmter Bilder, die er von den Gegenmächten sah, schlossen sie diese Gegenmächte aus, aber sie sind dann irgendwo anders doch da. Für die anderen Menschen arbeiten sie weiter. Darunter hatte er sehr gelitten.

Und der zweite Engel blies die Posaune: Da stürzte etwas wie ein großer, feuriger Berg ins Meer, und der dritte Teil des Meeres wurde zu Blut.

Und es starb ein Drittel der Geschöpfe, die im Meer lebten, und ein Drittel der Schiffe wurde zerstört.

Wir haben also zuerst die Erde, das ist das zweite Chakra, das Chakra der höheren Vernunft, wo Denken, Fühlen und Wollen in Harmonie miteinander kommen müssen. Dann kommt das Chakra der Begierden, dieses wird als ein großer Feuerberg ins Meer geworfen. In dieser Hinsicht ist in der Apokalypse das Meer immer das Abbild des Astralen.

Und der dritte Engel blies die Posaune: Da fiel ein großer Stern vom Himmel, brennend wie eine Fackel, und er fiel auf ein Drittel der Flüsse und auf die Wasserquellen.

Und der Name des Sterns lautet ‹Wermut›, und der dritte Teil des Wassers wurde zu Wermut. Und viele Menschen starben, weil das Wasser bitter geworden war.

Hier haben wir also das Herz-Chakra, wenn es um die Reiche und die Wasser geht, die jedes Mal das Leben symbolisieren.

Und der vierte Engel blies die Posaune: Da wurde der dritte Teil der Sonne weggeschlagen, und der dritte Teil des Mondes und ein Drittel der Sterne, so dass ein Drittel von ihnen finster wurde und der Tag zu einem Drittel sein Licht verlor, und so auch die Nacht.

Und ich schaute: Und ich hörte einen Adler, der hoch oben am Himmel flog, mit lauter Stimme rufen: Wehe, wehe, wehe denen, die die Erde bewohnen, wenn dann die Posaunen der drei Engel ertönen, die noch blasen werden!

Der vierte Engel, der sich bereits im Kosmos befindet, ist also das Kehlkopf-Chakra, und dann wird vor der fünften, sechsten und siebten Posaune gewarnt. Dann wird ein gewaltiges Drama in Gang gesetzt. Wir werden das heute Nachmittag betrachten. Es kommt sehr stark zur Erfahrung, dass man jetzt im Bereich der Inspiration ist, wo das göttliche Wort gehört wird, und wo entlang der verschiedenen Chakren, jedes Mal eine Lösung gebracht wird, die auch mit Absonderung, mit Zerstörung einhergeht. Man legt also etwas ab und steigt weiter hinauf.

DRITTE STUNDE
Baarle-Nassau, 08.12.2018

Es wird eine sehr intensive Veranstaltung, wobei auch unglaublich viele Details angeführt werden sollten, und das kann man nicht an einem Nachmittag machen, um das wirklich Schritt für Schritt zu zeigen. In gewisser Weise muss ich also einen Teil weglassen. Aber wenn wir nur diese vier Reisen durch die Chakren machen können und die unglaublich starken Auswirkungen erleben können, dann haben wir schon viel getan.

Wir haben die vier Posaunen gehört.

Dann kommt die fünfte Posaune, die die zweiblättrige Lotusblume aktiviert. Es wird beschrieben, wie dort eine Heuschreckenplage freigesetzt wird. Wenn man Rudolf Steiners Vorträge über die Apokalypse vor den Priestern liest, dann beschreibt er sie als die Plagen, die wir in unserer Zeit erleben müssen, weil ganze Horden von Menschen auf die Erde kommen, die kein Ich haben und eigentlich nur mit dem gewöhnlichen Denken, Fühlen und Wollen begabt sind. Das ist eine sehr schwierige Sache, denn wenn man nicht die Gabe des Hellsehens und Hellhörens hat, dann würde ich nicht riskieren, ohne Hellsehen, je zu sagen, dass jemand kein Ich hat - aber das wird natürlich wohl gemacht. Wenn wir von anderen sprechen, ist das natürlich sehr schwierig. Hier geht es jedoch um uns selbst. Das ist eine andere Sache, und dann kann man sagen, eigentlich hat sich bei uns ein rein spirituelles Denken zu einer großen Stärke zu entwickeln, aber stattdessen gibt es ein passives Denken, das gleichsam ichlos ist. Alles, was wir als Gedanken erzeugen, wo wir nicht mit unserem Ich dabei sind, also, was so einfach an Gedanken aufsteigt, wo das Ich nicht der Initiator oder der Führer ist, können wir als zu dieser Heuschreckenplage gehörend betrachten.

Und in unserer Zeit sehen wir, zumindest als wir in der Hausarztpraxis

427

und später noch als Ärzte tätig waren, dass es in der Psychologie viel zu tun gab und gibt durch die Erkenntnis, dass man mit seinen Gedanken viel emotionales Elend hervorrufen oder auch beruhigen kann, und dieses liegt auch in diesem Bereich. Es ist also bekannt, dass man eine ganze Armee von emotional evozierten Gedanken haben kann, die einen dann wie Heuschrecken quälen. Sie schaden uns. Das sind also Gedanken, die in uns aufkommen, weil wir nicht mit unserem Ich dabei sind. Wenn wir mit dem Ich dabei sind, kann so etwas nie passieren. Aber weil man die Gedanken einfach gehen lässt - und das hat mit innerer Faulheit zu tun - kommt von diesem Denkpunkt aus nicht die Heiligkeit des Lammes, sondern eine ganz andere Form des Denkens, und so könnte man das eine Heuschreckenplage nennen.

Die ‚durch-ichte‘ Denkweise, die also die heilige Form in diesem fünften Bereich der Chakren, in der zweiblättrigen Lotusblume ist, also jene heiligen Gedanken, die sind fähig alle vier Kräfte - das waren die vier Engel, die die Kräfte an den vier Ecken der Erde hielten – jetzt frei zu setzen. Und die Folge ist, dass der heilige substantielle Gedanke nun in die Tiefe hinabsteigen kann, um die Schlange, die dort einge- rollt liegt, das Kundalini-Feuer, ein zweites Mal hinaufkommen zu lassen.

Dies geht Hand in Hand mit einer sehr großen Gewalttätigkeit von Reitern, die in Panzerung galoppierend herankommen. Wenn man versucht, sich das vorzustellen, ist es erschreckend. Die Reiter tragen rot, hellblau und schwefelgelb. Und diese Farben erkennt natürlich jeder, der die esoterischen Stunden Rudolf Steiners kennt, als die drei Farben der Tiere, die der Mensch in sich trägt, durch die er nicht zum geistigen Denken kommt.

So sind wir mit dem Klang der Posaunen zum heiligen Chakra gekommen, und nun mag die Kundalini-Kraft, die Schlangenkraft, als Inspiration aufkommen, um die zweite Phase der Einweihung zu geben.

Man sieht es öfter auf Zeichnungen in der orientalischen geistigen

428

Literatur, dass die sieben Chakren gezeichnet werden, und dass die Schlange dann im Doppel, eigentlich als Merkurstab so um den Stab herum läuft, bis sie hier und da sich auflöst. So wird dann in der Gnosis besonders gesagt, dass Jesus mit dem Merkurstab das christliche Bewusstsein erweckt. Die Kraft des Nous, der hier sitzt (Stirn), geht nach unten und nimmt dann das Schlangenfeuer nach oben, entlang der Chakren, erweckt in allen Chakren das, was erweckt werden kann, und kommt dann schließlich zu dem siebten, wo der Sieger lebt, der dann in der zweiten Form erscheint.

Doch bevor das passiert, findet das eine und andere statt. Das erste, was geschieht, ist das Bild des vierten Chakras, nämlich des Engels mit dem Buch. Hier in der Apokalypse kann man alles auf vielerlei Weise deuten. In der Deutung von heute sehen wir im vierten Apokalyptischen Siegel dasjenige, was sich im Herz-Chakra offenbart.

Und ich sah einen anderen starken Engel vom Himmel herabsteigen, bekleidet mit einer Wolke. Über seinem Haupt stand der Regenbogen, und sein Angesicht war wie die Sonne, und seine Füße waren wie Feuersäulen. In seiner Hand hielt er ein kleines Buch, das geöffnet war. Und er setzte den rechten Fuß auf das Meer, den linken aber auf das Land. Und er rief mit lauter Stimme, so wie ein Löwe brüllt. Und als er rief, erhoben die sieben Donner ihre Stimme.

Als die sieben Donner gesprochen hatten, wollte ich es aufschreiben. Doch ich hörte eine Stimme aus dem Himmel sagen: Versiegle, was die sieben Donner gesagt haben, und schreib es nicht auf!

Und der Engel, den ich auf dem Meer und auf dem Land stehen sah, hob seine rechte Hand zum Himmel empor und schwor bei dem, der in alle Ewigkeit lebt, der den Himmel geschaffen hat und was unter ihm ist und die Erde und was auf ihr ist und das Meer und was in ihm ist:

Es wird keine Zeit mehr geben, vielmehr wird in den Tagen, da die Stimme des siebten Engels erklingt, wenn er die Posaune bläst, auch das Geheimnis Gottes vollendet sein, wie er es seine Knechte, die Propheten, hat verkündigen lassen.

Und die Stimme, die ich aus dem Himmel vernommen hatte, redete wiederum mit mir, und sie sprach: Geh, nimm das Buch, das geöffnet in der Hand des Engels liegt, der auf dem Meer und auf dem Land steht. Und ich ging hin zu dem Engel und bat ihn, mir das Büchlein zu geben. Und er sagt zu mir: Nimm und iss es! Es wird deinen Magen bitter machen, aber in deinem Mund wird es süß sein wie Honig.

Und ich nahm das Büchlein aus der Hand des Engels und aß es. Und in meinem Mund war es wie süßer Honig; doch als ich es gegessen hatte, wurde es mir bitter im Magen. Und mir wurde gesagt: Noch einmal sollst du weissagen über Völker und Nationen, über Sprachen und viele Könige.

Hier haben wir den Punkt, an dem sich das Herz-Chakra wirklich öffnet. Und wir haben schon einmal gesehen, dass man, wenn man sich im Herzen mit intellektuellem Denken beschäftigt, auf der einen Seite zur Vergeistigung des Denkens kommen kann und auf der anderen Seite zur Materialisierung des Denkens neigt, wo Sympathie und Antipathie die Natur des Denkens bestimmen. Also hier haben wir die Mitte zwischen diesen beiden Kräften zwischen Tod und Leben im Denken, die wir im Herzen natürlich physisch haben, weil darin ein sauerstoffreiches Blut kommt und auch ein sauerstoffarmes Blut. Das sauerstoffarme Blut steht also für den Tod, und das sauerstoffreiche Blut steht für das Leben. Und man kann nur auf der Grundlage des sauerstoffarmen Blutes, auf der Grundlage des Todes, mit dem Verstand denken. Wir haben kein Bewusstsein, wenn das Leben zu stark wird, dann schlafen wir ein, oder werden vage im Bewusstsein, aber die Klarheit des intellektuellen Denkens verdanken wir eigentlich dem Tod. Das, was in unserem Körper Kohlendioxid ist, gibt uns die Fähigkeit, intellektuell zu denken. Man kann sich auch vorstellen, dass intellektuelles Denken dann auch das Kohlendioxid produziert, man kann umgekehrt denken und dann verstehen, warum der Mensch der größte Umweltverschmutzer ist. Das intellektuelle Denken atmen wir fortwährend aus, und das ist vielleicht noch schlimmer als das, was die Autos oder die Flugzeuge oder die Industrie produzieren. Wir können nicht sagen, wir hören auf zu atmen, das ist etwas für die Zukunft, wenn der Stein der Weisen entwickelt wird.

Aber das alles liegt in diesem Bereich.

Wir haben also das Zusammentreffen des sauerstoffreichen und des sauerstoffarmen Blutes. Das sauerstoffarme Blut kommt aus den Organen, das Sauerstoffreiche kommt aus den Lungen, das sind natürlich auch Organe, die für sich wiederum Sauerstoff brauchen.
Das sauerstoffarme Blut kommt also aus den Organen, weil sie den Sauerstoff verbrauchen, nur die Lungen haben die Fähigkeit, das sauerstoffarme Blut durch Atmen sauerstoffreich zu machen. Das sauerstoffreiche Blut aus der Lunge strömt zum Herzen und dann weiter zu den Organen.

Wenn wir die richtige Richtung kennen, und die haben wir jetzt, dann sind wir so weit in der Initiation, dass wir das intellektuelle Denken in spirituelles Denken umgewandelt haben. Dann können wir mit Hilfe dieses Chakras in der Akasha-Chronik lesen lernen. Was ist das Buch, in dem alles niedergeschrieben ist, was über uns geschrieben steht, und das sind einerseits natürlich sehr schöne Dinge, aber bei der ,Verdauung' davon können wir uns vorstellen, dass es doch auch Bitteres enthält.

Wir müssen merken, dass dieses zum Blasen der sechsten Posaune gehört.

Beim sechsten Siegel hatten wir das Intermezzo, dass die vier Engel an den vier Ecken der Erde standen und den Atem anhielten, weil es noch eine Befreiung aller leidenden Seelen geben musste, die für den Herrn litten.

Nun, bei der sechsten Posaune, geschieht etwas Beunruhigendes, und jetzt sind es genau diese, die Engel, die jetzt die Winde loslassen. Und nun beginnt die nächste Phase der Entwicklung.

Und dann kommt ein sehr schöner Teil, nämlich das Messen des Tempels, bei dem der Ruf ergeht, genau die Größe des Tempels zu messen, nicht den Vorhof, sondern den Tempel selbst.

Wenn man das als Imagination sieht, dann kann man eigentlich sagen, dass man es mit dem höchsten Teil der Chakren zu tun hat, also hier, das ist der Tempel, und dass in diesem Teil – bildlich natürlich – die Maße der zweiblättrigen Lotusblüte und der unendlich-blättrigen Lotusblüte gemessen werden müssen. Und dass, wenn das Bewusstsein für diese Maße entstanden ist, dann mit der Kraft des Nous, des Lammes, das nun in der Inspirationsphase lebt, in der wir uns jetzt befinden, die Seele herabsteigen kann und dann aufs Neue die Schlange emporgehoben werden kann. Es ist also tatsächlich genau derselbe Punkt, an dem zwischen dem sechsten und siebten Siegel das Gleiche geschah, aber noch imaginativ.

Da liegt der Punkt, dass die Entwicklung so weit gekommen ist, dass die Kraft der Schlange dort unten diese drei Pole hat, also zwei Zeugen und eine mittlere Kraft, dass sie aus dem Rückenmark aufsteigt und dass sie nur dort sein kann, wenn sie ein höheres Bewusstsein hat.

Sobald man mit der Meditation aufhört, zieht sich die Schlange nach unten zurück und bleibt ruhig, nur im Meditationsleben holt man sie sozusagen mit der inspirativen Kraft der zweiblättrigen Lotusblume auf.

Was hier als erster Hinweis kommt, ist, dass das, was in der Frau mit der Sonne bekleidet, unbefleckt empfangen wird, (dieses Chakra, das Kehlkopf-Chakra), allmählich zu einer wahren Geburt wird, weil die Substanz der Frau, der Mutter aller Materie, für den Bau des Neuen Jerusalem verwendet werden kann. Der Tempel wird gemessen und im Tempel war das Innere des Tempels, in dem sich die Bundeslade befand. Und wenn man so mitfühlt, bekommt man mehr und mehr das Bewusstsein, dass jene Bundeslade, die dort im Tempel verborgen ist, zu der man nun langsam hinzuzukommen beginnt, die geistige Wiedergeburt ist, der Auferstehungsleib, der sozusagen im Gehirn geboren wird, aber dann natürlich nicht aus physischer Substanz, nicht aus Organsubstanz, sondern aus geistiger Denksubstanz, die keine unreinen oder irdischen Gedanken mehr enthält. Vollkommene Reinheit, die natürlich in der Weihnachtsgeschichte, die in Maria als unbefleckte Empfängnis dargestellt wird, vertreten ist. Aber hier haben wir das, was jeder Mensch letztlich erleben kann, nämlich dass der Gedanke sich von allen irdischen Sinnesbegierden und Eigenschaften gereinigt hat, dass er im zweiblättrigen Chakra die Kraft des Gedankens erhält, dass er zur Substanz wird, und dann im Epiphysen-Chakra vollendet wird zur Bundeslade. In der ersten Runde wurde hier der Diamant in vielen Facetten gefunden, der aber jetzt mehr und mehr als Bundeslade erlebt wird und in Richtung des Auferstehungsleibes geht, das schließlich am Ende der Apokalypse eine Tatsache wird.

Wenn man auf diese Weise graduell und in immer stärkeren Wehen zur Geburt kommt, dann bekommt man auch die Gefühle von sehr großer Zurückhaltung und Vorsicht und Annäherung an diese Texte, die da sein sollen.

Wir sind ständig in der Polarität. Auf der einen Seite gibt es die Befreiung vom Stoff und der Begierde, und auf der anderen Seite das Verfallen daran. Ich hoffe, dass wir es behalten können, wir sind jetzt dort, wo die sechste Posaune erklungen ist, dann erscheint der Engel mit dem Buch und dann wird der Tempel gemessen und erscheinen die beiden Zeugen. Sie werden tatsächlich als Zeugen der Apokalypse beschrieben. Wenn wir also auf das Bild der Einweihung schauen, dann kommen diese beiden Schlangen als Zeugen durch diese geistigen Zentren bis zum Kopf um das Rückenmark herum und teilen sich dort in drei Richtungen auf.

Es ist in der Bibel wie folgt geschrieben:

Und es wurde mir ein Messrohr gegeben, einem Stab gleich, und jemand sagte zu mir: Steh auf und miss den Tempel Gottes und den Altar und die dort anbeten. Den Vorhof des Tempels aber lass aus, miss ihn nicht! Denn er ist den Völkern übergeben, und sie werden die heilige Stadt mit Füßen treten, zweiundvierzig Monate lang.

Wenn Sie also das Bild des Tempels hier haben, mit der Entwicklung eines reinen spiritualisierten Denkens, dann ist der Vorhof nicht dabei, er gehört nach außen, er gehört nicht dorthin.

Und ich werde meine zwei Zeugen beauftragen, und sie werden weissagen, in härene Kleider gehüllt, zwölfhundertsechzig Tage lang.

Dies sind die beiden Ölbäume und die beiden Leuchter, die vor dem Herrn der Erde stehen.

Wenn ihnen jemand Schaden zufügen will, fährt Feuer aus ihrem Mund und verzehrt ihre Feinde. Wer immer ihnen Schaden zufügen will, wird auf diese Weise umkommen!

Sie sind es, die die Macht haben, den Himmel zu verschließen, dass kein Regen fällt in den Tagen, da sie weissagen, und sie haben Macht über die Wasser, sie in Blut zu verwandeln, und sie können die Erde schlagen mit jeglicher Plage, so oft sie wollen.

Und wenn sie ihren Auftrag als Zeugen erfüllt haben, wird das Tier, das aus dem Abgrund heraufsteigt, mit ihnen Krieg führen und sie besiegen und töten.

Und ihre Leichen werden liegen bleiben auf der Straße der großen Stadt, die geistlich verstanden ‹Sodom und Ägypten› heißt, da, wo auch ihr Herr gekreuzigt worden ist.

Und es sehen die Menschen aus den Völkern und Stämmen, aus den Sprachen und Nationen die Leichen dreieinhalb Tage lang; und sie lassen es nicht zu, dass die Leichen bestattet werden. Und die auf der Erde wohnen, freuen sich darüber und feiern ein Fest, und sie werden einander Geschenke schicken, denn die beiden Propheten sind den Bewohnern der Erde zur Plage geworden.

Nach den dreieinhalb Tagen kam von Gott her der Lebensgeist in sie, und sie stellten sich auf ihre Füße, und große Furcht kam über die, die es sahen.

Und sie hörten vom Himmel her eine laute Stimme zu ihnen sagen: Kommt

434

herauf! Da fuhren sie in der Wolke in den Himmel empor, und ihre Feinde sahen es.

Und in jener Stunde gab es ein starkes Erdbeben;

ein Zehntel der Stadt stürzte ein, und siebentausend Menschen kamen um bei dem Erdbeben. Und die Überlebenden wurden von Furcht ergriffen und gaben dem Gott des Himmels die Ehre.

Die zweite Wehe ist vorüber. Siehe, die dritte Wehe kommt bald.

Dies ist der Aufstieg der Kundalini, der hier beschrieben wird. Und dann kommt die Vervollkommnung der Inspiration.

Und der siebte Engel blies die Posaune: Da ertönten im Himmel laute Stimmen, die riefen:
Nun gehört die Herrschaft über die Welt unserem Herr
und seinem Gesalbten,
und er wird herrschen von Ewigkeit zu Ewigkeit.
Und die vierundzwanzig Ältesten, die vor Gott auf ihren Thronen sitzen, fielen nieder auf ihr Angesicht und beteten zu Gott:

Wir danken dir, Herr, Gott, Herrscher über das All,
der da ist und der da war,
dass du deine große Macht ergriffen
und die Herrschaft angetreten hast.
Die Völker sind zornig geworden,
doch da ist dein Zorn gekommen
und die Zeit, die Toten zu richten
und den Lohn zu geben deinen Knechten, den Propheten und Prophetinnen,
und den Heiligen und denen, die deinen Namen fürchten,
ob klein oder groß,
und zu vernichten, die die Erde zerstören.
Und es tat sich auf der Tempel Gottes, der im Himmel steht, und die Lade seines Bundes wurde sichtbar in seinem Tempel. Und es entstand ein Getöse, Blitz und Donner, Erdbeben und heftiger Hagel.

Wenn man dies so aufnimmt und es auf diese Weise verstehen lernt, dass es eine dreifache Bedeutung hat, nämlich in der Zeit doppelt und im Raum einmal als Offenbarung des Menschen selbst, ja, dann ist es an der Zeit, dass wir lernen, das Gefühl in Bewegung zu setzen, indem wir diesen Dingen zuhören. Wenn man es nur intellektuell liest, dann ist es eigentlich etwas Verrücktes. Man muss wirklich versuchen, dem mit dem Gemüt zu folgen. Und wenn man sich dann bewusst wird, worum es wirklich geht, dann, ja, dann befindet man sich tatsächlich in einer grandiosen Symphonie, auf dem Weg zu einer fast absoluten Glückseligkeit. Aber vorher gibt es große Kämpfe, so wie es sie in den Symphonien auch oft gibt, bevor die Lösung in der Musik kommt. Das geht durch unglaublich starke Schwierigkeiten mit Blitz und Donner und Tod und Zerstörung und Blut und Krieg hindurch. Aber in diesem Fall müssen wir die ganze Zeit wie in einem Kampf mit uns selbst sein. Wir befinden uns auf diesem Weg in der Enthüllung des höheren Selbst, denn das ist es, was es wirklich ist, wir befinden uns ständig in einem gewaltigen Prozess der Trennung zwischen dem, was das eigentliche ewige Wesen ist, und dem, was vorübergehend ist. Und die Sehnsucht nach dem, was vorübergehend ist, ist unglaublich stark. Und auch die Angst vor dem, was dauerhaft ist.

Nun, dieses Gefühl der Realität ist auf fantastische Weise hier drin, und wir müssen es herausholen, indem wir uns so intensiv wie möglich damit verbinden. Und während die Öffnung der Siegel viel mehr einen visuellen Charakter hat, hat dies jetzt einen fühlenden, hörenden Charakter, so dass man eigentlich versuchen muss, mit dem Hören und Fühlen mitzugehen.

Teilnehmer: Darf ich eine Frage stellen? Die Schlangen sind drei Pole, die mittlere und diese zwei Zeugen. Sind diese ahrimanisch und luziferisch?

MM: Nein, das sind wirklich die guten Kräfte, obwohl sie schlimm wirken können, wenn sie nicht richtig behandelt werden. Es ist die hellsichtige und hellhörende und auch intuitive Kraft. Man muss weit entwickelt sein, bevor sie hochkommen dürfen.

Es sind also die Freisetzungen der höheren Mächte in den Chakren.

Teilnehmer neu: Aber konkreter kann das nicht sein, welche Art von Kraft ist das, welche Qualität?

MM: Das liegt in der Gesamtheit verborgen. Als ich anfing, habe ich den Menschensohn als ein Bild der sich bewegenden Planeten im Makrokosmos bezeichnet, dann konnten wir in den Briefen, die die Charakteristiken der Chakren sind, sehen, dass es einen Lauf vom Saturn im Makrokosmos, wie im Mikrokosmos, zum Mond gibt, dann können wir diese Zeugen als die beiden wandelnden Besucher dieser verschiedenen Orte interpretieren, die in uns anwesend sind und die dort jedes Mal das Tor öffnen, so dass das, was dort verborgen ist und was deshalb nur in der Einweihung offenbar werden darf, öffentlich wird.

Dann erreichen wir das Kehlkopf-Chakra. Das ist eine große Sache. Wir waren zuvor dort (weist auf die apokalyptischen Siegel, die im Raum aufgestellt worden sind) bei dem Engel und dem Büchlein (4. Siegel), bei den Siegeln und den Posaunen waren wir dort (3. Siegel), bei dem Bild der vier Tiere und den vierundzwanzig Ältesten um den Thron herum dort (2. Siegel), und bei den sieben Gemeinden, bei den Briefen dort (1. Siegel). Und jetzt sind wir hier angekommen, beim 5. Siegel, und hier ist die Frau, die mit der Sonne bekleidet ist und von dem Drachen bedroht wird. Und dann sind wir im Bereich des Kehlkopfes. Aber wir befinden uns immer noch im Übergang von der siebten Posaune zum nächsten Läuterungspfad, der ebenfalls sieben Schritte umfasst. Das liegt hier also dazwischen.

Und es erschien ein gewaltiges Zeichen am Himmel. eine Frau, bekleidet mit der Sonne, und der Mond unter ihren Füßen, und auf ihrem Haupt ein Kranz von zwölf Sternen.

Sie war schwanger, und sie schrie in den Wehen und Schmerzen der Geburt. Und ein anderes Zeichen erschien am Himmel: Siehe, ein Drache, groß und feuerrot, mit sieben Köpfen und zehn Hörnern, und auf seinen Köpfen sieben Diademe.

Und sein Schwanz fegte ein Drittel der Sterne des Himmels hinweg, und er schleuderte sie auf die Erde. Und der Drache stand vor der Frau, die gebären soll, um ihr Kind zu verschlingen, sobald sie es geboren hätte.

Da gebar sie einen Sohn, einen Knaben, der alle Völker weiden wird mit eisernem Stab; und ihr Kind wurde zu Gott entrückt, zu seinem Thron.

Und die Frau floh in die Wüste, wo sie einen Ort hat, der ihr auf Gottes Geheiß bereitet worden ist; dort soll sie mit Nahrung versorgt werden, zwölfhundertsechzig Tage lang.

Und es brach ein Krieg aus im Himmel: Michael und seine Engel kämpften mit dem Drachen. Und der Drache und seine Engel nahmen den Kampf auf, doch er vermochte sich nicht zu behaupten, und es gab für sie keinen Platz mehr im Himmel. Und hinabgeworfen wurde der große Drache, die alte Schlange, die auch Teufel oder Satan heißt und den ganzen Erdkreis verführt. Und er wurde auf die Erde geworfen, und seine Engel wurden mit ihm hinabgeworfen.

Und ich hörte im Himmel eine mächtige Stimme rufen:

Jetzt ist erschienen das Heil und die Kraft
und die Königsherrschaft unseres Gottes
und die Vollmacht seines Gesalbten.
Denn hinabgeworfen ist der Ankläger unserer Brüder und Schwestern,
der sie Tag und Nacht verklagt hat vor unserem Gott.
Sie selbst haben ihn besiegt dank dem Blut des Lammes
und dank dem Wort ihres Zeugnisses;
und sie haben ihr Leben gering geschätzt bis hin zum Tod.
Darum freut euch, ihr Himmel,
und ihr, die ihr darin wohnt!
Wehe aber der Erde und dem Meer,
denn der Teufel ist zu euch herabgekommen;
er ist voller Zorn, weil er weiß, dass ihm wenig Zeit bleibt.

438

Als der Drache sah, dass er auf die Erde hinabgeworfen war, verfolgte er die Frau, die den Knaben geboren hatte. Da wurden der Frau die beiden Flügel des großen Adlers gegeben, dass sie in die Wüste fliege, an den Ort, wo sie mit Nahrung versorgt werden sollte, dreieinhalb Zeiten lang, geschützt vor dem Anblick der Schlange.

Und die Schlange spie aus ihrem Rachen Wasser wie einen Strom hinter der Frau her, dass sie von den Fluten mitgerissen werde. Doch die Erde kam der Frau zu Hilfe; und die Erde öffnete ihren Schlund und verschlang den Wasserstrom, den der Drache aus seinem Rachen spie. Da wurde der Drache zornig über die Frau und ging fort, Krieg zu führen mit dem Rest ihrer Nachkommenschaft, mit denen, die die Gebote Gottes beachten und am Zeugnis Jesu festhalten.

Das ist das große Drama der niederen Kräfte, die gerade jetzt, also am Ende der Inspiration, am Anfang der Intuition, heftig aufsteigen. Man kann sagen, dass der Drache das Symbol für das Wesen der wirklich zwingenden Begierde ist und dass er am Himmel erscheint. Zuerst erscheint die Frau mit der Sonne bekleidet, die schwanger ist und entbinden muss. Und so beginnt die Trennung zwischen der unbefleckten Empfängnis, die so in dieser mit der Sonne bekleideten Frau stattfand und zur Geburt führt, und auf der anderen Seite der weiter aufsteigenden Hure Babylons, die mit dem Drachen und dem Tier verbunden ist. Dieser große Kampf, der jetzt stattfinden wird, stellt uns also zwischen der Vollkommenheit der Inspiration und der beginnenden Intuition.

Den Drachen müssen wir uns daher als Bild und Wesen des heftigen emotionalen und psychischen Begehrens vorstellen. Zuerst ist er am Himmel, dann wird er von Michael auf die Erde geschleudert. Das ist wirklich in der Apokalypse beschrieben worden. Alles, was unsere Begierden sind und was am Himmel erscheint, muss auf der Erde abgelegt werden. Der Drache liegt, seitdem er auf der Erde ist, im Bereich des Chakras unter dem Herzen, wo das Verlangen wohnt. Und der Drache verfolgt dieses Weib, er will das Kind haben, aber er bekommt es nicht, daher verfolgt er die Frau immer weiter. So wird das, was die Neigung hat, zu einem rein intuitiven Denken aufzusteigen und dort in einer unbefleckten Empfängnis einen neuen Körper zu gebären, ständig vom Drachen angegriffen. Und dieser Drache bleibt nicht allein.

Und ich sah ein Tier aus dem Meer aufsteigen, das hatte zehn Hörner und sieben Köpfe. Auf seinen Hörnern trug es zehn Diademe und auf seinen Köpfen standen Lästernamen.

Und das Tier, das ich sah, glich einem Panther, und seine Füße waren wie die eines Bären, und sein Maul war wie das Maul eines Löwen. Und der Drache übergab ihm seine Gewalt und seinen Thron und große Vollmacht.

Und einer seiner Köpfe sah aus wie hingeschlachtet zum Tode, doch seine Todeswunde wurde geheilt.

Da geriet alle Welt in Staunen und lief dem Tier hinterher.

Und sie beugten ihre Knie vor dem Drachen, weil er dem Tier die Vollmacht gegeben hatte; und sie beugten ihre Knie vor dem Tier und sagten: Wer ist dem Tier gewachsen, und wer kann den Kampf mit ihm aufnehmen?

Und es wurde ihm ein Maul gegeben, das machte große Worte und hielt Lästerreden; und es wurde ihm Macht gegeben, dies zweiundvierzig Monate lang zu tun. Und es tat sein Maul auf zu Lästerreden gegen Gott, zu lästern seinen Namen und seine Wohnung und alle, die im Himmel wohnen.

Und es wurde ihm gegeben, Krieg zu führen gegen die Heiligen und sie zu besiegen; und es wurde ihm Macht gegeben über jeden Stamm und jedes Volk, über jede Sprache und jede Nation.

Und anbeten werden es alle, die die Erde bewohnen, jeder, dessen Name nicht seit Anbeginn der Welt aufgeschrieben ist im Lebensbuch des Lammes, das geschlachtet ist.

Wer Ohren hat, merke auf:

440

Wer in Gefangenschaft gerät, zieht fort in die Gefangenschaft.
Wer durch das Schwert fallen muss, wird durch das Schwert fallen.
Hier ist von den Heiligen Standhaftigkeit und Glaube gefordert!

Und ich sah ein anderes Tier vom Land aufsteigen; das hatte zwei Hörner gleich einem Lamm, und es redete wie ein Drache.

Und die ganze Macht des ersten Tieres übt es aus vor dessen Augen. Und es bewirkt, dass die Erde und die sie bewohnen das erste Tier anbeten - das Tier, dessen Todeswunde geheilt worden ist.

Und es tut große Zeichen, sogar Feuer lässt es vor den Augen der Menschen vom Himmel auf die Erde fallen; und es verführt die Bewohner der Erde kraft der Zeichen, die es auf Geheiß des Tieres vor dessen Augen tat. Und es befiehlt den Bewohnern der Erde, ein Bild zu machen für das Tier, das die Wunde des Schwertes hat und wieder lebendig geworden ist.

Und es wurde ihm Macht gegeben, dem Bild des Tieres Leben einzuhauchen, ja das Bild des Tieres begann sogar zu sprechen und bewirkte, dass alle getötet wurden, die ihre Knie nicht beugten vor dem Bild des Tieres.

Und es bringt alle, die Kleinen und die Großen, die Reichen und die Armen, die Freien und die Sklaven, dazu, sich auf die rechte Hand oder auf die Stirn ein Zeichen machen zu lassen, so dass niemand mehr etwas kaufen oder verkaufen kann, es sei denn, er habe das Zeichen: den Namen des Tieres oder die Zahl seines Namens. Hier ist Weisheit gefordert! Wer Verstand hat, berechne die Zahl des Tieres, denn es ist die Zahl eines Menschen, und seine Zahl ist sechshundertsechsundsechzig.

Wir müssen uns vorstellen, dass wir als Menschen in unseren spirituellen Zentren gleichzeitig auch die negativen Kräfte haben. So lebt im Begierden-Chakra, das sich schließlich in das kreative Chakra verwandelt, der ganze Sympathie-, Antipathie-, Gefühlspol, der zum künstlerischen Pol wird, aber da lebt auf der anderen Seite das rein Subjektive, und das ist der Drache. Der steckt also in jedem Menschen und muss transformiert werden.

Im Herz-Chakra kommt aus den Wassern das Tier und das Tier wird beschrieben, aber wir können uns vorstellen, dass es im Bereich des alltäglichen Denkens die Kraft repräsentiert, die uns in uns verführt, mit gewöhnlichem nüchternem Denken höhere Wahrheiten zu denken. Das ist das größte Problem, das ist eigentlich das Tier, nämlich, wenn man die höheren Wahrheiten mit der intellektuellen Kraft denken will und nicht - natürlich kann man zunächst nichts anderes tun - den Impuls fühlt, dieses niedere Denken in ein höheres umzuwandeln. Wenn wir immer die Unterlassung spüren, dass wir geistige Inhalte mit gewöhnlichem Denken aufnehmen, und wir fühlen eine Unterlassung oder die Unzulänglichkeit unseres Denkens, dann ist das natürlich kein weiteres Problem. Aber es besteht auch die Möglichkeit, dass wir sehr stolz auf diesen intellektuellen spirituellen Inhalt sind und dann in diese Richtung des Tieres kommen.

Dann kommt ein anderes Tier, das von der Erde kommt und das dem Lamm ähnelt, weil es auch zwei Hörner hat, und so müssen wir das dort lokalisieren, wo auch das Lamm ist, wo es in jedem Menschen vorhanden ist, nämlich auf der Stirn. Wo also die zweiblättrige Lotusblume vorhanden ist, erscheint auch das zweite Tier, das den Namen *Sorat* trägt und dessen Zahl 666 ist. Dieses Tier bewirkt, dass ein Bild des ersten Tieres gemacht wird. Wir können uns also vorstellen, dass dieses *Bild* hier ist, im Kehlkopfbereich. Es ist tatsächlich dieser sehr wichtige Teil von unseren zugänglichen spirituellen Zentren, vom Drachen, von zwei Tieren und von einem Bild des Tieres verdorben. Das ist also eine Bewusstwerdung, die man durch diese Apokalypse haben kann, dass man sich darüber keine Illusionen mehr macht, sondern dass man weiß, dass es zur menschlichen Natur gehört, dass in dem Bereich, wo der Verstand intellektuell wird, ein Tier aus dem Meer kommt, dass der Drache aus dem Himmel von Michael ausgestoßen wurde und nun im Chakra unter dem Herzen liegt, dass auf der Stirn das Lamm immer wieder von einem unglaublich gemeinen und verführerischen Tier, Sorat, vertrieben zu werden scheint, denn die Merkmale von Sorat sind, es eine sentimentale Ethik mit erotischen Gefühlen verführerischer Art

442

und eine sehr große Gemeinheit vermischt. Wirklich, alle falsche Prophezeiung, also alle falsche Hellsichtigkeit, gehört auch in diesen Bereich.

Wenn wir also an der Entwicklung eines reinen spiritualisierten, substantiellen Denkens arbeiten, dann sind wir immer im Kampf mit diesem Wesen, das uns nicht zu einer reinen, vollkommen klaren, objektiv strahlenden und strengen Spiritualität hinaufheben will, sondern das uns auf eine erotisch-sentimentale Spiritualität mit visionären Qualitäten, auf Schwärmerei, reduzieren will.

Wir können die verschiedenste Beispiele finden, wie dieses Wesen Sorat den Menschen auf dem Weg zur Spiritualität dazu verführt, Bilder von etwas rein Subjektivem zu formen und dieses dann als ein hohes göttliches Wesen anzubeten.

Also finden wir die Bedrohung durch den Drachen im Gebiet der Plexus Solaris, das Tier im Herzen, das Bild des Tieres im Kehlkopf und Sorat an der Stirn.

Hier sind wir also bei der Offenbarung von Sorat mit der Zahl 666 auf der Stirn.

Rudolf Steiner erklärt die Zahl so, dass er diese unter anderem in die Zeit stellt und von 333 ausgeht, worin es einen großen Höhepunkt des neuen heiligen Christentums gab, das dann schließlich zum kirchlichen Christentum wird, das wahre Christentum verschwindet aus der äußeren Existenz und setzt sich in der esoterisch-christlichen Strömung fort, und er deutet dann auf das Jahr 666. Man muss das nicht haargenau nehmen wollen, nicht genau 333 und 666. Aber das Jahr 666 nimmt er dann als Auswirkung der arabischen Denkweise im Christentum, eigentlich als Kampf mit dem Christentum.

JM: Die Akademie von Gondishapur in Persien, die zu dieser Zeit sehr aktiv war.

MM: Und natürlich die Ankunft von Mohammed, der den Islam als ein Element der westlichen Kultur einfügt. Man kann dies an der äußeren Erscheinung des arabischen Einflusses sehen, der über Spanien nach Europa kommt und damit eine Art Quelle für abstrakte Naturwissenschaft wird. Steiner sieht dies als eine erste Wirkung von 666 und dann als mehrfaches 666, die jedes Mal gefährliche Momente sind, in denen sich ein solcher Einschlag von 666 erneut ereignen kann, wie zum Beispiel die Ausrottung der Templer, zweimal 666, nicht genau, aber darum herum.

Und 1998 ist dann dreimal 666. Das ist vielleicht auch nicht genau so gekommen, aber wir können uns vorstellen, dass ein erneuter Angriff von Sorat im 20. Jahrhundert da ist und im 21. Jahrhundert weiter wirkt. Und das kommt zur gleichen Zeit mit dem Lamm, wenn also das Lamm erscheint, erscheint auch Sorat. Wenn man dann an die Erscheinung von Christus in der ätherischen Welt denkt, dann findet man 1933. Und dann geschah 1933 auch etwas anderes.

In Gondishapur wurde der Versuch gemacht, die Bewusstseins-seele zu früh zu entwickeln, das hätte eine christliche Wissenschaft unmöglich gemacht. Es ist nur teilweise gelungen, aber dasjenige, was gelungen ist, macht es uns so schwer, uns aus dem Leib zu befreien.

In der Scholastik sehen wir dann den Kampf mit dem Arabismus, in dem auch wiederum gestritten wird, die christliche Wissen-schaft als Möglichkeit zu behalten. Die mehr arabistische Na-turwissenschaft setzt sich durch, aber nicht ganz. Die christliche bleibt möglich.

So sehen wir jetzt wiederum eine enorme Beschleunigung der Ent-wicklung durch die Technologie in der Menscheitsentwicklung, wo auch immer wir jetzt sind, die Auswirkungen der Computertechni-ken, der Atomtechniken, der DNA-Techniken, die so schnell gehen, dass wir sie kaum fassen können.[9]

Wir haben also den Sieg, dass die Bewusstseinsseele erst jetzt sich voll entwickeln wird, dass wir die christliche Art des Denkens im reinen spiritualisierten Denken, das zum Lamm gehört, herüberretten durften, und der dritte Sieg muss noch kommen.[10]

Und ich schaute: Und siehe, das Lamm stand auf dem Berg Zion und mit ihm hundertvierundvierzigtausend, die seinen Namen und den Namen seines Vaters auf ihrer Stirn geschrieben hatten.

Und ich hörte eine Stimme vom Himmel wie das Rauschen vieler Wasser und wie gewaltiges Donnergrollen, und die Stimme, die ich hörte, klang wie Musik von Harfenspielern, die ihre Harfen schlagen.

Und sie singen etwas, ein neues Lied vor dem Thron und vor den vier Wesen und den Ältesten. Und niemand konnte das Lied lernen, allein die hundertvierundvierzigtausend, die von der Erde losgekauft sind.
Es sind die, die sich nicht mit Frauen befleckt haben; jungfräulich sind sie geblieben. Es sind die, die dem Lamm folgen, wohin es auch geht. Sie wurden losgekauft aus der Zahl der Menschen, als Erstlingsgabe für Gott und das Lamm.

In ihrem Mund fand sich kein Falsch, sie sind ohne Makel.

Das Lamm auf dem Berg. Den Berg kann man sich vorstellen als den Ort, wo man das höchste Chakra erreicht und eine goldene Ausstrahlung um den Kopf herum zu leuchten beginnt. Dann löst sich das Feuer und verherrlicht das höhere Denken, es verherrlicht die Weisheit, es verherrlicht das Begehren, es verherrlicht das niedere

---

[9] Dieser Studientag fand im Dezember 2018 statt. Ende 2020 können wir eine neue Wirkung von Sorat in der über uns ausgerufenen Corona-Krise beschreiben. Es scheint ein Auftakt zu einer totalen Mechanisierung und Digitalisierung von Mensch und Natur zu sein, hinter der Maske von grün und nachhaltig, von Ökologie, Ökonomie und sozialer Gleichheit (Ecology, Economy, Equity). Soziale Dreigliederung ohne Freiheit, eine Zweigliederung also.

[10] Mieke Mosmuller, Posthumanismus, 2020.

Denken, es verherrlicht das höhere, gnostische Denken. Und von dort aus wird das Untere mit dem Willen gelenkt. Schließlich übernimmt die Liebe die Zügel. Was als Weisheit entsteht, wird mit Liebe vermischt. Eine Art Zwischenspiel ist es, was wir hier in der Apokalypse haben, wo wieder einen Gang entlang der verschiedenen Chakren gemacht wird, und dann wirklich von ganz unten nach oben das verherrlichte höhere Denken, das Feuer der Weisheit, das Feuer des Begehrens, das Feuer des niederen Denkens, das höhere Selbst, auf einer weißen Wolke mit goldener Aura, die die Früchte der Inkarnationen erntet. Also ist es das sich vervollkommnende Feuer, das gnostische Denken, das von dort aus mit dem Willen das Untere zu lenken vermag. So wird das Feuer des höheren Denkens, das Feuer der Weisheit, das Feuer des Begehrens, das Feuer des niederen Denkens, das Feuer des Selbst auf der weißen Wolke, im Text als solches beschrieben. Dann kommt das sich vervollkommnende Feuer und schließlich die Liebe, die die Zügel in die Hand nimmt, wobei sich die Weisheit mit der Liebe als Bild vermischt. So wird hier ein loderndes Feuer entzündet und reinigt hier wieder einmal durch den Zug der Chakren entlang jedes Chakra und löst die niederen Teile. Und dann kommt die Phase der Intuition.

Und ich sah einen anderen Engel hoch oben am Himmel fliegen, der hatte die ewige Heilsbotschaft bekommen, um sie auszurufen über die, die auf der Erde sitzen, über jedes Volk und jeden Stamm, jede Sprache und jede Nation. Und er rief mit lauter Stimme:

Fürchtet Gott und gebt ihm die Ehre, denn gekommen ist die Stunde, da er Gericht hält! Und beugt eure Knie vor dem, der den Himmel gemacht hat und die Erde und das Meer und die Wasserquellen!

Und ein anderer Engel, ein zweiter, folgte und rief:

Gefallen, gefallen ist Babylon die Große, die vom Wein des Zornes über ihre Unzucht alle Völker hat trinken lassen!

Und ein anderer Engel, ein dritter, folgte ihnen und rief mit lauter Stimme: Wer das Tier und sein Bild anbetet und sich ein Zeichen machen lässt auf die Stirn oder auf die Hand, wird selbst auch trinken müssen vom Zorneswein Gottes, der unverdünnt gemischt ist im Becher seines Zornes, und wird gepeinigt werden in Feuer und Schwefel, im Angesicht der heiligen Engel und des Lammes.

Und der Rauch ihrer Pein steigt empor in alle Ewigkeit, und keine Ruhe haben sie, weder bei Tag noch bei Nacht, die das Tier und sein Bild anbeten - und wer sich das Zeichen seines Namens machen lässt.

Hier ist von den Heiligen Standhaftigkeit gefordert, hier sind gefordert, die festhalten an den Geboten Gottes und am Glauben an Jesus!

Und ich hörte eine Stimme vom Himmel rufen: Schreib:

Selig die Toten, die im Herrn sterben von jetzt an! Ja, spricht der Geist, sie sollen ausruhen von ihren Mühen, denn ihre Werke begleiten sie.

Und ich schaute: Und siehe, eine weiße Wolke, und auf der Wolke saß einer, der sah aus wie ein Menschensohn, mit einer goldenen Krone auf dem Haupt und einer scharfen Sichel in der Hand.

Und ein anderer Engel trat aus dem Tempel und rief mit lauter Stimme dem auf der Wolke Sitzenden zu:

Schick deine Sichel und lass die Ernte einbringen, denn gekommen ist die Zeit der Ernte, da dürr zu werden droht, was auf Erden zu ernten ist.

Da legte, der auf der Wolke saß, seine Sichel an die Erde, und abgeerntet wurde die Erde. Und ein anderer Engel kam aus dem Tempel im Himmel, und auch der hatte eine scharfe Sichel. Und wieder ein anderer Engel kam vom Altar her, der hatte Macht über das Feuer. Und er rief dem mit der scharfen Sichel mit lauter Stimme zu: Schick deine scharfe Sichel und schneide die Trauben vom Weinstock der Erde, denn seine Beeren sind reif geworden.

Da ließ der Engel seine Sichel über die Erde sausen; und er erntete vom Weinstock der Erde und warf es in die Kelter des Zornes Gottes, des großen Zornes Gottes.

Und getreten wurde die Kelter vor den Toren der Stadt, und Blut spritzte aus der Kelter bis hinauf an die Zügel der Pferde, tausendsechshundert Stadien weit.

Das ist das Zwischenspiel, und dann kommt die Intuition.

Wir haben also das mit der Sonne bekleidete Weib, den Drachen, der sie bedroht, der von Michael aus dem Himmel auf die Erde gestoßen wird, dann das Tier, das aus dem Meer aufsteigt, ein zweites Tier, das aus der Erde aufsteigt, jenes zweite Tier, das die Menschen dazu anregt, sich ein Bild von dem Tier zu machen und es anzubeten. Und wenn all dies getan ist, kommt das Bild des Lammes auf dem Berg Zion. Dann sehen wir also tatsächlich den Sieg dort drüben.

Wir waren also mit dem Tier Sorat hier an der Stirn, jetzt kommt das Lamm und erhebt sich auf dem Berg Zion und zeigt die Größe des Übergangs vom Jesus-Bewusstsein zum Christus-Bewusstsein, oder die Entwicklung eines rein spirituellen, sinnlichkeitsfreien Denkens, das zur Kraft im Denken wird, das zu einer so unabhängigen Substanz geworden ist, dass man es anschauen kann und dass man mit dem Bewusstsein der Weisheit tatsächlich die Liebe sieht. Das ist es eigentlich, was entsteht, und das macht uns, nachdem wir die ganze Reihe mit den Engeln und den Sicheln noch einmal durchlaufen haben, bereit, in dieses Liebeselement einzudringen, das dann von aller niederen Liebeskraft völlig gereinigt ist, und das ist der Bereich der Intuition.

Und dann kommt das Gießen der Zornesschalen mit dem Zorn Gottes. Rudolf Steiner, erklärt dies wie folgt, dass eigentlich, weil die göttliche Reinheit im Menschen mit dem Schmutz seiner niederen Natur vermischt ist, auch die göttliche Reinheit verschmutzt ist. Und an diesem Punkt hier wird dies gleichsam ausgepresst. Also ist es der Dreck, der abgesondert wird und dann auf die Erde ausgegossen wird.

Was wir natürlich nie vergessen sollten, ist, dass wir, wenn wir über ‚Arabisch' sprechen, nicht den gegenwärtigen Islam meinen oder die Araber, die hierherkommen. Darum geht es nicht, es geht um die spirituelle Seite des Christentums und des Arabischen. Diese Menschen, die sehr wohl wiedergeborene Christen sein können, zwar in einem arabischen Körper, dann kann man nicht sagen, dass man dies ablehnt. Es ist im Grunde eine Frage der Philosophie, ob arabische Strömung oder christliche. Da liegt ein Kampf. Aber die Menschen brauchen das überhaupt nicht im Kampf zu vertreten.

VIERTE STUNDE

Baarle-Nassau, 08.12.2013

Je tiefer und je öfter man darauf eingeht, desto klarer wird, was für eine wunderbare Gesetzmäßigkeit im Ganzen eigentlich gegeben ist. Wenn wir also sehen, dass jedes Mal nach dem sechsten Ereignis eine ganze Reihe von Geschehnissen stattfindet, dann kommt das siebente, und dann geht es weiter zur folgenden Phase. Und so gehen wir jetzt, nachdem wir dieses Zwischenspiel gehabt haben, das der Phase der Intuition vorangeht, zur Ausgießung der letzten sieben Plagen über. Und dann sehen wir wieder, dass das mit Erklärungen und Ereignisse umrahmt wird, durch das wir erfahren können, was eigentlich der Kern der Aufgaben in dieser vierten Runde ist. Man könnte sagen dritte Runde, wenn man dem Stück zwischen Inspiration und Intuition nicht so viel Wert beimessen will. Aber es ist immer noch ein Durchgang durch das Ganze, in dem man in dem Element Feuer, eine Art Reinigung der Chakren erleben kann, um dann in die Phase der Intuition einzutreten, in der eine letzte heftiges Auseinandersetzung mit dem Irdischen, mit dem wirklich schlechten irdischen Dasein vollzogen wird. Was wir jetzt erleben, ist also das Allerschlimmste, der allerschwierigste Kampf, der jetzt kommt, ein Kampf, der schließlich durch den Bau des Neuen Jerusalem fortgesetzt wird, in dem dieses Neue Jerusalem dann von oben herabkommt.

Und ich sah ein anderes Zeichen am Himmel, groß und wunderbar: Sieben Engel mit sieben Plagen, den letzten; denn mit ihnen kommt der Zorn Gottes an sein Ende.

Und ich sah etwas wie ein gläsernes Meer, mit Feuer vermischt; und auf dem gläsernen Meer standen, die gesiegt hatten über das Tier und sein Bild und die Zahl seines Namens, mit den Harfen Gottes in der Hand.

451

Und sie singen das Lied des Mose, des Knechtes Gottes, und das Lied des Lammes:

Groß und wunderbar sind deine Werke,
Herr, Gott, Herrscher über das All.
Gerecht und voller Wahrheit sind deine Wege,
o König der Völker.
Wer wird nicht fürchten, Herr,
nicht preisen deinen Namen?
Denn du allein bist heilig,
Ja, alle Völker werden kommen
und beugen ihre Knie vor dir,
denn offenbar geworden ist deine Rechtsordnung.

Und danach schaute ich: Und der Tempel, das Zelt des Zeugnisses im Himmel, öffnete sich.

Und aus dem Tempel traten die sieben Engel mit den sieben Plagen, gekleidet in reines, leuchtendes Leinen und gegürtet mit goldenen Gürteln um die Brust. Und eines der vier Wesen gab den sieben Engeln sieben goldene Schalen, gefüllt mit dem Zorn des Gottes, der in alle Ewigkeit lebt.

Und der Tempel füllte sich mit dem Rauch von Gottes Herrlichkeit und Macht, und niemand konnte in den Tempel hineingehen, bis die sieben Plagen der sieben Engel zu Ende waren.

Und ich hörte eine laute Stimme aus dem Tempel den sieben Engeln zurufen: Geht hin und gießt aus die sieben Schalen des Zornes Gottes über die Erde!

Und der erste ging und goss seine Schale aus über die Erde, und ein bösartiges und schmerzhaftes Geschwür befiel die Menschen, die das Zeichen des Tieres trugen und ihre Knie beugten vor seinem Bild.

Und der zweite goss seine Schale aus über das Meer, und es wurde zu Blut, wie das eines Toten, und alles, was im Meer lebte, starb, jedes lebendige Wesen.

452

Und der dritte goss seine Schale aus über die Flüsse und die Wasserquellen, und alles wurde zu Blut.

Und ich hörte den Engel, der über die Wasser gebietet, rufen:

Gerecht bist du, der da ist und der da war, du Heiliger,
denn so hast du das Urteil gesprochen:

Das Blut von Heiligen und von Propheten haben sie vergossen,
und Blut hast du ihnen zu trinken gegeben;
sie haben es verdient.

Und ich hörte den Altar sprechen:

Ja, Herr, Gott, Herrscher über das All,
voller Wahrheit und Gerechtigkeit ist dein Urteil.

Und der vierte goss seine Schale aus über die Sonne, und es wurde ihr Macht gegeben, die Menschen zu peinigen mit ihrer Glut.
Und die Menschen wurden mit großer Hitze geschlagen, und sie verfluchten den Namen des Gottes, der Macht über diese Plagen hat; doch sie kehrten nicht um, ihm die Ehre zu geben.

Und der fünfte goss seine Schale aus über den Thron des Tieres, und Finsternis legte sich auf sein Reich. Und sie bissen sich vor Schmerz auf die Zunge.
Und sie lästerten den Gott des Himmels wegen ihrer Schmerzen und wegen ihrer Geschwüre. Doch sie ließen nicht ab von ihrem Tun.

Und der sechste goss seine Schale aus über den großen Fluss Eufrat, und sein Wasser versiegte, so dass der Weg bereitet war für die Könige vom Aufgang der Sonne.

Und ich sah aus dem Schlund des Drachen und aus dem Maul des Tieres und aus dem Mund des falschen Propheten drei unreine Geister fahren - wie Frösche.
Geister von Dämonen sind es, und sie tun Zeichen und Wunder. Sie gehen aus zu den Königen des ganzen Erdkreises, um sie zu sammeln zum Kampf am

453

großen Tag Gottes, des Herrschers über das All. Siehe, ich komme wie ein Dieb. Selig, wer wach ist und acht gibt auf seine Kleider, dass er nicht nackt daherkommen muss und man seine Blöße sieht.

Und der Engel versammelte sie an dem Ort, der auf Hebräisch Harmagedon heißt.

Und der siebte goss seine Schale aus über die Luft, und es ertönte aus dem Tempel vom Thron her eine laute Stimme, die rief: Es ist geschehen!

Und es erhob sich ein Getöse, Blitz und Donner, und die Erde bebte so stark, wie sie noch nie gebebt hatte, seit es Menschen gibt auf Erden, so gewaltig war dieses Beben.

Und die große Stadt zerbarst in drei Teile, und die Städte der Völker fielen in sich zusammen. Und Babylons der Großen gedachte man vor Gott, ihr den Becher mit dem Wein seines grimmigen Zornes zu geben.

Und alle Inseln verschwanden, und die Berge waren nicht mehr zu finden.

Und gewaltiger Hagel, zentnerschwer, fiel vom Himmel auf die Menschen nieder. Und die Menschen lästerten Gott wegen der Hagelplage, denn die Plage war schrecklich.

Es ist die Rede von einem gläsernen, mit Feuer vermischten See, und natürlich kann man nicht umhin, an das Gießen des ehernen Meeres durch Hiram zu denken, als er den Salomonischen Tempel baute. Dieser Guss des Meeres scheiterte, weil drei falsche Kräfte am Werk waren, nämlich die Kräfte des Zweifels, des Aberglaubens und der Illusion der eigenen Persönlichkeit. Weil das nicht überwunden wurde, konnte dieses Gießen des ehernen Meeres zur Zeit Hirams überhaupt nicht gelingen. Es gibt hier zwar kein ehernes Meer, aber Feuer und Wasser sind eine Art gleiches Prinzip. Man hat hier also den Eindruck, dass das jetzt so weit ist, dass es wirklich zustande kommt, dass es gelingt. Was zur Zeit Hirams aufgrund von Unvollkommenheit nicht erreicht werden konnte und dann zu großem Elend führte, das wird hier doch eine Tatsache.

Wenn man es auch als die Initiation von Johannes selbst betrachtet, und wir wissen, dass das die gleiche Individualität ist wie Hiram, dann würde man sagen, dann hat er es in dieser Initiation erreicht. Interessanterweise geht man in den gnostischen Schriften davon aus, dass man, wenn man einmal den Geist der Initiation gesehen hat, wenn man in Begeisterung aufflammt, um das tun zu wollen, dann braucht man sieben Inkarnationen, um das zu erreichen. In der Gnosis meinte man, dass Johannes in seiner sechsten Inkarnation war, also musste er eine siebente haben, um seine Einweihung zu vollenden. Und das könnte man als die Initiation von Christian Rosenkreuz ansehen, wo dann dieser Initiationsprozess wirklich abgeschlossen ist und dann die Rosenkreuzerströmung entsteht.

In der Apokalypse ist es so, dass der Drache irgendwann für tausend Jahre ausgeschaltet wird, aber dann wieder aufersteht. Wir können das als einen solchen Hinweis sehen. In der sechsten Inkarnation mag der Drache vorerst zum Schweigen gebracht worden sein, aber es wird eine siebente Inkarnation geben, nach tausend Jahren, in denen diese Macht wieder aufersteht und erneut bekämpft werden muss.

Teilnehmer: Ist das irdische Zeit oder himmlische Zeit?

MM: Ja, das ist die Frage, tausend Jahre himmlische Zeit ist auf der Erde vielleicht viel kürzer. Dass man im Himmel natürlich keine Zeit hat, das ist eine relative Tatsache. So wird gesagt, dass die Inkarnationen etwa tausend Jahre auseinander liegen, nur ist es natürlich oft viel kürzer, und sicherlich für Johannes.

Teilnehmer: Wenn sie die vier Zornesschalen ausgießen, kannst du darüber etwas sagen?

MM: Ja, im Deutschen steht Zornesschalen, in der gnostischen Literatur werden sie nicht so sehr als Verunreinigung gesehen, sondern eher als Opfer, das dann noch gebracht wird, als das letzte Geschehen in der intuitiven Phase. Aber wenn man an die Intuition denkt, dann hat man da das letzte Opfer des Willens. Wir haben zuerst das Denken in der Imagination geopfert, dann das Gefühl in der Inspiration, der Wille bleibt, und dieser muss auch noch geopfert werden, um endlich so weit zu sein, dass wir sagen können, Dein Wille geschehe. Das ist also wirklich sehr weit in der Initiation. Das ist das Ausgießen der Schalen mit dem Zorn Gottes, die dann die letzten Reste des eigenen Willens vom höheren Willen trennen. Was hier beschrieben wird sind die Menschen, die davon betroffen werden und dann nicht zuhören und nicht Buße tun wollen. Aber in der inneren Apokalypse bedeutet das, wenn man die eigene Individualität betrachtet, dass man es als bestimmte Teile seines Selbst sehen muss, die hartnäckig sind, und schwierig zur Entspannung zu bringen sind. Die müssen noch abgeworfen werden.

Dies ist also die Phase, in der schließlich alle irdischen Überreste abfallen. Und die Engel, die diese Schalen tragen und ausgießen, sie kommen aus dem heiligsten Himmel, aus dem Inneren des Tempels aus der Bundeslade. Also von dem Teil des Tempels, wo das Allerheiligste wohnt und der Zorn Gottes ausgegossen wird. Aber man muss sich vorstellen, dass, wenn diese Trennung stattgefunden hat, diese Trennung auch in der Substanz stattgefunden hat, und dass die ‚materielle Materie' von der Prima Materia, von der Ursubstanz, der primordialen Materie getrennt wird, die geformt ist oder in die die göttliche Welt die Formen gießt, die dann Gestalt annehmen können. Also diese Substanz, aus der man sozusagen, wenn man die Form kennt, machen kann, was man will. Sie wird auch Akasha genannt.

Und das Bild für diese Ur-Materie ist die Frau mit dem Drachen unter den Füßen.

Teilnehmerin: Heilige Maria.

MM: Ja.

Und das Schlangenfeuer kann geholt werden, wenn die fünf Fiolen ausgegossen worden sind und die zweiblättrige Lotusblume vorbereitet wurde. Dann kann sich das Schlangenfeuer, das Kundalini-Feuer, die zusammengerollte Schlange entrollen. Wenn das geschieht, dann ist dieses Schlangenfeuer gleich dem göttlichen Feuer.

456

Und so werden die verschiedenen Ebenen des Menschen, die verschiedenen Wesensglieder, gereinigt. Im Bereich des höheren Denkens, also des Chakras, das nicht das unterste ist, sondern das zweite, dort wird die emotionale Natur gereinigt. Im Mars-Chakra, wo die Begierde war, wird die psychische Natur gereinigt, im Zentrum der Sonne, dem Herz-Chakra, wird das alltägliche Denken als Natur gereinigt. Im Venusbereich, dem Kehlkopf-Chakra, wird das Denken, das in die Richtung des höheren Denkens geht, aber noch nicht wirklich vergeistigt, sondern durch und durch vernünftig ist, gereinigt.

Und dann erfolgt die Läuterung der gnostischen Natur, das heißt hier an der Stirn, die Kraft, die man dort erhält, verurteilt das Tier.

Und schließlich vereinigt sich die vollkommene Natur des untersten Chakras mit dem Sieger, das ist die Lotusblume mit den unzähligen Blättern, und dann werden die drei Antiwesen endgültig vertrieben.

Ich werde noch einmal lesen:

Und der siebte goss seine Schale aus über die Luft, und es ertönte aus dem Tempel vom Thron her eine laute Stimme, die rief: Es ist geschehen!

Und es erhob sich ein Getöse, Blitz und Donner, und die Erde bebte so stark, wie sie noch nie gebebt hatte, seit es Menschen gibt auf Erden, so gewaltig war dieses Beben.

Und die große Stadt zerbarst in drei Teile, und die Städte der Völker fielen in sich zusammen. Und Babylons der Großen gedachte man vor Gott, ihr den Becher mit dem Wein seines grimmigen Zornes zu geben.

Und alle Inseln verschwanden, und die Berge waren nicht mehr zu finden.

Und gewaltiger Hagel, zentnerschwer, fiel vom Himmel auf die Menschen nieder. Und die Menschen lästerten Gott wegen der Hagelplage, denn die Plage war schrecklich.

Hier ist also der Moment gekommen, dass alles, was noch an die irdische Existenz erinnert, aus dem Bewusstsein verschwunden ist. Wenn es so weit gekommen ist, wird es möglich, im siebenten Chakra, dem Chakra des Christus-Bewusstseins, wirklich mit der höheren geistigen Welt in Kontakt zu kommen. Es entsteht die Möglichkeit, in einer lebendigen bewussten Verbindung mit dem eigenen höheren Selbst zu sein, aber auch mit der ganzen geistigen Welt, voller geistigen Wesen und Prozesse. Das ist also der Moment, in dem dies geschieht.

Aber dann kommt doch noch die Zerstörung Babylons. Man bekommt also wieder einmal die Anschauung dessen, was gewesen ist.

Die Hure mit dem scharlachroten Gewand, die auf der Bestie sitzt. Und diese Hure ist Babylon, und Babylon ist alles, was mit äußerem Wohlstand, Begierde und Wollust zu tun hat. Und man könnte sagen, das Tier, das aus dem Meer heraufgekommen ist, hat als, man kann nicht sagen, Ehefrau, man sagt eher als Schlampe, die Hure Babylons, während das Lamm als Frau, als Braut, die Ursubstanz, die heilige Mutter oder die heilige Frau hat.

Es ist also ein unglaublicher Kontrast, der hier geboten wird. Einerseits die Empfängnis, oder vielmehr die Geburt des höheren Selbst, das dann der Auferstehungsleib ist, in völliger Reinheit, ohne jeglichen subjektiven oder egoistischen Elementen.

Und auf der anderen Seite ebenso stark ein Wesen, das nichts Objektives und überhaupt nichts Selbstloses hat, sondern ganz und gar aus Egoismus besteht, und das ist Babylon. Das wird also als Stadt imaginiert, die dann so beschrieben wird, dass ihr alle Herrlichkeiten der Erde zur Verfügung stehen. Aber diese Herrlichkeit wird mit Perversitäten genossen.

Wir müssen also diesen Kontrast verkraften. Wir sind aufgestiegen zur höchsten heiligen Reinheit, aber der Kontrast zu dem, was abfällt, was zerstört wird, das muss man doch auch erfahren. Und das erscheint am Ende der Apokalypse, bevor der heilige Frieden Jerusalems, der heiligen Frieden, wie ein neuer Leib vom Himmel herabsteigt. Zuvor muss die Trennung noch erlebt werden. Und das ist nicht einfach. Wenn man also so weit gekommen ist, um die Apokalypse zu erleben, fühlt man die Reinheit, die von ihr ausgeht, und dann wird doch noch Babylon kommen.

Und so entwickelt sich das Drama der Einweihung zu einer vollkommenen Harmonie der sieben Zentren der Spiritualität hin, wo wir uns vorstellen können, wenn wir damit beginnen möchten, dass man betonen muss, dass der erste Schritt die Entwicklung der zweiblättrigen Lotusblume ist, dass sie am stärksten sein muss, denn dort findet sich das Bewusstsein des irdischen Selbst als Träger eines höheren Selbst, wo dieses irdische Selbst die Möglichkeit hat, das höhere Selbst auf der Erde gleichsam immer wieder neu zu erschaffen.

Rudolf Steiner hat auch eine Apokalypse geschrieben, könnte man sagen, und das ist die „Philosophie der Freiheit". Wenn man die Apokalypse als eine Beschreibung der Initiation sieht, dann kann man in Steiners Freiheitsphilosophie tatsächlich eine Art Apokalypse finden, denn das ist seine Beschreibung der Initiation. Und wenn man das erlebt, dann ist es für den modernen Menschen viel leichter, auch schwieriger, aber auch leichter zu tun, als diese Bildersprache. In der Freiheitsphilosophie bleibt alles eigentlich ganz einfach, wenn auch das Einfache schwierig ist. Man braucht überhaupt keine esoterischen Bilder zu akzeptieren, man kann völlig in den Möglichkeiten des Denkens, das jeder Mensch hat, bleiben und man glaubt nichts, man muss nichts akzeptieren, man kann das mit dem vernünftigen Denken nachvollziehen. Und wenn man dies mit einem unbefangenen Denken tut, dann kommt man allmählich zu bestimmten Kräften, von denen man erkennt, dass es sich dabei um Initiationskräfte handelt, die in der Freiheitsphilosophie verborgen sind, drei im ersten Teil und drei im letzten Teil und in der Mitte die siebte, könnte man sagen. Wir haben da auch eine Apokalypse darin. Aber das führt mehr oder weniger direkt zum Erwecken der zweiblättrigen Lotusblume. Und in den Formulierungen der Apokalypse, wenn man versucht, sie so zu interpretieren, dann führt die Philosophie der Freiheit zum Jesus-Bewusstsein. In diesem Jesus-Bewusstsein liegt aber die Möglichkeit, das Chakra, das das zweite von unten ist, mit einzubeziehen. Und da geht es um das Denken im Willen. Während im oberen Teil der Wille im Denken eingebracht wird, findet man dort in gleicher Weise die Möglichkeit, mit diesem Chakra auch die Chakren unten gleichsam zu regieren, aber dann muss man es ernst nehmen, man kann nicht sagen, ich habe es gelesen und damit habe ich es getan.

Und es kam einer von den sieben Engeln mit den sieben Schalen, und er redete mit mir und sprach: Komm, ich will dir das Gericht über die große Hure zeigen, die an vielen Wassern sitzt.

Mit ihr haben die Könige der Erde Unzucht getrieben, und die Bewohner der Erde sind trunken geworden vom Wein ihrer Unzucht.

Und er führte mich durch den Geist in die Wüste.

Und ich sah eine Frau auf einem scharlachroten Tier sitzen, das war rundum bedeckt mit Lästernamen und hatte sieben Köpfe und zehn Hörner.

Und die Frau war gekleidet in Purpur und Scharlach und geschmückt mit Gold, Edelsteinen und Perlen, und in der Hand hielt sie einen goldenen Becher - der war voll von Abscheulichkeiten und dem Unrat ihrer Unzucht.
Und auf ihre Stirn war ein Name geschrieben, ein Geheimnis: Babylon die Große, Mutter der Huren und Greuel der Erde. Und ich sah diese Frau, trunken vom Blut der Heiligen und vom Blut der Zeugen Jesu. Und bei ihrem Anblick geriet ich in großes Staunen.

Und der Engel sagte zu mir: Warum staunst du? Ich will dir sagen, was das Geheimnis dieser Frau ist und des Tieres, das sie trägt, das mit den sieben Köpfen und den zehn Hörnern:
Das Tier, das du gesehen hast, es war und es ist nicht und es wird aufsteigen aus dem Abgrund und ins Verderben gehen, und staunen werden die Erdenbewohner, deren Namen im Buch des Lebens nicht aufgeschrieben sind vom Anbeginn der Welt, wenn sie das Tier erblicken; denn es war und es ist nicht und es wird da sein.

Hier ist Verstand gefordert, der Weisheit hat! Die sieben Köpfe, das sind die sieben Hügel, auf denen die Frau sitzt. Und es sind sieben Könige:

Fünf sind schon gefallen, einer ist da, ein weiterer ist noch nicht gekommen, und wenn er dann kommt, darf er nur kurze Zeit bleiben. Und das Tier, das war und nicht ist, ist selbst der achte; er kommt aus den sieben, und er geht ins Verderben.

Und die zehn Hörner, die du gesehen hast, das sind die zehn Könige, die die Herrschaft noch nicht übernommen haben; doch sie werden als Könige die Macht ergreifen für eine einzige Stunde, zusammen mit dem Tier.

Diese sind eines Sinnes, und ihre Macht und Gewalt übergeben sie dem Tier. Sie werden Krieg führen gegen das Lamm, doch das Lamm wird sie besiegen, denn es ist der Herr der Herren und der König der Könige, und die mit ihm sind, sind Berufene und Auserwählte und Getreue.

Und er sagt zu mir: Die Wasser, die du gesehen hast, dort wo die Hure sitzt, das sind Völker und Scharen, Nationen und Sprachen. Und die zehn Hörner, die du gesehen hast, und das Tier, sie werden die Hure hassen und sie einsam machen und nackt; sie werden ihr Fleisch fressen und sie im Feuer verbrennen.

Denn Gott hat ihnen ins Herz gegeben, eines Sinnes seinen Willen zu tun und ihre Herrschaft dem Tier zu übergeben, bis die Worte Gottes erfüllt sind. Und die Frau, die du gesehen hast, das ist die große Stadt, die über die Könige der Erde regiert.

Danach sah ich einen anderen Engel vom Himmel herabsteigen, der hatte große Macht, und die Erde wurde erleuchtet von seinem Glanz. Und er schrie mit gewaltiger Stimme: Gefallen, gefallen ist Babylon die Große! Zur Behausung von Dämonen ist sie geworden und zu einem Schlupfwinkel für jeden unreinen Geist, zu einem Schlupfwinkel für jeden unreinen Vogel, ja zu einem Schlupfwinkel für jedes unreine und verhasste Tier.

Denn vom Wein des Zornes über ihre Unzucht haben alle Völker getrunken. Die Könige der Erde haben Unzucht getrieben mit ihr, und die Kaufleute der Erde sind reich geworden durch ihren überbordenden Luxus.

Und ich hörte eine andere Stimme vom Himmel her sprechen:

461

Geht fort aus ihr, mein Volk, damit ihr nicht teilhabt an ihren Sünden und nicht getroffen werdet von den Plagen, die über sie kommen!

Denn ihre Sünden haben sich aufgetürmt bis zum Himmel, und Gott hat ihrer Schandtaten gedacht.

Gebt ihr zurück, wie sie euch gegeben hat; zahlt ihr das Doppelte heim von dem, was sie getan hat! Schenkt ihr in den Becher, den sie euch gemischt hat, das Doppelte ein!

Was sie an Pracht und Luxus genossen hat, das gebt ihr nun an Qual und Trauer! Denn in ihrem Herzen sagt sie: Als Königin sitze ich auf dem Thron, und Witwe bin ich nicht, und Trauer werde ich nie sehen.

Darum werden die Plagen über sie kommen an einem einzigen Tag: Tod und Trauer und Hunger, und im Feuer wird man sie verbrennen, denn mächtig ist Gott, der Herr, der sie richtet.

Und die Könige der Erde, die mit ihr Unzucht getrieben haben und an ihrem Luxus teilhatten, werden weinen und wehklagen über sie, wenn sie den Rauch von ihrer Brandstätte aufsteigen sehen.

In der Ferne werden sie stehen bleiben aus Furcht vor ihrer Qual und sprechen:

Wehe, wehe der Stadt, der großen, Babylon, der mächtigen Stadt: In einer einzigen Stunde ist das Gericht über dich gekommen. Und die Kaufleute der Erde weinen und trauern um sie, weil niemand mehr ihre Ware kauft:

Gold, Silber, Edelsteine, Perlen, feines Leinen, Purpur, Seide und Scharlach und all das Thujaholz und all das Gerät aus Elfenbein und all das Gerät aus teuerstem Holz und Erz, aus Eisen und Marmor, auch Zimt und Amomum, Räucherwerk und Salböl und Weihrauch, Wein und Olivenöl, Weißmehl und Weizen, Rinder und Schafe, die Fracht von Pferden und Wagen und Sklaven, und Menschenleben.

Und das Obst, an dem deine Seele sich ergötzte, ist dahin,
und alles, was dein Leben angenehm und prächtig gemacht hat, ist dir verloren gegangen,
und nie mehr wird es sich finden.
Die Kaufleute, die mit all dem Handel trieben und sich an ihr bereichert

haben, werden in der Ferne stehen bleiben aus Furcht vor ihrer Qual; sie werden weinen und klagen 16und sagen:
Wehe, wehe der Stadt, der großen,
die gekleidet war in feines Leinen, in Purpur und Scharlach,
die geschmückt war mit Gold, Edelsteinen und Perlen:
In einer einzigen Stunde ist dieser große Reichtum vernichtet worden!

Und jeder Kapitän und jeder Küstenschiffer, die Seeleute und alle, die zur See fahren, blieben in der Ferne stehen, sahen den Rauch der Feuersbrunst und schrien laut: Wer ist jetzt mit der großen Stadt noch zu vergleichen? Und sie streuten Staub auf ihr Haupt, schrien, weinten und klagten und sagten:

Wehe, wehe der Stadt, der grossen,
in der reich geworden sind durch ihren Wohlstand alle, die Schiffe auf dem Meer haben:
In einer einzigen Stunde ist sie verwüstet worden!
Freue dich, Himmel, über sie, freut euch, ihr Heiligen, Apostel und Propheten!
Denn vollstreckt hat Gott das Urteil, an ihr für euch.

Und ein starker Engel hob einen Stein, groß wie ein Mühlstein, in die Höhe und warf ihn ins Meer und sprach:
So, mit solcher Wucht, wird Babylon, die große Stadt, weggeschleudert werden, und sie wird nicht mehr zu finden sein.
Und keinen Klang von Harfenspielern, von Sängern, von Flöten- und Posaunenbläsern wird man in deinen Mauern mehr hören, und keinen Meister, der sich auf irgendeine Kunst versteht, wird man mehr antreffen, und kein Geräusch eines Mühlsteins wird man mehr hören. Und kein Licht einer Lampe wird mehr scheinen, und kein Lied von Bräutigam und Braut wird man mehr hören.
Denn deine Kaufleute waren die Großen der Erde;
durch deine Zauberkünste ließen sich verführen alle Völker.
Und in ihren Mauern fand man das Blut der Propheten und Heiligen und aller, die hingeschlachtet wurden auf Erden.

Und hier ist es wirklich wichtig, dass wir daran festhalten, dass es um uns geht, dass es um all unsere Neigungen in diesem Bereich geht. Dass hier jetzt ein großer Stein geworfen wird, und dass er ins Meer geworfen wird, deutet darauf, dass das, was die Astralsphäre ist, das, was der Bereich der Emotionen und Wünsche und Begierden ist, dass das zerstört wird. Aber das geschieht, weil wir selbst viermal den ganzen Weg entlang der sieben Chakren gehen wollten, bis wir an den Punkt gekommen sind, an dem die Intuition zur Vollkommenheit gebracht wurde. Und wenn das geschehen ist und Babylon gefallen ist, dann kommt die Möglichkeit für das letzte Siegel, und das ist das Herabkommen des heiligen Grals. Hier ist noch ein weiteres Zwischenspiel, aber ich habe bereits gesagt, dass der in den Abgrund geworfene Drache nur für tausend Jahre da ist und wieder auferstehen wird. Und außerdem werden schließlich die Tiere und Sorat in den Abgrund geworfen, in die Hölle, ins Feuer, in den Schwefel, und kommen nicht mehr heraus.

Man muss immer aufs Neue mit diesen Erdenkräften, in leichtem Maß kämpfen. Aber das ist natürlich viel einfacher als bei den anderen, die unvorbereitet sind. Den Kampf, der geführt werden muss, haben wir natürlich immer, denn wir können nicht mit dem intuitiven Bewusstsein auf der Erde leben, in einer Zeit, in der dieses intuitive Bewusstsein nicht für alle da ist. Wir können natürlich in Meditation sein, aber im Alltag müssen wir jedes Mal in das Reich der Erde hinabsteigen. Dann ist unser Bewusstsein natürlich mit irdischen Dingen erfüllt, aber das hat dann keine Macht über uns.

Teilnehmer: Ich finde es etwas merkwürdig, dass dieses Tier so endgültig vernichtet werden kann. Ich meine, es hat auch seine Aufgaben.

MM: Man muss es als etwas, was in einem selbst geschieht, sehen. Es ist eine Metapher, dass man sich für immer von dem Tier und von Sorat befreit. Der Drache, das ist nicht möglich, er versucht es immer wieder, jede Inkarnation.

Man muss auch essen und den Körper funktionieren lassen, da gibt es kein Entrinnen, den Drachen braucht man. Aber diese Lustnatur, diese Begierdennatur, der Stolz des intellektuellen Denkens, die Neigung zur emotional-erotischen Gefühlsreligion, das ist definitiv überwunden.

Ich überspringe die verschiedenen Abstufungen, die noch kommen werden, und gehe hinüber ins Neue Jerusalem. Und da sind wir bei dem Siegel des Heiligen Grals angelangt, in der im höchsten Chakra die Verbindung mit der geistigen Welt hergestellt wird. Und das ist so konkret und real, dass diese reine Substanz, die sich im Stirnchakra im Denken, im Jesus-Bewusstsein, der Frau, der heiligen Mutter, bildet, dass diese Substanz für den Aufbau des Auferstehungsleibes verwendet wird, der natürlich schon im Gange ist. Und in *Mein Lebensgang* von Rudolf Steiner, in seiner Autobiographie, gibt es einen Satz, den ich im Gedächtnis habe – das kann man manchmal so haben, dass einem ein Satz auf wunderbare Weise auffällt, nämlich dass er dort als Antwort auf ein Stück über Hegel sagt, dass die Entwicklung des reinen lebendigen Denkens zu einem Denken führt, das Leib ist, der aber die Weltgedanken als Seele in sich aufnimmt. Und das ist eigentlich die Zusammenfassung dessen, was hier geschieht. Ja, dieses Denken wird zu einem Leib, der wie eine Seele die Gedanken der Welt aufnimmt. Und dann haben Sie einen VerstandesLeib, der zu einem wirklichen Leib geworden ist, einen FormLeib, der Bewusstsein hat. Und sein Bewusstsein besteht aus Weltgedanken.

Teilnehmer: Die Seele oder das Bewusstsein?

MM: Die Seele, aber ja, die Seele ist Bewusstsein, ja.

Und ich sah einen neuen Himmel und eine neue Erde. Denn der erste Himmel und die erste Erde sind vergangen, und das Meer ist nicht mehr.

Und die Heilige Stadt, ein neues Jerusalem, sah ich vom Himmel herabkommen von Gott her, bereit wie eine Braut, die sich für ihren Mann geschmückt hat.

Und ich hörte eine laute Stimme vom Thron her rufen:
Siehe, die Wohnung Gottes bei den Menschen! Er wird bei ihnen wohnen,

und sie werden seine Völker sein, und Gott selbst wird mit ihnen sein, ihr Gott.

Und abwischen wird er jede Träne von ihren Augen, und der Tod wird nicht mehr sein, und kein Leid, kein Geschrei und keine Mühsal wird mehr sein; denn was zuerst war, ist vergangen.

Und der auf dem Thron saß, sprach: Siehe, ich mache alles neu! Und er sagt: Schreib, denn diese Worte sind zuverlässig und wahr.

Und er sagte zu mir: Es ist geschehen. Ich bin das A und das O, der Anfang und das Ende. Ich werde den Dürstenden von der Quelle des Lebenswassers zu trinken geben, umsonst.

Wer den Sieg erringt, wird dies alles erben, und ich werde ihm Gott sein, und er wird mir Sohn sein.

Den Feigen und Ungläubigen, den mit Greueltaten Befleckten und Mördern, den Unzüchtigen, Zauberern und Götzendienern und allen, die der Lüge dienen, wird ihr Teil beschieden sein im brennenden Feuer- und Schwefelsee; das ist der zweite Tod.

Das neue Jerusalem

Und es kam einer von den sieben Engeln, die die sieben Schalen mit den sieben letzten Plagen hatten, und er redete mit mir und sprach: Komm, ich werde dir die Braut zeigen, die Frau des Lammes!

Und er führte mich durch den Geist auf einen großen, hohen Berg und zeigte mir die Heilige Stadt Jerusalem, wie sie vom Himmel herabkam, von Gott her, angetan mit der Herrlichkeit Gottes. Ihr Lichtglanz war wie kostbarster Edelstein, wie kristallklarer Jaspis.

Sie hat eine große, hohe Mauer mit zwölf Toren, und auf den Toren zwölf Engel; darauf sind Namen geschrieben, die Namen der zwölf Stämme der Söhne Israels:

drei Tore nach Osten, drei Tore nach Norden, drei Tore nach Süden, drei Tore nach Westen. Und die Mauer der Stadt hat zwölf Grundsteine, und darauf stehen die zwölf Namen der zwölf Apostel des Lammes.

Und der mit mir redete, hatte als Messstab ein goldenes Rohr, um die Stadt und ihre Tore und ihre Mauer zu vermessen.

466

Die Stadt ist angelegt als Viereck von gleicher Länge und Breite. Und er vermaß die Stadt mit dem Rohr und kam auf zwölftausend Stadien; ihre Länge und Breite und Höhe sind gleich.

Und er maß ihre Mauer: Hundertvierundvierzig Ellen waren es nach Menschenmaß, das auch das Engelsmaß ist.

Und ihr Mauerwerk war aus Jaspis, und die Stadt war aus reinem Gold, das war wie reines Glas. Die Grundsteine der Stadtmauer waren aus je einem Edelstein kunstvoll gefertigt: Der erste Grundstein war ein Jaspis, der zweite ein Saphir, der dritte ein Chalzedon, der vierte ein Smaragd, der fünfte ein Sardonyx, der sechste ein Karneol, der siebte ein Chrysolith, der achte ein Beryll, der neunte ein Topas, der zehnte ein Chrysopras, der elfte ein Hyazinth, der zwölfte ein Amethyst. Und die zwölf Tore waren zwölf Perlen; jedes der Tore bestand aus einer einzigen Perle. Und die Straße der Stadt war reines Gold, wie durchsichtiges Glas.

Einen Tempel aber sah ich dort nicht, denn Gott, der Herr, der Herrscher über das All, ist ihr Tempel, er und das Lamm. Und die Stadt bedarf nicht der Sonne noch des Mondes, dass sie ihr scheinen, denn die Herrlichkeit Gottes erleuchtete sie, und ihre Leuchte ist das Lamm.

Und die Völker werden ihren Weg gehen in ihrem Licht, und die Könige der Erde tragen ihre Pracht zu ihr hin.

Und ihre Tore werden niemals geschlossen, nicht bei Tag und - Nacht wird es dort keine mehr geben.

Und sie werden in sie hineintragen die Pracht und die Schätze der Völker.

Und nichts Gemeines wird in sie hineinkommen, keiner, der tut, was abscheulich ist, oder der Lüge dient, allein die eingetragen sind im Buch des Lebens, dem Buch des Lammes.

Und er zeigte mir den Fluss mit dem Lebenswasser, der klar ist wie Kristall, und er entspringt dem Thron Gottes und des Lammes.

In der Mitte zwischen der Straße und dem Fluss, nach beiden Seiten hin, sind Bäume des Lebens, die zwölfmal Frucht tragen. Jeden Monat spenden sie ihre Früchte, und die Blätter der Bäume dienen zur Heilung der Völker.

467

Und nichts Verfluchtes wird mehr sein. Und der Thron Gottes und des Lammes wird dort sein, und seine Knechte werden ihm dienen. Sie werden sein Angesicht schauen, und auf ihrer Stirn wird sein Name stehen. Keine Nacht wird mehr sein, und sie brauchen weder das Licht einer Lampe noch das Licht der Sonne. Denn Gott, der Herr, wird über ihnen leuchten, und sie werden herrschen, von Ewigkeit zu Ewigkeit.

BUCHSCHLUSS

*Und er sagte zu mir: Diese Worte sind zuverlässig und wahr. Und der Herr,
der Gott über den Geist der Propheten, hat seinen Engel gesandt, um seinen
Knechten zu zeigen, was in Kürze geschehen muss.*

*Und siehe, ich komme bald. Selig, wer an den Worten der Weissagung festhält,
die in diesem Buch aufgeschrieben sind!*

*Und ich, Johannes, ich habe dies gehört und geschaut. Und als ich es gehört
und geschaut hatte, fiel ich nieder, um zu Füßen des Engels, der mir dies gezeigt
hatte, zu beten.*

*Da sagt er zu mir: Nicht doch! Dein Mitknecht bin ich und der deiner Brüder,
der Propheten, und derer, die an den Worten dieses Buches festhalten. Vor Gott
sollst du deine Knie beugen!*

*Und er sagt zu mir: Die Worte der Weissagung, die in diesem Buch stehen,
sollst du nicht versiegeln! Denn die Zeit ist nahe.*

*Wer Unrecht tut, tue weiter Unrecht, wer unrein ist, mache sich weiter
unrein, wer gerecht ist, tue weiter, was recht ist, wer heilig ist, suche weiter
nach Heiligung.*

*Siehe, ich komme bald, und den Lohn bringe ich mit, um einem jeden zu
geben, wie es seinem Werk entspricht.*

Ich bin das A und das O, der Erste und der Letzte, der Anfang und das Ende.

*Selig, die ihre Gewänder waschen; sie sollen ein Anrecht haben auf den
Baum des Lebens und durch die Tore einziehen in die Stadt.*

*Draußen bleiben die Hunde, die Zauberer, die Unzüchtigen, die Mörder, die
Götzendiener und jeder, der die Lüge liebt und lügt.*

*Ich, Jesus, habe meinen Engel gesandt, um euch dies über die Gemeinden zu
bezeugen. Ich bin die Wurzel und der Spross Davids, der helle Morgenstern.*

Und der Geist und die Braut sprechen: Komm! Und wer es hört, sage: Komm! Und wer dürstet, der komme, und wer will, der nehme vom Wasser des Lebens, umsonst.

Ich bezeuge es jedem, der die Worte der Weissagung, die in diesem Buch aufgeschrieben sind, hört: Wer ihnen etwas hinzufügt, dem wird Gott die Plagen zufügen, die in diesem Buch aufgeschrieben sind.

Und wer etwas wegnimmt von den Worten dieses Buches der Weissagung, dessen Anteil wird Gott wegnehmen vom Baum des Lebens und von der heiligen Stadt, von denen in diesem Buch geschrieben ist.

Es spricht, der dies bezeugt: Ja, ich komme bald. - Amen, komm, Herr Jesus!

Die Gnade des Herrn Jesus sei mit allen.

Wenn man die Apokalypse in der Zeit sieht, und dann die große Apokalypse, die bis zur Verwirklichung der Erde läuft, dann muss man diejenigen sehen, die aus dem Neuen Jerusalem herausgestoßen wurden, und das wird anschaulich wiedergegeben, die man neben den Menschen sehen muss, die in das neue Jerusalem aufgenommen wurden, wobei diejenigen, die in das neue Jerusalem aufgenommen wurden, dann einen manichäischen Willen ausführen werden, um denjenigen, die ausgeschlossen sind, weil sie es selbst geschaffen haben, doch wieder zu helfen, wieder aufgenommen zu werden. In der Apokalypse wird der Prozess radikal beendet, als ob auch keine weitere Fortsetzung möglich wäre.

Die Entwicklung der Erde ist dann aber noch nicht an einem Ende, sondern dann kommt die gesamte Entwicklung der nächsten planetarischen Phase, die den Namen Jupiter erhält, und dann eine weitere planetarische Phase, die den Namen Venus erhält, und dann eine weitere planetarische Phase, die den Namen Vulkan erhält, und erst am Ende der Venus ist eine Umkehrung nicht mehr möglich. Nun, das kann man ja gar nicht denken, wie lange das noch ist. Aber so muss man das sehen, das dauert also sehr lang und ist reich an Ereignissen.

Wir schließen das Buch.